Hans Delbrück

Die Perserkriege und die Burgunderkriege

Zwei combinierte kriegsgeschichtliche Studien, nebst einem Anhang über die

römische Manipulartaktik

Hans Delbrück

Die Perserkriege und die Burgunderkriege
Zwei combinierte kriegsgeschichtliche Studien, nebst einem Anhang über die römische Manipulartaktik

ISBN/EAN: 9783743652569

Hergestellt in Europa, USA, Kanada, Australien, Japan

Cover: Foto ©ninafisch / pixelio.de

Weitere Bücher finden Sie auf **www.hansebooks.com**

Die

Perserkriege

und die

Burgunderkriege.

Zwei combinierte kriegsgeschichtliche Studien

nebst einem Anhang

über die

römische Manipular-Taktik

von

Hans Delbrück,
Professor der Geschichte an der Universität Berlin.

Berlin.
Walther & Apolant.
1887.

Vorrede.

Die Vereinigung von zwei Studien, welche so entfernt von einander liegende Gegenstände behandeln, wie die Kriege der Griechen mit den Persern, der Schweizer mit dem Burgunderherzog, mag auf den ersten Blick auffallend erscheinen, und obgleich das Buch selbst die eigentliche Antwort auf die Frage nach dem Grunde dieser Vereinigung geben muß, so ist es doch wohl nöthig, daß ich mich schon im Eingang mit einigen Worten darüber äußere. Ich rechtfertige damit zugleich das Wagniß, die so vielfältig behandelten Perserkriege einer neuen Untersuchung zu unterziehen. Denn ich fürchte, die erste Empfindung des Lesers, der diese Studien in die Hand nimmt, wird sein: wie ist es möglich, über die Perserkriege noch neue Ansichten aufstellen, Neues finden zu können?

Gewiß ist dieser historische Stoff so unendlich oft analysirt worden, daß nur die Anwendung neuer Reagentien einige Hoffnung gewähren kann, ihm neue Eigenschaften abzulauschen, noch tiefer in seine Natur einzudringen. Solche wirklich neuen Reagentien bringe ich nun freilich nicht; aber ich glaube, daß ich ein bisher nur gelegentlich angewandtes Mittel zum ersten Mal systematisch und im vollsten Umfange zur Anwendung bringe. Es ist die aus

dem Studium der Geschichte der Kriegsverfassungen und der Kriegskunst gewonnene Kenntniß der Technik des Kriegswesens und
damit verbunden in doppelter Beziehung die historische Analogie.

Seit Jahren habe ich mich mit der Geschichte des Kriegswesens,
der Kriegsverfassungen der Völker und der Kriegskunst beschäftigt
und fand bei diesen Studien, daß nicht nur in einer, sondern in
mehrfachen Beziehungen der Krieg der Schweizer mit Karl dem
Kühnen sich mit den Kriegen der Griechen gegen die Perser in
Parallele stellen läßt. Zwar nicht politisch, wie es wohl die populäre Meinung, noch mehr in Deutschland als in der Schweiz selbst
zuweilen aufzufassen pflegt, als ob die Abwehr Karls des Kühnen
durch die Eidgenossen wie jener griechische ein Freiheitskampf gegen
einen Welteroberer gewesen sei, aber specifisch militärisch. Worin diese
Parallele besteht und wie weit sie geht, muß das ganze Buch beantworten; es läßt sich ohne die Gefahr des Mißverständnisses mit
wenigen Worten nicht sagen. Eine andere Analogie aber will ich
hier vorweg kurz charakterisiren.

Das ist die Analogie des Quellen-Materials. Unsere
Kenntniß der Perserkriege entstammt so gut wie ausschließlich der
griechischen mündlichen Tradition in der nächsten Generation. Auch
über die Burgunderkriege, welche ähnlich, wenn auch in viel minderem
Maße, das Schweizer Volk erregten, wie die Perserkriege das griechische, ist uns eine solche Tradition erhalten. Während wir aber
bezüglich der Perserkriege ausschließlich auf diese Tradition angewiesen sind, sind wir bezüglich der Burgunderkriege in der Lage,
dieselbe an einer Reihe von gleichzeitigen Berichten aus beiden Lagern, darunter einige sehr zuverlässige, zu prüfen.

So erweitert sich unsere Untersuchung hier zu einer Studie aus
dem Gebiet der Volkspsychologie. Wir suchen an der controllierbaren
Geschichte der schweizerischen Tradition die Natur und die Eigenschaften solcher mündlichen Traditionen überhaupt kennen zu lernen
und diese Erkenntniß dann auf die Beurtheilung der griechischen
Tradition in ihrer Eigenschaft als historisches Zeugniß anzuwenden.

Nach diesen Ansichten und Absichten dürfte man nun erwarten, die Abschnitte dieses Buches in der Art geordnet zu finden, daß zunächst der burgundisch-schweizerische Krieg behandelt und die Resultate nachher auf den griechisch-persischen angewandt werden. Naturgemäß haben sich in mir die Ansichten auf diesem Wege gebildet; für die Ausarbeitung jedoch habe ich eine andere Anordnung gewählt. Das kritische Instrument der Analogie ist gewiß ein höchst nützliches, aber auch ein sehr gefährliches. Es ist nöthig, mit der allerhöchsten Sorgfalt die Grenzen innezuhalten, wo die Analogie anwendbar ist und wo nicht. Daß an einer Stelle die Dinge sich in einer gewissen Weise abgespielt haben, beweist immer nur, daß vielleicht die Entwickelung auch an einer anderen möglich, aber nicht, daß sie auch dort wirklich gewesen sei.

Ich habe daher, um der Gefahr falscher Anwendung der Analogie zu entgehen, den Gang der Untersuchung derart geordnet, daß die griechischen Angelegenheiten so sehr als irgend möglich nur aus sich selbst heraus kritisch geprüft und die schweizerischen Analogien erst nachträglich als verstärkendes und abschließendes Beweismoment hinzugefügt werden.

Der Untersuchung des Kriegswesens der vier Staaten folgt daher zunächst die Darstellung der Perser, hierauf erst die der Burgunderschlachten, endlich die Untersuchung und Vergleichung des Charakters der Tradition nach Feststellung der Ereignisse selbst.

Die speciellen Vorarbeiten, auf die diese Studien sich beziehen und auf welchen sie fortzubauen suchen, sind die vortrefflichen Werke von Rüstow und Köchly, die von Beiden gemeinsam bearbeitete „Geschichte des griechischen Kriegswesens"; die ebenfalls von Beiden gemeinsam herausgegebenen „griechischen Kriegsschriftsteller" und Rüstows „Geschichte der Infanterie". Während des Drucks ist mir noch ein kleines Buch zugegangen: „Der wahre Winkelried. Die Taktik der alten Urschweizer von Karl Bürkli (Zürich, J. Schabelitz)", mit dem ich fast durchweg übereinstimme und auf dessen eingehendere Beweisführung ich, wo die meinige nicht genügend erscheinen sollte, hiermit verweise.

Die Schreibung der Eigennamen in diesen Studien bedarf wohl einer besonderen Erklärung, da sie von der heute üblichen abweicht. Ohne auf die Sache besonderes Gewicht zu legen, habe ich mich doch nicht entschließen können, „Thukydides" oder „Herodotos" zu schreiben, da doch ich selbst und alle Welt mit Ausnahme von einigen Gelehrten „Thucydides" und „Herodot" spricht. Wiederum mit formalistischer Consequenz den Grundsatz durchzuführen, alle Namen in der lateinischen Sprachform zu gebrauchen, wäre mir ebenso pedantisch erschienen. Ich halte es deshalb für das Richtigste, die griechischen, persischen oder sonstigen fremden Namen in der Form zu gebrauchen, welche in unserer Sprache die übliche geworden ist, mögen auch formale Inconsequenzen und selbst bei manchen Namen Schwankungen und Ungleichmäßigkeiten daraus entstehen.

Als Anhang habe ich eine Ueberarbeitung meiner Untersuchungen über die römische Manipulartaktik angeschlossen, da die Beseitigung der hierüber bisher herrschenden falschen Auffassung eine nothwendige Vorbedingung für die Anerkennung der Resultate auch dieser Studien bildet und ich zugleich die Gelegenheit wahrzunehmen wünschte, im Einzelnen Manches zu verbessern.

Ich habe mich bemüht, diese Studien in solche Formen zu kleiden, daß sie auch den nicht specifischen Fachgelehrten des historischen und philologischen Gebiets zugänglich sind.

Berlin, den 6. November 1886.

H. Delbrück.

Inhaltsverzeichniß.

	Seite
Erster Abschnitt. Generelle Untersuchungen	1
Erstes Capitel. Grundlegendes über die Fechtart der vier Völker	3
Zweites Capitel. Begriff des taktischen Körpers	16
Drittes Capitel. Anwendung des Begriffs des taktischen Körpers auf die vier Heere	26
Zweiter Abschnitt. Die Perserkriege	45
Erstes Capitel. Die Quellen	47
Zweites Capitel. Die Schlacht bei Marathon	52
Erster Excurs. Ueber die Befestigung der Stadt Athen	81
Zweiter Excurs. Ueber Dunders Abhandlung „Die Strategie und Taktik des Miltiades"	83
Drittes Capitel. Die Vertheidigung von Thermopylä	86
Viertes Capitel. Die Vorgeschichte der Schlacht bei Platää	91
Fünftes Capitel. Nachträgliche Untersuchung über die Situation nach der Schlacht bei Salamis	100
Dritter Excurs. Ueber die Auffassung von Nitzsch und Dunder	105
Sechstes Capitel. Die Schlacht bei Platää	108
Dritter Abschnitt. Die Heereszahlen	121
Erstes Capitel. Die Stärke der Athener	123
Zweites Capitel. Die Stärke der Perser	136
Drittes Capitel. Die Stärke der Burgunder und Schweizer	148
Viertes Capitel. Die historische Tradition über die Zahlen in den Burgunderkriegen	155
Fünftes Capitel. Abschluß der Untersuchung über die Zahlen in den Perserkriegen	159
Vierter Abschnitt. Die Burgunderkriege	167
Erstes Capitel. Der politische Charakter der Burgunderkriege	169
Zweites Capitel. Die Schlacht bei Granson	181
Vierter Excurs. Quellenkritische Begründung	189

	Seite
Drittes Capitel. Die Schlacht bei Murten	194
Viertes Capitel. Die Burgunderkriege in der Tradition	208
Fünfter Abschnitt. Abschluß	253
Erstes Capitel. Quellenkritischer Abschluß	255
Zweites Capitel. Kriegsgeschichtlicher Abschluß	260
Anhang	267
Die römische Manipulartaktik	269
Fünfter Excurs. Der Rotten- und Gliederabstand in der Legion und der macedonischen Phalanx	305
Nachtrag zu dem Capitel „Die Stärke der Athener"	309

Erster Abschnitt.

Generelle Untersuchungen.

Erstes Capitel.
Grundlegendes über die Fechtart der vier Völker.

Die nachfolgenden Studien sind nicht bestimmt, die gesammte Geschichte der Perserkriege und der Burgunderkriege zu behandeln, sondern so zu sagen, eine einzige Frage aus diesen Kriegen zu beantworten, nämlich: wie ist militärisch der Sieg der Griechen und der Schweizer zu erklären, welches sind die letzten Gründe ihrer Ueberlegenheit? Auch diese Frage beschränke ich noch weiter auf den Landkrieg, das Seewesen und die Seeschlacht bei Seite lassend. Der Natur der Frage entsprechend beginne ich mit einer allgemeinen Untersuchung der Fechtweise in den vier Heeren.

Griechen.

Die Masse des griechischen Heeres zur Zeit der Perserkriege bildete das schwergerüstete Fußvolk, die Hopliten. Sie trugen Panzer, Helm, Beinschienen, Schild, fochten mit einem etwa 8 Fuß langen Spieß und hatten daneben ein kurzes Schwert.

Fernwaffen erscheinen im ersten Perserkriege garnicht. Im zweiten haben die Athener ein offenbar nur kleines Corps, wahrscheinlich 800 Mann, Bogenschützen.

Als Leichtbewaffnete neben den Hopliten zählt Herodot die Sklaven, welche ihre Herren in's Feld begleiteten, und zwar rechnet er auf jeden Hopliten im Allgemeinen einen Sklaven, auf jeden

Spartiaten sieben. Krieger, Combattanten, um modern zu sprechen, sind diese Sklaven jedoch nicht Um diese von der herrschenden Ansicht abweichende Auffassung zu begründen, müssen wir etwas weiter ausholen. Die herrschende Ansicht stützt sich hauptsächlich auf drei Zeugnisse, erstens daß Herodot, wie gesagt, die Sklaven als Leichtbewaffnete bei der Berechnung der Heeresstärke mitzählt, zweitens, daß er die bei Thermopylä und Platää gefallenen Heloten erwähnt, endlich eine Notiz bei Pausanias (I, 32, 3) dahin lautend, daß bei Marathon zum ersten Mal Sklaven gefochten hätten.

Um diese Zeugnisse kritisch zu wägen, ist es nöthig, daß wir zunächst die Aufstellung der Hopliten betrachten und fragen, in welcher Weise etwa leichtbewaffnete Sklaven mit dieser Aufstellung verbunden gedacht werden können.

Die Hopliten standen in der Phalanx, d. h. in einer ununterbrochenen mehrgliederigen Linie. Wie viel Glieder die Phalanx in der Regel, speciell wie viel sie in den Schlachten der Perserkriege hatte, ist uns nicht überliefert. Sicherlich dürfen wir nicht unter vier Glieder herabgehen; es können aber auch acht, zehn, zwölf oder noch mehr Glieder hintereinander gewesen sein.

Auf zweierlei Weise könnten wir uns die Sklaven mit dieser Phalanx verbunden denken: entweder als Leichtbewaffnete mit Fernwaffen, Bogen, Schleudern oder Handsteinen, oder aber — so stellen es sich Rüstow und Köchly vor — die hinteren Reihen der Phalanx bildend.

Die Verwendung in der ersteren Form wird durch eine positive Nachricht Herodots ausgeschlossen.

In der Stellung von Platää erbaten, wie er erzählt, die Spartaner die Hülfe des kleinen Corps der athenischen Bogenschützen, obgleich sie eine ungeheuere Masse, nach Herodot nicht weniger als 40 000 Heloten bei sich hatten. Diese müssen also trotz ihrer Menge nicht fähig gewesen sein, solchen Dienst zu versehen. Dem entspricht, daß sich nach der Ueberlieferung bei Pausanias die Spartaner in den messenischen Kriegen Bogenschützen aus Kreta kommen ließen. Der wirksame Gebrauch gerade der Fernwaffen verlangt in der That eine solche Uebung, die Schützen müssen so viel Initiative, kriegerischen Muth und Selbständigkeit haben, daß kein Herrenstand geneigt sein kann, Sklaven für diesen Dienst zu erziehen.

Nicht minderen Bedenken unterliegt die Aufstellung der Sklaven in den hinteren Reihen der Phalanx. Was sie hier positiv leisten konnten, war gering. Sie konnten die feindlichen Verwundeten vollends todtschlagen, die eigenen zurücktragen. Im letzteren Dienst wären sie schon nicht mehr als Combattanten zu betrachten und es ist möglich, daß zu diesem Zweck eine Anzahl besonders Zuverlässiger unter ihnen der Phalanx gefolgt sind. Aber gewiß nicht unmittelbar und als hintere Glieder. Welches Unheil konnten sie hier stiften durch unmotivirte Panik, Drängen und selbst Verrath! Drang der Feind einmal an einer Stelle in die vorderen Glieder der Phalanx ein bis zu den Gliedern der Heloten, so ergriffen diese sicherlich auf der Stelle die Flucht; sie hätten sich bei dem Mangel an Schutzrüstung nicht einmal vertheidigen können, selbst wenn sie gewollt hätten. Wie gefährlich, ja verderblich mußte aber der moralische Eindruck einer solchen Flucht auf Freund und Feind sein! Wir können es den Römern wohl zutrauen, daß sie wußten, was sie thaten, als sie in die hinteren Glieder ihrer Legionar-Phalanx gerade die allertüchtigste Mannschaft, die Triarier, stellten.

Gehen wir nun zurück zu den Zeugnissen, welche anscheinend die kriegerische Verwendung von Sklaven darthun, so zeigt sich, daß dieselben ohne Schwierigkeit aus dem Wege zu räumen sind.

Die Nachricht des Pausanias lautet, daß bei Marathon zuerst Sklaven gefochten hätten. Auf eine solche Notiz, 600 Jahre nach dem Ereigniß niedergeschrieben, ist an sich wenig zu geben; das wichtigste ist eigentlich das „zuerst"[1]). Wir haben darin ein positives Zeugniß, daß vor den Perserkriegen Sklaven als Krieger nicht verwendet worden sind.

Nun ist kein Zweifel, auch Rüstow und Köchly nehmen es an, daß auch nach den Perserkriegen solche Verwendung nicht stattgefunden hat. Wir hätten es also mit einer den Perserkriegen allein eigenthümlichen Abnormität zu thun, die doch, so merkwürdig sie wäre, von keinem Schriftsteller als solche berichtet wird.

Die von Herodot erwähnte Thatsache, daß bei Thermopylä

---

[1]) Pausanias widerspricht sich damit freilich selbst. IV, 11, 1 berichtet er, daß die Spartaner Heloten als Hopliten verwandt hätten. Die Kraft des Zeugnisses über Marathon wird dadurch nicht abgeschwächt; man erkennt nur, daß Pausanias diese Notiz nicht selbst durch Nachdenken und Forschung gefunden, sondern einem anderen Schriftsteller nachgeschrieben hat. Die andere Notiz über die Heloten als Hopliten ist aus seiner Erzählung der messenischen Kriege, also bloße Sage.

Heloten gefallen, bei Platää ein eigenes Grab der Heloten sei, beweist Nichts. Daß bei Thermopylä die Heloten bei ihren Herren blieben und mit ihnen getödtet wurden, ist verständlich, auch wenn sie sich am Kampf nicht betheiligten. Das Grab der Heloten bei Platää möchte man sogar anzweifeln, da Herodot nichts von einem Grabe der Periöken berichtet und seine Nachricht von diesen Gräbern deshalb einigen Bedenken unterliegt. Aber immerhin können in den vielen Gefechten bei Platää und auch in der Schlacht selbst Heloten von den Pfeilen der Perser getroffen worden sein, ohne eigentlich gekämpft zu haben.

Am meisten scheint in die Wagschale zu fallen, daß Herodot bei Berechnung der Größe der Heere die Sklaven mitzählt unter dem ausdrücklichen Hinzufügen, daß sie bewaffnet gewesen seien (IX, 29). Aber Herodot hatte für diese Zählung einen besonderen Grund. Um die Größe des Xerxes-Zuges recht zum Ausdruck zu bringen, zählt er nicht nur die Krieger, sondern auch ihre nichtkämpfenden Begleiter zusammen, auf jeden Krieger einen Mann. Die Zahl der Perser wird also dadurch gerade verdoppelt. Das Princip der Gerechtigkeit erforderte nun aber, auch auf der griechischen Seite den Troß in derselben Weise mitzuzählen, und für die Zeitgenossen war das auch ganz unverfänglich. Die Nachlebenden aber sind dadurch in den Irrthum verfallen, in diesen Troßknechten Krieger, wenn auch minderer Brauchbarkeit, zu sehen. Ja, wenn Herodot selbst die Vorstellung gehabt haben sollte, — wie denn die Erzählung von Platää zuweilen diesen Eindruck macht — als seien jene Begleiter Krieger gewesen, so werden wir sehen, daß dem Vater der Geschichtschreibung in solchen Dingen sehr wohl ein Mißverständniß zuzutrauen ist.

Es bleibt das Zeugniß des Pausanias bezüglich der Sklaven bei Marathon. Da ist zweierlei möglich. Die Verhältnisse dieser Schlacht lassen es, wie wir sehen werden, in der That nicht ausgeschlossen erscheinen, daß hier ausnahmsweise eine Anzahl Sklaven als Leichtbewaffnete außerhalb der eigentlichen Schlachtreihe Verwendung fanden. Ob aber eine Notiz bei einem über 600 Jahre nach dem Ereigniß schreibenden Autor genügende Beweiskraft hat, einen solchen Ausnahmefall zu statuiren, mag doch billig bezweifelt werden. Mir scheint ein einfaches Mißverständniß näherliegend. Da es sich aber auf jeden Fall nur um eine Ausnahme handeln würde, so bleibt unsere generelle Zurückweisung einer Verwendung der Sklaven als Krieger bestehen[1]).

Die geringe Zahl oder hier und da sogar der völlige Mangel an Fernwaffen neben der Hopliten-Phalanx wird verständlich, wenn man sich klar macht, daß die Phalanx eine durchaus ununterbrochene Linie bildet. Mit einer solchen Linie lassen sich Fernwaffen nur in sehr geringer Zahl in der Feldschlacht combiniren. Die Fernwaffen sollen wirken, während die Phalangen gegeneinander vorrücken und müssen doch vor der Front verschwunden sein, ehe der Zusammenstoß erfolgt. Wollten sich die Schützen in die Reihen der Hopliten eindrängen, so würden sie diese in Unordnung bringen; sie müssen also um die Flügel herum, müssen mithin ihren Rückzug so früh beginnen, daß ihnen für eine wirkliche Ausnutzung ihrer Waffen keine Zeit bleibt. Da zog man es vor, lieber so ziemlich Alles, was man zur Verfügung hatte, mit Hoplitenrüstung zu versehen.

Reiterei haben die Griechen in den Perserkriegen garnicht verwendet.

Zusammenfassung. Ein griechisches Heer zur Zeit der Perserkriege bestand, neben einem sehr geringen, unter Umständen

---

[1]) Die „γυμνῆτες" in den Versen des Tyrtäos, welche Rüstow und Köchly, Griechisches Kriegswesen, p. 50 citiren, sind natürlich nicht Sklaven, sondern wirkliche Krieger.

Daneben führen Rüstow und Köchly l. c. nachfolgende Stellen an. Pollux, Onomastikon III, 83: „μεταξὺ δὲ ἐλευθέρων καὶ δούλων οἱ Λακεδαιμονίων εἵλωτες, καὶ Θετταλῶν πενέσται, καὶ Κρητῶν κλαρῶται καὶ μνωῖται, καὶ Μαριανδύνων δωροφόροι καὶ Ἀργείων γυμνῆτες, καὶ Σικυωνίων κορυνηφόροι." Steph. Byz. s. v. χίος: „οὗτοι (οἱ Χῖοι) πρῶτοι ἐχρήσαντο θεράπουσιν, ὡς Λακεδαιμόνιοι τοῖς Εἵλωσι καὶ Ἀργεῖοι τοῖς Γυμνήσιοις καὶ Σικυώνιοι τοῖς κορυνηφόροις καὶ Ἰταλιῶται τοῖς Πελασγοῖς καὶ Κρῆτες Μνωίταις." Athenäus VI p. 272 wird aus Myron mitgetheilt: „Πολλάκις ἠλευθέρωσαν Λακεδαιμόνιοι δούλους καὶ οὓς μὲν ἀφέτας ἐκάλεσαν οἷς δὲ ἀδεσπότους, οὓς δὲ ἐρυκτῆρας" κτλ. Aus der Bedeutung der Worte κορυνηφόροι und ἐρυκτῆρες „Keulenträger" und „Retter" schließen Rüstow und Köchly, daß die Sklaven der Phalanx der Hopliten unmittelbar folgten und mit ihren Keulen die verwundeten Feinde vollends todtschlugen, die eigenen verwundeten Herren retteten.

Einen Beweis kann man in solchen Namensableitungen natürlich nicht sehen, ganz abgesehen davon, daß die ἐρυκτῆρες ausdrücklich als Freigelassene und nicht mehr als Sklaven charakterisirt werden, sie auch als „Retter" nicht mehr Combattanten wären und endlich auch abgesehen von der ganz unbestimmten und unverbürgten Art der Ueberlieferung. Was würden vermöge solcher Namenserklärung die Archäologen des fünften Jahrtausends Alles in die preußische Armee hineininterpretiren können mit Hülfe der Worte Grenabiere, Musketiere und Füsiliere!

gar keinem Zusatz von Bognern, Schleuderern und Reitern, aus lauter Hopliten. Ihre Schlachtordnung ist die Phalanx, d. h. eine ununterbrochene gerade Linie, mehrere, vielleicht ziemlich viele Glieder tief.

Perser.

Die Hauptwaffe der Perser ist der Bogen; die kurzen Spieße und Dolche, die sie daneben führen, sind nur Hülfs- und Reservewaffen. Der König wird auf den persischen Denkmälern mit dem Bogen abgebildet. Reiten, Bogenschießen und Wahrheitreden sind nach persischer Pädagogik die Dinge, die ein Knabe lernen muß[1]). Immer wiederholt singt Aeschylus in den Persern von dem Kampf des Spießes gegen den Bogen: „gegen die spießberühmten Männer führt Xerxes den bogengewaltigen Ares" (Perser V. 83 „ἐπάγει δουρικλύτοις ἀνδράσι τοξόδαμνον Ἄρη."), singt der Chor und fragt wieder: „ob die Bogensehne siegt oder die Gewalt der spitzigen Lanze" (V. 134 „πότερον τόξου ῥῦμα τὸ νικῶν, ἢ δορυκράνου λόγχης ἰσχὺς κεκράτηκεν").

Entsprechend der Natur des Fernkampfes tragen die Perser nur leichte Schutzwaffen. Mit Hosen und Hüten gehen sie in den Kampf, sagt der Milesier Aristagoras zu dem König von Sparta[2]). Bei der Beschreibung des Xerxesheeres giebt ihnen Herodot (VII, 61) allerdings Schuppenpanzer-Röcke und läßt Mardonius aus der Masse die „Gepanzerten" auslesen (VIII, 113); in der Schlacht bei Platää aber (IX, 62 u. 63) nennt er sie geradezu ungerüstet (ἄνοπλοι, γυμνῆτες) gegenüber den griechischen Hopliten. Die Panzerröcke sind also doch nur selten, oder aber derart gewesen, daß sie wohl einen Pfeilschuß, aber nicht einen Lanzenstoß abwehrten.

Die Schilde, welche die Perser führten, bestanden aus Flechtwerk, waren also ebenfalls leicht und wurden (vielleicht mit Hülfe des Spießes), wenn die Krieger ihre Bogen gebrauchen wollten, in der Erde festgestellt, so daß sie aus der Deckung dieser leichten Verschanzung heraus ihre Pfeile versenden konnten[3]).

Die persischen Reiter waren nach Herodot ebenso bewaffnet wie das Fußvolk. Auch sie führten den Bogen. Es ist aber wohl

---

[1]) Herodot I, 136.
[2]) Herodot V, 49.
[3]) Herodot IX, 61 u. 69. Vgl. Rüstow und Köchly, Griech. Kriegsw. p. 67.

möglich, daß ihre Schutzwaffen wenigstens theilweise besser waren und daß sie sich nicht so ausschließlich auf den Bogen verließen, sondern auch Schwert oder Lanze zu gebrauchen wußten.

Nun wird freilich auch von persischen Kriegerschaaren berichtet, die mit dem Spieß anscheinend als Hauptwaffe bewaffnet sind. Nach Herodot (I, 103) soll Kyaxares der erste gewesen sein, der Reiter, Spießer und Bogner gesondert aufstellte; vorher habe Alles durcheinander gekämpft. Auch bei Thermopylä läßt Herodot die Garde des Königs, die „Unsterblichen" mit Spießen kämpfen. An eine Kampfesart ähnlich derjenigen der griechischen Hopliten dürfen wir jedoch nicht denken. Herodot fügt hinzu, die Spieße der Perser seien kürzer gewesen als die der Griechen und die mangelnden Schutzrüstungen der Perser bezeugt er selbst mehrfach. Es ist aber völlig unmöglich, daß berufsmäßige Krieger principiell in dieser Art fechten: zum Spießkampf gehört nothwendig eine wirklich deckende Schutzrüstung und der Spieß, den man ernsthaft zu gebrauchen gedenkt, wird selbstverständlich so lang gemacht, wie es möglich ist, ohne ihn unhandlich zu machen. In dem Spießkampf der Perser bei Thermopylä werden wir daher diejenige Phase des Kampfes zu erkennen haben, in der die Griechen mit den Persern bereits handgemein geworden sind, diese also von dem Bogen keinen Gebrauch mehr machen können und sich nothgedrungen mit dem Spieße vertheidigen. Haben wirklich auch reine Spießkämpfer bei den Persern existirt, so sind sie doch den Bognern nur beigegeben und kommen neben diesen nicht in Betracht. Der Bogen ist die persische Nationalwaffe.

Aus den Reliefs der assyrischen Denkmäler[1]) hat Duncker herausgelesen, daß dieses erste große Eroberervolk schon eine kunstvolle Combination der Waffengattungen erfunden hatte. Das erste Glied, schwergerüstet, kniet mit vorgestrecktem Spieß, das zweite steht etwas gebückt, als drittes stehen die Bogner über die beiden vorderen hinwegschießend. Man könnte etwa meinen, daß auch die Perser diese Methode befolgten. Wir finden bei ihnen aber von dieser Kampfesart keine Spur und sie ist auch so unpraktisch, daß man sie sich kaum im Ernstfall angewendet vorstellen kann. Denn die beiden ersten Glieder Spießer hemmen trotz ihrer niedrigen Stellung naturgemäß

---

[1]) Duncker, Gesch. b. Alterthums II, 404.

die volle Wirkung und das freie Zielen der Bogenschützen, sind aber doch nicht im Stande, ihnen einen wirklichen Schutz zu gewähren. Geht der Feind ihnen entschlossen zu Leibe, so sind die beiden Glieder sofort durchbrochen; auch giebt es nichts Schlechteres für die Infanterie als einen Angriff stehenden Fußes zu erwarten. Es ist also wohl verständlich, daß die Perser, wenn sie diese Kampfesart gekannt oder auch selbst einmal geübt haben, dazu übergegangen sind, ihre ganze Infanterie mit Bogen zu bewaffnen, den Bognern für den Nothfall selber eine blanke Waffe in Reserve zu geben, die eigentliche Wirkung aber in die Masse der geschleuderten Pfeile zu setzen. Zuletzt bezweifle ich aber auch die Thatsache, daß die Assyrer in der angegebenen Art gefochten haben. Das einzige Relief, welches in dieser Art ausgelegt werden könnte[1]), bezieht sich augenscheinlich nicht auf eine Schlacht, sondern auf eine Belagerung; so giebt es Layard im Text seiner Ausgabe ausdrücklich an, vielleicht weil noch ein Stück Mauer auf der nächsten Platte zu erkennen war, oder, was auch schon genügt, weil Blicke und Waffen der Krieger augenscheinlich nach oben gerichtet sind. Auf diesem Relief nun ist es durchaus nicht deutlich, daß die verschiedenen Gruppen von Kriegern verschiedene Glieder hintereinander darstellen sollen; es ist sogar sehr unwahrscheinlich, weil die Bogner hinter einer Art Schutzmauer (nicht Schilden) stehen, die man doch nicht zwischen den Gliedern errichten kann.

Schweizer[2]).

Das Gros der Schweizerischen Heere zur Zeit des Burgunderkrieges bestand aus mittelschwer gerüsteten Fußtruppen mit blanker Waffe. Sie hatten Helm, Harnisch, Arm- und Beinschienen (aber keinen Schild) als Schutzwaffen, einen sehr langen (bis zu 18 Fuß langen) Spieß oder eine (6—8 Fuß) lange Hellebarde und daneben einen kurzen Dolch oder dergleichen als Trutzwaffe. In nicht sehr großer Zahl gab es daneben als Hülfswaffen Reiter und Schützen; die Ersteren rittermäßig bewaffnet, die Letzteren theils mit der Armbrust, theils mit dem Handrohr, einem sehr schwerfälligen Feuergewehr, langsam zu laden und von unsicherem Schuß.

---

[1]) Es ist Nr. 50 in Layards Niniveh.
[2]) Rodt, Geschichte des Bernerischen Kriegswesens. 1831.

Auch Artillerie wird bereits von den Schweizern, namentlich den Bernern, nicht bloß zu Belagerungen, sondern auch in der Feldschlacht verwandt. Eine wesentliche Bedeutung hat sie aber noch nicht.

Die normale Schlachtordnung der Schweizer besteht aus drei Gevierthaufen, Vorhut, Gewalthaufe und Nachhut. Den Kern des Haufens bilden die Hellebarden, die äußeren Reihen die langen Spieße[1]). Die Schützen gehen als Plänkler vorauf und nebenher und flüchten sich, was ihnen bei ihrer geringen Zahl möglich ist, nöthigenfalls in den nächsten Gevierthaufen. Die Reiter agiren nach den Umständen nebenher, übernehmen außerdem die Recognoscirung und Verfolgung. Die Gevierthaufen werden nicht nebeneinander, auch nicht unmittelbar hintereinander, sondern staffelförmig hintereinander aufgestellt, so daß sie sich unabhängig voneinander bewegen und doch einander unterstützen können. Sie nahmen, wie man sich klar machen muß, nur einen sehr geringen Raum ein; ein Haufe von 10 000 Mann z. B. hat doch nur eine Front von 100 Mann. Sie können sich also mit verhältnißmäßig großer Leichtigkeit bewegen.

Burgunder.

Die Heere Karls des Kühnen waren aus sehr verschiedenen Waffengattungen zusammengesetzt. Wir sind darüber eingehend unterrichtet durch die Armee-Reglements, welche der Herzog wiederholt erließ und die uns mehrfach erhalten sind, unter anderen in einer Abschrift, welche er schön auf Pergament geschrieben und in Sammet gebunden dem späteren Gemahl seiner Tochter, dem Erzherzog Maximilian von Oesterreich schenkte[2]). Es waren danach in seinem

---

[1]) Macchiavelli, Arte di guerra, Buch 3 sagt, daß die Schweizer immer hinter drei Gliedern Spießer ein Glied Hellebardierer stellten. Das ist in der älteren Zeit sicher, auch später höchst wahrscheinlich unrichtig. Die Spießer mußten alle in die äußersten Glieder; innen hatten sie gar keinen Nutzen. Eine Reihe Hellebardierer mag freilich dazwischen gestellt worden sein.

[2]) Dieses Reglement ist gedruckt in den Monumenta Habsburgica. Actenstücke und Briefe zur Geschichte des Hauses Habsburg im Zeitalter Maximilians I. von Joseph Chmel Bd. 1. p. 62 ff.

Die wichtigsten neueren Bearbeitungen des Burgundischen Kriegswesens sind: Robt, Die Feldzüge Karls des Kühnen, Herzogs von Burgund und seiner Erben, 1843, 2 Bde., und de la Chauvelays, Les armées de Charles le Téméraire dans les deux Bourgognes. Paris 1879.

Heere vorhanden 1) die schwergepanzerten, mit Lanze und Schwert bewaffneten Ritter, auf gepanzertem Roß (hommes d'armes oder gensd'armes, deutsch auch Küriffer genannt). 2) Coustilliers. Das Wort hängt zusammen mit „couteau", „Messer" oder „Dolch"; es bedeutet ursprünglich wohl einen mit einem bloßen Dolch bewaffneten, berittenen Knecht des Ritters, der ihm in's Gefecht folgt. In den Armee-Verordnungen Karls wird vorgeschrieben, daß der coustillier mit einer vollständigen, aber leichten Rüstung und einer javeline (leichten Lanze) bewaffnet und sein Pferd 20 Thaler werth sein muß. Er ist also offenbar bestimmt, etwas leichter bewaffnet dem Ritter im Kampf zu secundiren, ist aber meist nicht ritterlichen Standes[1]). 3) Bogenschützen zu Pferde (archers oder gens de trait). 4) Armbruster (arbalétrier oder cranequiniers). 5) Couleuvriniers. Das sind Leute, die mit der couleuvrine, dem Handrohr, der der Muskete voraufgehenden Feuerwaffe, bewaffnet sind. 6) Picquenaires. Die drei letzten, die Armbruster und couleuvriniers sind oft, die Pikeniere immer zu Fuß (piétons). Ein jedem Ritter noch beigegebener Page (Reitknecht) wird nicht als Combattant gezählt. Ein Ritter zusammen mit einer gewissen Anzahl der anderen Waffen, bilden eine Einheit, „Lanze" genannt. In einer von Olivier de la Marche, dem Hofmeister Karls des Kühnen, herrührenden Schrift „L'état de la maison du duc Charles de Bourgogne"[2]) vom Jahre 1474, also zwei Jahre vor den Schweizerkriegen, wird das Verhältniß der Waffengattungen in der Lanze folgendermaßen angegeben: 1 Ritter, 1 coustillier, 3 berittene Bogenschützen, 3 piétons, welche je nachdem Armbruster, couleuvrinier, oder Pikenier sein dürfen. Die Fernwaffen überwiegen also bei Weitem und die blanke Waffe zu Fuß ist nur ganz nebensächlich vertreten; überhaupt sind fünf Achtel beritten und nur drei Achtel zu Fuß. Dies Verhältniß wechselt jedoch sehr. Im Murtener Feldzuge kamen auf den homme d'armes nur zwei berittene Bogner, und diese mußten zuletzt ihre Pferde auch noch abgeben, so daß das Murtener Heer Karls des Kühnen nur noch zu etwa einem Fünftel aus Reitern bestanden haben wird.

---

[1]) In einer Urkunde bei Chaudelays p. 104 werden einmal edle und nicht edle coustilliers unterschieden. Der Preis des Pferdes wird in den verschiedenen Reglements verschieden bestimmt.

[2]) Gedr. in der Collection des Mémoires relatives à l'Histoire de France par M. Petitot, Bd. X p. 439 ff.

Die Abwandelung ist jedoch nicht so groß, wie sie scheint, da die berittenen Schützen das Pferd vorwiegend doch nur als Transportmittel benutzten und im Gefecht absaßen.

Die Fechtordnung dieser bunten Schaar werden wir später untersuchen.

Die Artillerie Karls des Kühnen war sehr zahlreich, und er erwartete sehr viel von ihr. Wie viel oder vielmehr wie wenig sie thatsächlich zu leisten vermochte, werden wir später kennen lernen.

Vergleich der Fechtart der vier Völker.

Die Analogie der Fechtart der Perser und der Burgunder auf der einen, der Griechen und der Schweizer auf der anderen Seite springt in die Augen. Beidemal haben wir auf der einen Seite vorwiegend Fernwaffen und Reiterei, auf der anderen Infanterie mit der blanken Waffe. Zwischen der persischen Reiterei und der burgundischen ist insofern ein Unterschied, als bei der letzteren Mannschaften vorhanden sind, die ausschließlich auf den Nahkampf mit der blanken Waffe ausgehen, und gerade diese, die hommes d'armes, bilden den eigentlichen Kern des Heeres.

Der Unterschied der griechischen und schweizerischen Infanterie besteht zunächst in der Bewaffnung: die Griechen haben große, deckende Schilde, die Schweizer nicht; die Griechen sind einheitlich bewaffnet mit einem Spieß mittlerer Länge, die Schweizer theils mit sehr langen Spießen, theils mit Hellebarden. Der Hauptunterschied aber liegt in der Aufstellung: die Griechen stehen in der Phalanx, die Schweizer in drei Gevierthaufen.

Stellen wir uns zunächst das Zusammentreffen eines Hoplitenheeres mit einem entsprechend starken Heere von Bogenschützen vor. Welches wird das Resultat sein? Die Antwort hat Xenophon in einem Capitel der Cyropädie gegeben (Buch II, cap. 3). „Cyrus sah eines Tages, sagte er, wie ein Taxiarch seines Heeres seine Taxis in zwei Hälften getheilt miteinander fechten ließ, beide gerüstet mit dem Panzer und dem Schild in der linken Hand. In die Rechte aber gab er der einen Hälfte dicke Stöcke, die andere wies er an, mit Erdklößen zu werfen. Als sie nun gerüstet einander gegenüberstanden, gab er das Zeichen zum Kampf. Da fingen die Einen an zu werfen und trafen die Anderen bald auf Panzer und

Schild, bald auf Schenkel und Beinschienen. Als sie aber aneinander geriethen, da schlugen die Stockträger die Anderen auf die Arme und Beine und wenn sie sich bückten, auf Nacken und Rücken und zuletzt jagten sie sie in die Flucht und verfolgten sie unter lautem Spott und Gelächter. Dann aber nahmen die Anderen die Stöcke und thaten ihren Gegnern, den Erdkloßwerfern dasselbe. Cyrus erfreute sich an dem Einfall des Taxiarchen und dem Gehorsam seiner Leute, daß sie sich bei ihren Uebungen noch so ergötzten und die nach Art der Perser Bewaffneten [dies ist Fiction des Romans; in Wirklichkeit sind die Perser nie Nahkämpfer gewesen] siegten; er lud sie deshalb alle zu sich zu Tische, und als sie bei ihm in seinem Zelte waren und er sah, daß Einige am Bein, Andere an der Hand verbunden waren, fragte er sie, was ihnen fehle. Einige nun sagten, daß sie von den Erdklößen getroffen seien. Er fragte weiter, ob es aus der Ferne oder aus der Nähe geschehen sei. Sie sagten: aus der Ferne; als sie in's Handgemenge gekommen seien, so sei es, sagten die Stockträger, ein köstlicher Spaß gewesen; die Anderen aber, die mit den Stöcken zusammengeprügelt worden waren, schrieen dagegen, für sie sei es gar kein Spaß gewesen, so aus der Nähe geklopft zu werden, und dabei zeigten sie ihre Prügel an Händen und Nacken und auch im Gesicht, und dann natürlich lachten sie übereinander."

So weit Xenophon. Das Axiom, welches er mit diesem Geschichtchen demonstriren will und auf das er immer wieder zurückkommt, ist, daß der Nahkämpfer dem Fernkämpfer, sobald er ihm nur auf den Leib geht und ihn weit genug verfolgen kann, unbedingt überlegen ist. Danach war es also ganz natürlich, daß die mit dem Spieß und der Hellebarde kämpfenden Griechen und Schweizer die persischen und burgundischen Bogner besiegten.

Anders aber scheint doch der Fall zu liegen, wenn wir uns — wie es in den von uns zu betrachtenden Kriegen geschah — die Schützen mit einer starken Reiterei verbunden denken. Es kann der Reiterei nicht schwer fallen, der Phalanx in dem Augenblick, wo sie auf die Schützen losgeht, in die Flanke und in den Rücken zu fallen. Dadurch kommt die Phalanx, wenn sie nicht ganz auseinander reißen will, zum Stehen, indem die letzten Glieder Kehrt machen, um sich der Reiter zu erwehren. Die Phalanx bleibt also den Geschossen der Schützen ausgesetzt, ohne diesen wiedervergelten zu können und muß nothwendig allmählich erliegen.

Etwas besser würden die Gevierthaufen daran sein, insofern einer dem andern zu Hülfe kommen und ihn degagiren kann. Aber wenn die Reiterei geschickt geführt ist und alle drei Haufen zugleich und von mehreren Seiten angreift, so sind auch diese nicht im Stande, sich zu bewegen und müssen den Geschossen erliegen.

So das augenscheinliche Resultat einer theoretischen Betrachtung — aber es steht mit der Erfahrung im crassesten Widerspruch. Die Schlachten von Marathon, Plataä, Granson und Murten beweisen das Gegentheil. Es ist also in diesen Kriegen offenbar noch irgend eine Potenz im Spiel, welche wir außer Acht gelassen haben. Wir müssen dieselbe suchen.

Zweites Capitel.
Der Begriff des taktischen Körpers.

In der Ilias wird uns erzählt, wie ein einzelner Held ganze Schaaren von Feinden vor sich hertreibt und doch sollen wir uns diese letzteren keineswegs als eine Heerde von Feiglingen vorstellen, sondern sie sind an sich alle unverweisliche Krieger, die nur dem Einen, dem zürnenden Helden Achilleus unfähig sind zu widerstehen. Ist das nicht eine Absurdität? Es ist Poesie und die Poesie gestattet die Hyperbeln, sogar alle reale Möglichkeit überschreitende Hyperbeln, aber die Hyperbeln dürfen sich nicht mit der inneren Wahrheit in Widerspruch setzen. Können wir aber Homer hier von einem solchen Fehler freisprechen? Kann man nicht alle seine Gesänge, alle Thaten seiner Helden ihres poetisch täuschenden Wahrheitsscheines berauben mit der einfachen Frage: warum vereinigen sich nicht drei oder vier, oder wenn das nicht genügt, sechs Trojaner gegen den Achilleus, oder vorher gegen den Diomedes oder die Griechen gegen Hector? Diese Heroen mögen noch so stark sein, es ist unmöglich, daß sie mehrere Gegner zugleich überwinden. Während sie den Einen, vielleicht auch den Zweiten tödten, muß der Dritte oder Vierte ihnen selbst eine tödtliche Wunde beibringen können. So nahe diese Frage zu liegen scheint, so hat doch wohl noch nie ein unbefangener Leser sich dadurch in dem Genuß der Homerischen Gesänge stören lassen. Seine unmittelbare Empfindung sagt ihm, daß Homers Schilderungen zwar hyperbolisch, aber keineswegs psychologisch unwahr sind. Es muß also in unserem Räsonnement ein Fehler stecken. Der sensus communis der Jahrtausende verbürgt die innere Wahrheit Homers; er verbürgt sie so sehr, daß wir die Beweisführung umkehrend sagen: wir verlassen uns von vornherein unbedingt auf die Menschenkenntniß Homers, sehen in ihm den unbefangensten aller Zeugen für die echte Natur und legen deshalb seine, von den Jahrtausenden anerkannten Schilderungen unseren Untersuchungen zu Grunde.

Weshalb ist also der oben erhobene Einwand gegen die innere Wahrheit des Homerischen Heroenthums nicht richtig? Daß drei oder vier, wenn auch schlechter Bewaffnete, einen Einzelnen und sei er noch so stark, überwinden müssen, ist klar. Aber sie werden es nicht thun, ohne wenigstens Einen von sich zu verlieren. Wo ist nun der Eine, der sich dazu hergiebt? Wird der Erste, auf den der gefürchtete Gegner die nie fehlende Lanze richtet, den sicheren Tod vor Augen dieser entgegengehen, um den Andern dadurch die Zeit zu verschaffen, ihrerseits an den Gegner heranzukommen und ihre Waffen zu gebrauchen? Selbst eine feste Verabredung möchte vor der unmittelbaren Todesgefahr nicht Stich halten und indem der Erste sich zu retten sucht, wiederholt sich das Spiel bei dem Zweiten: der Bund ist gesprengt. Und schon kehrt das Verhältniß sich um: der Feind rückt an: wer der Letzte bleibt, ist eine sichere Beute des Todes — rette sich, wer kann! Der Eine hat die Ueberzahl, noch ehe es zum Kampfe kam, aus dem Felde geschlagen.

Uebertragen wir diesen Gedankengang auf die Verhältnisse eines Kampfes zwischen zwei alten griechischen Stadtgemeinden. Hunderte stehen zusammen, bewaffnete Bürger, bewaffnet, wie es die Mittel eines Jeden mit sich bringen, — da kommt über das Blachfeld herangefahren auf seinem Streitwagen, seinen Genossen weit voran der Gewaltigste unter den Feinden. Man kennt ihn aus früheren Kämpfen. Sein Schild, sein Harnisch, sein Helm sind undurchdringlich. Er wirft die Lanze auf eine unglaubliche Entfernung und mit unfehlbarer Sicherheit. Seine Kräfte sind geschont durch die Fahrt auf dem Wagen; im Lauf wird ihm Keiner entkommen, den er einmal in's Auge gefaßt hat. Werden sie Alle auf ihn zustürzen, ihn durch die Menge zu erdrücken? So ruft vielleicht Einer oder der Andere. Aber wer will der Vorderste sein? Im Gegentheil: während die Muthigsten riefen „drauf", werden Andere schon nach einem Platz nicht in der allervordersten Reihe suchen, und irgend ein Anstoß, ein böses Omen, ein schlechtes Beispiel genügt, die ganze Schaar Kehrt machen zu lassen, und in wilder Flucht stäubt die Masse vor dem Einen auseinander. Einer, Zwei, die sich freiwillig geopfert hätten, hätten den Sieg sichern können. Jetzt schlachtet der Verfolger die Fliehenden in Menge fast wehrlos dahin.

Eine nicht geringe Rolle spielt hierbei die überlegene Bewaffnung des Helden. Nicht umsonst schildert uns das Epos diese Waffen und preist ihre Tugenden: die Rüstung des Achilleus, Siegfrieds Schwert Balmung. Aber wenn wir es realistisch mit modernen Augen betrachten, so lernen wir aus diesem Enthusiasmus nicht sowohl ihre eigene Vorzüglichkeit, als die Mängel der Gegenpartei kennen. Heute wäre Niemand mehr im Stande, die Vorzüge einer speciellen Waffe zu besingen, denn wir fabricieren sie zu Millionen von ganz gleichem Werth. Die Liebe, mit welcher der alte Dichter sich in die Herrlichkeit der Waffen seines Helden versenkt, zeigt uns nur, wie selten, wie kostbar, wie schwer zu erlangen ihm eine wirklich gute Rüstung, ein wirklich gutes Schwert schien. Welch' eine Sicherheit, welch' einen unendlichen Vortheil aber gewährt ein Schwert, auf das man sich verlassen kann gegen einen Gegner, dessen Schwert sich verbiegt, oder Scharten bekommt, oder gar vielleicht springt!

So wichtig dieser Unterschied ist, so bleibt er doch nur ein accessorischer, cumulirender. Auch mit gleichen Waffen müßte sich, wenn auch in geringerem Maße, die Erscheinung wiederholen, daß ein Einzelner eine größere Zahl, die ihm zusammen weit überlegen wäre, überwinden kann, wenn er nur jedem Einzelnen überlegen ist. Das Zusammenwirken der Einzelnen, so naheliegend es scheint, entsteht nicht spontan — das eben belegt uns das Zeugniß Homers — sondern es muß künstlich, durch eine besondere Thätigkeit hervorgebracht werden.

Gehen wir, um uns diese Hervorbringung klar zu machen, wieder aus von dem oben angenommenen Fall einer Verabredung von Vieren, gemeinschaftlich einen Gegner zu bestehen. Das Entscheidende ist, ob die Verabredung stark genug ist, selbst im Anblick der imminentesten Todesgefahr jeden Einzelnen fest zu halten. Gewiß kann man sich das vorstellen. Man wird entweder von Natur ganz außerordentlich tapfere Männer sich denken müssen oder eine

künstliche Steigerung des Todesmuthes durch Schwur, priesterlichen
Segen, Fanatismus, Verzweiflung. Selten und schwer kann das zu
Stande kommen. Denn wenigstens Einer nimmt einen freiwilligen
Opfertod auf sich und Alle müssen dazu entschlossen sein. Es ist eine
That, deren Ruhm, wie der des Quintus Curtius, durch die Jahr-
tausende gehen kann. Sehr viel leichter aber wird der Zweck er-
reicht in einer größeren Masse.

Stellen wir uns vor, daß jene Verabredung getroffen ist
unter einem Haufen von einigen Hundert Trojanern; daß man,
um sie auszuführen, sich in einer bestimmten Ordnung aufgestellt hat,
daß man sich geübt hat, diese Ordnung in allen Bewegungen festzuhalten, daß man sich verpflichtet hat, dem Befehl eines Einzelnen
unbedingt zu gehorchen, daß die kleinste Abweichung von dieser
Ordnung bereits ein oder das andere Mal mit einer furchtbaren
Strafe geahndet, die Ordnung und der augenblickliche Gehorsam
daher zu einer instinctiven Gewohnheit geworden ist — stellen wir
uns einen solchen Haufen vor, der mit einem oder auch gleich einigen
der griechischen Heroen zusammentrifft. Was wird geschehen? Die
Achilleus und Diomedes stürzen sich mit gewohntem Elan auf den
Feind, den sie gewohnt sind vor sich herzutreiben. Aber drüben
ist jetzt eine neue Kraft in Thätigkeit gesetzt, die nicht ohne Weiteres nachgiebt. Wenn die ersten Reihen schwach und zweifelhaft
werden sollten, so ist rein äußerlich ein mechanischer Zusammenhang
geschaffen, der dem schwachen Geist als Stütze dient: hinter den
ersten Reihen stehen andere, welche in der glücklichen Lage, der
Gefahr ferner zu sein, die vorn stehenden Kameraden festhalten,
sie nicht umkehren lassen, ihnen zurufen, ihre Hülfe in Aussicht stellen und damit ebensowohl die Ihrigen vorwärtsbringen
als die Gegner abschrecken. Denn selbst einem Achilleus und Diomedes, der in die vordersten Reihen eindringen will, muß sich
die Frage aufdrängen: was hilft's, wenn du auch die Vordersten
tödtest, du mußt endlich doch erliegen? Ein einzelner Ritter, der
einen geschlossenen Zug Kürassiere angreifen wollte, wäre nicht
ein Siegfried, sondern ein Narr. Nicht eine Anzahl Individuen
stehen ihm gegenüber, sondern eine durch Uebung, Disciplin und
Corpsgeist verbundene Einheit, und in dieser Form sind dieselben
Männer, die Achilleus ehedem wie der Wolf die Heerde vor sich
her scheuchte, im Stande, ihm jetzt nicht nur zu widerstehen, sie

überwinden ihn und werden sicherlich sogar eine sehr viel größere Menge, die in derselben Weise, wie sie selbst früher, zusammenhangslos ficht, vor sich her jagen.

Man sieht, wir haben durch die Organisation des Haufens völlig neue Gefechtsbedingungen geschaffen. Der persönliche Muth, die persönliche Tüchtigkeit des Einzelkämpfers tritt zurück gegen die Festigkeit des Zusammenhalts in dem Haufen, dem taktischen Körper. Der taktische Körper besteht aus Einzelnen, wie der menschliche Körper aus Atomen. Aber so wenig der menschliche Körper identisch ist mit der Summe der Atome, die ihn bilden, so wenig ist der taktische Körper identisch mit der Summe der Krieger, die ihn bilden. Der taktische Körper ist vielmehr ein geistiger Organismus, der zwar von den Einzelnen getragen wird, aber doch für sich besteht und im Gefecht von der gewaltigsten Wirksamkeit ist.

Die Idee des taktischen Körpers ist die Einheit des Willens in einer Vielheit. Der Einzelne soll die ganze Energie seines Willens behalten und dennoch seinen Willen dem einheitlichen Willen unterordnen. Man muß sich klar machen, wie schwer es ist, diesen Widerspruch zu überwinden und zu vereinigen, um die ganze Bedeutung der Bildung der taktischen Körper für die Kriegführung und damit für die Existenz und den Untergang der Staaten in der Weltgeschichte zu würdigen.

Nicht von heute auf morgen, nicht durch einen bloßen Beschluß kann ein taktischer Körper gebildet werden. Es gehört Zeit, Arbeit und Gewohnheit dazu, ihm die Festigkeit zu verleihen, die seine Grundeigenschaft bildet. Er muß so fest sein, daß selbst die Todesgefahr den Einzelnen nicht von ihm losreißt. Das ist durch einen einfachen Beschluß nicht zu erreichen.

Der Begriff des taktischen Körpers ist der Eckstein dieser gesammten Studien. Wir wollen denselben noch durch einige Beispiele weiter erläutern.

Bis zur Ueberspannung ausgebildet erscheint der Begriff des taktischen Körpers in dem Heere Friedrichs des Großen. Hier ist das Individuum fast bis auf den letzten Rest von dem Gesammtkörper verschlungen. In dem Officiercorps wird die persönliche Tapferkeit gehalten und genährt durch den Begriff der Standesehre; die Mannschaft aber wird angesehen als bloßes Material in der Hand des Officiercorps. Durch die Tisciplin wird aus ihr ein

Körper geschaffen, der von dem Officiercorps nach Gefallen geleitet wird. Man vertraut so sehr auf diesen Zusammenhalt, daß es fast gleichgültig erscheint, aus was für Leuten die Soldaten bestehen. Das „unnütze Volk" wird unter die Soldaten gesteckt. Mit List und Gewalt werden Fremde und Einheimische eingereiht. Bei jedem Einfall in Feindesland, in Sachsen, Böhmen, Mähren wird die Gelegenheit benutzt, Rekruten zu fangen. Selbst die Kriegsgefangenen werden untergesteckt; die bei Pirna gefangenen Sachsen einmal in ganzen Bataillonen und so fort während des ganzen Krieges. Da ist es kein Wunder, daß der König zu seinen Soldaten, wenigstens zu den seinem Lande nicht durch die Geburt angehörigen, nur ein geringes Vertrauen hat. Friedrich beginnt die berühmteste seiner militärischen Schriften „Les principes généraux de la guerre appliqués à la tactique et à la discipline des troupes prussiennes" mit vierzehn Regeln, wie die Desertion zu verhüten sei. Man soll nicht in der Nähe von Wäldern lagern; man soll oft die Zelte revidiren lassen; man soll rings um das Lager Husarenpatrouillen gehen lassen; man soll keine Nachtmärsche machen; man soll, wenn man durch einen Wald marschirt, Husarenpatrouillen neben der Infanterie reiten lassen. Wiederholt schärft Friedrich seinen Officieren diese Regeln ein. Die Erfahrung erinnerte nur zu sehr daran. Als Breslau sich im Jahre 1757 ergab, war der Garnison freier Abzug zugestanden, aber von den 4500 Mann, welche die Besatzung gebildet hatten, gingen beim Ausmarsch nicht weniger als 4000 zu den Oestreichern über, um bei ihnen Dienste zu nehmen. Solche Truppen und solche Siege! Gerade an diesem Widerspruch erkennen wir die Bedeutung des Begriffs eines taktischen Körpers. War etwa der einzelne Preuße so viel tapferer als der einzelne Oestreicher? Wir sahen, aus was für Material die preußische Soldateska zum Theil bestand: aber der taktische Körper, das Bataillon, war bei den Preußen so viel fester als bei den Oestreichern, daß, sonst unter gleichen Verhältnissen kämpfend, ein preußisches Bataillon es mit einer doppelten, ja dreifachen östreichischen Ueberlegenheit aufnehmen konnte. Die Preußen waren besser exercirt und sie schossen schneller als die Oestreicher (den eisernen Ladestock, der angeführt zu werden pflegt, nahmen auch die Oestreicher schon im Jahre 1742 an), aber das ist nicht das Entscheidende — denn was hilft die Gewandtheit, wenn die Tapferkeit fehlt? Das Geheimniß der preußischen Tapferkeit ist die durch die Disciplin erzeugte Festigkeit des Zusammenhalts der Bataillone, der taktischen Körper, deren secundäre Eigenschaft die militärische Gewandtheit ist, die Kunst des Schießens und der Evolutionen. Das Bewußtsein, die Ueberlegenheit in diesen Künsten zu besitzen, giebt Zuversicht und stärkt in Wechselwirkung die Festigkeit der taktischen Körper. Indem man jene Künste einübt, bildet man den taktischen Körper. Auf nichts legten die preußischen Regimentscommandeure und Inspecteurs mehr Gewicht als auf das Zusammenbrennen der Salven; das Feuern des ganzen Pelotons sollte klingen wie ein Schuß, eine Forderung, welche das Zielen unmöglich macht. Trotzdem betonte man diese Forderung so sehr, ähnlich wie den Parademarsch, weil sie einen Maaßstab abgab, wie scharf die Mannschaft zu einem einheitlichen Körper zusammengearbeitet war. Denn ohne viel Uebung und die äußerste, nur durch strenge Disciplin zu erreichende Aufmerksamkeit jedes Einzelnen ist eine solche Harmonie nicht zu erreichen.

Kann denn nun aber wirklich die Festigkeit des taktischen Körpers die Tapferkeit und sogar den guten Willen des Einzelnen so völlig ersetzen? Nein, sie kann es immer nur unter gewissen Verhältnissen. Das altpreußische Officiercorps mußte, um seiner Leute völlig sicher zu sein, sie auch immer völlig in der Hand haben; es kämpfte daher in der geschlossenen Linie und war nicht fähig, ein zerstreutes Gefecht zu liefern auf einem coupierten Terrain. Ein zum Theil aus so schlechtem Material zusammengesetzter Körper konnte des mechanischen Zusammenhalts keinen Augenblick entbehren. Erst die neuere Zeit erreichte die höchste Stufe: den mechanischen Zusammenhang aufzuheben im zerstreuten Gefecht und den geistigen dennoch zu erhalten. Ein modernes Bataillon kann sich völlig auflösen und behält darum doch alle Tugenden des taktischen Körpers, die Kraft, die dieser verleiht, die Willenseinheit, ohne die Selbständigkeit des Einzelwillens zu vernichten.

Man überlege aber wohl dabei, welche intensive Arbeit dazu gehört, diese höchste, rein geistige Form des taktischen Körpers zu erreichen. Man bedarf dazu eines Officiercorps, das, aus den höchsten Klassen der Bevölkerung hervorgehend, seine Energie durch fortwährendes Ausscheiden der schwächeren Elemente, sobald sie nicht mehr in der vollsten Manneskraft stehen, stets frisch erhält; man

bedarf eines Unterofficiercorps von mehr als einem Zehntel der
Stärke des Gesammtheeres; man bedarf endlich einer Einübungszeit
von durchschnittlich zweieinhalb Jahren für jeden Einzelnen, eine
Zeit, in der er ausschließlich sich dieser Uebung widmet und aus allen
bürgerlichen und familiären Verhältnissen herausgenommen wird,
um ganz in dem Militärischen unterzutauchen. Strenge, oft für
den Einzelnen vernichtende Strafen müssen unausgesetzt verhängt
werden, um die Gewohnheit der Unterordnung unter das Ganze zu
erhalten. Hat man einmal auf diese Weise die taktischen Körper
gebildet, so kann man in dieselben auch ein gewisses Quantum
weniger ausgebildeter Mannschaften ohne Schaden einfügen, da die
geringere Fertigkeit in den einzelnen Functionen, im Exerciren und
Schießen zuletzt das Minderwichtige ist im Verhältniß zu den Eigenschaften des Bataillons und der Compagnie als Ganzem.

Im unmittelbaren Contrast nebeneinandergestellt finden wir
das Kriegerthum, welches allein auf der persönlichen Tapferkeit des
Individuums und das Kriegerthum, welches auf der Bildung von taktischen Körpern beruht, in der Bildungsperiode der neueren Balkan-
staaten, namentlich in Serbien und Griechenland. Die Freiheitskämpfe
der Serben und Griechen in unserem Jahrhundert haben Acte des
Heroismus von Einzelnen und ganzen Schaaren und Volksmassen auf-
zuweisen, deren Ruhm nimmer verwelken kann. Von Anfang an aber
geht parallel mit dem Ruf des Heroismus und im Gegensatz zu ihm
nebenher der Ruf der Feigheit. Dieselben Haiducken, Klephten
und Palikaren erscheinen bald als Freiheitskämpfer, bald als Räuber
und Diebe, welche einen ernsthaften Strauß nicht auszufechten wagen.
Im Januar 1833 kam es einmal in Argos zu einem Zusammenstoß zwischen den Palikaren des Kolokotronis und einigen Compagnien des französischen Expeditionsheeres[1]). Die Palikaren mit
ihrem ganzen Arsenal von Waffen im Gürtel, hatten mit einem
gewissen Mitleid auf die jungen französischen Soldaten herabgesehen,
die nichts als ihre Bajonettflinten hatten und daneben noch den
schweren Tornister schleppen mußten. „Ihr armen kleinen Soldaten,"
äußerten sie, an ihren gewaltigen Schnurrbärten drehend, „wie viele
von euch werden den Neumond nicht mehr erblicken!" Plötzlich
fielen sie über die in der Stadt zerstreuten Franzosen her und griffen

---

[1]) Die Schilderung bei Mendelsohn-Bartholdi, Geschichte Griechenlands II, 422.

die Kaserne an, wo diese einquartiert waren. Der französische Commandant aber hatte sich vorgesehn; ein Theil seiner Truppen war consigniert gewesen, die Anderen sammelten sich schnell und als die Palikaren mit ihrer großen Uebermacht die Häuser rings um die Kaserne besetzten in der Meinung, durch ein anhaltendes Feuer auf alle Fenster die Franzosen zu bezwingen, da stürmten die Franzosen, einen Ausfall machend, aus der Kaserne heraus, drangen in die besetzten Häuser ein und bestrichen zugleich die Straßen mit ihren Geschützen. Nach allen Richtungen eilten die Palikaren davon, viele wurden eingeholt und mit Bajonetten niedergestochen. Die Franzosen verloren nur 20 Todte, die Griechen 160.

Das militärisch entscheidende Moment ist der Ausfall. Die Franzosen können ihn machen, weil ein Commando des Capitäns die dazu nöthige Willensübereinstimmung hervorbringt und verbürgt. Die Palikaren sind zu diesem wie zu einem Gegenmanöver so gut wie unfähig, weil die Willensübereinstimmung in dem entscheidenden Moment nicht mit der genügenden Sicherheit hervorzubringen ist. Nie wird ein Ausfall oder ein gesammelter Gegenangriff stattfinden, wo der Einzelne nicht die Ueberzeugung hat, daß die Anderen ihm wirklich folgen werden, denn geschieht das nicht, so würde der Einzelne sich nur ohne jeden Zweck aufopfern. Es ist daher noch kein absoluter Beweis persönlicher Feigheit, daß die Palikaren dem Angriff der Franzosen nicht widerstanden, denn bei dem völlig Ueberraschenden desselben war jeder Einzelne in der Ungewißheit, ob er nicht vielleicht allein es für richtig halten werde, in diesem Augenblick und an dieser Stelle Widerstand zu leisten. So räumten dieselben Männer hier vor einer Minderzahl das Feld, die anderwärts ihre Tapferkeit oftmals und unzweifelhaft bewährt hatten.

Auch Griechenland selbst hatte um diese Zeit bereits einige reguläre Truppen. Sobald eine einigermaßen geordnete Regierung hergestellt war, war man bemüht gewesen, mit Hülfe der zahlreichen militärisch geschulten Philhellenen solche Truppen zu schaffen. Die Palikaren aber in solche umzuwandeln, war unmöglich. Sie weigerten sich, in die regulären Bataillone einzutreten, die Uniform und die Bajonettflinte anzunehmen, und ihre Weigerung ist wohl sehr natürlich. Wie hätten alte Palikaren sich je in ein modernes Exercieren mit

Stillstehn, Richtung und Tritthalten finden können, ohne das doch ein regulärer taktischer Körper nicht zu bilden ist? Uebergangsformen aber aus einem Kriegerthum in das andere unterliegen der Gefahr, die Tugenden beider Formen zu verlieren, ohne andere dafür zu gewinnen.

Frei von dieser Gefahr wird nur diejenige Uebergangsform sein, in welcher der taktische Körper so einfach ist, daß es des intensiveren modernen Exercierens und der darin beschlossenen Beugung des Willens des Einzelnen unter den Willen des Befehlshabers zu seiner Bildung nicht bedarf. Das leitet uns über zu der Frage nach der Existenz und weiter der Natur taktischer Körper in den uns beschäftigenden vier Heeren.

Drittes Capitel.
Anwendung des Begriffs des taktischen Körpers auf die vier Heere.

Die Griechen und die Schweizer.

Als die Uebergangsform von dem Massenkampf Einzelner zu dem Kampf eines taktischen Körpers können wir uns einen Zustand vorstellen — und wir werden einen solchen Zustand des Weiteren auch als eine historische Erscheinung nachweisen — in welchem die Menge in einer gewissen Ordnung an den Feind herangeführt wird, das eigentliche Kämpfen jedoch Sache des Einzelnen bleibt. Von einem taktischen Körper sprechen wir erst von dem Augenblick an, wo auch im Kampf selbst fortwährend die Rücksicht auf den Zusammenhang, die Unterordnung des Einzelnen unter die höhere Einheit beobachtet wird.

Diese Regel finden wir in der griechischen Phalanx der Perserkriege. Das entscheidende Zeugniß ist die dem vertriebenen Spartanerkönige Demarat in den Mund gelegte Charakteristik seiner Landsleute (Herodot VII, 104): einzeln möge der Spartiat dem einzelnen Gegner erliegen, aber zu Haufe (ἁλέες) seien sie die Besten der Sterblichen; ihr Herrscher, das Gesetz, gebiete ihnen, in Reih und Glied verharrend (ἐν τάξει μένοντες) zu siegen oder zu sterben.

Diesem Zeugniß tritt zur Seite eine Bemerkung des Pausanias in seiner Darstellung der messenischen Kriege. So wenig man auch die Erzählung dieser Kriege als eine historische Quelle ansehen und benutzen darf, so darf doch das Nachfolgende wohl den Rang eines Zeugnisses beanspruchen, da es nicht ein einzelnes Factum, sondern eine allgemeine, von den dauernden Institutionen abstrahirte Charakteristik ausspricht.

Pausanias sagt also (IV, 8, 11), die Lacedämonier hätten nach einem Gefecht nicht verfolgt wegen mangelnder Kenntniß der Oertlichkeit und weil es auch sonst ihre Eigenthümlichkeit war, langsam zu verfolgen, da sie für wichtiger hielten, ihre Ordnung nicht aufzulösen, als noch einen oder den anderen Fliehenden zu tödten (ἦν δὲ αὐτοῖς καὶ ἄλλως πάτριον σχολαιοτέρας τὰς διώξεις ποιεῖσθαι, μὴ διαλῦσαι τὴν τάξιν πλείονα ἔχοντες πρόνοιαν ἢ τινα ἀποκτεῖναι φεύγοντα).

Als drittes Zeugniß glaube ich eine von Polyän in den Strategemata (I, 10) berichtete spartanische Sage hinzufügen zu dürfen. Als die Herakliden Sparta erobern wollten, heißt es, wurden sie beim Opfer überfallen. Sie ließen sich jedoch dadurch nicht in Schrecken setzen, sondern befahlen ihren Flötenbläsern zum Angriff zu blasen. Nach der Musik und im Tact gingen ihre Krieger vorwärts, bildeten eine zusammenhängende Schlachtlinie und siegten. Ein Gott verhieß ihnen darauf steten Sieg, so lange sie im Kriege Flötenspieler bei sich und nicht gegen sich hätten. Entkleiden wir diese Regel ihres mythischen Gewandes, so bedeutet sie, daß das Uebergewicht der Spartaner über ihre Gegner in ihrem geschlossenen, im Tritt erfolgenden Anrücken bestand. In den süßen Flötentönen selbst kann das Siegbringende nicht gelegen haben, sondern in der Ordnung, die sie angeben und bedingen. Eine wüste Masse marschirt nicht mit Musik. Entweder der Tact der Musik bringt Ordnung in die Menge, oder die Unordnung der Menge erstickt den Tact der Musik.

Diese Zeugnisse erweisen zunächst für die Spartaner ein schon seit Alters ausgebildetes Fechten in taktischer Ordnung. Zur Zeit der Perserkriege haben unzweifelhaft schon alle Griechen in derselben Ordnung gefochten, da wir von einem Unterschied in dieser Beziehung nichts hören, die Spartaner vielmehr immer nur dem Grade, aber nicht der Art nach in ihrer Kriegstüchtigkeit von den andern Griechen unterschieden werden. Speciell für die Athener mag man noch eine Bestätigung in dem Bürgereide finden, welcher an allererster Stelle die Verpflichtung auferlegte, „im Kampf den Nebenmann nicht zu verlassen" („οὐδ' ἐγκαταλείψω τὸν παραστάτην, ᾧ ἂν στοιχῶ")[1]).

Auch in den Homerischen Gesängen finden wir nun schon eine phalangenähnliche Ordnung. Die Verse, in denen die Ilias das Anrücken der dichtgedrängten Menge schildert, Schild an Schild, Helm an Helm, Mann an Mann „ἀσπὶς ἄρ' ἀσπίδ' ἔρειδε, κόρυς κόρυν, ἀνέρα δ' ἀνήρ", hat noch Polybius (XVIII, 29) zur Darstellung der macedonischen Phalanx verwendet. Homer spricht von der Colonne, die gebildet wird (πύργος), von den Reihen (στίχες) und der Kunst Nestors, sie zu ordnen.

Damit scheint unserer ganzen Argumentation im vorigen Capitel der Boden entzogen, oder vielmehr, da homerische Einzelkämpfe mit taktischen Ordnungen schlechthin unvereinbar sind — es ist constatiert, daß ein Widerspruch in der Homerischen Dichtung selbst vorhanden ist. Rüstow und Köchly haben diesen Widerspruch zu beseitigen gesucht, indem sie[2]) in jenen Ordnungen ein mehr zufälliges Sichzusammenfinden sehen, zu unterscheiden von der späteren, mit Bewußtsein hervorgebrachten und aufrechterhaltenen Ordnung, und ferner annehmen (S. 4), daß die Dichter aus poetischen Motiven die Massen so zurücktreten lassen zu Gunsten der Helden. Dieser letzteren Erklärung kann ich durchaus nicht beistimmen. Poeten des 18. Jahrhunderts haben allerdings die Feldherren geschildert, wie sie die Feinde mit ihres Schwertes Kraft niederwerfen, als wenn es Bataillone und Musketen noch nicht gegeben hätte, aber Homerisch ist das nicht. Wir haben oben gerade die volle innere Wahrheit dieser Einzelkämpfe der Heroen auseinandergesetzt, aber schon ganz lose Zusammenschaarungen würden ihnen einen Theil dieser inneren Wahrheit rauben. Ich suche daher die Erklärung in der Natur des Volksepos, welches weit zurückliegende Ereignisse besingt, natürlich nicht aus historischer Erinnerung, sondern indem es aus den Vorstellungen der Gegenwart Institutionen, die offenbar einen Stempel jüngeren, so zu sagen modernen Datums tragen, eliminirt, dabei aber doch im Einzelnen hier und da mit Vorstellungen und Verhältnissen der Gegenwart unwillkürlich operirt, ohne den Widerspruch zu empfinden, und auch ohne ihn in Wahrheit direct zu zeigen. In der Zeit der

---

[1]) Pollux Onomastikon. VIII, 105.
[2]) Griech. Kriegsw., p. 30.

Entstehung der Homerischen Gesänge haben vermuthlich Phalanx-Ordnungen bereits existirt, die Ordner solcher Reihen waren sehr angesehene Krieger; man legte auf solche Ordnungen den höchsten Werth, es ist daher ganz natürlich, daß die Dichter einige Züge, die eigentlich erst ihrer Zeit angehörten, in die Sagen, die sie bearbeiteten, verwebten. Die deutschen Künstler des 15. Jahrhunderts stellten die Kämpfe vor Troja und das Lager des Holofernes mit Kanonen und die Krieger in den Waffenrüstungen dar, die sie an ihren Zeitgenossen sahen. Zu so ungeheuerlichen Anachronismen hatte das griechische Volksepos keine Veranlassung, aber im Kleinen und Kleinsten werden fortwährend solche Incorrectheiten hineinspielen und man hat kein Recht, die innere Wahrheit der Dichtung an Consequenzen von Aeußerlichkeiten zu messen, die die Dichtung selber nicht gezogen hat und nicht hat ziehen wollen, sondern die erst bei gelehrter Reflexion hervortreten.

Ebenso wie die Phalanx haben auch die schweizerischen Gevierthaufen den Charakter wirklicher taktischer Körper; es wird von den Schweizern berichtet, daß sie auf Schutzwaffen weniger Werth legten als auf ihre Ordnungen.

Die griechische Phalanx und die sich wechselseitig unterstützenden Gevierthaufen der Schweizer sind die beiden Grundformen des taktischen Körpers. Sie sind auch die allein denkbaren Urformen, die beide in der Wirklichkeit der Geschichte erscheinen und die Ausgangspunkte zweier großer Entwickelungsreihen darstellen.

Jede der beiden Urformen hat ihre eigenthümlichen Vortheile und Nachtheile. Der Vortheil der Phalanx ist, daß sie sehr viel mehr Waffen ins Gefecht bringt als die Gevierthaufen. Ein Heer von 15,000 Mann in einer zehngliedrigen Phalanx aufgestellt, hat 1500 Spieße gleichzeitig in Action. Dasselbe Heer in drei Gevierthaufen aufgestellt, einen zu 10,000, zwei zu je 2500 Mann, hat nur $100 + 50 + 50 = 200$ Spieße in Front.

Die Schwäche der Phalanx liegt in den Flanken. In dem Augenblick, wo sie aus einer Flanke oder gar vom Rücken angegriffen wird, ist sie verloren. Die wenigen Flügelleute werden von allen Seiten zugleich gepackt und die Schlachtlinie aufgerollt, wenn man sie sich selbst überläßt, oder aufgelöst und jede Ordnung zerstört, wenn man aus der Mitte den Flügeln zu Hülfe kommt. Die Gevierthaufen dagegen sind nach allen Seiten gleich stark, können nach jeder Seite Front machen, sich nach jeder Seite ohne Schwierigkeit bewegen. Wird ein Gevierthaufe von mehreren Seiten zugleich angegriffen, so kann er sich zwar nicht mehr bewegen, aber doch sehr gut Widerstand leisten, bis ihn einer der anderen Haufen degagirt hat. So geschah es z. B. in der Schlacht bei Laupen 1339. Um eine schweizerische Schlachtordnung nur annähernd in eine ähnliche Nothlage zu bringen, wie eine Phalanx, die in der Flanke angegriffen wird, müßten schon alle drei Gevierthaufen gleichzeitig von mehreren Seiten zugleich angegriffen sein.

Man erkennt nunmehr, wie es kam, daß die Griechen die eine, die Schweizer die andere Schlachtordnung angenommen haben. Die Griechen bildeten ihre Kriegskunst im Kämpfen unter sich, in den Kämpfen gleichartiger Bürger- und Bauergemeinden, ohne erhebliche Reiterei, in einem zwar gebirgigen, aber immerhin nicht flächenlosen Lande. Hier stand nichts im Wege, durch Bildung einer langen Linie möglichst viele Spieße zugleich in's Gefecht zu bringen. Der Hauptfeind der Schweizer hingegen war eine zahlreiche und tapfere Ritterschaft. Mochte sie nun diese auf beengtem Terrain erwarten, so hatte auch sie keinen Raum, eine Phalanx zu bilden und zu bewegen; oder begegneten sie ihr in der Ebene, so würde eine auch nur unbedeutende Ritterschaar, der es gelang, ihnen die Flanke abzugewinnen, ihre Ordnung umgestürzt und die Schlacht gegen sie entschieden haben. Sie nahmen daher die Gefechtsform in Gevierthaufen an.

Aus denselben Gründen erklären sich die Unterschiede der Bewaffnung. Die Griechen haben den Schild und kurzen Spieß, weil Alles bei ihnen auf das wirkliche andauernde Gefecht Mann gegen Mann angelegt ist. Die Schweizer bedürfen nicht des Schildes, weil der Einzelkampf keine Rolle spielt, dagegen des langen Spießes, um die ansprengenden Ritter abzuwehren, und der Hellebarde (eine Combination von kurzem Spieß und Axt) um, nachdem der Feind durch den Stoß des Gewalthaufens geworfen ist und die Ordnung sich gelöst hat, nachzuhauen.

Auch die geringere Ausbildung der Fernwaffen bei den Griechen, die stärkere bei den Schweizern gehört in diesen Zusammenhang. Mit der Phalanx sind die Schützen, wie wir bereits sahen, schwer zu verbinden. Stehen sie vor der Front, um sich im letzten Augenblick vor dem Nahen der feindlichen Phalanx zurückzuziehen, so bringen sie die eigene in Unordnung. Um die Flügel herumlaufen können sie nicht, weil die Linie zu lang ist; sie müßten sich denn sehr früh zurückziehen, so daß sie vorher nicht viel würden ausrichten können. Es ist also eigentlich nur auf den Flügeln für einige Schützen Platz. Bei Gevierthaufen hingegen brauchen die Schützen nicht zu fürchten im Wege zu stehen. Um die kurze Front sind sie bald herum und auch, wenn sich Einige hineindrängen, thun sie keinen Schaden, da ein solcher Haufe so leicht nicht in Unordnung zu bringen ist. Die Möglichkeit einer reichlichen Verwendung der Fernwaffen ist also noch ein besonderer Vortheil der schweizerischen Ordnung.

Digression über die weitere Entwickelung der Phalanx und des Gevierthaufens.

Es ist nothwendig für die Fortsetzung unserer Untersuchung, daß wir zunächst einen Blick auf die weitere Entwickelung der Phalanx und des Gevierthaufens werfen.

Die Umbildung der griechischen Phalanx in die macedonische interessiert uns hier nicht und ich erwähne sie nur, um sie bei Seite zu stellen. Diese Umbildung ist keine eigentliche Entwickelung, sondern eher eine Verknöcherung, die man vornimmt, um den so gewonnenen Körper mit anderen Waffengattungen in Verbindung zu bringen. Die große That der Macedonier liegt nicht in der Behandlung der Phalanx, sondern in der Schöpfung einer Taktik der verbundenen Waffen. Ihre Sarissen-Phalanx ist nichts ohne die Verbindung mit der schweren Reiterei und den Hypaspisten (die etwa den etwas erleichterten Hopliten entsprechen).

Die wirkliche, innere Fortbildung der alten Phalanx haben die Römer hervorgebracht[1]). Sie theilten die Phalanx in Manipel, die mit kleinen Intervallen nebeneinander standen und stellten erst zwei, später drei Reihen Manipel hintereinander, immer so, daß die hinteren Manipel die Intervalle zwischen den vorderen deckten. Dadurch ermöglichten sie ihrer Schlachtordnung, sich auch auf coupiertem Terrain zu bewegen, ohne in Unordnung zu gerathen, und verschafften ihr zugleich den Vortheil, massenhaft Leichtbewaffnete mit

---

[1]) Ueber diese, von noch vielfach herrschenden Ansichten durchaus abweichende Auffassung der Entwickelung der römischen Taktik vergl. den Anhang.

Fernwaffen verwenden zu können. Die Manipular-Aufstellung ermöglichte diesen, sich durch die Intervalle zwischen den Manipeln erst ganz zuletzt zurückzuziehen; dann wurden die kleinen Intervalle schnell geschlossen und die ununterbrochene Reihe der Phalanx war hergestellt.

Die zweite Reform der Römer, die Umwandlung des Hoplitenspießes in den Wurfspieß, das Pilum und der Kampf mit dem Schwert berührt uns hier nicht.

Aus der Manipular-Phalanx erwuchs allmählich die Cohorten-Taktik. Scipio zerlegte im zweiten punischen Kriege die Manipular-Phalanx in drei Treffen. Während bisher noch die ganze Infanterie einen einzigen taktischen Körper bildete, die Manipel ohne selbständige taktische Bedeutung waren, haben die Treffen taktische Selbständigkeit. Sie schaffen die Möglichkeit, bei einem Rücken- oder Flanken-Angriff, diesen mit dem letzten Treffen abzuwehren, während das erste unberührt weiter kämpft.

Dann wurde, indem die Exercierkunst sich immer weiter ausbildete, die Zerlegung noch einen Schritt weiter geführt durch die Formirung der Cohorten als selbständiger taktischer Körper. Der Manipel war dazu zu klein; deshalb nahm man die Zusammenfassung von drei Manipeln, die Cohorte. Die Cohorte, 400—600 Mann stark, ist fähig, jede beliebige Form anzunehmen und mit anderen Cohorten zusammen jede beliebige Form der Schlachtordnung herzustellen. Man konnte jetzt in ein, zwei, drei oder vier Treffen sich aufstellen, einen Flügel verstärken, eine Umgehung machen, einem Flanken- oder Rücken-Angriff ohne Störung der übrigen Schlachtordnung entgegentreten. Der Gang der Entwickelung also, der Jahrhunderte lang dauert, ist der Fortschritt von einem einzigen ungeheuren, plumpen Körper zu immer feinerer Gliederung, endlich der Auflösung in eine Anzahl kleiner taktischer Körper, welche sich gegenseitig unterstützen.

Analog ist der Gang der Entwickelung in der Neuzeit. Die Taktik der drei Gevierthaufen der Schweizer wird aufgenommen von den Landsknechten. Sie wird fortgebildet durch die Spanier, die Niederländer, die Schweden, die Franzosen und die Preußen. Man zerlegt zunächst die colossalen Haufen in mehrere, ebenfalls noch in Geviertform, dann wird die Tiefe vermindert, die Front verlängert, so daß die Quadrate zu Linien werden. So ist man zu einer ganz ähnlichen Gefechtsform gelangt, wie die der römischen Cohorten:

eine Anzahl kleiner, um möglichst viel Waffen im Gefecht zu haben, in der Regel flach aufgestellter Körper, die so manövrirfähig sind, daß sie sich gegenseitig unterstützen können. Hier dürfen wir vorläufig abbrechen. Die französische Revolution bringt in die Entwickelung neue Elemente, Rückschläge und tastende Versuche, die sich nicht mit wenigen Worten charakterisiren lassen.

Der Vergleich der Entwickelung der antiken und der modernen Infanterie bis zu diesem Punkt lehrt, daß die Bildung der kleineren, beweglichen taktischen Körper durch die Zerlegung und Form-Veränderung der größeren erfolgt ist. Wir haben bereits gesehen, mit welchen Schwächen jene großen Ur-Körper behaftet waren. Die Phalanx ist auf den Flanken wehrlos, die Gevierthaufen verbrauchen eine ungeheuere Masse von Menschen für die Füllung, die nicht in der Lage sind, von ihren Waffen Gebrauch zu machen. Trotzdem vergehen Generationen, Jahrhunderte, ehe man zur Bildung von Körpern gelangt, die geschickt genug sind, durch eigene Form und wechselseitige Unterstützung diese Mängel zu überwinden.

Wir dürfen daraus schließen, daß die Bildung solcher kleiner taktischer Körper sehr schwer ist. Die Kunst, sie zu formen und zu bewegen, das Exerciren, ist eine Kunst, wie alle anderen. Sie bedurfte langer Zeit zur Entwickelung. Nachdem die Grundsätze, die Handgriffe einmal gefunden, eine Generation der anderen die Lehrmeister übergiebt, ist die Anwendung weiter nichts besonders Schwieriges. Wir sind deshalb, indem wir das mit ansehen, leicht geneigt, auch die Entstehung als etwas zu Einfaches zu denken. Hier erst den richtigen Maßstab zu gewinnen, war nöthig, ehe wir an die Untersuchung der Frage herangehen, wie weit die Bildung taktischer Körper bei den Burgundern und Persern vorgeschritten war.

Die Burgunder.

Die Eigenthümlichkeit der Heere des ausgehenden Mittelalters und auch des Heeres Karls des Kühnen ist die Eintheilung in „Lanzen" oder „Gleven". Eine „Lanze" besteht aus einem Ritter (homme d'armes) mit einer wechselnden Anzahl, 2 bis 8, Begleitern, so daß alle Waffengattungen, die überhaupt vorhanden, zu minimalen Einheiten verbunden sind.

Die Eintheilung in Lanzen erklärt sich aus der Natur des

Ritterthums. Der Ritter ist ein selbständiger Herr, der zunächst seinen Knappen oder Knecht um sich zu haben wünscht, zu seiner persönlichen Unterstützung. Seinen Erfolg noch sicherer zu machen, fügte er noch eine oder die andere Waffe hinzu, einen Bogenschützen, einen Piquenier zu Fuß, und da jede Waffe ihre besonderen Vortheile hat, die man alle genießen möchte, so umgiebt sich der Ritter endlich mit allen Waffengattungen zugleich: die schnellfliegenden Pfeile des Bogens, die langsamere aber durchschlagende Kraft des Bolzens der Armbrust, die noch kräftigere aber auch noch langsamere und unsichere Kugel des Handrohrs, der Spieß des Piqueniers, der dem Verwundeten den Rest giebt, alle verstärken den Einbruch des schwergepanzerten Ritters selbst oder decken seinen Rückzug. und alle diese Kriegsknechte sind zugleich geführt, mitfortgerissen, miterfüllt von dem kriegerischen Sinn, dem Muth des Edlen, der erzogen ist im Begriff der ritterlichen Ehre und durch die Kraft derselben den natürlichen Muth zur höchsten Tapferkeit steigert.

Den Begriff eines „taktischen Körpers" darf man offenbar auf die „Lanzen" nicht anwenden. Der Ritter nimmt in der „Lanze" nicht etwa eine Stellung analog der eines modernen Offiziers, eines Befehlshabers der wirklichen Kämpfer ein, sondern er ist der Hauptkämpfer, die anderen seine Nebenkämpfer. Es existirt dadurch in der kleinen Schaar unter der Führung des Ritters ein gewisser Zusammenhalt, aber zwei nothwendige Merkmale des taktischen Körpers sind nicht vorhanden: die Schaar ist nicht groß genug und sie ermangelt der äußeren, mechanischen Ordnung, der Ordnung in „Reih und Glied". Bei der Zusammensetzung aus z. B. fünf Reitern und drei Fußgängern oder auch zwei Reitern und vier Fußgängern und sechs verschiedenen Waffengattungen ist sie gar nicht denkbar.

Die Zeit war aber doch schon über die bloße Ordnung nach „Lanzen" hinausgekommen. Diese werden wieder zu größeren Einheiten, den Ordonnanz-Compagnien, zusammengefaßt. Je 100 Lanzen bilden in Karls des Kühnen Heer eine Compagnie unter Führung eines conducteur; die Compagnie zerfällt ursprünglich in zehn Abtheilungen zu je zehn Lanzen, zur Zeit des Schweizerkrieges aber in vier escadres; die escadre zerfällt in vier chambres zu je 6 Lanzen unter einem chef de chambre, die 25. Lanze ist diejenige des chef d'escadro. Hier ist also eine Ordnung, ein militärischer Aufbau, der auf den ersten Anblick den Eindruck eines wohlgegliederten taktischen Körpers machen kann, um so mehr, wenn nun weiter zum Zwecke des Gefechts die verschiedenen Waffengattungen von einander gesondert und in sich zusammengefaßt werden. Wir finden in Karls des Kühnen Armee-Reglement[1]) folgende Vorschrift.

„Damit die Mannschaft durch Uebung in der Führung ihrer Waffen zum Dienste im Kriege desto tüchtiger gemacht werden könne, befiehlt der Herzog den Anführern der Compagnien, Escadres und Züge, in den Garnisonen oder bei sonstiger Mußezeit ihre Gensd'armen zuweilen aufs Feld hinauszuführen, bald in bloßem Oberharnisch, bald vollgerüstet, und sie dort zu üben, in geschlossener Fronte, mit gefällter Lanze daher zu rennen, dabei in vollem Lauf der Pferde stets bei der Fahne zu bleiben, oder auch aufs Commando sich zu trennen, sodann sich wieder zu sammeln und sich gegenseitig zu unterstützen, um einen feindlichen Angriff auszuhalten. Auch die Schützen, sammt ihren Pferden, müssen zum Dienste ihrer Waffen eingeübt werden; sie sollen gewöhnt werden abzusitzen und mit dem Bogen zu schießen; dabei sind sie anzuweisen, ihre Pferde, an den Zügeln zusammengekuppelt, sich in Linie nachführen zu lassen, je drei Pferde an das Häkchen gebunden, das am Sattelknopfe des Pferdes des Knappen ihres Gensd'armen angebracht ist; ferner lebhaft in Linie voranzumarschiren, zu schießen, ohne in Unordnung zu gerathen; endlich vor sich, den Schützen, ebenfalls in geschlossener Linie die Piqueniere marschiren zu lassen. Auf ein gegebenes Zeichen aber fallen diese aufs Knie nieder mit vorwärts gestrecktem Spieße, in der Höhe der Pferdebrust, damit über sie hinaus, wie über eine Mauer, die Schützen ihre Pfeile abschießen können, und wenn die Piqueniere sehen, daß der Feind in Unordnung geräth, so sollen sie bereit sein, auf ihn loszugehen, in der Art, wie es ihnen befohlen wird. Nächstdem sind die Piqueniere auch einzuüben, zum Behufe zweiseitiger Gegenwehr sich Rücken an Rücken zu stellen, wie auch eine gevierte oder kreisförmige Ordnung zu bilden; stets außerhalb der Schützen und geschlossen, um den Anfall feindlicher Reiterei abzuwehren, indem sie auch die Pagen und die Pferde der

---

[1]) Gebr. in Gollut, Mémoires de la Republique Séquanoise. Herausgeg. v. Duvernoy, Arbois 1846, p. 1271 und weniger gut in Chmel, Aktenstücke u. Briefe d. Gesch. d. Hauses Habsburg im Zeitalter Maximilians I., Bd. I, p. 77.

Schützen einschließen. Es können die Officiere zunächst diese Exercitien in kleinen Abtheiluugen üben; wenn die eine es kann, lernt es die andere. Und bei der Gelegenheit haben die Officiere zugleich ihre Leute unter den Augen, welche es nun nicht wagen werden sich zu entfernen oder ihre Pferde oder Rüstungen zu verkaufen, weil sie nicht voraus wissen, an welchem Tage die Officiere sie exercieren wollen, und so wird jeder gezwungen sein, seine Pflicht zu thun und sich für den Krieg zu üben."

(„Afin de habiliter et exercer lesdicts gens de guerre aux armes, et qu'ils y soient de tant mieux duicts et instruicts quand aucune affaire surviendra, mondict seigneur ordone que lesdicts conducteurs, chiefz d'esquadre et de chambre, eux estans en garnison ou quand ils hauront temps et loisir de ce foire, meinent aucunes fois partie de leurs homes d'armes iotter aux champs, armés aucune fois du ault dela piéce seulement, une autre fois de toutes piéces, pour eux exercer à courre la lance et se tenir, en la courant, ioincts et serrés et aussi courre vifuement et garder leurs enseignes, eux départir s'il leur est ordoné, et eux r'allier en se secourant l'un l'autre par commandement et à la maniére de soustenir une charge. Et pareillement les archiers à tous leurs cheuaux, pour les accoustumer à descendre de pied et à tirer de l'arc, en leur faisant apprendre la maniére d'attacher et abrider leurs cheuaux ensemble et les faire marcher après eux de front, derriers leurs doz, en attachant les cheuaux de trois archiers à brides aux cornes de l'arçon de la selle, au derrière du cheval du paige de l'home d'armes à qui ils sont. En oultre, de marcher viuement de front, de tirer sans eux rompre, et de faire marcher leur picquenaires en front, serrés deuant ledicts archiers, et à un signe d'eux, mettre à un genoil, en tenant leurs picques baissées de la oultcur des hars des cheuaux, afin que les archiers puissent tirer par dessus lesdicts picquenaires comme par dessus un mur et que si lesdicts picquenaires voient leurs ennemis se mettre en désarroy, ils fussent prests à leur courir sus par bone maniére, ainsy qu'il leur seroit ordoné; et aussi d'eux mettre doz contre doz, à double deffense ou en ordonance quarée ou ronde, et tousiours les picquenaires hors des archiers, serrés pour soutenir la charge des cheuaux des ennemis, en encloüant au milieu d'eux les paiges et les cheuaux des archiers. Et pourront lesdicts conducteurs de prime face introduire ceste maniére de faire par petits compaignées; tantost que l'une desdictes compaignées serat duicte et apprinse, ils y pourront mener des autres; et en ce faisant, lesdicts conducteurs hauront la veuë et le regard de leurs gens, lesquels par ce ne se oseront absenter ne estre dépourueûs de leurs cheuaux et harnois, parce qu'ils ne seront pas seurs du jour que lesdicts conducteurs les voudront mener à l'exercice; et si serat chacun d'eux contrainct de apprendre à faire son debuoir et plus expert pour s'en aider toutes et quantes fois que besoing serat."

Zuerst springt in dieser Verordnung in die Augen, daß das Princip der Lanzen, die Mischung aller Waffengattungen, obgleich administrativ beibehalten, für das Gefecht aufgegeben ist. Noch einen Schritt weiter auf dieser Bahn that Karl in der Zwischenzeit zwischen den beiden Schlachten von Gransen und Murten. Er erließ eine eingehende Ordre de Bataille[1]), welche die Armee in vier Corps, jedes Corps in zwei Divisionen, jede Division in fünf Abtheilungen zerlegt, eine Abtheilung Piqueniere, zwei Abtheilungen Bogenschützen und zwei Abtheilungen Gensd'armen. Man hat die acht Divisionen als Treffen bezeichnet und angenommen, daß sie hinter einander aufgestellt werden sollten[2]): offenbar mit Unrecht: was hätten die Massen von Schützen und Reitern in solcher Aufstellung wirken können? Tiefe Aufstellungen haben dann einen Zweck, wenn entweder fest aufgeschlossen die hinteren Glieder die vorderen vorwärts drücken, oder aber die hinteren Treffen den vorderen secundieren. Letzteres ist doch aber höchstens bei drei oder vier Treffen möglich; in acht Treffen würde die Hälfte in keiner Weise in das Gefecht eingreifen können. Nun sagt das Reglement ausdrücklich, daß die zweite Division hinter der ersten stehen solle; von der Stellung der anderen ist nichts gesagt. Man könnte daher

---

[1]) Dieselbe war bisher nur aus der italienischen Uebersetzung bekannt, welche Panigarola nach Mailand schickte (Gingins, Dépêches II, 152); neuerdings aber ist das französische Original publicirt in Chauvelays und Coligny „Les armées des trois premiers ducs de Bourgogne de la maison de Valois". 1880. In den Mémoires de l'Academie de Dijon T. VII. Auch separatim.

[2]) So noch in seiner werthvollen Untersuchung „Betrachtungen über das Entstehen der Burgunderkriege und den Verlauf des Tages von Murten" Meister, Oberstlieutenant im eidgen. Generalstabe. Zürich 1877.

schließen, daß die vier Corps nebeneinander und in jedem Corps die beiden Divisionen treffenförmig hintereinander stehen sollten. Aber selbst das ist mir fraglich, da die zweite Division die Garde und die maison militaire des Herzogs enthalten und die große Standarte führen sollte und ich mir nicht wohl mit den ritterlichen Vorstellungen vereinigen kann, daß diese in das zweite Treffen gestellt werden. Jenes „hintereinander" bezieht sich vielleicht nur auf die Marsch-, nicht die Schlachtordnung[1]). Aber wie auch immer: im Wesentlichen ist die Aufstellung so gemeint, daß immer abwechselnd kleine Haufen von einigen hundert Mann, Gensd'armen, Schützen und Piqueniere stehen sollen, um sich so gegenseitig zu unterstützen. Die Piqueniere jeder Division stehen in der Mitte, rechts und links daneben die Schützen, rechts und links neben diesen die Gensd'armen.

Nimmt man diese Ordre de Bataille zusammen mit jener Exercier-Verordnung, so scheint man, nur auf den Inhalt sehend, ein ganzes und mehrfach ganz modernes Exercier-Reglement vor sich zu haben. Die Cavallerie soll geschlossen attaquieren. Die berittenen Schützen sollen abgesessen schießend avancieren, je drei Pferde zusammen von dem Pagen ihnen nachgeführt werden. Die Piqueniere sollen die Schützen decken. Die Art, wie das Letztere ausgeführt werden soll, erinnert an die den Assyrern zugeschriebene Methode. Die Piqueniere sollen vor den Schützen in gebückter Stellung stehen, so daß diese über sie weg schießen, jene aber sie gegen einen direkten Angriff vertheidigen können.

Auch von Richard Löwenherz wird erzählt, daß er auf seinem Kreuzzug in einem Gefecht bei Joppe (5. August 1192) seine Leute in dieser Weise geordnet habe[2]).

---

[1]) Der Passus lautet wörtlich „... en cheminant tiendront l'ordre de la file cy dessus escripte. Et en culx rengeant en bataille arresteront les quatre escadres des quatre estas (zu den Haustruppen gehörig) derrière la compaignie dudit Domarien (welcher den rechten Flügel der ersten Division hat) en telle distance et espace que par le chief de cest dite bataille leur sera ordonné." Der Ausdruck „en culx rengeant en bataille" braucht nicht zu bedeuten, daß man eine wirkliche Schlachtordnung einnimmt, sondern nur, daß die Einzelnen zu Haufen zusammentreten. Des Weiteren ist bei der Bestimmung des Platzes für die große herzogliche Standarte noch wieder unterschieden, ob es zum Gefecht geht oder nicht. Aus dem Wortlaut des Reglements ist deshalb nichts Sicheres zu erschließen.

[2]) Itinerarium regis Ricardi ed. Stubbs in Rer. Brittannic. med. aevi Script. p. 415.

Schon bei Erwähnung dieser Aufstellung der Assyrer habe ich betont, daß dieselbe sehr unpraktisch ist. Die Aufstellung ist das Ergebniß einer Reflexion, wie sie natürlich ist in einer Epoche des Ueberganges, wo man aus der völligen Unordnung zu festen Formen zu gelangen sucht und die insofern einen Fortschritt und eine gewisse Ueberlegenheit gegenüber der voraufgehenden Stufe anzeigen kann, selbst jedoch in der Praxis bald hinweggeschwemmt werden muß. Wir finden auch nichts davon, daß Karl in dem Lager von Lausanne, vor der Schlacht von Murten seinem Heere dergleichen eingeschärft oder eingeübt habe und das ist sehr natürlich.

Das Exercieren ist eine viel zu schwere Kunst, als daß sie so beiläufig nach allgemeinen Anweisungen in der Garnison, wenn gerade Zeit ist und der Compagnieführer Lust hat, auch mit dem guten Nebenzweck eines Appells und einer Waffen-Revision eingeübt werden könnte; am wenigsten in kleineren Körpern, die künstlich aus den verschiedensten Waffengattungen combinirt sind. Wenn man das Wort „Exercieren" auf diese Uebungen anwenden will, so ist es doch nicht dasjenige Exercieren, vermittelst dessen die taktischen Körper im Alterthum oder in der Neuzeit gebildet werden. Karls Verordnung ist daher nicht als ein Exercier-Reglement im modernen Sinne aufzufassen, sondern als eine Directive, mehr der Theorie als der Praxis entstammend, deren Ausführung dem guten Willen und der Geschicklichkeit des Einzelnen überlassen, höchstens ein oder das andere Mal im Frieden gezeigt oder probiert wird.

Die Betrachtung der drei Waffen, der Ritter, Schützen und Spießer im Einzelnen führt zu demselben Resultat.

Das Knochengerüst der Compagnie sind die 100 Ritter. Der Begriff des Ritters aber widerstrebt als solcher dem Begriff des taktischen Körpers. Wir sahen, daß alle militärische Bildung sich zwischen zwei Polen bewegt: der kriegerischen Tapferkeit und Tüchtigkeit des Individuums und der Formirung taktischer Körper. Wir sahen, wie in der Armee Friedrichs des Großen der eine Pol, der taktische Körper nahezu den anderen verschlungen hat. Diese Soldaten wurden gar nicht mehr als Individuen, sondern fast als Maschinen behandelt. Die umgekehrte Erscheinung bietet das Ritterthum. Es ist diejenige Erscheinung des Kriegerthums, welche unter weitester Zurückdrängung der äußeren Ordnung und Führung alles Gewicht auf die Tapferkeit und Geschicklichkeit des Einzelnen legt. Es ist vielleicht dem Leser bereits aufgefallen, daß ich die Erzählung von dem Helden, der allein ganze Schaaren vor sich hertreibt, dem griechischen, nicht dem deutschen Epos entnommen habe. Das deutsche Epos läßt die Menge von der Hand Siegfrieds, Hagens und Wolfharts fallen, aber nicht vor ihnen fliehen. Griechische Stadtbürger mögen fliehen vor dem Einen, ohne in dem Hörer das Gefühl der Entrüstung und Verachtung hervorzurufen, von und vor deutschen Rittern darf solches nicht gesungen werden: das muß denn schon der alte Hildebrand selber sein, der ohne Schaden für seinen Ruf einmal mehr die Klugheit als den Muth walten lassen darf. Auf diesem Wege ist viel zu erreichen. Eine Schaar von lauter Rittern, von denen jeder Einzelne von den höchsten Begriffen der Waffenehre erfüllt ist und von allen Anderen, seinen Standesgenossen, weiß, daß sie es ebenso sind, eine solche Schaar wird, zunächst im Angriff, ganz von selbst ähnlich handeln wie ein taktischer Körper. Die Gleichheit des Willens wird eine Art Einheit des Willens herstellen. 150 Ritter würden mit derselben Entschlossenheit attaquieren, wie eine gut geführte Escadron Küraſſiere, und ſie würden dieſen (ganz abgesehen von verschiedener Bewaffnung natürlich) nachher im Einzelkampf weit überlegen sein, da der moderne Küraſſier das Einzelfechten garnicht mehr lernt, auf dessen Ausbildung der Ritter sein halbes Leben zubringt.

Führen wir aber diesen Vergleich zwischen einer Schaar von 150 Rittern mit einer Schwadron etwas weiter. Zunächst gebraucht man für die letztere nicht 150 Edelleute, sondern es genügen einige Officiere, eine Anzahl Unterofficiere und im Uebrigen ganz beliebige gesunde Jungen aus der Stadt oder vom Lande, und auf die Dauer würden diese 150 „Gemeinen" den 150 Rittern unzweifelhaft überlegen sein. Nicht nur, daß man von ihnen leicht die zehnfache Anzahl aufbringen kann, sondern schon die gleiche Abtheilung würde stärker sein. Beim einfachen Zusammenprall würde sie freilich erliegen, aber es giebt im Kriege noch vielfache andere Situationen. Die Schwadron, einmal geworfen, sammelt sich doch auf Signal sofort wieder um ihren Rittmeister. Den Rittern fehlt ein solcher Mittelpunkt, dessen Directive sie gewohnt wären, mit unbedingter Pünktlichkeit zu folgen. Die Schwadron ist im Stande sich zu theilen und den Angriff von verschiedenen Seiten und doch genau correspondierend zugleich zu machen. Sie weicht dem Kampf in einem Moment aus, um ihn in einem günstigeren plötzlich wieder aufzunehmen. Alles weil sie einen einheitlichen Willen hat. Um diesen einheitlichen Willen hervorzubringen, mußte aber der Wille jedes Einzelnen einigermaßen gebeugt werden. Er mußte sich eines Theils seiner Selbständigkeit begeben. Man weiß, wie harte Mittel dazu gehören, selbst bei dem gutwilligsten Volk die Disciplin aufrecht zu erhalten. Sind Ritter geneigt, sich dieser Disciplin zu unterwerfen, sie sich völlig, denn das ist dazu nöthig, zur Gewohnheit werden zu lassen? Sie, deren ganze Erziehung sonst darauf ausgegangen ist, einen trotzigen Unabhängigkeitssinn, höchste Geltung der Person, Wetteifer der persönlichen Auszeichnung zu erwecken? Sie sind in diesem Punkte den griechischen Palikaren vergleichbar. In einem Officiercorps, ja, da vereinigt sich ritterlicher Sinn mit Disciplin, aber auch nur, weil es Officiercorps ist, das bestimmt ist, selber durch die Disciplin über die Masse zu herrschen. Eine disciplinirte Schwadron aus lauter Officieren herzustellen, wäre unmöglich. Entweder die Disciplin oder die vornehme Ritterlichkeit würde verloren gehn.

Noch unser Zeitalter hat Etwas wie einen Zusammenstoß einzeln fechtender Reiter und zu taktischen Körpern vereinigter Reiter practisch erlebt: nämlich den der Mamelucken und Franzosen in Egypten. Napoleon hat denselben folgendermaßen charakterisirt: 2 Mamelucken seien 3 Franzosen gewachsen, da sie besser beritten, bewaffnet und ausgebildet seien (sie hatten zwei Paar Pistolen, Carabiner, Helm, Panzerhemd und mehrere Pferde und Diener zu Fuß zu ihrer Unterstützung); 100 Franzosen aber würden 100 Mameluken nicht zu fürchten brauchen, 300 Franzosen einer gleichen Anzahl überlegen sein und 1000 Franzosen unfehlbar 1500 Mamelucken besiegen.

Naturgemäß ist die Bildung taktischer Körper aus Reitern noch viel schwerer als die aus Infanteristen. Wann das Alterthum dazu gelangt ist, ist nicht mit Sicherheit zu sagen; frühestens Alexander der Große und seine Nachfolger, von denen es wohl Hannibal aufgenommen hat. Die moderne Cavallerie bildet sich erst um die Mitte des 16. Jahrhunderts; ihre eigentliche Ausbildungsperiode sind die Hugenottenkriege und die Hauptträger dieser Bildung die deutschen „reîtres". Wie schwer es aber ist, geschlossene Reiterschaaren zu bewegen, zeigt die Vorschrift des Marschalls de Tavannes[1]): „Qui charge à pro-

---

[1]) Cit. Harby, Hist. de la Tactique française p. 696.

pos et en ordre est victorieux; marcher au pas, faire souvent des haltes (les capitaines étant en front et sur les pointes, les maréchaux des logis derrière, frappant les couards) et ne prendre le grand trot ou le petit galop qu'à dix pas de l'ennemi."

So an den Feind herangekommen, kämpfte man mit der Pistole, gliederweise caracolirend. Erst Gustav Adolf gelangt dazu, die Caracole zu verbieten, nur einen Schuß zu erlauben und im Galopp attaquieren zu lassen. Wiederum über 100 Jahre später thut erst Friedrich der Große den nächsten Schritt, das Schießen ganz zu beseitigen und in der Carriere attaquieren zu lassen. Erst hier haben wir den wirklichen Cavallerie-Chok. Schon Prinz Eugen hatte wohl erkannt, welchen Werth derselbe haben müsse und die Einführung befohlen. Aber die Disciplin des österreichischen Heeres reichte dazu nicht aus; die Reiteroberften waren dieser Kampfesweise, die viele Uebung erforderte, wegen der Schonung des Pferdematerials abgeneigt und Prinz Eugen konnte seinen Willen nicht durchsetzen.[1])

Ebensowenig wie die Ritter eignen sich die Schützen zur Bildung taktischer Körper. Der Schütze ist naturgemäß Einzel-Kämpfer. Erst auf einer sehr hohen Stufe ausgebildeter Exercierkunst und Taktik kann man dazu gelangen, auch Schützen zu taktischen Körpern zu vereinigen.

Es bleiben die Piqueniere, welche sich generell am besten für die taktischen Körper eignen. Es ist aber klar, daß in einem Heere, in welchem sie eine solche Nebenrolle spielten, wie in demjenigen Karls des Kühnen, gerade sie nicht eine höhere Stufe der Kriegskunst darstellen können, als die anderen Waffen.

Resultat: Die Ordonnanz-Compagnien repräsentieren jene Uebergangsstufe, wo die Ordnung der Einzelkrieger noch nicht zu taktischen Körpern condensirt ist, sondern wo die Ordnungen nur dazu dienen, die Einzelnen so zu sagen an das Gefecht heranzubringen, das Gefecht selbst aber noch ganz und gar als eine Summe von Einzelkämpfen aufgefaßt wird.

---

[1]) Feldzüge des Prinzen Eugen. B. österreich. Gen.-Stab. Serie I. Bd. I. p. 384.

Die Perser.

Von den Persern fehlt es uns naturgemäß an directen Zeugnissen, welche uns ein Urtheil darüber gestatten, wie weit sie in der Bildung taktischer Körper vorgeschritten waren. Wenn Herodot berichtet, daß der König Kyaxares es gewesen sei, der Ordnung in die medischen Kriegsschaaren gebracht und Reiter-, Bogen- und Lanzenträger, die bisher durcheinander gefochten, zu bestimmten Abtheilungen vereinigt, so ist darauf wenig zu geben und wenig daraus zu schließen. Ich glaube jedoch, daß es nach der vorausgehenden Untersuchung über die historischen Bedingungen und die Art der Bildung taktischer Körper keinem Zweifel unterliegen kann, daß die Perser zu solcher Bildung nicht gelangt waren. Ihr Heer wird auch in dieser Beziehung dem burgundischen Heere Karls des Kühnen ziemlich ähnlich gewesen sein.

Xen. An. 1,8,9 κατὰ ἔθνη ἐν πλαισίῳ πλήρει ἀνθρώπων ἕκαστον τὸ ἔθνος.

Zweiter Abschnitt.

Die Perserkriege.

Zweiter Abschnitt.

Die Perserkriege.

Erstes Capitel.

Die Quellen.

Die Quellen über die Perserkriege lassen sich in folgende Gruppen eintheilen.

Erstens: gleichzeitige. Das sind neben einem urkundlichen Zeugniß, dem Dreifuß, den die Griechen nach der Schlacht von Plataä weihten und dessen unterer Theil mit den Namen der mitkämpfenden Staaten heute in Constantinopel ist, ausschließlich poetische: einige auf die Ereignisse bezügliche Verse und namentlich das Drama des Aeschylus „Die Perser". Als historische Zeugnisse sind die in dieser Form erhaltenen Nachrichten naturgemäß nur von accessorischem Werth.

Zweitens: Geschichtsschreiber der dem Zeitalter dieser Kämpfe nächstfolgenden Generation, und zwar

a) Herodot, welcher seine Nachrichten 30—50 Jahre nach den Ereignissen sammelte und niederschrieb[1]). Schriftliche Aufzeichnungen

---

[1]) Ich schließe mich der Ansicht an, daß Herodot die Geschichte der Perserkriege mit zuerst geschrieben und bereits 445, also 35 Jahre nach der Schlacht bei Salamis in Athen (wenn auch vielleicht nicht in der heutigen Gestalt) vorgetragen hat. Aber wenn auch die andere Ansicht die richtige sein sollte, wonach Herodot diesen Theil seines Werkes erst um's Jahr 430 geschrieben, so ist er doch unzweifelhaft in der Mitte der vierziger Jahre lange in Athen gewesen und hat also schon damals sich die Ereignisse erzählen lassen. Vgl. Bauer, Die Entstehung des Herodotischen Geschichtswerkes. 1878. — Kirchhoff, Ueber die Entstehungszeit des Herodotischen Geschichtswerkes. 2. Aufl. 1877. — Volquardsen in Bursians Jahresber. Bd. 19, p. 45.

hat er ſicherlich nur ſehr wenig benutzt, aber er ſchrieb getreulich auf, was ihm erzählt wurde, und ſeine Gewährsmänner können noch Augenzeugen geweſen ſein. Eine eigentliche Kritik übte er an den Nachrichten nicht. Widerſprechen ſich zwei Mittheilungen, die ihm geworden ſind, ſo ſtellt er ſie nebeneinander, ohne ſich zu entſcheiden. Nur bei ganz unglaubwürdigen Dingen läßt er ſeine Bedenken laut werden, hält ſich aber nicht berechtigt, ſie einfach wegzulaſſen. „Ich bin verpflichtet das Erzählte wiederzuerzählen, Allen aber Alles zu glauben, bin ich durchaus nicht verpflichtet," ſagt er ſelbſt einmal[1]). Uebertragen wir ein ſolches Verhältniß auf unſere Tage, ſo würde ein Bericht ſolchen Urſprunges nur auf eine ſehr geringe Glaubwürdigkeit Anſpruch machen dürfen. Ein Geſchichtsſchreiber, welcher die Ereigniſſe der Freiheitskriege, ohne daß zwiſchendurch etwas darüber gedruckt worden wäre, in den fünfziger Jahren aus der Erzählung der überlebenden Staatsmänner und Soldaten hätte reconſtruiren wollen, würde gewiß in zahlloſen Punkten das Richtige verfehlt haben. Der ſtrategiſch geſprochen eigentliche Ueberwinder Napoleons, Gneiſenau, würde vermuthlich kaum erwähnt worden ſein, hingegen Bernadotte möglicherweiſe eine der erſten Stellen unter der Heldenſchaar erhalten haben. In Wirklichkeit darf nun aber dieſer Vergleich nicht gezogen werden. Freilich wäre es abſolut unmöglich, aus mündlichen Erzählungen, ſelbſt gleichzeitigen, eine zuverläſſige Geſchichte der neueren Zeit herzuſtellen. Im Alterthum aber liegen die Verhältniſſe anders. Man bedarf nicht der Urkunden und Relationen, ſondern kann ſich mit dem Bericht der Augenzeugen begnügen, weil die Ereigniſſe ſelbſt offener zu Tage treten. Die Dinge bewegen ſich in einfachen und großen Zügen und ihnen entſprechen naturgemäß die Quellen. Die Möglichkeit zuverläſſiger Kunde auch im Einzelnen erloſch erſt mit dem Ausſterben der Generation der Augenzeugen.

Herodot war alſo in der Lage, uns eine ziemlich zuverläſſige Kunde von den Perſerkriegen zu überliefern. Wie weit dies thatſächlich der Fall iſt, werden wir zu unterſuchen haben.

b) Aehnlich wie Herodot, wenn auch jünger, hat auch Thucydides noch Nachrichten von Augenzeugen einziehen können.

---

[1]) VII, 152. Die Lesart „πάντα πᾶσι" ſtatt „παντάπασι" nach Bauer, Themiſtokl. p. 17 Anm. 3.

c) Einige verloren gegangene Schriftsteller; unter anderen Hellanikos, Charon und Stesimbrotos. Letzterer lebte wie die beiden Vorigen zur Zeit des Perikles und soll Biographien des Themistokles, Perikles und Thucydides geschrieben haben, auf die nach der Meinung eines Gelehrten die große Masse der uns in späteren Schriftstellern aufbewahrten, nicht aus Herodot oder Thucydides stammenden Nachrichten zurückgeht. Wir wissen jedoch sowohl von der Person als den Büchern des Stesimbrotos so wenig, daß sogar die Behauptung hat aufgestellt werden können, jene angeblichen Biographien seien eine 400 Jahre später entstandene Fälschung gewesen. Hierüber zur Gewißheit zu gelangen, scheint nun von großer Wichtigkeit zu sein. Denn offenbar ist es ein großer Unterschied, ob die außer Herodot und Thucydides überlieferten Nachrichten ebenfalls auf einen ihnen gleichzeitigen Schriftsteller, wenigstens zum großen Theil, zurückgehen, oder ob sie einer erst Generationen später fixierten mündlichen Tradition entstammen. In Wirklichkeit ist jedoch für die kritische Feststellung der Thatsachen der Unterschied nicht so groß. Denn selbst wenn ein Theil der Ueberlieferung wirklich auf Stesimbrotos oder einen anderen verlorenen Autor dieser Periode zurückgehen sollte, so wissen wir doch über die Person dieser Autoren und den Charakter ihrer Werke zu wenig, um daraus etwas für die Glaubwürdigkeit ihrer Nachrichten ableiten zu können. In dem einen wie dem anderen Falle haben wir es zunächst mit einer durch Niemand, dessen Charakter wir prüfen können, verbürgten Tradition zu thun.

Hiermit leiten wir über zu der dritten Quellen-Gruppe. Es sind alle diejenigen Nachrichten späterer Schriftsteller, die nicht auf einen Autor der Perikleischen Zeit zurückgehen. Es sind Nachrichten ohne jede Beglaubigung als die der mündlichen Tradition, mögen sie nun zum ersten Mal ein bis eineinhalb Jahrhunderte nach den Ereignissen von Ephorus oder Theopomp niedergeschrieben sein, oder von späteren Schriftstellern ohne jede Angabe des Ursprungs erwähnt werden. Für den Historiker sind solche Nachrichten, die uns also, ohne daß wir sie von der vorigen Gruppe strenge scheiden könnten oder zu scheiden brauchten, u. A. bei Plutarch, Nepos, Diodor, wie auch bei dem anderthalb Jahrtausende später excerpierenden Lexikographen Suidas erhalten sind, als Zeugnisse so gut wie werthlos. Es gehört schon ein sehr nüchterner kritischer Geist dazu, um nur von der Generation der Mitlebenden ein richtiges Bild der Ereignisse zu extrahieren. In der zweiten oder gar dritten Generation ist das Bild, falls nicht für rechtzeitige Fixierung gesorgt ist, ein ganz verschobenes. Aus der mündlichen Tradition heute noch etwas über Friedrich den Großen erfahren zu wollen, wäre völlig vergeblich. Die Perserkriege selbst geben uns ein frappantes Beispiel, wie sehr die Tradition im Stande ist, die Dinge zu verkehren. Es ist das die Quelle, welche allein die vierte Gruppe bildet, das in Auszügen Späterer erhaltene Werk des Ktesias. Ktesias war der griechische Leibarzt des Königs Artaxerxes Mnemon. 60 bis 70 Jahre nach den Perserkriegen kam er an den Hof und schrieb nach seiner Rückkehr nach Griechenland i. J. 399 eine Persische Geschichte. Er bildet unsere einzige, wesentlich auf persische Mittheilungen begründete Quelle. Die Quelle erweist sich jedoch als unbrauchbar. Ktesias hat Augenzeugen nicht mehr ausforschen können und seine Vorstellungen von dem Zusammenhang der Dinge sind schon so verwirrt, daß er die Schlacht bei Platää vor die Schlacht bei Salamis setzt. Diese Verschiebung ist es, die uns zugleich als Beispiel dienen mag, wie schnell und wie sehr mündliche Tradition die Ereignisse verwirrt.

Selbstverständlich ist es nun nicht ausgeschlossen, daß in einer mündlichen Tradition sich doch noch werthvolle und richtige Nachrichten vorfinden. Wir haben aber kein Mittel, sie von den falschen mit Sicherheit zu unterscheiden. Alle solche Nachrichten sind daher nur in der Weise zu verwerthen, daß sie uns zu Fingerzeigen werden können, die uns die Möglichkeit eines Zusammenhanges zeigen, den unsere eigene Combination vielleicht nicht mehr aufgefunden hätte. Hier können solche Nachrichten sogar von großem Werthe werden und hier können sie auch möglicherweise einen so hohen Grad innerer Beglaubigung eben durch den sachlichen Zusammenhang erhalten, daß der Mangel der äußern Beglaubigung dadurch ersetzt wird.

Praktisch verschiebt sich nun für die Perserkriege diese Eintheilung der Quellen dadurch, daß wir bei den meisten der von den späteren Schriftstellern aufbewahrten Nachrichten nicht mit genügender Sicherheit zu sagen vermögen, ob sie etwa auf verlorene Schriftsteller des Perikleischen Zeitalters zurückgehen oder eine ganz spät fixierte mündliche Tradition enthalten. Die große Mühe, die man vielfach auf die Scheidung der Nachrichten in dieser Richtung verwandt hat, ist vom Gesichtspunkt der Literatur- und Bildungsgeschichte gewiß nicht vergeblich aufgewandt, für die historisch-kritische Werthschätzung der Zeugnisse jedoch nutzlos. Einen wesentlichen Unterschied der Glaubwürdigkeit zwischen der späteren Tradition und früheren, aber ihrem Charakter nach nicht genügend bekannten Schriftstellern existiert, wie oben ausgeführt, nicht.

Als Quellen mit einer gewissen Präsumption der Glaubwürdigkeit bleiben uns also ausschließlich Herodot und Thucydides, oder da der Letztere die Perserkriege nicht selbst erzählt, sondern sie nur gelegentlich berührt, allein Herodot.

Zweites Capitel.
Die Schlacht bei Marathon.

Nach dem Befunde der Quellen müssen wir bei der Feststellung der Ereignisse der Perserkriege derart verfahren, daß wir Herodots Erzählung zu Grunde legen. Diese muß zunächst auf ihre eigene innere Consequenz, die Correctheit ihres Causalzusammenhanges geprüft werden. Daß sie in den Hauptzügen richtig ist, darf bei dem Charakter des Erzählers und seines Werkes angenommen werden; ergeben sich nun Einzelfragen, Zweifel und Widersprüche, so werden die anderweit vorhandenen Nachrichten herangezogen, denen nach unserer obigen Auseinandersetzung die äußere Beglaubigung völlig mangelt, die aber dennoch, wenn sie den Zusammenhang in einleuchtender Weise herstellen, zum Range von Beweisstücken erhoben werden können.

Herodots Erzählung lautet in ihren Grundzügen folgendermaßen. Nachdem die Perser Eretria zerstört hatten, landeten sie in Attika an der Ebene von Marathon, wo sie ihre Reiterei gut verwenden zu können meinten. Die Athener zogen den Persern entgegen und nahmen eine Stellung am Heiligthum des Herakles bei Marathon. Vorher, als sie noch in der Stadt waren, hatten sie einen Läufer mit der Bitte um Hülfe nach Sparta geschickt. Dieser erhielt die Antwort, daß die Spartaner kommen würden, aber einer religiösen Vorschrift wegen nicht vor dem Vollmond ausrücken dürften. Es war aber der neunte Tag des Neumondes.

Die Schlacht bei Marathon.

Die Athener wurden geführt von zehn erwählten Strategen, deren Einer Miltiades war, und dem Polemarchen, einem der neun Archonten, die nicht gewählt, sondern erloost wurden. In dem Collegium dieser elf Männer waren die Ansichten getheilt; die Einen wollten eine Schlacht vermeiden, die Anderen, unter ihnen Miltiades, wollten schlagen. Als schon die erstere Meinung in Begriff war zu siegen, gab auf eine dringende Ansprache des Miltiades der Polemarch Kallimachus den Ausschlag für die Schlacht. Das Argument, dessen sich Miltiades in seiner Ansprache bedient, ist die Besorgniß, daß die Athener uneinig werden und ein Theil „persern" möchte, also entweder übergehen, Verrath üben oder die vertragsmäßige Unterwerfung durchsetzen. Nachdem die Entscheidung für die Schlacht gefallen, überließen jedesmal diejenigen Strategen, die für die Schlacht gestimmt hatten, wenn an ihnen die Reihe war den Oberbefehl zu führen, der täglich wechselte, denselben dem Miltiades. Dieser aber wartete den Tag ab, an welchem ohnehin der Oberbefehl ihm gehörte. An diesem Tage stellte sich das Heer auf und zwar derartig, daß die Flügel sehr tief, die Mitte schwach war; so wurde die Front der Front des persischen Heeres gleich. Als das Heer aufgestellt war, stürzte es sich in vollem Laufe auf die Perser; es betrug aber der Zwischenraum acht Stadien (gleich 4800 Fuß). Im Centrum siegten die Perser und verfolgten die Griechen, auf den Flügeln aber siegten die Griechen, ließen dann von den Fliehenden ab und wandten sich von beiden Seiten gegen das persische vorgedrungene Centrum, welches sie nun ebenfalls besiegten. Sie verfolgten die Fliehenden bis an das Meer und die Schiffe, bedrohten diese mit Feuer und nahmen sieben Schiffe. Mit den übrigen stießen die Perser ab, nahmen ihre auf der Insel Aigilia zurückgelassenen Gefangenen von Eretria ein und fuhren um Sunium herum, in der Absicht Athen, in der Abwesenheit des Heeres doch noch einzunehmen. Mit einem Schild soll ihnen von verrätherischen Athenern das Zeichen dazu gegeben worden sein. Das von Marathon zurückkehrende Heer kam der persischen Flotte jedoch zuvor und diese segelte wieder ab. Von den Persern fielen in der Schlacht 6400, von den Athenern 192. Die Hülfe der Lacedämonier, 2000 Mann, kam erst an, als Alles vorüber war, obgleich sie sich auf's Aeußerste beeilt und den Weg (25 Meilen) in drei Tagen zurückgelegt hatten. Wie viel Tage nach der Schlacht die Spartaner anlangten, sagt

Herodot nicht; da sie jedoch erst an der Grenze die Nachricht von dem Siege empfingen, auch noch die Todten auf dem Schlachtfelde besahen, so kann es nicht mehr als ein bis zwei Tage gewesen sein.

Folgendes fällt in dieser Erzählung auf oder ist geradezu unmöglich.

Nach Herodots Darstellung bricht der Zwist, ob eine Schlacht geliefert werden solle oder nicht, erst aus, als das athenische Heer bereits bei Marathon steht. So ist die Erzählung unter allen Umständen unrichtig. Wozu war man denn ausgezogen? Herodot sagt nicht direct, was denn Diejenigen beabsichtigten, die nicht schlagen wollten. Die natürlichste Ergänzung scheint zu sein, daß sie die Stadtmauer vertheidigen wollten[1]). Dem widerspricht die erbetene Hülfeleistung der Spartaner, die sich weder mit in die Stadt eingeschlossen, noch allein eine Entsatzschlacht geliefert haben würden.

Man muß also Herodots Erzählung in einem der beiden Punkte corrigieren, um sie in sich consequent zu machen: entweder der Kriegsrath ist noch in der Stadt abgehalten worden; dann kann es sich in der That darum gehandelt haben, ob man eine Schlacht liefern, oder die Stadt vertheidigen, oder etwa gar fliehen wollte. Oder aber der Kriegsrath, in dem die Differenz ausbrach, ist erst im Lager bei Marathon gehalten; dann wird es sich darum gehandelt haben, ob man die Schlacht wagen dürfe ohne die Spartaner. Die Minorität wird dafür gewesen sein, die Ankunft der Letzteren abzuwarten und die exponierte Stellung bei Marathon zu verlassen.

Ob wir uns mit einiger Sicherheit für die eine oder die andere Correctur entscheiden können, oder vielleicht auch beide annehmen müssen, wird sich aus dem Fortgang der Untersuchung ergeben.

Im Zusammenhang hiermit steht eine Schwierigkeit, welche aber Herodot selbst nicht eigentlich zur Last fällt, sondern sich wohl durch eine etwas andere Interpretation seiner Worte, als die übliche, lösen läßt. Nach der gewöhnlichen Auffassung der Herodoteischen Erzählung wurde der Läufer Pheidippides erst nach Sparta abgesandt, als die Perser schon bei Marathon gelandet waren. Das

---

[1]) Ich nehme an, daß Athen damals eine leidlich vertheidigungsfähige Stadtmauer hatte, was von anderer Seite bestritten ist. Vgl. den Excurs am Ende des Capitels.

ist gegen alle innere Wahrscheinlichkeit, und die Antwort der Spartaner, sie könnten erst in acht Tagen kommen, wenn der Feind bereits auf attischem Boden fünf Meilen von Athen stand, klingt wie Hohn. Es ist aber bereits anderweitig nachgewiesen worden[1]), daß Herodots Erzählung nicht nothwendig so aufgefaßt zu werden braucht. Man kann sie auch so verstehen, daß Pheidippides bereits früher, vielleicht mit der Nachricht, daß Eretria gefallen sei, oder daß die Perser sich wieder einschifften und die Invasion in Attika nunmehr unmittelbar bevorstehe, abgesandt worden ist.

Sehr verdächtig erscheint die Angabe Herodots, daß ein erlooster Beamter die Entscheidung in der Hand gehabt hat. Es scheint, daß Herodot Verhältnisse seiner Zeit auf die früheren übertragen und auf unverträgliche Weise mit einander vermischt hat. Da jedoch der militärische Zusammenhang dadurch nicht weiter berührt wird, so wollen wir auf dies vielumstrittene Problem hier nicht eingehen.

Das Argument des Miltiades, man müsse eine Schlacht schlagen, weil sonst Zwiespalt und Verrath unter den Athenern ausbrechen könne, läßt als einziges nicht nur alle anderen Gründe, die für oder gegen die Schlacht geltend gemacht werden konnten, bei Seite, sondern steht auch mit Miltiades' eigenem späteren Verfahren in Widerspruch. Nachdem er erst das höchste Gewicht auf die Schnelligkeit der Entscheidung gelegt, zögert er aus einem rein persönlichen, ganz untergeordneten Grunde die Schlacht doch noch mehrere Tage hin.

Die acht Stadien, welche die Athener im Laufe zurückgelegt haben sollen, sind eine absolute Unmöglichkeit. Selbst wenn es möglich wäre für ein Heer von wenigstens 10000 Schwerbewaffneten, 4800 Fuß im Lauf, ohne die Ordnung zu verlieren, zurückzulegen, so wäre es doch eine militärische Absurdität. Der Lauf hat erst von dem Augenblick an einen Zweck, wo man in die Schußweite des Feindes kommt und ihm zur Anwendung der Fernwaffen möglichst wenig Zeit lassen will. Früher begonnen, würde er die Mannschaft auf das Unnöthigste ermatten und sie fast kampfunfähig machen. Eine Entfernung, wie sie Herodot angiebt, ist aber überhaupt ein

---

[1]) Busolt, Die Lakedämonier und ihre Bundesgenossen I p. 365. Noethe, De pugna Marathonia quaestiones (Leipziger Dissertation 1881) p. 4.

Unding. Ich bitte jeden meiner Leser, der sich noch in den passenden Jahren befindet, einmal an einem angenehmen Frühlingstage auf gutem Wege in leichtem Costüm einen Dauerlauf von 4800 Fuß zu machen, oder vielmehr nur zu versuchen: die Meisten werden ihn nicht zu Ende bringen. Das preußische Reglement „Vorschriften über das Turnen der Infanterie" schreibt vor (S. 21):

„Folgende Laufzeiten dürfen bei Einübung des Laufschritts nicht überschritten werden.

Ohne Gepäck:
    4 Minuten Lauf,
    5 „ Schritt,
    4 „ Lauf.
Mit feldmarschmäßigem Gepäck:
    2 Minuten Lauf,
    5 „ Schritt,
    2 „ Lauf."

Die Geschwindigkeit beträgt 165—175 Schritt in der Minute. Das ergiebt als Maximum des Raumes, der im Lauf mit Belastung zurückgelegt werden darf, 350 Schritt, und der Director der militärischen Central-Turnanstalt hatte die Güte, mir persönlich zu bestätigen, daß er zwei Minuten, gleich 300 bis 350 Schritt, für das Aeußerste halte, was eine feldmarschmäßig ausgerüstete Colonne laufen dürfe, um noch mit ungeminderter Gefechtskraft an den Feind zu kommen. Dabei war die Gesammtbelastung eines griechischen Hopliten noch sehr erheblich schwerer als die eines preußischen Infanteristen (bei Diesem 58, bei Jenem 72 Pfd.[1]), und in einem einzigen Haufen von vielleicht 10 000 Mann läuft es sich noch sehr viel schlechter als in einer kleineren Abtheilung. Man wende nicht ein, daß die Griechen auf ihren Turnplätzen besser trainirt gewesen seien, als unsere Soldaten. Im Gegentheile, sie waren sicherlich bei weitem weniger in der Uebung als unsere unter der Fahne stehenden Mannschaften; denn das Heer, welches bei Marathon focht, umfaßte nicht blos die die Turnplätze bevölkernden Jünglinge der Stadt, sondern

---

[1] Rüstow und Köchly, Kriegsw. p. 44, rechnen auf den preuß. Infanteristen nur 55 Pfd.; nach einer Zusammenstellung in den Jahrb. f. d. deutsche Armee und Marine Bd. LX, Nr. 178, Seite 64 trägt der Infanterist in Oestreich 27¾ kg; in Frankreich 27¾ kg; in Deutschland 29 kg; in England 28⅓ kg; in Italien 30½ kg; in Rußland 31⅓ kg; in der Schweiz 31⅖ kg.

den gesammten Landsturm, die Bauern, Köhler und Fischer, von
denen Viele selten oder nie oder nur vor Jahren einen Turnplatz
besucht haben konnten, und die Leistungsfähigkeit einer Masse im
Laufen wird nicht nach den Besten, sondern nach den Schwächsten
bemessen. Daß die Gelehrten mit einziger Ausnahme des Obersten
Leake, der in rationalistischer Weise den Lauf zu einem schnellen
Schritt herunterinterpretiert, die Angabe Herodots immer unbean-
standet wiederholt haben, ist eines der merkwürdigsten Beispiele
von dem Respect, den das geschriebene Wort einflößt.

Ich behaupte also: eine so große, geschlossene Hoplitenmasse,
wie sie bei Marathon gefochten, kann nicht mehr als 100—150 Schritt
laufen, ohne in Erschöpfung und Unordnung zu gerathen. Mehr
wäre aber auch weder nöthig, noch erklärlich; die Athener brauchten
nur den Raum des wirksamen Pfeilschusses der Perser im Lauf zu
nehmen. Die acht Stadien (2400 Schritt), von denen Herodot be- *2000.*
richtet, beziehen sich auf irgend etwas Anderes und sind durch ein Mißverständniß Herodots für die Länge der Attaque genommen worden.

Mit keinem Wort erwähnt Herodot in seiner Erzählung der
persischen Reiterei. Es sind nach seiner Erzählung besondere
Pferdeschiffe für diese Expedition gebaut worden; bei Eretria haben
auch die Perser thatsächlich ihre Reiterei gelandet; den Landungsplatz bei Marathon haben sie sich eigens deshalb ausgesucht, weil
er für die Verwendung der Reiterei geeignet erschien; die Perser
selbst sollen sich gewundert haben, daß die Athener ohne Reiterei die
Schlacht wagten — Alles nach Herodots eigener Erzählung: und
doch unterläßt er, in der ganzen Schlachterzählung die Reiterei zu
erwähnen, und völlig räthselhaft bleibt es, wie die Perser ihre
Pferde wieder haben in die Schiffe bringen und vor den Athenern
haben retten können. Hätten sie das nicht gethan und wären die
Pferde in die Hände der Athener gefallen, so wäre es wieder auffällig, daß weder Herodot — noch irgend ein späterer Schriftsteller —
einer so kostbaren Beute mit einem Worte erwähnt.

Nach ihrer Niederlage bei Marathon sollen die Perser doch
noch einen Versuch auf die Stadt Athen haben machen wollen.
Auch das erkläre ich für eine Unmöglichkeit. Die Motive für das,
was auf persischer Seite geschieht, stehen von vornherein in dem
Verdacht, mehr Conjectur der Griechen, als authentische Nachricht
zu sein. Angenommen, daß die persische Flotte wirklich noch ein-

mal auf der anderen Seite von Attika erschienen ist: wer hat Herodot gesagt, daß der persische Feldherr beabsichtigte, Athen selbst zu überrumpeln, nicht etwa bloß zu demonstrieren, oder etwa einen Versuch auf den phalerischen Hafen, zur Verbrennung der dortigen Schiffe zu machen? Der Widerspruch, daß ein Heer, das eben eine so schwere Niederlage erlitten, auf der Stelle ein so großes Unternehmen, wie einen Handstreich auf die feindliche Hauptstadt, in Angriff nehmen könne, ist längst empfunden worden, und Curtius hat versucht, durch eine scharfsinnige Hypothese diese Schwierigkeit zugleich mit der vorgenannten bezüglich der Reiterei und drittens der des unverständlichen Zögerns des Miltiades zu beseitigen. Er nimmt nämlich an, die persische Reiterei sei bereits wieder an Bord gewesen, weil die Athener durch ihre Stellung den Weg nach der Stadt versperrten und die Perser nicht wagten, sie in dieser Stellung anzugreifen. Sie hätten es deshalb an einer anderen Landungsstelle versuchen wollen, und den Moment, wo die Einschiffung halb vollendet war, habe Miltiades zum Angriff benutzt. Die Niederlage der Perser betraf also nur einen Theil ihres Heeres und war nicht so sehr bedeutend. Das Zögern des Miltiades, das Fehlen der persischen Reiterei, die kühne Unternehmung auf die Stadt nach der Niederlage — Alles wird mit einem Schlage verständlich. Dennoch ist die Hypothese in jeder Einzelheit zu verwerfen.

Die Schlacht bei Marathon. 59

Einschiffung und Ausschiffung eines großen Heeres ist etwas so Umständliches, daß die Perser schwerlich ohne absolute Nothwendigkeit die einmal glücklich vollzogene Landung rückgängig machten, um sie an einer anderen Stelle noch einmal zu versuchen. Das persische Heer hatte bisher in jedem Zusammentreffen die Griechen besiegt; es sah mit Uebermuth auf dieselben herab: wie hätte es dazu kommen sollen, hier die angebotene Schlacht zu vermeiden und sich noch dazu der Gefahr auszusetzen, mitten in der Einschiffung angegriffen zu werden? Am allerwenigsten aber konnten die Perser daran denken, nach erlittener Niederlage einen Angriff auf Athen zu machen. Wie unwahrscheinlich, daß sie vor den Athenern nach Phaleron gelangt! Kaum denkbar, daß sie vor Ankunft der Athener die Ausschiffung vollendeten! Und wenn das geschah, wenn sie auch noch bis an die Mauern von Athen gelangten, so war die Stadt unzweifelhaft von der gesammten, nicht selbdienstfähigen Mannschaft, vertheidigt. Und wenn die Perser trotzdem die Stadt gewonnen hätten, wie wären sie wieder herausgekommen? Wollten sie ihrerseits die Stadt nachher gegen die Athener vertheidigen? Oder durften die persischen Feldherren, auch wenn sie noch so verwogen waren, darauf rechnen, daß das siegesfrohe Heer, nachdem es durch Ueberlistung momentan die Stadt verloren, den Kampf ohne Weiteres aufgeben werde? Und wenn nicht, wenn sie mit Hülfe der Spartaner den Kampf fortsetzten und siegten, so kam von den Persern kein Mann nach Hause. Aber solche weitere Ausmalungen sind völlig unnöthig: es ist von vornherein ausgeschlossen, daß die Perser ankamen, landeten, nach Athen marschierten, die Stadt einnahmen, ehe das athenische Heer die acht Wegstunden von Marathon zurückgelegt hatte. Nur Eins fragt sich noch: wäre ein solcher Plan ausführbar, wenn die Perser in der Stadt selbst Verbündete fanden?

Diese Frage führt uns zu einer letzten Episode der Herodoteischen Darstellung, die wir glauben aus derselben von vornherein ausscheiden zu müssen. Das ist der Verdacht, die Perser hätten Einverständnisse in Athen selbst gehabt und hätten auf ein ihnen gegebenes Zeichen, einen aufgesteckten Schild, die Expedition zum Ueberfall der Stadt unternommen.

Streng genommen wird zunächst dieser Zwischenfall von Herodot gar nicht so berichtet, sondern man kann ihn nur so in ihn hineinlesen. Herodot theilt zuerst mit, in Athen sage man, die Alkmäoniden hätten den Persern den Plan des Ueberfalls der Stadt eingegeben und ihnen mit dem Schilde das Signal dazu gegeben. Dann weist er die bodenlose Albernheit dieses Geredes nach und schließt, ein Schild sei allerdings gezeigt worden, aber man wisse nicht von wem. Er wiederholt also nicht ausdrücklich, daß das Erheben des Schildes wirklich ein Signal für die Perser gewesen sei, noch weniger, daß dieses Signal zum Ueberfall der Stadt habe auffordern sollen.

Aber ein Schild ist doch gesehen worden? Ich will es nicht läugnen, aber doch daran erinnern, wie sehr die Menge stets geneigt ist, in erregten Augenblicken Gespenster zu sehen.

In der Nacht vom 13.-14. Juli 1789 vor dem Bastillesturm meldete ein Deputirter der Nationalversammlung in Versailles, die Artillerie habe Befehl, ihre Geschütze auf den Sitzungssaal zu richten, ein Anderer, daß der Saal unterminirt sei und man ihn in die Luft sprengen wolle; ein Dritter rief, daß er bereits das Pulver rieche, worauf dann endlich ein Vierter erwiderte, daß man das Pulver erst rieche, wenn es gebrannt habe. Dieses Geschichtchen wiederholt sich mutatis mutandis bei jedem großen Ereigniß. Ich glaube, es wird überhaupt nicht viel Schlachten in der Weltgeschichte gegeben haben, wo nicht Soldaten irgendwo verdächtige Zeichen bemerkt hätten, wenn dieser Verdacht auch nicht immer der Geschichte überliefert wird. Aus einer der jüngsten Schlachten aber ist eine Episode bezeugt, die vielleicht geeignet ist, den Glauben an diesen Schild von Marathon und das ganze Capitel aus der griechischen Geschichte, was sich daran gehängt hat, einigermaßen zu erschüttern. Nach der Schlacht bei Königgrätz wurde ein Brief eines Reservisten Clouth vom 1. Garderegiment zu Fuß veröffentlicht, der folgenden Passus enthielt[1]: „Zu unserem Aerger erfuhren wir nach der Schlacht bei Chlum, daß der kaiserliche Feldmarschall Benedek vom Kirchthurm aus die ganze Schlacht geleitet und daß ein in der Nähe befindlicher Windmüller ihm mit seinen Flügeln fortwährend mitgetheilt habe, von welcher Seite der Hauptzuzug unserer Truppen stattfinde." Warum sollte man, wenn wir keine anderen Nachrichten hätten, dem Reservisten Clouth nicht glauben? Er ist selbst

---

[1] Abgedruckt in Jähns, Schlacht bei Königgrätz p. 469.

dabei gewesen und seine subjective Wahrhaftigkeit ist augenfällig. Aus besseren Quellen wissen wir nun aber, daß Feldzeugmeister Benedek weder von einem Kirchthurm die Schlacht geleitet, noch von dem Anmarsch der Truppen, zu denen das 1. Garderegiment gehörte, das Geringste bemerkt hat, bis sie bereits in seinem Rücken das Dorf Chlum genommen hatten und ein Generalstabsofficier, auf den die Preußen schossen, dem Feldzeugmeister diese Nachricht brachte. Sollte der Schild, den die Athener gesehen haben wollen, so sehr viel mehr werth sein, als die Windmühlenflügel des Reservisten Clouth? Wenn die Athener einmal behaupteten, sie hätten den Schild gesehen, so wäre es gegen Herodots Grundsätze, uns das zu verschweigen, denn er will uns nicht erzählen, was er für wahr hält, sondern was er gehört hat. Ist eine Nachricht einmal evident verkehrt, so fügt er seine Einwände hinzu. Aber er geht nie so weit, nun etwa die Glaubwürdigkeit derer, die ihm einmal Falsches oder Unsinniges berichtet haben, überhaupt in Zweifel zu ziehen. Seine Gewährsmänner waren in diesem Fall mit einer solchen Dosis sündhafter Dummheit begabt, daß sie glauben konnten, die Alkmäoniden seien heimliche Verbündete der Perser und des Hippias gewesen, ein Verdacht, ebenbürtig der Anklage der Franzosen, der Kaiser Napoleon habe, durch preußisches Geld bestochen, absichtlich sein Heer nach Sedan in's Verderben geführt — wie ich mir persönlich mit ehrbar gläubiger Miene von einem patriotischen Pariser Bürger habe anvertrauen lassen, man auch mit etwas anderer Motivirung in der Schrift „Napoleons III. verhängnißvollstes Jahr" von Jean de la Ch—el[1]) gedruckt lesen kann. Das Geschlecht der Alkmäoniden hatte bei der Bezwingung Athens durch die Perser annähernd ähnlich so viel zu verlieren, wie Napoleon III. bei dem Siege der Deutschen im Jahre 1870. Herodot verwirft darum die Beschuldigung, die Schildgeschichte aber glaubt er seinen Erzählern darum doch. Oder, nehmen wir an, was keineswegs nöthig ist, sie sei ihm noch von anderer Seite bestätigt worden — sie sei wirklich wahr gewesen: was folgt denn nun daraus? War es wirklich ein Signal für die Perser? Was hatte es zu bedeuten? War es gegeben von einem Spion, den sie ausgesandt hatten? Einem Ueberläufer? Einem Sklaven? Nie ist das Geringste darüber entdeckt. Nie hat auch nur eine Untersuchung stattgefunden.

---

[1]) Deutsche Uebersetzung. Leipzig 1871.

Ja es ist auch nicht einmal ein rationeller Verdacht — den Verdacht bezüglich der Alkmäoniden können wir nicht als solchen rechnen — ausgesprochen worden. Wer sollten denn auch die heimlichen Freunde des Hippias und der Perser sein? Die Aristokraten? Von je sind sie die eigentlichen Feinde der Tyrannis gewesen. Das Volk? Die Masse gewiß nicht, das hat sie bei Marathon bewiesen. Alte persönliche Beziehungen der Pisistratiden? Seit 20 Jahren waren dieselben aus Athen vertrieben und warum haben sich diese Freunde denn nicht zehn Jahre später, als die Versuchung so sehr viel größer war, gezeigt? Waren sie mittlerweile bis auf den letzten Mann ausgestorben?[1]).

Es ist freilich nicht ausgeschlossen, daß die Pisistratiden 490 noch einige vereinzelte alte Anhänger hatten — aber ehe wir diese Möglichkeit weiter verfolgen, müssen wir der zweiten Beweisstelle für die Existenz einer verrätherischen Verschwörung in Athen gedenken. Es ist die Ansprache des Miltiades an den Polemarchen Kallimachus. Das einzige sachliche Argument, welches Miltiades in dieser Ansprache verwendet, ist der Hinweis auf die Möglichkeit, es möchte Zwiespalt ausbrechen und ein Theil der Athener „persern". Eine positive Beweiskraft hat auch diese Stelle nicht. Es ist sehr fraglich, ob Miltiades wirklich so gesprochen hat, da, wie wir oben sahen, diese Rede mit seinen Handlungen in Widerspruch stehen würde. Wenn er aber auch wirklich so gesprochen, ist das ein Beweis, daß seine Besorgniß begründet, daß der Verrath bereits im Werke war? Gehörte nicht vielleicht Kallimachus zu den Personen, die stets allenthalben Verrath wittern, und bediente Miltiades sich deshalb dieses Arguments ihm gegenüber? Aus der angeblichen Rede des Miltiades und der Erzählung von dem Schilde folgt weiter nichts, als daß man in Athen, oder daß ängstliche Gemüther in Athen in Anbetracht, daß der vor 20 Jahren vertriebene Tyrann Hippias im persischen Heere war, Besorgniß vor dem Verrath Pisistratibischer Anhänger hegten. Ob diese Besorgniß begründet war, können wir weder widerlegen, noch beweisen. Klar ist aber, daß diese Anhänger, wenn sie überhaupt existierten, es nur sehr im Geheimen und an Zahl nur sehr Wenige sein konnten, da andernfalls mit der Zeit irgend Etwas darüber hätte zu Tage kommen müssen. Nehmen wir aber

---

[1]) Die Erzählung in Plutarchs „Aristides", von einer Verschwörung, die kurz vor Plataä Aristides unterdrückt habe, ist nicht genügend bezeugt, um Glauben zu verdienen.

wirklich an, daß es in Athen eine Anzahl von Menschen gab, deren Freundschaft für die Pisistratiden und Verruchtheit der Gesinnung groß genug war, nach der gräßlichen Erfahrung von Eretria, Athen den Persern verrathen zu wollen; nehmen wir an, daß Einige von ihnen es so eingerichtet hatten, daß sie nicht mit auszogen, sondern in der Stadt blieben — würden nun die Perser mit Hülfe solcher Freunde den Handstreich gegen die Stadt nach der Niederlage von Marathon haben ausführen können? Die Perser sollen dem athenischen Heere mehrere Stunden zuvorgekommen sein; ihre Freunde sollen sie nach der Landung sofort an eine schwache Stelle der Mauer geführt und ihnen hier einen Zugang eröffnet haben, es bleibt immer die Frage: was dann? Es ist völlig undenkbar, daß das sich seiner Kraft soeben bewußt gewordene Heer von Marathon ohne Weiteres den Kampf aufgegeben hätte, und welche Sicherheit hätten den Persern ihre Freunde dann geben können? Sie hätten den kurzen Triumph, die Stadt zu occupieren, schnell gebüßt. Wenn wirklich Verräther in Athen waren, so mußten sie vor der Schlacht ihre Action beginnen; nach der Schlacht werden sie froh genug gewesen sein, wenn sie unentdeckt blieben.

Fassen wir zusammen: Herodot selbst behauptet nicht positiv, daß Athener im verrätherischen Einverständniß mit den Persern gewesen seien; einen inneren Grund für diese Annahme giebt es ebenfalls nicht, im Gegentheil, es spricht Alles dagegen: wie sollen wir also dazu kommen, die Existenz solcher Verräther zu supponieren? Ich zweifle nicht, daß man diese Annahme längst verworfen oder vielmehr nie dazu gekommen wäre, den Verdacht der Tradition auf diese Weise in Wirklichkeit zu verwandeln, wenn dieses Moment nicht immer dazu gedient hätte und unentbehrlich schien, den Feldzug in einen rationellen Zusammenhang zu bringen. Sobald es uns gelungen sein wird, den Zusammenhang ohne dieses Bindeglied herzustellen, wird man die Haltlosigkeit desselben auf der Stelle zugeben. Bis dahin also möge Jeder, wer noch nicht überzeugt ist, sein Urtheil noch suspendieren.

Selbst wenn man aber glaubt, an der Verschwörung festhalten zu müssen, so würde ihre Existenz doch nicht genügen, um einen Anschlag der Perser auf die Stadt Athen nach ihrer Niederlage im freien Felde denkbar erscheinen zu lassen. Das athenische Volk hat daran geglaubt, daran darf man nicht zweifeln. Aber wie wenig man von solchen Volksbesorgnissen auf die Realität in Kriegsgefahren schließen darf, das dürfen wir wieder mit einem Zwischenfall aus der neuesten Geschichte illustrieren, dessen Parallelismus mit dieser Episode aus der athenischen Geschichte des Eindrucks nicht verfehlen dürfte.

Ganz Süddeutschland war im Januar 1871 in der äußersten Besorgniß, daß die Bourbaki'sche Armee, wenn sie die Truppen des Generals von Werder vor Belfort überwältige, den Rhein überschreiten und in Süddeutschland einfallen werde. Allein durch den heldenmüthigen Widerstand Werders und den rapiden Anmarsch Manteuffels glaubte man gerettet zu sein. Man stritt vielleicht, wer von den beiden Generalen das größere Verdienst um die Rettung Süddeutschlands habe. Der Augenschein sprach für Werder; seine Popularität war überwältigend. Die Besserwisser meinten aber, das größere Verdienst sei bei Manteuffel. In Wirklichkeit ist Süddeutschland garnicht bedroht gewesen. Auch wenn Manteuffel nicht so schnell marschiert, wenn Werder vor Belfort eine Niederlage erlitten hätte, so hätten und haben die Franzosen doch nie daran gedacht, den Rhein zu überschreiten, sondern sie hätten sich an den Vogesen entlang nach Norden gewandt. Warum? Wie hätten sie sich, wenn sie den Rhein überschritten, dort halten, wie hätten sie wieder zurückkommen wollen? Es ist derselbe Grund, warum die Perser nicht nach Athen gehen konnten, ehe sie nicht das Gleichgewicht im freien Felde wieder hergestellt hatten.

Daß die Athener auf die Nachricht, die persische Flotte wende sich gegen Athen, im Eilmarsch zurückkamen, ist natürlich. Wenn sie das nicht thaten, dann freilich war, wenn auch nicht Athen, doch vielleicht der Phalerische Hafen mit seinen Gebäuden und Schiffen gefährdet. Es ist möglich, daß die Perser gedacht haben, hier noch den Athenern einen Streich zu versetzen, an eine Bedrohung der Hauptstadt aber haben sie, nachdem sie einmal im freien Felde unterlegen waren, sicher so wenig gedacht, wie die Franzosen an einen Einfall in Deutschland im Januar 1871.

Neben diesen inneren Gründen lege ich kein Gewicht darauf, will es aber doch wenigstens erwähnen, daß wir bei Plutarch die Wendung finden, die persische Flotte sei nicht um Athen zu nehmen, sondern von einem Sturm verschlagen auf der andern Seite von Attika erschienen.

Busolt¹), hat die Curtius'sche Hypothese dadurch annehmlicher zu machen gesucht, daß er den Persern nur die Absicht zuschreibt, einen Theil ihres Heeres abzusenden, mit dem anderen die Athener bei Marathon festzuhalten. Die Reiterei sei eingeschifft, um, sobald das Schildzeichen gegeben wurde, abzusegeln und den Handstreich auf Athen zu versuchen. Daß die Perser gerade die Reiterei zu einem Handstreich auf eine Stadt eingeschifft und sie aus der Ebene, wo sie einen Angriff zu erwarten hatten, entfernt haben sollen, spricht mehr gegen Busolt, als gegen die Perser.

Wecklein²) nimmt an, das Zeichen habe bedeutet, daß das athenische Heer die Stadt verlassen habe, damit mittlerweile die Perser, um Sunium herumsegelnd, sie überfallen konnten. Auch das ist unmöglich, da die Ausschiffung eines Heeres mit Reiterei eine viel zu zeitraubende Sache ist, als daß die Perser hoffen konnten, vor Rückkunft des athenischen Heeres ausgeschifft und aufmarschiert zu sein.

Die Ausschiffung des einige 60000 Mann starken Heeres der Alliierten in der Krim im Jahre 1854 mit nur etwas über 1000 Reitern und 128 Geschützen dauerte fünf Tage bei meist gutem Wetter. Am 14. September Morgens 2 Uhr wurde das Signal gegeben, um 7 Uhr lagen die Schiffe am Ufer, um 8 Uhr begann das Landen, um 12 Uhr hatten die Franzosen die erste, um 3 Uhr die zweite, um 6 Uhr die dritte Division am Lande mit 59 Stück Geschütz. Völlig fertig aber waren sie erst am dritten Tage, am 16. Abends, und die Engländer erst am fünften Tage, am 18. Abends. Die Franzosen hatten den Vortheil, nur sehr wenige Reiter (nach Kinglake 80—100; nach Rousset 150) zu haben und auf Kriegsschiffen transportiert worden zu sein, deren sämmtliche Boote zugleich in Bewegung gesetzt werden konnten. Die Engländer waren auf Handelsschiffen transportiert, um die Kriegsschiffe gefechtsfähig zu erhalten. Zur Einschiffung bei Vfina hatten die Engländer, allerdings einige Tage durch den Wind behindert, volle vierzehn Tage gebraucht.

Nach diesen Leistungen moderner Heere bitte ich einmal die supponierte Ein- und Ausschiffung des persischen Heeres im Jahre 490 zu bemessen.

---

¹) Die Lacedämonier und ihre Bundesgenossen p. 362.
²) Ueber die Tradition der Perserkriege p. 276.

Wir haben an der Erzählung Herodots so viel auszusetzen gefunden, daß unser eigener Satz, Herodots Darstellung müsse in den Hauptzügen richtig sein, kaum aufrecht zu erhalten scheint. Denn eine Quelle, welche so viel Widersprechendes, offenbar Verkehrtes, bloßes Volksgerede berichtet, ist auch in dem, was wir nicht direct widerlegen können, nicht als zuverlässig zu betrachten. Der einzige Maßstab, der uns bleibt, ist der Causalzusammenhang. Wir müssen versuchen, ob sich das, was wir vorläufig übrig gelassen haben, in einen rationellen Zusammenhang bringen läßt, und wenn das nicht möglich ist, versuchen, durch welche weiteren Correcturen an einzelnen Stellen etwa dieser Zusammenhang hergestellt werden kann. Ehe wir aber zu diesem Versuche schreiten, betrachten wir nun einmal die Nicht-Herodoteischen Nachrichten. Ihre äußere Beglaubigung ist minimal, es ist aber immerhin wahrscheinlich, daß ein oder das andere Stückchen Wahrheit darin steckt. Zum wenigsten können bei dem Versuch, aus den mythenumwobenen Ruinen, welche Herodots Erzählung aufbaut, die Wahrheit zu reconstruieren, einzelne Stücke aus diesen Neben-Schutthaufen vortheilhafte Fingerzeige gewähren. Ich will die Arbeit des Durchwühlens und Probirens aller einzelnen Stücke hier nicht wiederholen, sondern nur die, welche mir bei diesem Versuche endlich als wirklich werthvoll oder wenigstens merkwürdig erschienen sind, aufzählen.

Im Gegensatz zu Herodot wird berichtet, daß der Kriegsrath noch in der Stadt vor dem Ausmarsch stattgefunden habe (Nepos nach Ephorus).

Im Gegensatz zu Herodot wird berichtet, daß die Griechen die Schlacht am Tage des Ausmarsches selbst (Suidas, Isocrates) sogar mit dem ausdrücklichen Zusatz „ohne vorher ein Lager aufzuschlagen" (Justin) oder an dem darauf folgenden Tage geliefert hätten (Nepos).

Mit Hülfe dieser beiden Nachrichten würde sich ein sachlich möglicher Zusammenhang herstellen lassen. Das unverständliche Zögern des Miltiades fällt weg; die Abmachung, daß er den Oberbefehl führen solle, war bereits in der Stadt getroffen und es war ein Zufall, daß die Schlacht nachher gerade auf den Tag fiel, an dem er ihm auch von Rechts wegen zukam. Die Schlacht selbst aber war nichts Anderes als ein Ueberfall, ein Angriff auf die Perser, während sie noch in der Ausschiffung begriffen waren. Sie hatten erst einen

Theil ihrer Truppen an Land; was noch fehlte, war die Reiterei. So erklärt es sich, daß diese in der Schlacht keine Rolle spielt, so wird der Sieg der kleineren Zahl über die größere verständlich, so erklärt es sich, daß die Perser trotz der Niederlage doch noch so leiblich von dannen kamen, namentlich ihre Pferde retteten. Auch einen Versuch gegen den phalerischen Hafen mögen sie noch gemacht haben, obgleich die Niederlage recht empfindlich war. Letzteres, daß die Niederlage eine sehr empfindliche war, muß unbedingt angenommen werden, da sonst die gewaltigen Rüstungen und die Vorsicht des Xerxeszuges nicht zu erklären wäre.

Diese von dem Belgier Devair[1]) herrührende Hypothese ist sachlich nicht wohl angreifbar; sie scheint mir sogar von allen bisherigen Darstellungen die sachlich einzig haltbare. Die strategische Einsicht, Umsicht und Thatkraft des Miltiades, die gesammte Haltung der Athener erscheint großartig. Das Heer muß zusammengezogen bereit gestanden haben, als die Gefahr sich näherte; auf den Küsten und den Höhen war ein guter Wach- und Signaldienst organisirt. In dem Augenblick, als die Nachricht, wo die Landung bevorstehe, anlangte, setzte sich das Heer in Bewegung und stürzte sich auf den noch in der Entwickelung begriffenen Feind. Man konnte nicht richtiger und entschlossener verfahren.

So verführerisch diese Hypothese nun scheint, so ist sie doch nicht haltbar. Der Verlauf ist nach unserer Kenntniß der Lage sachlich möglich, aber damit ist noch nicht seine Wirklichkeit bewiesen. Dieser Beweis kann geführt werden, entweder indem man zeigt, daß alle anderen denkbaren Combinationen nicht möglich sind: das hoffe ich zu widerlegen — oder aber durch das Zeugniß der Quellen: das ist bei dem Zustand der Quellen, wie wir ihn kennen gelernt haben, jedenfalls nur bis auf einen gewissen Grad möglich; aber für eine Operation reicht das Quellenmaterial aus: man muß, wenn man den richtigen Hergang reconstruirt zu haben glaubt, erklären können, wie die Verschiebungen der Tradition entstanden sind. Es muß eine Verbindung zwischen der Wirklichkeit und der Tradition hergestellt werden können: so schlecht, so spät, so unwahr ist die Herodoteische Erzählung nicht, daß, wenn es uns wirklich gelungen ist, den Zusammenhang des Feldzuges von Marathon zu errathen, wir nicht

---

[1]) In den Mémoires de l'académie de Belgique T. XLI. Bruxelles 1875.

auch im Stande sein sollten, zu verstehen, wie, aus welchen Motiven des Effects, der Eitelkeit, der Parteinahme, des politischen oder poetischen Interesses, des Mißverständnisses der Verlauf bei Herodot sich aus den Eindrücken des wirklichen Verlaufes entwickelt hat. Erst wenn dieser Beweis dem Nachweis der sachlichen Möglichkeit sich anschließt, kann die Hypothese als historisch beglaubigt gelten. Das ist aber bei der Devair'schen Hypothese nicht der Fall.

Nichts springt in der Devair'schen Darstellung mehr hervor als die Schlagfertigkeit der Athener: Alles ist auf dem Platz und sofort wird zugeschlagen. Ein charakteristisches Moment der Herodoteischen Erzählung ist aber gerade die Verzögerung, die Verzögerung, für die das allereinfältigste Motiv gegeben wird. Wie soll die Tradition zu dieser Verirrung gekommen sein? Es wäre denkbar, daß sie das Moment des Ueberfalles verdunkelt hätte, um die Größe der Schlacht und die Tapferkeit der Athener um so mehr hervortreten zu lassen. Aber es ist völlig undenkbar, daß sie darüber des grandiosesten Zuges der Kriegführung selbst vergessen und ihn unter der elendesten Motivierung in das Gegentheil verkehrt haben sollte. Schon an dieser Klippe muß die Devair'sche Hypothese nothwendig scheitern; der Verlauf unserer Untersuchung wird noch eine zweite aufzeigen, an der sie nicht vorüber kann.

Wir fahren fort mit der Prüfung der Nicht-Herodoteischen Ueberlieferung und kommen zu einer Mittheilung über den Verlauf der Schlacht selbst, die im schroffsten Gegensatz steht zu derjenigen Herodots. Nepos im Leben des Miltiades erzählt (nach Ephorus ohne Zweifel) die Schlacht folgendermaßen. Die Athener stellten sich auf am Fuße des Berges an einer unzugänglichen Stelle; es waren nämlich an vielen Stellen Bäume gefällt, damit sie durch die Höhen der Berge gedeckt würden und die feindliche Reiterei durch die Lage der Bäume verhindert würde, die Athener mit ihrer Menge einzuschließen (. . . . sub montis radicibus acie regione instructa non apertissima proelium commiserunt, namque multis locis erant stratae [oder rarae] arbores hoc consilio, ut et montium altitudine tegerentur et arborum tractu equitatus hostium impediretur, ne multitudine clauderentur). Datis erkannte wohl die Ungunst des Terrains, aber im Vertrauen auf die Masse wünschte er zu schlagen, namentlich auch um dem Zuzug der Lacedämonier zuvorzukommen. Er führte also sein Heer zur Schlacht heran. Die

Perser wurden aber geschlagen und zwar so, daß sie gar nicht erst in's Lager, sondern sofort auf die Schiffe flohen.

Diese Schilderung ist gar nicht anders zu verstehen, als daß die Athener eine Defensiv-Schlacht lieferten. Giebt etwa diese Correctur der Herodoteischen Erzählung den vermißten Zusammenhang und einen sachlich möglichen Verlauf?

Herodot berichtet von einem Hinzögern der Entscheidung.

Ganz recht: die Athener nahmen eine Defensivstellung ein, an der die Perser nicht vorbeikonnten, und erwarteten hier den Angriff.

Herodot berichtet nichts von der Thätigkeit der persischen Reiterei.

Ganz recht: die Reiterei konnte auf dem von Miltiades geschickt gewählten und künstlich zubereiteten Terrain nichts ausrichten.

Herodot berichtet, daß die Athener sich im Lauf auf die Perser geworfen.

Ganz recht: als das persische Fußvolk auf das von den Athenern gewählte Terrain gekommen war und beginnen wollte, den gefürchteten Pfeilregen zu entsenden, da stürzten die Athener sich ihnen entgegen. Den Lauf von acht Stadien haben wir bereits eliminiert; was übrig bleibt, verträgt sich durchaus mit dem Abwarten des Angriffs an einem günstigen Platz.

Nach Herodots Erzählung haben die Perser offenbar trotz ihrer völligen Niederlage doch noch Zeit behalten, ihre Schiffe flott zu machen und sich sogar mit ihren Pferden einzuschiffen.

Ganz recht: die Schlacht fand über ³/₄ Meile von der Küste statt; ein Theil des persischen Heeres hielt sich gut. Die Athener mußten diese erst niederkämpfen und sind dann den Flüchtigen nachgerückt. Sammelten sie sich gar erst wieder, stellten die Ordnung her, so vergingen Stunden, ehe sie den Strand erreichten, und die vortrefflichen Pfeile der Perser werden, nachdem erst wieder die Schußweite zwischen ihnen und den Feinden lag, die Frist zum Entkommen noch verlängert haben. Vielleicht wagten sich die Athener zum Angriff überhaupt erst heran, als die Reiterei der Perser wieder eingeschifft war.

Ich bitte, sich nunmehr unsere generelle Darstellung der Taktik der beiden bei Marathon sich gegenüberstehenden Heere in's Gedächtniß zu rufen. Unter Berücksichtigung derselben kann man finden, daß fünf Schlachtformen denkbar sind, in denen die Athener mit den Persern sich bei Marathon hätten schlagen können.

Erstens: Offensivschlacht gegen das gesammte persische Heer. Das kann es nicht gewesen sein, denn da hätten die Athener in die Ebene vorgehen müssen und die persische Reiterei wäre in Action getreten und hätte sie sofort auf beiden Flanken umgangen und sie vermuthlich überwältigt.

Zweitens: Offensivschlacht gegen das getheilte persische Heer und zwar bei der Landung. Das ist die Devair'sche Hypothese, die besprochen ist. Oder

Drittens: bei der Wiedereinschiffung. Das ist die Curtius'sche Hypothese, die ebenfalls besprochen ist. Oder

Viertens: bei Gelegenheit anderweiter Detachierung der persischen Reiterei. Die Hypothese hat neben Anderen auch Rawlinson aufgestellt. Sie ist aber offenbar unmöglich. Weder ist erfindlich, wohin die Perser ihre Reiter hätten schicken können (aus der Marathonischen Ebene heraus), noch wie sich diese, nachdem mittlerweile die Schlacht verloren war, hätten retten können.

Fünftens: Defensivschlacht. Sie hat zunächst das für sich, daß sie, nach Beseitigung aller übrigen, so weit ich sehe, die logisch noch einzig übrige denkbare ist. Versuchen wir den Bau einmal nach diesem Grundriß.

Wir nehmen an, daß die Athener bereits früh mit den Spartanern verhandelt haben und den Läufer Pheidippides absandten, etwa als die Perser sich bereiteten, von Euböa wieder in See zu gehen; jedenfalls ehe sie in Attika gelandet waren. Pheidippides meldete den Spartanern, daß es jetzt Zeit sei, und die Spartaner versprachen, nach dem Vollmond auszurücken. Die Verzögerung entsprang nicht gerade bösem Willen, sondern der spartanischen abergläubischen Pedanterie, welche sich in diesem Fall damit entschuldigte, daß die Entscheidung, wenigstens der Angriff auf die Stadt Athen doch noch nicht so ganz unmittelbar bevorstehe.

Die Frage, ob man den Persern in freiem Felde entgegengetreten, ob man die Stadt vertheidigen wolle, war bei Absendung des Pheidippides bereits in ersterem Sinne entschieden. Es ist auch nicht wahrscheinlich, daß irgend welche gewichtige Stimmen, oder gar die Hälfte des Kriegraths der Strategen sich für die Vertheidigung der Mauern erklärt haben sollte. Selbst wenn die athenische Stadtmauer in gutem Vertheidigungszustand war, so existirten doch wohl außerhalb derselben große Vorstädte, die bei einer Belagerung ebenso

wie die Dörfer geopfert worden wären. Aber selbst abgesehen von all'
solchen Verlusten, ist es nicht wohl glaublich, daß athenische Strategen
sich auf die Stadtvertheidigung beschränken wollten. Der Satz, daß
eine belagerte Festung auch eine eroberte Festung ist, hat im Alterthum wie in der Neuzeit gegolten. Entkleidet man ihn seiner para-
doxen Form, so heißt er: eine Stadt, die mit genügenden Kräften
und genügender Ausdauer belagert wird, muß endlich fallen, wenn
sie keinen Entsatz erhält. So ist der Satz freilich inhaltlos, da
man bei einer mißglückten Belagerung immer sagen kann, die Ausdauer oder die Kraft des Belagerers sei nicht groß genug gewesen,
und die Beispiele glücklicher Städtevertheidigungen sind gerade in
dieser Epoche der Geschichte verhältnißmäßig häufig. Naxos, Andros.
Potidäa wurden vergeblich belagert. Aber die Gefahr des Unterliegens ist sehr groß; der unglückliche Ausgang ist die Regel und
muß es sein. Immer wird sich einmal im Laufe der Belagerung
eine Gelegenheit zum Ueberfall, eine schwache Stelle in der Befestigung, eine Unaufmerksamkeit der Besatzung, ein Verräther finden.
oder es gelingt, ein Stück der Befestigung zu zerstören oder unwirksam zu machen, oder die Lebensmittel gehen aus. Der Belagerer
kann alle Kraft auf einen Punkt concentrieren; der Belagerte muß
Alles gleichmäßig bewachen. Ausfallsschlachten sind unwirksam;
das hat die Erfahrung aller Zeiten und neuerdings wieder die Erfahrung von 1870 gezeigt. Es dauert lange, ehe die Truppen
sich aus den engen Thoren entwickeln und die Truppen schlagen sich
nicht gut. Es ist psychologisch das umgekehrte Verhältniß wie bei
den Truppen, denen der Feldherr die Schiffe, die zum Rückzug
hätten dienen können, verbrennen ließ: diese wissen, daß sie keinen
Rückzug haben; jene wissen nur zu gut, daß der schützende Wall
unmittelbar hinter ihnen ist. Ein Heer, das sich erst in eine
Festung einschließen läßt, liefert deshalb so leicht keine wirklichen
Schlachten mehr. Wie hätten es also die Athener gegenüber so
energischen Gegnern wie die Perser auf eine Belagerung ankommen
lassen dürfen? Auf Entsatz durften sie nicht rechnen — nimmermehr
hätten die Spartaner allein die Perser angegriffen, und wie hätten
sie die ganze Landbevölkerung in die engen Mauern der damaligen
Stadt aufnehmen wollen? Im peloponnesischen Kriege freilich wagten
die Spartaner nicht die Belagerung Athens, weil sie ihnen hoffnungs-
los erschien, aber da waren die Verhältnisse auch ganz andere. Die

Befestigungen waren so stark und so umfangreich, die Verbindung mit der See durch die langen Mauern und die Beherrschung der See gaben der Vertheidigung eine solche Grundlage, daß die Spartaner nicht daran denken konnten, sie in absehbarer Frist zu überwältigen. Wir kennen den Zustand der athenischen Mauern im Jahre 490 nicht, aber wenn er auch vortrefflich gewesen wäre, so ist doch so viel klar, daß nur der äußerste Kleinmuth dazu rathen konnte, sich sofort auf ihre Vertheidigung zu beschränken und daß die Aussicht auf eine erfolgreiche Vertheidigung nur gering gewesen wäre. Ich halte also dafür, daß die Athener von Anfang an einsichtig und entschlossen genug waren, es auf eine Feldschlacht ankommen zu lassen.

Die Differenz zwischen den Feldherren wird sich also, wie es auch eine der späteren Ueberlieferungen (Suidas) sagt, darauf bezogen haben, ob man die Ankunft der Spartaner abwarten oder ohne sie eine Schlacht wagen solle.

Die Antwort der Spartaner ist aller Wahrscheinlichkeit nach bereits vor der Landung der Perser und dem Ausmarsch des athenischen Heeres nach Marathon eingetroffen. Als sicher dürfen wir annehmen, daß die Spartaner die Antwort am neunten Tage nach dem Neumond ertheilt und die Schlacht kurz nach dem Vollmond stattfand, da die Spartaner nach dem Vollmond ausrückten, und als sie nach drei Tagen an der attischen Grenze anlangten, die Schlacht soeben geschlagen war. Ist Pheidippides also am elften Tage nach dem Neumond wieder in Athen angelangt, so sind zwischen seiner Rückkehr und der Schlacht etwa sechs bis sieben Tage verflossen. Dieser Zwischenraum erscheint unmotiviert lang und auch der weitere Verlauf postuliert bis auf einen gewissen Grad einen kürzeren. Die Antwort der Spartaner hatte, wie wir sahen, die Folge, daß im Kriegsrath der athenischen Feldherren der Antrag gestellt wurde, den Zuzug der Spartaner abzuwarten und die Entscheidung bis dahin zu verschieben. Waren die Perser in diesem Augenblick bereits gelandet, so hatte ein solcher Antrag nicht viel Sinn. Wie konnte man hoffen, den Feind, wenn er schon auf fünf Meilen Nähe stand, noch neun bis zehn Tage hinzuhalten? Verständlicher wird der Antrag, wenn man hoffen konnte, die Spartaner in drei oder vier Tagen zur Seite zu haben, wenn also die Nachricht von der Landung der Perser und der bezügliche Kriegsrath erst einige Tage nach der Rückkehr des Pheidippides stattfand. Pheidippides wäre also danach noch etwas früher abgeschickt worden, und in dem Kriegsrath handelte es sich darum, ob man sich den Persern sofort bei Marathon entgegenstellen, oder ob man, in der Hoffnung, mittlerweile die Spartaner ankommen zu sehen, sie weiter landeinwärts bekämpfen sollte.

Miltiades setzte es durch, daß man sich ihnen gleich an der Küste bei Marathon entgegenstellte, ohne die Spartaner abzuwarten, weil er erkannte, daß bei der Fechtart der beiden Völker allein eine Defensivschlacht mit richtiger Benutzung des Terrains den Athenern den Sieg verheiße, und daß das günstige Terrain sich in der Nähe des Landungsplatzes der Perser bei Marathon finde.

Die Kraft der Perser lag im Zusammenwirken der beiden Waffen, der Bogenschützen und der Reiter. Ließ man sich mit ihnen auf eine Schlacht in der Ebene ein, griff man sie also an, so waren alle Vortheile auf Seiten der Perser, wie wir sie oben geschildert haben. Nicht nur Miltiades, sondern die Athener überhaupt wußten das bereits aus Erfahrung. Auf ihrem Gebiet, in der attischen Ebene hatten die thessalischen Reiter im Jahre 510 den Spartanern eine Niederlage beigebracht. Auch daß Histiäus seiner Zeit durch das Eingreifen der persischen Reiterei überwunden worden war[1]), wird in Athen nicht unbekannt gewesen sein. Bei Marathon aber konnte man eine Stellung wählen, welche die Action der Reiterei ausschloß. Wir finden die ausdrückliche Ueberlieferung, daß man eine solche Stellung nahm und sie noch durch künstliche Verhaue verstärkte. Nichts in der Welt konnte der strategischen Lage Athens besser entsprechen. Man deckte dadurch ganz Attika. Man konnte unter keinen besseren Bedingungen schlagen und man behielt unter allen Umständen einen leidlichen Rückzug. Die Perser aber anzugreifen, lag für die Athener nicht der mindeste Grund vor. Zögerte sich die Entscheidung noch einige Tage hin, um so besser, so langte auch noch die Hülfe der Spartaner an. Sollte so viel taktische und strategische Ueberlegung dem Miltiades nicht zugemuthet werden dürfen? Ist unsere Betrachtung sachlich richtig, so kann auch der Feldherr der Athener ein zuletzt so einfaches Verhältniß nicht verkannt haben.

---

[1]) Herodot VI, 29.

Ich trage kein Bedenken mehr, es mit voller Bestimmtheit zu behaupten: so und nicht anders hat Miltiades gedacht und gehandelt. Die neueste philologisch-topographische Untersuchung über die Marathonische Ebene von Lolling[1]) erlaubt uns sogar, mit voller Bestimmtheit den Platz zu bezeichnen, wo die Athener ihr Lager aufgeschlagen und wo die Schlacht stattgefunden hat. Es war in dem Thal Aulona, welches vom Branathal zum Marathonathal hinüberführt. Am Eingang des Marathonathals können die Athener nicht gestanden haben, da dasselbe zwar sehr leicht zu vertheidigen, aber durch das Thal von Aulona ebenso leicht zu umgehen ist. Am

Eingang des Branathales wären sie dem Angriff der Perser zu sehr ausgesetzt und auch von dem Brunnen, aus dem sie ihr Wasser nehmen mußten, zu entfernt gewesen[2]). Das Aulonathal aber ist wie

---

[1]) In den Mittheilungen des deutsch-archäologischen Instituts in Athen. Bd. I. 1876.

[2]) Nach Lolling p. 85 hat Brana kein eigenes Wasser, sondern die Bewohner holen es aus einem 20 Minuten vor dem Dorf am Fluß des Argaliki gelegenen Brunnen. Hierher, in die Ebene durften die Athener sich natürlich nicht wagen.

Die Schlacht bei Marathon. 75

geschaffen für ihre Lage. Sie waren den Persern nahe genug, daß
ihnen keine Bewegung entgehen und sie einer jeden rechtzeitig entgegentreten konnten. Sie waren fern genug, um nicht plötzlich überfallen
werden zu können. Der Eingang des Marathonathales ist so leicht zu
vertheidigen, daß sie nicht umgangen werden konnten¹). Sobald das
Anrücken der Perser gemeldet wurde, stellten sie sich hier quer über das
etwa 2000 Fuß breite²) Thal unmittelbar vor ihr Lager, aber
nicht gleich am Eingang des Thales, sondern einige hundert
Schritt weit zurück auf. Durch Verhaue verengten sie den Eingang
noch mehr, die beiden Höhen rechts und links besetzten vielleicht die
Sklaven, um von hier unter der Aufsicht einiger der Herren Steine
zu schleudern; eine Abtheilung sperrte den Eingang des Marathonathales.

Hätten die Perser einen der nicht besetzten Wege, namentlich
die große Straße im Süden nach Athen einschlagen wollen, so wären sie
mitten im Marsch von den Athenern angefallen worden. Ohne zu schlagen
abzuziehen, war ebenfalls höchst gefährlich, moralisch nachtheilig und
fraglich, ob die Athener nicht einem anderen Landungsplatz gegenüber eine ähnlich gute Position gefunden oder gar während der
Landung angegriffen hätten.

Nach einigem Zögern, sei es weil die Ausschiffung noch nicht
vollendet war, sei es weil man das Lager einigermaßen befestigen
wollte, sei es weil man glaubte, die Athener würden ganz in die
Ebene hinabsteigen, schritten die Perser zum Angriff. Längeres
Warten hätte ja nur den Athenern noch die Hülfe der Spartaner

---

Wenn sie in Aulona lagerten, holten sie das Wasser von dem oberhalb von
Marathona bei Ninoi gelegenen Brunnen.

Auch darin schließe ich mit Lolling an, daß das heutige Marathona und
nicht Vrana das alte Marathon ist.

Finlay glaubte, die Athener hätten sich quer vor dem Südpaß aufgestellt;
Front nach Norden; die gewöhnliche Annahme ist eine Stellung mit dem Rücken
gegen den Halbkreis des Gebirges, Front nach Osten gegen das Meer.

¹) Lollings Karte, der unser Croquis nachgebildet ist, zeigt dies freilich nicht.
Lolling sagt es jedoch ausdrücklich selbst p. 70 und die anderen Karten zeigen
es auch.

²) Auf der Karte Lollings erscheint das Thal erheblich schmaler, als bei
Leake, aber es ist wohl nur Ungenauigkeit der Zeichnung. Ein Unterschied ist
ferner zwischen Leake und Lolling auf der einen, der franz. Generalstabskarte auf
der anderen Seite in Betreff der Hügel zwischen Aulona und dem Thal von
Marathona: auf der letzteren Karte erscheinen sie sehr viel unbedeutender.

zugeführt. Die Phalanx der Hopliten ließ die Perser bis auf Bogenschuß-
weite herankommen und warf sich nun, da der Vortheil der Defensivstellung erschöpft war, zur Offensive übergehend, im Sturmlauf
auf sie. Um auch bei diesem Vorgehen die Flügel möglichst
zu sichern, standen hier viel mehr Glieder hintereinander als im
Centrum. Sobald die Hopliten zum Nahkampf gelangt waren,
waren die Perser verloren. Mit ihren unzulänglichen Schutzwaffen,
ihren kurzen Spießen und Säbeln oder Dolchen konnten sie den
langen Spießen der ganz in Erz gewappneten Griechen nicht
widerstehen. Ihre eigentliche Waffe, der Bogen, war werthlos geworden. Sie fochten, wie Herodot in der Schilderung der Schlacht
von Plataä sagt, wie Ungerüstete gegen Gerüstete. Schon der
moralische Druck des Anlaufs der Griechen, diese unerhörte Entschlossenheit, das Bewußtsein der Inferiorität im Nahkampf mag
genügt haben, die Perser zu werfen, ehe nur die Griechen heran
waren und ihnen mit dem Spieß in den Rippen saßen. Es ist aner-
kennenswerth genug, daß das Centrum nicht sofort wich, sondern
sogar noch die Griechen auf einen Augenblick zurücktrieb, wenn
nicht etwa das Centrum der Athener vor dem Pfeilhagel der Perser
gestutzt hat. Immerhin kann der Vortheil der Perser an dieser
Stelle nicht so groß gewesen sein, wie er bei Herodot erscheint, da
der endliche Verlust der Athener in der Schlacht doch nur gering
ist (192 Todte), und den Sieg konnten die Perser damit nicht er-
ringen. Die Ueberlegenheit des Spießkämpfers gegen den Bogen-
kämpfer, sobald der Nahkampf einmal mit erheblichen Kräften en-
gagirt ist, ist zu groß. Bald wälzte sich die ganze Masse in wilder
Flucht zurück dem Strande zu. Hier können wir vielleicht auch noch
die acht Stadien Herodots verwerthen; es läßt sich annehmen, daß
der Kampf und die unmittelbare Verfolgung sich etwa so weit erstreckt hat. Daraus ist dann das Mißverständniß entstanden, daß
der Anlauf der Athener so lang gewesen sei.

Als das Fußvolk der Perser einmal in dieser Weise, ohne daß
die Reiterei hätte eingreifen können, geschlagen war, war diese nicht
mehr fähig, auch in der Ebene die Schlacht wieder herzustellen.
Die Flucht, die Verwirrung, das Entsetzen riß sie mit fort. Für
unsere Begriffe erscheint es zuerst befremdlich, daß eine tapfere
Reiterei so, ohne nur das Schwert zu ziehen, das Feld räumt. An
dieser Stelle aber bitte ich, sich des Begriffs des taktischen Körpers

zu erinnern. Eben hier zeigt sich, daß derselbe den Persern fehlte. Hätte die persische Reiterei in geschlossenen Schwadronen weiter rückwärts in der Ebene gestanden, so hätte sie mit Leichtigkeit das Treffen wiederherstellen, vielleicht die verfolgenden Griechen zusammenhauen können. Lose Massen aber sind dazu nicht im Stande, auch wenn die Einzelnen tapfere Männer sind. Denn wer steht dem Einzelnen dafür, daß nicht doch die Meisten die Schlacht für definitiv verloren halten und sich den Fliehenden anschließen? Es würde eine That des nutzlosen Heroismus sein, in einer solchen Lage das Schicksal wenden zu wollen. Man würde damit nur der Letzte der Fliehenden werden und sich so dem sicheren Tode weihen.

Die Entfernung des Schlachtfeldes vom Strande ließ den Persern Zeit, sich noch in die Schiffe zu retten und diese flott zu machen, so daß den Griechen, die sich vermuthlich erst wieder sammelten und ordneten, ehe sie weiter vorgingen, oder sich, wie schon bemerkt, vielleicht überhaupt nicht weit in die Ebene vorwagten, so lange die feindliche Reiterei noch im Felde war, nur sieben Schiffe in die Hände fielen.

Der springende Punkt unserer Darstellung ist die Defensiv- oder, wie der moderne Ausdruck lautet, die Defensiv-Offensiv-Schlacht. Diese ist überliefert durch Nepos, der aus Ephorus geschöpft hat. Nicht als Zeugniß jedoch haben wir, ich bitte das wohl zu beachten, die Aussage des Ephorus benutzt, sondern zunächst nur als einen Fingerzeig, der unserer Combination zu Hülfe gekommen ist; der Beweis liegt uns ausschließlich in dem durch dieses Bindeglied geschlossenen Causal-Zusammenhang. Ephorus' Aussage selbst, über 100 Jahre nach den Ereignissen niedergeschrieben, oder, wenn älter, doch aus einer gänzlich uncontrollierbaren Quelle geschöpft, würde zu wenig Gewicht haben. Hinterher aber, nachdem der eigentliche Beweis geführt erscheint, ist es denn doch nicht so ganz gleichgültig, daß wir unsere Combination mit diesem Quellenzeugniß belegen können. Betrachtet man dieses Zeugniß näher, so ist es wohl erklärlich, daß sich gerade diese Nachricht viele Generationen hindurch mündlich erhalten hat. Während das Volk sich mit der Auffassung begnügt, daß ganz natürlich die Griechen über die Perser siegten, da sie eben tapferer waren, so hat es in Athen sicher immer militärisch Denkende gegeben, welche sich die strategischen und taktischen

Bedingungen der Schlachten der Perserkriege klar zu machen suchten und diese Kenntniß überlieferten.

Es stimmt durchaus mit anderen Nachrichten, daß wir gerade Ephorus diese Kenntniß verdanken, obgleich ein sehr gewichtiges Zeugniß gegen ihn zu sprechen scheint. Polybius XII, 25 f. äußert sich speciell ungünstig über Ephorus' Schlachtschilderungen; von Seeschlachten scheine er etwas verstanden zu haben, von Landschlachten aber nicht. Es mag fast paradox erscheinen, aber ich glaube, für unseren Zweck dürfen wir dieses Urtheil direct umkehren. Die Ansprüche des Polybius in Bezug auf Schlachtschilderungen werden seinen Leistungen entsprechend die allerhöchsten gewesen sein. Herodots Erzählungen würde Polybius vermuthlich überhaupt nicht als Schlachtenschilderung haben gelten lassen, sondern sie für einige mehr oder weniger zuverlässige Einzelheiten und Anekdoten erklärt haben. Von Ephorus giebt er doch wenigstens des Weiteren zu, daß man bei einer einfachen Schlacht wie die von Leuktra seine Unwissenheit nicht bemerke; die compliciertere Schlacht von Mantinea aber bringe sie zu Tage. Wir für unsern Theil dürfen daher wohl aus dieser Charakteristik entnehmen, erstens, daß Ephorus sich Mühe gegeben hat, zu einem rationellen Verständniß der Schlachten, die er zu erzählen hatte, zu gelangen und daß seine Fähigkeit auch für eine so einfache Schlacht, wie die von Marathon, ausgereicht hat.

Wir müssen, um den von uns selbst aufgestellten Grundsätzen gerecht zu werden, noch einmal die Herodoteische Erzählung mit unserem Resultat vergleichen und sehen, ob sich die Entstehung dieser Erzählung aus der Wirklichkeit auf eine natürliche Weise erklären läßt. Ich wiederhole daher noch einmal die am Anfang unserer Untersuchung gegebene Uebersicht über die Herodoteische Erzählung, um die aufgeworfene Frage Satz für Satz zu beantworten.

„Nachdem die Perser Eretria zerstört hatten, lautete sie, landeten sie in Attika in der Ebene von Marathon, wo sie ihre Reiterei gut zu verwenden zu können meinten. Die Athener zogen den Persern entgegen und nahmen eine Stellung ein am Heiligthum des Herakles bei Marathon. Vorher, als sie noch in der Stadt waren, hatten sie einen Läufer mit der Bitte um Hülfe nach Sparta geschickt. Dieser erhielt die Antwort, daß die Spartaner kommen würden, aber einer religiösen Vorschrift wegen nicht vor dem Vollmond ausrücken dürften. Es war aber der neunte Tag des Neumondes."

Diesen Absatz haben wir corrigiert durch die Annahme, daß Sendung- und Antwort bereits vor der wirklichen Landung der Perser stattgefunden haben.

„Die Athener wurden geführt von zehn erwählten Strategen, deren Einer Miltiades war, und dem Polemarchen, einem der Archonten, die nicht gewählt, sondern erlost wurden. In dem Collegium dieser elf Männer waren die Ansichten getheilt; die Einen wollten eine Schlacht vermeiden, die Anderen, unter ihnen Miltiades, wollten schlagen."

Auch diesem Absatz haben wir nicht zu widersprechen, sondern ihn nur dahin zu ergänzen, daß der betreffende Kriegsrath wahrscheinlich schon in der Stadt vor sich gegangen und die Meinung der Gegner des Miltiades dahin gegangen ist, die Schlacht nur zu verschieben. Man sieht, Herodot ist so vorsichtig gewesen, das was ihm nicht gesagt wurde, auch selbst unbestimmt zu lassen. Erst Spätere haben dann die Meinung jener Partei dahin ausgelegt, sie hätte die Stadt vertheidigen wollen.

„Als schon die erstere Meinung im Begriff war zu siegen, gab auf eine dringende Ansprache des Miltiades der Polemarch Kallimachus den Ausschlag für die Schlacht. Das Argument, dessen sich Miltiades in seiner Ansprache bedient, ist die Besorgniß, daß die Athener uneinig werden und ein Theil „persern" möchte, entweder übergehen, Verrath üben oder die vertragsmäßige Unterwerfung durchsetzen."

Nach unserer Auffassung müßte Miltiades in erster Linie den taktischen Vortheil der Position bei Marathon betont haben; daneben die moralische Schädlichkeit des Rückzuges oder auch nur des Zögerns. Das Erstere ist ausgefallen, aus dem letzteren Argument ist das „Persern" geworden — in der That eine ganz leichte Wendung, wenn man darunter nicht sowohl den Verrath einer Verschwörung als die Stimmung der Masse versteht, welche in der Verzweiflung die Unterwerfung fordern konnte.

„Nachdem die Entscheidung für die Schlacht gefallen, überließen jedesmal diejenigen Strategen, die für die Schlacht gestimmt hatten, wenn an ihnen die Reihe war den Oberbefehl zu führen, der täglich wechselte, denselben dem Miltiades. Dieser aber wartete den Tag ab, an welchem ohnehin der Oberbefehl ihm gehörte."

Dieser Satz zeigt deutlich, wie Wahrheit und Dichtung sich in populärer Tradition verbinden. Daß dem Miltiades der Oberbefehl von seinen Collegen abgetreten wurde, ist Ueberlieferung. Daß die Entscheidung sich mehrere Tage hinzögerte, ist ebenfalls Ueberlieferung. Die Ursache dieser Zögerung aber wurde vergessen und die Sage, die so gern sachliche Motive durch persönliche ersetzt, wußte sich den Umstand nicht anders als durch den Ehrgeiz des Miltiades zu erklären.

„An diesem Tage stellte sich das Heer und zwar derartig auf, daß die Flügel sehr tief, die Mitte schwach war. So wurde die Front der Front des persischen Heeres gleich; als das Heer aufgestellt war, stürzte es sich im vollen Lauf auf die Perser; es betrug aber der Zwischenraum acht Stadien."

Nichts hat die spätere Geschichtsschreibung mehr irre geführt oder die Forschung mehr erschwert, als der Lauf von acht Stadien, verbunden mit dem Verschweigen der Defensive. Und doch ist es für eine mündliche Tradition und den Historiker Herodot keine gar zu große Abweichung von der Wirklichkeit. Der Lauf von acht Stadien ist ein einfaches Mißverständniß, wie es Jedem passieren kann, der nie einen solchen Sturm mitgemacht hat. Das Verschweigen der Defensive ist zwar für das taktische Verständniß der Schlacht fundamental — aber ist dieses Verständniß Zweck einer populären Tradition oder ihres Sprechers Herodot? Beiden geht Sinn und Interesse hierfür völlig ab. Herodot erzählt, wie der Läufer Pheidippides unterwegs von dem Gotte Pan angesprochen wurde; er erzählt den merkwürdigen Traum des Hippias und das böse Omen, das starke Niesen, welches ihm beim Landen begegnete; er erzählt die dämonische Erscheinung, welche den Athener Epizephalus mitten in der Schlacht plötzlich blind machte: wie kann man verlangen, daß sich eine solche Geistesanlage vereinigt mit Aufmerksamkeit auf Begriffe wie Defensive und Offensive? Er wird es uns erzählen, wenn es ihm so erzählt ist, aber er wird nie eine besondere Erkundigung danach einziehen. Die populäre Tradition zieht das lange, man möchte beinahe sagen, langweilige Ereigniß, „man wollte den Angriff des Feindes in einer auf beiden Flügeln durch Berge geschützten Stellung erwarten; das dauerte mehrere Tage, und als der Feind endlich kam und sich auf Schußweite genähert hatte, warf man sich im Laufschritt auf ihn" — diesen einen logischen Zusammenhang zieht sie nach dem Anfang und Schluß hin zu zwei eindrucksvollen Bildern zusammen: „Miltiades wartet den Tag seines Oberbefehls ab, den der sichere Sieg schmücken soll", und „die Athener werfen sich auf den Feind im Sturm". So schreibt es Herodot nach. Logisch und historisch ist damit das Ereigniß aufgehoben, zerstört, in etwas Anderes verwandelt. Aber man wird nicht sagen können, daß diese Abwandlung nicht dem Charakter des Heroboteischen Geschichtswerkes, seinen Quellen wie seiner Composition nach entspreche.

In einem einzigen Punkte sind bisher alle Forscher über die Schlacht bei Marathon einig gewesen: daß nämlich die Heroboteische Erzählung, so wie sie dasteht, nicht zu gebrauchen ist und nur durch eingreifende Correcturen und Ergänzungen derselben die Wahrheit hergestellt werden kann. Der vorstehende Versuch, diese Correcturen auszuführen, ist zwar in mancher Beziehung neu, entfernt sich jedoch von Herodot selbst nicht weiter, als es bereits die früheren Versuche gethan haben. Die Auslassungen, die Mißverständnisse, die Umwandlung der Motive, Alles verträgt sich sehr gut mit dem Charakter des Heroboteischen Werkes und seiner Quelle, der mündlichen Tradition, und jede einzelne Correctur, die wir vorgenommen haben, findet endlich durch die anderweitige, Nach-Heroboteische Tradition auch noch die Bestätigung eines äußeren Zeugnisses.

Erster Excurs.
Die Befestigung der Stadt Athen.

Wilamowitz hat (Philol. Untersuchungen I, 97 ff.) die Ansicht aufgestellt, daß Athen zur Zeit der Perserkriege nicht ummauert gewesen sei. Er hat dafür generelle Gründe angeführt, entnommen dem geistigen Zusammenhang zwischen den inneren politischen Verhältnissen, den Verfassungs-Abwandlungen und den militärischen Anstalten. So sicher dieser Zusammenhang ist, so sind die Wirkungen doch viel zu feiner Natur, zu sehr den Frictionen mit anderen Verhältnissen, Complicationen und Zufällen ausgesetzt, als daß man hieraus einen wirklichen Beweis entnehmen könnte. Solche Betrachtungen dienen mehr zur Erläuterung und sind dann von hohem Werth, wenn der exacte Beweis bereits geführt ist, als daß sie selbst beweisen könnten.

An exacten Gründen zieht Wilamowitz folgende an:

Delbrück, Perser- und Burgunderkriege.

1) Die Athener würden weder so tollkühn gewesen sein, den Persern in's freie Feld nach Marathon entgegenzugehen, noch 480 die Stadt verlassen und sich auf die Schiffe zurückgezogen haben, wenn die Stadt vertheidigungsfähig gewesen wäre.

2) Die Perser würden 480/79 nicht Theben, sondern Athen zu ihrer Operationsbasis gemacht haben, wenn es befestigt war.

3) Das delphische Orakel würde die Athener nicht auf die hölzernen Mauern verwiesen haben, wenn sie steinerne gehabt hätten.

4) (p. 105.) Als Hippias 510 in Pelasgikon belagert wurde, wird eine Stadtbefestigung nicht erwähnt. Da Hippias nicht durch einen Volksaufstand, sondern durch eine Invasion der Emigranten mit fremder Hülfe bedrängt wurde, so würde er die Stadt, nicht blos seine Burg vertheidigt haben, wenn jene vertheidigungsfähig war.

5) (p. 114.) Als 478 nach Platää die Athener die Mauern bauten, widersetzten sich die Spartaner. Das ist nur verständlich, wenn die Mauer eine kühne Neuerung war.

Hiergegen hat schon Bauer Themistokles p. 4 Anmerkung sehr Triftiges eingewandt.

ad 1) werden wir unten besprechen.

ad 2). Die Perser machten Theben und nicht Athen zur Operationsbasis, weil jenes medisch gesinnt war. Beiläufig bemerkt, ist wohl von beiden Autoren der Ausdruck „Operationsbasis" nicht ganz correct gebraucht. Basis heißt technisch das Gebiet, aus welchem ein operierendes Heer seine Bedürfnisse bezieht; übertragen kann dieser Begriff dann auch werden auf einen Strom oder eine Stadt, die den Versammlungspunkt für alles Dahinterliegende abgeben, so daß man von diesem absieht. Das würde hier nicht zutreffen; eher könnte man vielleicht „Waffenplatz" sagen. Aber auch von dem Ausdruck abgesehen, haben beide Gelehrte das Richtige nicht oder nicht ganz getroffen. Sowohl die Freundschaft der Thebaner, die Bauer anführt, wie die fehlende Mauer, welche Wilamowitz supponiert, konnten erst in zweiter Linie in Betracht kommen; die Thebaner hätten die Perser auch wenn sie sich in dem verlassenen Athen festsetzten, unterstützt. Aber strategisch war dieser Platz für die Perser nicht günstig. Da sie keine Flotte mehr hatten, so wäre in Attika ihre Verbindungslinie über den Kithäron vom Isthmus aus bedroht gewesen und wenn es zur Schlacht kam, hätten sie dieselbe ohne Rückzugslinie geschlagen. Deshalb konnten sie immer nur Theben und nicht Athen zu ihrem Waffenplatz machen.

ad 3). Das Orakel ist absichtlich vage und dunkel; darauf ist nichts zu geben.

ad 4). Wenn Hippias auch einen Theil des Volkes für sich hatte, er hatte doch sicherlich viel zu viel gegen sich, um zu hoffen, daß er die Stadt gegen den äußeren Angriff halten könne.

ad 5). Daß die Spartaner gegen den Mauerbau waren, beweist nicht, daß Athen früher ohne Mauern war. Wie den Athenern die Erfahrung und die neueren politischen Verhältnisse dafür, so sprachen sie den Spartanern gegen den Bau.

Daneben führt Bauer die Herodot- und Thucydidesstellen (IX, 13 und I, 89, 3) an, die auch für mich dafür beweisend sind, daß diese Beiden sich Athen ummauert gedacht haben, und es ist mit Sicherheit anzunehmen, daß sie noch zuverlässige Kunde darüber hatten. Die Hauptsache aber ist doch das von Wilamowitz an die Spitze gestellte Argument, auf das Bauer nicht genügend eingegangen

Die Schlacht bei Marathon.

ist: sind Marathon und Salamis denkbar bei einem ummauerten Athen? Die Antwort habe ich in dem vorausgehenden Capitel bereits gegeben. Sie lautet: selbst bei der allerbesten Stadtmauer, die wir rationeller Weise im Jahre 490 voraussetzen dürfen, hätten die Athener dennoch den Persern entgegengehen müssen.

Die Frage darf also nicht absolut gestellt und nicht absolut beantwortet werden. Eine Stadtmauer ist ein relativer Begriff. Berlin hat noch bis zum Jahre 1867 eine Stadtmauer gehabt und ist doch schon seit Jahrhunderten nicht mehr vertheidigungsfähig. Nur wenn Athen 490 bereits die Themistokleischen Mauern gehabt hätte, hätten die Bürger vielleicht an eine directe Stadtvertheidigung ohne Feldschlacht denken dürfen.

Es wäre demnach nicht unmöglich, daß in gewissem Sinne beide Autoren, Wilamowitz wie Bauer, Recht haben: dieser darin, daß Athen Mauern hatte, jener darin, daß sie nicht vertheidigungsfähig waren. Wilamowitz sucht die Trace der älteren Stadtmauer von Athen zu ziehen und findet, daß dieselbe einen ganz außerordentlich engen Raum eingeschlossen hätte. Ich bin nicht im Stande, darüber mitzusprechen, aber wenn diese Eruirungen auch alle richtig sind, so wäre doch nicht ausgeschlossen, daß, ohne daß wir es wissen, der Ring einmal erweitert worden ist, daß Athen also leidlich vertheidigungsfähig war und daß die Athener dennoch die Einsicht und den Muth hatten, den Persern im freien Felde entgegenzutreten. Auf dies Letztere kommt es hauptsächlich an: auch bei der allerbesten Mauer wäre es 490 das Richtigste gewesen, im Felde zu schlagen, und auch im Jahre 480 vor der Niederlage der persischen Flotte wäre es in jedem Fall sehr gefährlich gewesen, sich in die Mauern einzuschließen.

Zweiter Excurs.

Ueber Dunckers Abhandlung „Strategie und Taktik des Miltiades".

Erst in dem Augenblick, da der vorausgehende Bogen dieser Studien bereits gedruckt ist, geht mir die oben genannte Abhandlung Dunckers[1]) zu. Ich will der Vollständigkeit halber unsere wesentlichsten Differenzpunkte zusammenstellen, so wie das Neue, welches die Abhandlung enthält, nachtragen. Irgend eine Aenderung meiner Resultate wird dadurch nicht bewirkt.

Duncker bleibt bei der älteren Ansicht, daß die Athener den Läufer Pheidippides nach Sparta erst abgeschickt hätten, als die Perser vor Marathon erschienen. Die Frage wird wichtig durch die Consequenz, welche Duncker daraus zieht. Waren die Perser bereits bei der Landung begriffen, als Pheidippides, am siebenten Tage nach dem Neumond abging, so ist zwischen ihrer Landung und der Schlacht, welche erst nach dem Vollmond stattfand, ein Zeitraum von etwa 10 Tagen verflossen. Hieraus schließt Duncker, daß die Perser unbeweglich in der Ebene von Marathon blieben, um die Athener gerade hier zu einer Schlacht zu zwingen.

---

[1]) Sitzungsberichte der Akademie der Wissenschaften zu Berlin. 1886. p. 393.

Hiergegen ist einzuwenden, daß (ganz abgesehen von den taktischen Verhältnissen) doch offenbar die Perser ein größeres Interesse hatten, die Entscheidung zu beschleunigen als die Athener. Den Athenern konnte es so schwer nicht werden, selbst einige Wochen lang hier in ihrem eigenen Lande zu lagern und sich zu verpflegen. Die Perser in der kleinen, von Bergen umgebenen Ebene von Marathon thaten ihnen ja gar keinen positiven Schaden. Umgekehrt mußten gerade die Perser, die mit der Verpflegung auf die Flotte, einen Theil von Euböa und den occupirten Küstenstrich angewiesen waren, eine schnelle Entscheidung wünschen. Man befand sich bereits im September. Nimmt man hinzu, wie oben schon bemerkt, daß die Antwort der Spartaner allein dann einen Sinn hat, wenn die Perser noch einigermaßen entfernt waren, daß endlich Herodots Darstellung keinen Beleg für Dunckers Ansicht bietet, so kann es wohl keiner Frage unterliegen, daß diese Ansicht aufgegeben werden muß, die Athener also bereits vor der Landung das Hülfegesuch nach Sparta abschickten, somit der lange Zwischenraum zwischen der Landung der Perser und der Schlacht wegfällt und mit ihm auch die Folgerungen, die daraus gezogen worden sind.

An einem Punkte ist es Duncker gelungen, noch so zu sagen unser Quellenmaterial zu vermehren, nämlich durch Heranziehung einiger Stellen aus Späteren, welche von dem Psephisma des Miltiades sprechen, auszurücken. Duncker nimmt an, daß dieser Antrag und Beschluß ergangen sei, als die Antwort der Spartaner kam. Für den Zwist im Kriegsrath und die Entscheidung des Polemarchen bleibt dann nur übrig der Entschluß, daß man an diesem Ort und in diesem Augenblick angreifen wolle: eine Sache, die doch im Wesentlichen mit dem Beschluß trotz des Ausbleibens der Spartaner auszuziehen gegeben sein mußte. Auch widerspricht diese Meinung der ausdrücklichen Nachricht, daß die Entscheidung hingezögert worden sei. Richtiger glaube ich daher das Psephisma des Miltiades ganz an den Anfang zu setzen, eben indem man zu den Spartanern schickte; denn diese Botschaft schloß doch schon den Entschluß der Feldschlacht in sich. Der Streit im Kriegsrath entstand nun, als die Antwort kam, und die Aengstlicheren darauf verlangten, daß man weiter rückwärts im Lande eine Stellung nähme, um wo möglich die Entscheidung bis zum Eintreffen der Spartaner hinzuziehen.

Daß die Athener im Thal Aulona und nicht im Thal von Marathon lagerten, begründet Duncker folgendermaßen: „Konnten auch 20 000 Menschen in der Thalspalte bei Marathon Platz finden, Miltiades und die Athener hätten sich in derselben selbst eingesperrt. Der Ausgang dieser Thalspalte in die Ebene ist durch Höhen, bei dem heutigen Bei, geschlossen; das Debouchiren längs des Durchbruchs des Baches hätten die Perser mit leichtester Mühe verhindern und fröhlich am attischen Heere vorüber auf Athen marschiren können. Eine so widersinnige Selbstvernichtung zu begehen, konnte am wenigsten dem Miltiades in den Sinn kommen."

Im Resultat stimmen wir ja überein; die Begründung Dunckers aber ist unrichtig. Die Perser hätten keineswegs „fröhlich am attischen Heer vorüber auf Athen marschieren können". Die Athener hätten sie, wenn sie das versuchten, gewiß ruhig abmarschiren lassen, hinter ihnen ihr Lager und ihre Flotte zerstört und sie durch Angriffe in den Defiléen oder noch vor der athenischen Stadtmauer, die doch nicht so mit Handstreich zu nehmen war, aufgerieben. Daß die Perser die Athener in dem Thal von Marathon eingesperrt hätten, ist durchaus willkürlich. Aller Wahrscheinlichkeit nach war doch das Débouché aus dem Thale bei Bei in den Händen der Athener und auf jeden Fall hatten sie noch den Ausgang durch Aulona und das Thal von Vrana. — Der einzig entscheidende

Grund für die Lagerung in Aulona war, wie oben angegeben, daß die Athener das Thal von Marathon bei Vei leicht sperrten und so in Aulona eine Stellung gewannen, die nicht umgangen werden konnte.

Die eigentliche Schlachtschilderung Dunckers ist basiert auf den Lauf von acht Stadien, dessen Unmöglichkeit oben nachgewiesen ist. Duncker giebt, wie auch schon in der Geschichte des Alterthums, an, daß 5000 Fuß von unseren Truppen im Laufschritt in neun Minuten zurückgelegt werden, eine Angabe, welche mir in ihrer Positivität völlig unbegreiflich ist. Sie wird daraus entstanden sein, daß der gelehrte Autor die Angabe für eine Minute unbedachtsam multiplicirte (555 Fuß = circa 230 Geh-Schritten = circa 175 Lauf-Schritten). Die Unmöglichkeit wird dann noch potenzirt durch die Annahme, daß sich die Schlachtlinie der Griechen 7000 Fuß lang von den Bergen bei Vrana bis nahe an das Meer erstreckt habe, um durch solche Ausdehnung der Ueberflügelung durch die Reiterei vorzubeugen. Eine Schlachtlinie von solcher Länge kann sich nicht einmal im Schritt ohne Halt acht Stadien vorwärts bewegen, ohne in völlige Unordnung zu gerathen. Der Versuch, das Nichteingreifen der persischen Reiterei durch die Ausdehnung der griechischen Schlachtlinie und die Schnelligkeit ihres Anlaufs zu erklären, scheitert also in jeder Beziehung an physischer Unmöglichkeit.

Duncker schließt aus der Erzählung Herodots, die Schlachtlinie der Griechen sei der der Perser gleich gewesen, daß Miltiades die Länge der persischen Schlachtlinie gekannt habe. Der Schluß ist offenbar nicht berechtigt, da die Länge der Schlachtlinie nichts Gegebenes ist, sondern im freien Felde an jedem Tage, auch noch im Aufmarsch geändert werden kann. Waren die Griechen, wie Herodot angiebt, sicher, daß die Länge ihrer Schlachtlinie derjenigen der Perser gleichkam, so müssen bestimmte Terrainhindernisse der weiteren Ausdehnung Schranken gesetzt haben. Vom Kotroni zum Meer ist aber eine Entfernung von 9000 bis 10000 Fuß; eine Ausdehnung, zu der das griechische Heer auf keine Weise ausgereckt werden kann. Die Griechen müssen also auf einem engeren Platz gestanden haben.

Die Breite des Thales von Aulona giebt Duncker nach einer neueren, noch nicht publicirten Aufnahme auf nur 1800 Fuß an. Auch das würde für eine Vertheidigungsschlacht genügen. Die griechische Phalanx wird auf den Flügeln, wo sie nach Herodot „durch die Menge stark gemacht wurde", 40—50 Mann tief gewesen sein und gegen 500 Mann in der Front gehabt haben. Kleinere Abtheilungen außerhalb der Phalanx besetzten die Höhen und sperrten das Thal von Marathona.

Den Soros und die Beschreibungen des Schlachtbildes in der Poikile habe ich so wenig wie das „χωρὶς ἱππεῖς" in meine Untersuchung hineingezogen, nachdem ich mich überzeugt hatte, daß für den militärischen Zusammenhang nichts daraus zu gewinnen sei. Diese Dinge gehören in die Klasse derjenigen Notizen, die man entweder in jede Darstellung eingliedern oder wenn sie dazu noch nicht unbestimmt und unsicher genug sein sollten, auch völlig verwerfen kann.

Drittes Capitel.

Die Vertheidigung von Thermopylä.

Unsere Untersuchung über die Schlacht bei Marathon hat uns nicht nur eine Erklärung dieser Schlacht selbst gegeben, sondern sie hat uns auch eine Grundlage für das Verständniß des zweiten Perserkrieges verschafft. Wir dürfen den griechischen Feldherren zutrauen, daß sie die Erfahrung von Marathon verstanden haben; sie werden also, so dürfen wir präsumieren, wenn sonst die Umstände darnach waren, wieder auf eine Defensivschlacht mit Flügelanlehnung hingearbeitet haben. Es muß sich zeigen, ob die Perser sich die Erfahrung von 490 ebenso zu Nutze gemacht und gerade diese Art der Entscheidung vermieden haben.

In dem Feldzuge des ersten Jahres finden wir von solchen Ideen keine Spur. Die Griechen denken, zuerst dem großen persischen Landheere die Pässe zu versperren. Der erste, nördlichere, der Tempe-Paß, wird aber aufgegeben, da man sich klar macht, daß weiter landeinwärts andere Pässe existieren, da ferner auch einige Völkerschaften diesseits des Passes sich den Persern anschließen. Der zweite ist der Paß von Thermopylä, zwischen dem Oeta und der See, den ein Heer unter Führung des Leonidas vertheidigt.

Eine durchdachte Strategie verwendet die Gebirge nicht in dieser Weise zur Deckung eines Landes. Ueber ein Gebirge, auch über den Oeta, führen immer, weiter oder näher, bequemer oder beschwerlicher, mehr als ein Weg. Sie alle zu besetzen ist schwer, sie alle zu vertheidigen gelingt nie. Immer wird der Feind eine Stelle finden, wo er entweder vermöge großer Uebermacht durchbricht, oder wo er auf eine Unaufmerksamkeit stößt, wo er durch irgend eine, wenn auch pfadlose Schlucht einem der Vertheidigungsposten in den Rücken kommt. Ist die Linie nun erst an einer Stelle durchbrochen, so sind die Besatzungen aller anderen Uebergänge auf's Aeußerste gefährdet. Wenn sie nicht bald benachrichtigt werden und auf's Schleunigste abziehen, so können sie ihren Rückzug verlieren, und selbst wenn es ihnen gelingt, ohne Verlust davonzukommen, so sind sie zunächst von einander getrennt und können vielleicht nur schwer wieder den Anschluß an einander erreichen.

Es bedurfte also nicht der alle Voraussicht täuschenden Verruchtheit eines Verräthers Ephialtes, den Persern den Paß von Thermopylä zu öffnen. Ein Wegweiser ist auch im feindlichen Lande immer zu haben, sei es nun durch Güte oder Gewalt, durch Gold oder Prügel und der Gedanke der Umgehung ist ebenfalls nicht schwer zu finden. Schon in ihrer Sage von den Kämpfen des Astyages und Cyrus haben die Perser die Ueberwältigung eines tapfer vertheidigten Passes durch Umgehung[1]). In unmittelbarer Nähe der Thermopylen führt jener Fußpfad über das Gebirge, auf welchem die Perser 480, die Gallier 278, die Römer 191 die Vertheidiger des Passes umgingen. Von Trachis aus, wo auch dieser Fußpfad beginnt, geht noch ein anderer Weg direct über das Gebirge nach Doris und ist sogar von einer persischen Heeresabtheilung benutzt worden. Einige Meilen weiter zog im Jahre 191 der Consul M'. Acilius Glabrio mit seinem Heere über das Gebirge, am Berge Korax entlang; der Marsch war zwar sehr mühselig und verlustvoll, aber er gelang[2]). Xerxes war stark genug, alle diese Uebergänge zugleich versuchen zu lassen[3]), sein Heer war ohnehin bisher in drei Abtheilungen neben einander auf Parallelstraßen marschiert[4]), nahm also die Vertheidiger von Thermopylä früher oder später auf jeden Fall im Rücken, wenn er sie nicht in der Front zu überwältigen vermochte.

---

[1]) Duncker, Gesch. d. Alterth. IV, 266.
[2]) Livius XXXVI, 30.
[3]) Diese Möglichkeit, das Heer zu theilen, haben merkwürdiger Weise Rüstow und Köchly, Griech. Kriegsw. p. 58, nicht in Betracht gezogen; ihr Raisonnement ist deshalb verfehlt.
[4]) Herodot VI, 121 und 131.

Vertheidigung der Gebirgspässe hat nur dann einen Zweck, wenn man den Feind nicht absolut aufhalten, sondern ihn nur Zeit verlieren machen und ihn zu verlustvollen Gefechten zwingen will. Will man das Gebirge benutzen, eine überlegene Invasion wirklich abzuwehren, so muß man sich mit gesammten Kräften gegenüber dem ober einem der Defilé's aufstellen, aus welchem der Feind im Begriff ist zu debouchieren. Dann greift man ihn an, in einem Augenblick, wo er erst mit einem Theil seiner Truppen das Defilé überwunden hat. Gelingt es nun, diese, numerisch noch relativ schwach und unentwickelt, wie sie sind, zu schlagen, so müssen sie große Verluste erleiden. Sie müssen in den Engpaß zurück, Abtheilungen werden vielleicht abgedrängt und gehen ganz verloren. Hat der Feind den Uebergang an mehreren Stellen zugleich unternommen, so kann man sich nunmehr mit gesammten Kräften auf einen anderen Theil werfen und schlägt so, immer mit versammelter Kraft den Gegner im Detail. Dies Stratagem ist so einfach, daß wir es schon in der uraltesten sagenhaften Kriegserzählung angewandt finden. Das erste große Eroberervolk in der Geschichte sind die Assyrer unter König Ninus und als dieser, so erzählt die Sage, gegen die Baktrer auszog, da ließ der König der Baktrer einen Theil der Assyrer durch die Pässe in sein Land herabsteigen, griff sie dann an und schlug sie. Ninus war aber so stark, daß die durch andere Pässe vorgegangenen Truppen genügten, die Baktrer zuletzt doch zu besiegen[1]).

Wenden wir diese Grundsätze auf die Verhältnisse von 480 an, so sehen wir wohl, daß die Griechen nicht gut davon Gebrauch machen konnten. Sie hätten alle ihre Kräfte am Oeta vereinigen und hier eine Offensivschlacht liefern müssen. Das war zunächst politisch unmöglich; es ist von einem Conglomerat kleiner Republiken nicht zu erwarten, daß sie ihre gesammten Kräfte so weit von Hause wegschicken und der Gefahr einer Offensivschlacht aussetzen, ehe ihr eigenes Gebiet unmittelbar bedroht ist. Dazu verwies die Erfahrung ja nicht auf die Offensiv-, sondern auf die Defensivschlacht und Beides, die Benutzung des Gebirges in dem angegebenen Sinne und die Defensivschlacht im freien Felde läßt sich nicht mit einander vereinigen. Man könnte meinen, die Griechen hätten nun-

---

[1]) Diodor II, 6 aus Ktesias.

mehr weiter rückwärts, etwa in Böotien oder am Kithäron, auf passendem Terrain eine Defensivstellung nehmen sollen. Auch dafür aber waren die Verhältnisse nicht angethan. Zu einer Schlacht hätten die Griechen doch immer ihre ganzen Kräfte vereinigen müssen. Ein großer Theil derselben, namentlich der Athener, war aber durch die Flotte in Anspruch genommen. Gab man diese auf, so wurde jede Defensivstellung durch die persische Flotte umgangen und im Rücken genommen. Hielt man mit einer großen Flotte die See, so hatte das persische Landheer eine solche Uebermacht, daß es jede Defensivposition zu Lande umgehen konnte. Bei Marathon hatten die Perser in ihrer Zuversicht daran wohl nicht gedacht, noch waren sie stark genug, ihre Kräfte zu theilen und die Oertlichkeit, das Thal, wo sie einmal standen, erschwerte es noch besonders. Das Heer des Xerxes aber lud in seiner gewaltigen Größe zu Detachierungen und Umgehungen geradezu ein.

So ist es also wohl zu verstehen, daß die Griechen im ersten Jahre des Krieges eine große Landschlacht überhaupt nicht wagten, und die Vorwürfe, die man deshalb namentlich gegen die Spartaner gerichtet hat, sind nicht gerechtfertigt. Auch das größte Heer war nicht im Stande, das Gebirge dauernd zu halten und eine Schlacht in freiem Felde durften die Griechen nicht wagen.

Die Frage ist, warum man denn die Thermopylen überhaupt vertheidigte. Rein militärisch, ich möchte sagen, materialistisch-militärisch betrachtet, war es sicherlich ein Fehler, eine Halbheit. Man setzte die Truppen, die man hier aufstellte einer großen Gefahr aus, ohne daß die Verluste, die etwa die Perser erlitten, bei ihrer Masse als ein Ausgleich oder ein relativer Gewinn angesehen werden konnte. Aber dennoch ist das Verfahren der Griechen und des leitenden Staates, Sparta höchst natürlich und erklärlich. Kurzsichtigkeit und Heroismus gehen in kleinen tapferen Republiken Hand in Hand. Man wollte die Barbaren auf keinen Fall ohne Kampf in das Land hineinlassen, und spiegelte sich, wie die Menschheit das in großen Verlegenheiten zu thun pflegt, eine unbestimmte Hoffnung vor, daß die Paßsperre vielleicht doch den Feind aufhalten werde. Eine kleine Schaar genügte, in dem Passe den Kampf aufzunehmen; man riskierte also nicht viel und empfing auf jeden Fall den Großkönig auf dem Boden von Hellas mit einer Probe griechischen Heldenmuthes. Ist das nicht correct militärisch, so ist es doch durchaus kriegerisch gedacht.

Als Leonidas hinaufzog nach Thermopylä, machte er bekannt, daß ein großes peloponnesisches Heer ihm folgen werde. Schwerlich hat er selber daran geglaubt, denn wenn man nur eine Paßsperre beabsichtigte, so hätte auch ein größeres Heer keinen Nutzen bringen können. Um den Muth der nächstliegenden Völkerschaften aufrecht zu erhalten, konnte man aber dieser Täuschung nicht entrathen.

Daß die Besetzung des Passes, wenigstens die spartiatische, dabei völlig zu Grunde gehen müsse, haben die Ephoren gewiß weder beabsichtigt noch vorausgesehen. Es war der eigene freie Entschluß des Leonidas, der damit zugleich den Rückzug der anderen Truppen deckte und die Absicht dieses Kampfes auf die Spitze trieb, die Idee desselben zum vollendeten Ausdruck brachte. Beide Motive werden in ihm zusammen gewirkt haben. Heinrich Leo soll einmal gesagt haben:

Die Kritiker sagen, Leonidas hätte sich zurückziehen sollen; so viel ist gewiß: die Kritiker hätten sich zurückgezogen.

Viertes Capitel.
Die Vorgeschichte der Schlacht bei Platää.

In der Resultatlosigkeit des Landfeldzuges, dem Vermeiden einer großen Schlacht seitens der Griechen im Jahre 480 sehe ich also weder Versäumniß, noch Mangel an Entschlossenheit, noch politische Tücke der Spartaner.

Ganz anders ist nun aber die Situation im nächsten Jahre Die persische Flotte ist geschlagen und vertrieben, die Griechen beherrschen die See. Aber wie weit sind sie trotz ihres glänzenden Erfolges von Salamis entfernt von dem Entschluß, nunmehr auch dem Feinde zu Lande entgegen zu gehen und ihm eine Entscheidungsschlacht zu liefern! Da man die Motive ihres Verhaltens bisher, wie ich glaube, nicht verstanden, da man meinte, daß die Athener bei Marathon den Persern einfach muthig auf den Leib gegangen seien, so ist es eigentlich erstaunlich, daß man das Verhalten der Griechen im Jahre 479 nicht noch viel härter beurtheilt hat, als es geschehen ist. Sie lassen den Perser noch einmal in Attika einbrechen, die Landschaft verwüsten, Athen gänzlich zerstören und erst im Herbst endlich kommt es bei Platää zur Schlacht, in der die Griechen anscheinend mit Leichtigkeit siegen. Ist es nicht die reine Feigheit, die sie den Entschluß zur Schlacht nicht schon eher hat fassen lassen?

Herodots Erzählung über den Feldzug des Jahres 479 lautet in der Kürze folgendermaßen:

Nach der Schlacht bei Salamis kehrte Xerxes nach Asien zurück und Mardonius, der den Krieg weiterführen sollte, bezog, da er die

Jahreszeit nicht mehr für günstig hielt, Winterquartiere in Thessalien. Von hier aus schickte er den König Alexander von Macedonien als Gesandten nach Athen mit dem Auftrage, den Athenern unter den vortheilhaftesten Bedingungen Frieden und Bündniß anzubieten. Voll Besorgniß, daß die Athener darauf eingehen möchten, schickten auch die Spartaner Gesandte und boten den Athenern an, wenn ihr Land wieder von den Barbaren bedroht werde und geräumt werden müsse, für die Heimathlosen zu sorgen. Die Athener lehnten darauf den Antrag des Mardonius ab, verlangten aber von den Spartanern die Aussendung eines Heeres zur Deckung Attikas. Auf die ungeheure Differenz zwischen dem Anerbieten der Spartaner und der Forderung der Athener — dort ist Räumung, hier Vertheidigung Attikas in Aussicht genommen — geht Herodot nicht ein, berichtet auch zunächst nicht, daß die Spartaner ein Heer abgesandt hätten. Mardonius occupiert Attika, während seine Bewohner nach Salamis hinüberflüchten müssen, zum zweiten Mal und in dieser Lage werden die Verhandlungen noch einmal aufgenommen. Mardonius schont das Land und bietet den Athenern zum zweiten Mal Frieden und Bündniß an. Die Athener lehnen ab, schicken aber Gesandte nach Sparta, welche mit einem Wechsel der athenischen Politik drohen, wenn ihnen nicht Hülfe geleistet werde und eine Schlacht in der Thriasischen Ebene in Attika vorschlagen. Erst auf das Zureden des Chileus, eines angesehenen Tegeaten, der ihnen klar macht, daß sie verloren seien, wenn die Athener mit ihrer Flotte auf die Seite der Perser treten, entschließen sich die Spartaner, nachdem sie die Gesandten zehn Tage hingehalten, plötzlich zur Absendung eines Heeres unter Pausanias. Hier beiläufig erfahren wir auch, daß die Spartaner schon vorher einmal ein Heer abgeschickt, welches aber wegen einer Verfinsterung der Sonne wieder umgekehrt war. Mardonius hat mittlerweile als Antwort auf die Ablehnung seiner Friedensvorschläge Attika und Athen total verwüstet, verläßt aber die Landschaft auf die Nachricht von dem Anrücken des peloponnesischen Heeres und kehrt nach Böotien zurück. Die Peloponnesier, vereinigt mit den Athenern, gehen ebenfalls über den Kithäron und nehmen eine Stellung am Fuß desselben in der Nähe von Plataeä. Hier lagern die Heere, nur durch den Asopus getrennt, längere Zeit einander gegenüber. Beide Heerführer haben sich einen Propheten kommen lassen und lassen sich wahrsagen, daß derjenige siegen würde, der eine Vertheidigungsschlacht liefere und den Asopus nicht überschreite.

Brechen wir das Referat über Herodot hier vorläufig ab, die Darstellung bis dahin kritisch zu prüfen. Man muß folgende Einwendungen gegen dieselbe erheben.

Das persische Heer unter Mardonius soll nach der Schlacht bei Salamis den Krieg nicht weiter geführt haben, weil die Jahreszeit zu ungünstig war. Das ist ein offenbar unzureichendes Motiv. Die Schlacht war am 20. September; das persische Heer zwei bis drei Tagemärsche vom Isthmus entfernt. Wenn es sich stark genug fühlte, die Griechen anzugreifen, konnte die Jahreszeit ihm kein Hinderniß sein.

Nach Herodot haben die Spartaner zweimal ihre Ansicht gewechselt. Sie rücken erst aus, kehren wieder um und rücken dann auf den Rath des Tegeaten Chileus plötzlich zum zweiten Mal aus. Herodot meint, sie hätten sich den Athenern anfänglich so freundlich gestellt, um Zeit zu gewinnen für die Vollendung der Isthmischen Mauer. Aber dazu bedurften sie dieses Spieles nicht. Herodot berichtet zwar, daß sie noch eifrig an der Mauer gebaut hätten und das mag sein, aber sie hatten nicht nur viele Monate dazu Zeit gehabt, sondern man darf auch mit Sicherheit annehmen, daß die Mauer bereits im vorigen Jahre durchaus vertheidigungsfähig war. Weshalb sollte Xerxes sonst unterlassen haben, sie anzugreifen und mit einem Schlage dem Kriege ein Ende zu machen?

Erst Chileus soll den Spartanern klar gemacht haben, daß ihnen diese Mauer nichts helfen werde, wenn die Athener mit ihrer Flotte auf die Seite der Perser träten. Sollten die Spartaner wirklich, um zu dieser Einsicht zu gelangen, den Chileus nöthig gehabt haben? Ihre Sendung nach Athen zeigt ja schon vorher, daß sie die Bedeutung Athens kannten. Der ganze Zwischenfall trägt einen anekdotenhaften Charakter. Der weise Chileus muß erst kommen und die Spartaner aufklären und dann rückt plötzlich das ganze spartanische Heer in einer Nacht aus, als die Athener am andern Tage ihr Ultimatum stellen wollen. Zu ihrem höchsten Erstaunen schwören ihnen die Ephoren, das Heer sei bereits unterwegs und über die Grenze. Daß das Geschichtchen in dieser Weise Zug für Zug sagenhaft ist, ist klar; es ist aber nicht zu erkennen, was etwa Historisches zu Grunde liegt.

Wie mangelhaft unterrichtet über den Zusammenhang der Ereignisse, wie gleichgültig gegen denselben auch Herodot war, zeigt die Art, wie er den ersten Auszug der Spartaner erzählt. Erst hinterher, ganz beiläufig, so daß wir nur durch Combination errathen können, wohin der Auszug eigentlich gehört, erfahren wir ihn. Vielleicht ist es Herodot selbst nicht klar gewesen.

Ein Vergleich der Daten lehrt, daß Herodot unterlassen haben muß, uns an irgend einer Stelle einen längeren Zwischenraum bemerklich zu machen. Zehn Monate nach dem Einfall des Xerxes soll nach ihm Mardonius zum zweiten Mal in Attika eingefallen sein. Das würde Mitte Juli sein; die Schlacht bei Plataä war erst Ende September. Nach Herodots Erzählung aber würde man vermuthen, daß von dem Einfall in Attika bis zur Schlacht nur etwa fünf Wochen verstrichen sind.

Versuchen wir nunmehr, selbst den Zusammenhang zu reconstruieren. Angaben von anderen Schriftstellern, die uns dabei zu Hülfe kommen könnten, giebt es nicht.

Da die Perser ihre Flotte verloren hatten und sich nicht getrauten, die Isthmische Mauer anzugreifen, so blieb ihnen nur übrig, die Griechen zu einer Schlacht aus dem Isthmus hervorzulocken, oder sie auszubauern oder ihr Bündniß durch Separatverhandlungen zu sprengen. Am wirksamsten wäre es gewesen, wenn das feindliche Heer in Attika selbst stehen geblieben wäre. Aber das war doch auch wieder sehr gefährlich; Theile des Heeres hätten leicht überfallen werden können, die Zufuhr der Lebensmittel konnte gestört, überhaupt das Heer gänzlich von seiner Basis Böotien, Thessalien, Macedonien, Thracien, Hellespont abgeschnitten werden. Mardonius ging daher vorläufig nach Thessalien zurück, um im Frühling einen neuen Vorstoß zu machen.

Wie wollten die Griechen Attika vor diesen Invasionen schützen, wenn sie sich nicht getrauten, eine Schlacht zu liefern? Die Perser konnten es aushalten. Ihr Heer zu verpflegen, konnte ihnen bei dem weiten unterthänigen Hinterland nicht schwer fallen, auch wenn sie das Meer nicht beherrschten. Die Griechen mußten endlich hinter ihrer Mauer heraus oder die Athener mußten mürbe werden. Auch an guten Worten und Versprechungen ließ es Mardonius nicht fehlen. Soweit ist Alles verständlich und natürlich.

Die Fragen müssen beginnen bei den Griechen.

Der Verlauf des Feldzuges zeigt, daß schon eine Stellung am Kithäron vielleicht sogar schon die Versammlung eines großen Heeres auf dem Isthmus Attika gedeckt hätte. Mardonius getraut sich nicht, in Attika zu bleiben, als er von der Versammlung des Heeres auf dem Isthmus hört. Ein geschickt und energisch manövrierendes Heer hätte ihm hier sehr gefährlich werden, ihn vielleicht zur Schlacht in ungünstiger Position zwingen können. Obgleich Pausanias dazu keine Anstalten machte, so trat doch Mardonius auf die Nachricht von der Ansammlung der Griechen auf dem Isthmus sofort den Rückzug an, wie Herodot ganz richtig, wenn auch nicht erschöpfend sagt, weil das attische Land für die Reiterei nicht geeignet war und ihm, wenn er besiegt wurde, kein Rückzug blieb, als durch die Pässe des Kithäron, die ihm leicht versperrt werden konnten.

Die Frage ist, warum die Spartaner, wenn sie im Herbste wagten, die Stellung am Kithäron zu nehmen, es nicht schon im Sommer gethan haben. Es wäre nun wohl an sich keineswegs unmöglich, daß es nichts Anderes, als das von Herodot berichtete ungünstige Omen beim Auszuge gewesen ist. Man erinnere sich, daß noch über 60 Jahre später die Rücksicht auf ein solches Omen die Katastrophe der Athener vor Syrakus herbeiführte und Nikias war aus Athen, wo man von je freisinniger dachte als in Sparta, und Griechenland war mittlerweile in die Periode der rationalistischen Aufklärung eingetreten. Mag aber der Einfluß des Aberglaubens größer oder geringer gewesen sein, immer müssen wir die Frage offen lassen, ob nicht daneben und dahinter ein wirklicher politischer oder militärischer Grund, mit anderen Worten der Mangel an Zuversicht in das Wagniß einer offenen Feldschlacht steckte. Wir begnügen uns zunächst, die Frage gestellt zu haben und verfolgen die Ereignisse.

Erst die erneute Forderung und Drohung der Athener brachte die Spartaner ins Feld. Eigenthümlich erscheint in der Rede, die Herodot die athenischen Gesandten in Sparta halten läßt, daß sie vorschlagen, den Persern in der Thriasischen Ebene eine Schlacht zu liefern. Unmöglich kann das so gemeint sein, daß die Griechen in die Ebene vorgehen sollen, wo die persische Reiterei freies Feld hatte. Es wird aber verständlich, wenn man annimmt, daß die Griechen am Eingang der Ebene eine ähnliche Position nehmen sollten, wie ihrer Zeit am Eingang der Ebene von Marathon. Man

behielt den freien Rückzug auf den Isthmus, bedrohte die Perser
auf Attika, verlegte ihnen den Paß der Eichenköpfe über den Kithäron und hätte, wenn Mardonius angriff, so unter den günstigsten
Verhältnissen geschlagen.

Mardonius aber entzieht sich dieser Gefahr und nimmt nun
eine Stellung in der Böotischen Ebene, die Griechen ihm gegenüber
auf den Ausläufern des Kithäron, und hier finden wir nun endlich
die, ich möchte sagen so lange vermißte, Idee der Wiederholung des
Feldzuges von Marathon verwirklicht. Hier wie dort nahmen die
Griechen eine Stellung, welche Attika deckte und boten, an das Gebirge gelehnt, eine Defensivschlacht an. Wir sind in der glücklichen
Lage, einmal eine authentische Nachricht über die Absichten der
beiderseitigen Heerführer zu haben, während wir sonst mehr oder
weniger auf Rückschlüsse oder auf die wenig zuverlässigen Angaben
Herodots angewiesen sind. Es ist die Prophezeiung, welche sich
die beiden Feldherren geben lassen, welche uns verbürgt, daß der
Plan der Defensivschlacht mit vollem Bewußtsein und in fester Absicht
gefaßt wurde. Die Ehrfurcht vor dem göttlichen Spruch erhielt sein
Andenken in der Tradition. Daß er ex eventu fabriciert sein sollte,
erscheint ausgeschlossen, da kein Motiv dazu vorliegt, wohl aber umgekehrt Pausanias einer solchen göttlichen Unterstützung schwerlich entrathen konnte zur Durchführung seines Planes. Es giebt nichts
Schwierigeres, als Volksaufgebote lange außer Landes in einer Vertheidigungsstellung zusammenzuhalten. Hätte Pausanias seinen Plan als

menschliche Weisheit verkündigt, so würde die Menge sich ihm schwerlich unterworfen, ihn entweder zum Angriff gezwungen haben oder nach Hause gegangen sein. Wann war denn abzusehen, daß der Perser sich zum Angriff entschließen werde?

Des Pausanias Entschluß, eine Defensivschlacht zu schlagen, ist also so gut bezeugt und stimmt zugleich so sehr mit den Ereignissen, mit der strategischen Lage, mit der Taktik der Griechen, mit der Erfahrung von Marathon, daß wir diesen Punkt als den am besten gesicherten in der Geschichte des ganzen Feldzuges ansehen können. Jeder Versuch der Reconstruction muß vorwärts und rückwärts gehend diese Thatsache als Grund- und Eckstein im Auge behalten.

Nicht anders als die Griechen haben sich nun aber auch die Perser die Erfahrung von Marathon zu Nutze gemacht. Mardonius ist weit entfernt, die Griechen auf dem von ihnen gewählten Terrain anzugreifen; im Gegentheil, er läßt sich auch einen Propheten kommen, der ihm wahrsagt, daß er nicht über den Asopus gehen soll, und das wird den Griechen nicht verborgen geblieben sein und den Pausanias mit schwerer Sorge erfüllt haben. Wir sahen schon, daß Mardonius das Warten eigentlich besser aushalten konnte, als die Griechen. Wenn er nun in seinem Vorsatze fest blieb, wie lange konnte man das griechische Heer zusammenhalten? Ging es aber auseinander, so fielen die Barbaren abermals in Attika ein und was sollte so zuletzt aus den Athenern werden?

Wo ließ sich der Hebel einsetzen, um die so gespannte Situation zu lösen?

Sollte sich der zweite Feldzug des Jahres 479 in diesen Zusammenhang bringen lassen?

Herodot berichtet uns über die Thaten der griechischen Flotte in diesem Jahre Folgendes: Die Flotte sammelte sich, 110 Schiffe stark, noch nicht der dritte Theil der Schiffe, die bei Salamis gefochten hatten, unter Führung des spartanischen Königs Leotychides. Hier erschienen, nachdem sie schon in Sparta gewesen waren, kleinasiatische Jonier mit der Aufforderung, Jonien von der persischen Herrschaft zu befreien. Die Griechen getrauten sich jedoch nur bis Delos, wie Herodot spöttisch hinzufügt, weil ihnen Samos entfernt vorkam, wie die Säulen des Herkules. Bei Delos kamen nun abermals Jonier mit demselben Vorschlag und dem bestimmten Versprechen, daß ihre Landsleute, sobald die Flotte er-

scheine, übergehen würden, und diesmal wird dem Antrag Folge
gegeben. Die Expedition führt zur Schacht bei Mykale.

Wenn Herodot geneigt ist, sich zu wundern, daß die Griechen
nicht gleich auf den ersten Antrag eingingen, so sind wir vielleicht
umgekehrt geneigt, zu erstaunen, daß die Griechen zu einer Zeit,
wo der Feind mit einem gewaltigen Heere in ihrem eigenen Lande
stand, sich auf eine so weit aussehende Expedition einließen. Sie
mußten doch alle Kräfte für die Entscheidungsschlacht in Hellas zusammenhalten, und die Flotte, wenn auch nicht sehr groß, bedurfte
nicht blos der Ruderer, sondern auch — sie haben ja die Schlacht
bei Mykale zu Lande geschlagen — einer erheblichen Besatzung an
Hopliten.

Sollte die Vermuthung zu gewagt sein, daß es eben die unerträgliche Lage des Heeres am Kithäron war, welche den Gedanken
an diese Diversion eingab? Ein Zeugniß dafür aus dem Alterthum haben wir nicht, aber wir haben bereits bei jedem Schritt
unserer Untersuchung gesehen, daß wir von den Quellen, über die
wir verfügen, solche Aufschlüsse gar nicht erwarten dürfen. Die
großen sachlich-strategischen Motive liegen einmal außerhalb des
Gesichtskreises einer populären Tradition und eines Historikers wie
Herodot. Die Gründe, einen Zusammenhang in der angedeuteten
Weise anzunehmen, sind aber nahezu zwingend. Direct gegen das
persische Heer in Böotien waren die Griechen nicht im Stande etwas
auszurichten. Wie aber, wenn sie Mardonius seiner Basis beraubten?
Wenn sie Jonien, das ihnen entgegenzukommen versprach, zum Auf-
stand brachten, wenn sie dann zum Hellespont gingen, vielleicht
Thracien, Macedonien beunruhigten, konnte Mardonius dann seine
Cunctator-Strategie fortsetzen? Entweder er kehrte um, um zunächst
Jonien wieder zu unterwerfen, oder er versuchte das Glück einer
Offensivschlacht. Lag eine solche Berechnung der Expedition der
griechischen Flotte nicht zu Grunde, so muß man dieselbe als eine
nur durch den Erfolg gerechtfertigte Vermegenheit bezeichnen. Denn
verloren die Griechen mittlerweile die Schlacht in Böotien, so war
die Flotte ihre letzte Zuflucht. Beruht die Expedition der Flotte
aber wirklich auf einer Combination mit der Defensiv-Position des
Landheeres am Kithäron, so war es eine der großartigsten, genialsten
strategischen Conceptionen, welche die Kriegsgeschichte kennt, des
Ruhmes der Hellenen und der Perserkriege würdig.

Man möchte gegen die Gründe für unsere Hypothese einwenden, daß sie zu viel beweise. Ist der Calcül richtig, was bedurfte es dann überhaupt einer Landschlacht? Hätte man nicht Mardonius, wenn man wieder alle Kraft auf die Flotte verwandte und sofort im Frühling Jonien revolutionierte, den Hellespont und die europäischen Küstenländer bedrohte, mit viel geringerer eigener Gefahr zum Rückzuge aus Hellas gezwungen? Der Einwand ist richtig — aber wer sagt uns denn, daß in Athen Niemand diesen Plan gehabt hat?

Fünftes Capitel.
Nachträgliche Untersuchung über die Situation nach der Schlacht von Salamis.

Erst mit der letzten Frage wenden wir unsere Untersuchung den Vorgängen zu, welche die Zeit von dem Ende des ersten Feldzuges nach der Schlacht von Salamis bis zum Beginn des zweiten Feldzuges, des platäischen, ausfüllen. Da unser kritisches Instrument der sachliche Zusammenhang ist, so mußten wir erst wieder einen festen Punkt, eine gesicherte Auffassung von der Lage im nächsten Jahre gewonnen haben, ehe wir die nur unsicher und verworren überlieferten verbindenden Ereignisse fixieren können. Dieser feste Punkt ist, daß die Griechen sich nicht getrauen, dem Mardonius eine Land-Offensivschlacht zu liefern, und zwar nicht aus Politik, nicht aus Feigheit, sondern aus richtiger taktischer Erkenntniß. Von hier aus haben wir zurückzugehen auf die Situation nach der Schlacht bei Salamis. Wir haben es jedoch nicht nöthig, auf die sagenhafte Erzählung Herodots selbst einzugehen, da ich glaube, daß der wirkliche Thatbestand aus derselben bereits von einem Anderen auf eine Weise herausgestellt worden ist, die wir ohne Weiteres übernehmen können. Es ist das die Untersuchung Dunckers "Ueber den Verrath des Themistokles"[1], der ich mich durchweg

---

[1] Sitzungsber. d. Berl. Akademie 1882 Nr. 17.

anschließe. Es bleibt mir also nur übrig, den von Duncker festgestellten Thatbestand in meine Gesammtauffassung einzuordnen, wobei dann Einiges noch eine etwas andere Beleuchtung erhält.

Gleich nach der Schlacht bei Salamis machte Themistokles den Vorschlag, nach dem Hellespont zu fahren und die Brücken zu zerstören. Selbstverständlich war mit der Zerstörung der Brücken die Absicht des Themistokles nicht erschöpft; diese Zerstörung war vielmehr nur die plastische Form, in welche Themistokles seine Absicht einkleidete, um sie der Menge verständlich zu machen. Wäre die griechische Flotte nach Zerstörung der Brücke wieder umgekehrt, so hätte sie dem Xerxes wenig Schaden gethan. Die Brücke bedeutete nur die Bequemlichkeit der Verbindung für das persische Heer, aber nicht die Verbindung selbst; ein Heer kann auch in Schiffen und Nachen den Hellespont überschreiten. Was Themistokles also gewollt hat, war nicht nur die Zerstörung der Brücke, sondern die Occupierung der Uferplätze des Hellespont. Gelang dieselbe, wozu freilich die persische Flotte erst noch einmal geschlagen werden mußte, brachte man dazu Jonien in Aufstand, so war Xerxes, wie wir es soeben ausgeführt haben, gezwungen, auf das Schleunigste umzukehren.

Man kann es aber wohl verstehen, daß die Griechen zu einer solchen Kriegführung nicht zu überreden waren in einer Zeit, in der sie unter dem Eindruck der unmittelbarsten Gefahr im eigenen Lande standen. Themistokles verschob also die Expedition auf das nächste Frühjahr und machte einen Versuch, zunächst dieselbe Wirkung durch den bloßen Schreck zu erzielen. Er ließ dem Xerxes sagen, er, Themistokles, halte die Griechen ab, nach dem Hellespont zu segeln. Die Berechnung war, daß Xerxes, einmal durch eine Botschaft des Themistokles in die Falle gelockt und grimmig getäuscht, auf die Vermuthung kommen sollte, das Gegentheil sei wahr, der Grieche wolle ihn in Sicherheit einlullen, um mittlerweile seiner Flotte am Hellespont zuvorzukommen.

Mag Themistokles diese List nun wirklich gebraucht haben oder mag er umgekehrt das Gerücht ausgesprengt haben, er werde die Flotte nach dem Hellespont führen, oder mag den Persern selbst diese Besorgniß aufgestiegen sein: für die Entwicklung der Dinge ist der Zwischenfall unwesentlich. Sicher ist, daß die Perser sogleich die Maßregeln ergriffen, die nöthig schienen, sich gegen eine solche Diversion der Griechen zu sichern, ohne sich aber durch die

Möglichkeit derselben einschüchtern zu lassen. Nur der König persönlich ging nach Asien zurück, das Gros des Heeres aber blieb. Die Perser konnten nicht richtiger verfahren; sie führten den Krieg weiter in der Art fort, wie es ihre Mittel nach der Niederlage der Flotte erlaubten und sicherten sich zugleich den Rücken. Durch seine persönliche Gegenwart konnte Xerxes hoffen, seine Autorität in Asien aufrecht zu erhalten. Zu der Kriegsmethode, welche Mardonius von jetzt an einzuhalten gedachte und welche Zeit und Zurückhaltung erforderte, paßte ohnehin nicht die Gegenwart eines Königs, welchem glänzende Thaten und schnelle Erfolge besser anstehn. Themistokles' List hatte diesmal also den gewünschten Erfolg nicht[1]).

Mardonius blieb im nächsten Jahre bis Ende Juni oder Anfang Juli in Thessalien stehen. Man hat bisher nie versucht, diesen langen Verzug zu erklären; ich denke, die Erklärung liegt darin, daß die Perser erst abwarten wollten, ob die Griechen etwas gegen Asien unternehmen und ob die Jonier sich ruhig verhalten würden. Da die Griechen sich nicht über Delos hinaus wagten, so nahm endlich Mardonius die Offensive wieder auf.

Man fragt, was ist denn aus dem Plane des Themistokles, im Frühling nach dem Hellespont zu gehen, geworden? Hätte Themistokles freilich nichts weiter gewollt, als die Brücken zerstören, so war das Unternehmen gegenstandslos, denn das hatten Wind und Wellen besorgt. Aber Themistokles hat eben unzweifelhaft mehr gewollt.

Man wird den athenischen und spartanischen Staatslenkern zutrauen, daß sie auch im Winter fortwährend mit der Ueberlegung beschäftigt gewesen sind, wie man der zu erwartenden neuen Invasion des Mardonius entgegen treten solle. Im Winter war The-

---

[1]) Duncker legt Gewicht darauf, daß Xerxes seine Kinder mit der Flotte zurückschickte, daß das Heer nach der Schlacht bei Salamis noch einige Tage in Attika verweilte und sogar einen Damm nach Salamis zu bauen versuchte. Daraus dürften wir schließen, daß Xerxes ursprünglich selbst hat bleiben und den Krieg weiterführen wollen und erst durch die List des Themistokles zum Abbrechen des Feldzuges und persönlicher Rückkehr nach Asien bewogen worden ist. In diesem Falle hätte die List des Themistokles den Griechen keinen guten Dienst erwiesen, da aus den eben angegebenen Gründen Xerxes für sie nützlicher bei seinem Heere als in Asien war. Aber ich schlage den Einfluß dieser Botschaft überhaupt sehr gering an — wenn sie denn allemal statt hatte. Daß sie mit der Einnahme der Insel Salamis (von wo die griechische Flotte Alles retten konnte) nicht viel gewinnen würden, und daß sie Asien auf alle Fälle sichern müßten, konnten sich die Perser selber sagen.

mistokles in Sparta und wurde hier auf eine bisher in diesem strengen Lande unerhörte Weise gefeiert. Sollte das wirklich reine Dankbarkeit gewesen sein, nachdem man ihm den Siegespreis für die Schlacht, die er gewonnen, erst neidisch verweigert? Kein Zweifel, daß Themistokles sich mit den leitenden Männern über den bevorstehenden Feldzug in Verbindung gesetzt hat und daß die Spartaner seinen Ideen geneigt sein mußten. Wenn Attika vor der neuen Invasion wieder geräumt wurde, das Landheer sich wieder auf die Vertheidigung des Isthmus beschränkte, die Flotte aber zum Angriff auf Jonien vorging, so riskierte Sparta am wenigsten. Das Genie des Themistokles und das Interesse Sparta's coincidierten hier einmal.

Die nächste Thatsache, welche den Fortgang der Dinge erkennen läßt, ist zwar nur eine negative, aber sie ist von der größten Bedeutsamkeit. Wir finden im Jahre 479 an der Spitze der athenischen Flotte den Xanthippus, an der Spitze des Landheeres den Aristides, beide alte Gegner des Themistokles, und diesen, den Sieger von Salamis, den Retter Athens in dem ersten Feldzuge, in dem Augenblick, wo der Feind sich zur Wiederholung seines Angriffes anschickt, außer Dienst. Eine spätere, unzuverlässige Nachricht sagt, man habe ihm in Athen die Geschenke, die er in Sparta erhalten — es war ein Olivenkranz und ein Wagen — verargt. Der politischen Verleumdung ist es wohl zuzutrauen, daß sie diese Geschenke ausgenutzt hat — aber die Gründe für die Beiseiteschiebung des hochgemuthen Mannes lagen tiefer. Die athenische Bürgerschaft verwarf seinen Feldzugsplan; sie hoffte die Peloponnesier zu veranlassen, sich den Persern in Böotien entgegenzustellen und auf diese Weise vor der zweiten Räumung des Landes bewahrt zu bleiben.

Ich glaube, nun erst tritt die wunderliche Zauber-Strategie der Griechen im Jahre 479 in volles Licht. Wir haben jetzt die Antwort auf die Frage, warum die Spartaner nicht schon im Juli die Stellung am Kithäron einnahmen, die sie im Herbst besetzten und die Attika deckte.

Jeder der beiden leitenden Staaten hat versucht, den andern zu der von ihm beabsichtigten Kriegführung zu zwingen. Die Spartaner erschienen nicht am Kithäron und ließen Attika zum zweiten Mal in die Hand der Barbaren fallen. Die Athener drohten nunmehr, auf die Seite der Perser zu treten. Das brachte die Spartaner in Bewegung. Was weiter folgt, stellt sich dar — ob auch der Form nach, bleibe dahingestellt — als ein Compromiß. Das Landheer nahm die Stellung am Nordabhang des Kithäron, um eine Defensivschlacht zu schlagen, wenn Mardonius sich dazu verlocken ließ; die Flotte brach auf nach Jonien¹). Diese Theilung der Kräfte hätte den Griechen höchst gefährlich werden können, wenn nicht während des Sommers sich die Umstände — und das mag endlich den Compromiß ermöglicht haben — sehr zu ihren Gunsten verändert hätten. Die Perser fühlten sich, da die Griechen während des ganzen Sommers nichts unternahmen und Mardonius nun wieder mitten in Hellas stand, in Asien so sicher, daß die phönicische Flotte nach Hause entlassen wurde²). Dazu boten die wiederholten Botschaften der Jonier die höchsten Bürgschaften, daß Alles zum

¹) Wenn man sich auf die Chronologie Herodots verlassen könnte, — was ich allerdings bezweifle — so wäre der Zusammenhang dieser gewesen. Die Schlachten von Plataeä und Mykale fallen auf denselben Tag; bei Plataeä hat sich die Entscheidung Wochen lang hingezögert, bei Mykale nicht; folglich ist die Flotte von Delos erst aufgebrochen, als das Landheer bereits einige Zeit am Kithäron stand. Man hat also zunächst versucht, ob Mardonius sich direct zur Schlacht verlocken lassen werde und erst als das nicht geschah, die Flotte abgehen lassen. Die innere Wahrscheinlichkeit spricht jedoch mehr dafür, daß beide Operationen zu Lande und zu See gleichzeitig begonnen haben.

²) Wann die phönicischen Schiffe entlassen wurden, ist freilich nicht sicher. Diodors Angabe II, 19, daß die Phönicier aus Furcht vor Bestrafung unmittelbar von der Schlacht bei Salamis nach Hause fuhren, ist unglaubwürdig. Herodots Angabe (VIII, 130), daß die Flotte im Frühjahr, einschließlich der Jonier, 300 Schiffe stark gewesen sei, würde dafür sprechen, daß die Phönicier (und Aegypter?) bereits entlassen waren. Aber diese Zahlangaben Herodots sind gar zu unzuverlässig, um darauf Schlüsse zu bauen. IX, 96 drückt sich Herodot so aus, als seien die Phönicier erst bei Annäherung der griechischen Expedition weggesandt worden, was völlig unglaublich ist. Wären die Phönicier aber schon im Winter entlassen worden, so würden die Jonier nicht versäumt haben, das ihren Landsleuten zu melden, und diese hätten nicht (Herodot VIII, 132) geglaubt, daß drüben Alles voll Truppen sei. Die Entlassung fand also vermuthlich im Sommer statt.

Duncker, Gesch. d. Alterth. N. F. I, 16 vermuthet, die phönicischen Schiffe seien i. J. 479 heimgesandt worden, um Cypern in Gehorsam zu erhalten. Ich glaube nicht, daß dies Motiv angenommen werden darf. Wagte sich die europäisch-griechische Flotte nicht über das Meer, so hätten weder die Jonier noch Cypern einen Aufstand riskiert. Die beste Vertheidigung der persischen Unterthanen-Lande war immer die Abwehr der griechischen Flotte und wollte man Cypern noch besonders fesseln, so wäre die Einlegung einer Garnison von Landtruppen mit einigen Trieren unter Festhaltung aller cyprischen Schiffe in Jonien das einfachste Mittel gewesen.

Abfall bereit sei und die griechische Flotte nur zu erscheinen brauche, um der Erhebung und des Erfolges sicher zu sein.

So ist etwa gleichzeitig das griechische Landheer über den Kithäron gegangen und die Flotte von Delos nach Jonien gesegelt.

Dritter Excurs.
Ueber die Auffassung von Nitzsch und Duncker.

Ein directes Quellen-Zeugniß dafür, daß die Spartaner für eine große See-Expedition gewesen seien, haben wir nicht, wenn man nicht dahin die Aeußerung des Eurybiades rechnen will (Herodot VIII, 108), daß man künftig mit dem Perser um sein eigenes Land kämpfen müsse. Sicherlich haben die Gedanken Eurybiades' sich damals, unmittelbar nach der Schlacht bei Salamis, nicht zu so hohem Fluge erhoben und die ganze Rede, die Herodot ihn halten läßt, ist so confus und widerspruchsvoll, daß es unerlaubt ist, daraus eine einzelne Wendung als historisches Zeugniß herauszunehmen. Immerhin aber ist es auffallend, daß einem Spartaner ein solcher Gedanke überhaupt in den Mund gelegt wird, und wem unser Beweis aus dem natürlichen Zusammenhang der Dinge concludent erscheint, der wird nunmehr auch sich der Möglichkeit nicht verschließen, daß wir ein Stückchen echter Ueberlieferung an verkehrter Stelle eingefügt vor uns haben.

Einen wirklichen quellenmäßigen Beleg, wenn es auch für sich allein nicht ein Beweis sein würde, haben wir aber an dem Verhalten des spartanischen Königs Leotychides in dem Feldzuge selbst. Leotychides ist es, der nach Herodots Erzählung den Entschluß faßt zur Expedition, nicht die Athener, und Leotychides behält auch ferner, im auffallendsten Gegensatz zu dem Zaudern des Pausanias, die Leitung in der Hand und geht mit der äußersten Entschlossenheit vorwärts.

Der erste, der hierauf aufmerksam gemacht und erkannt hat, daß ein politisch-strategischer Zusammenhang zwischen den See- und Landfeldzügen des Jahres 479 bestehe, war Nitzsch (Rhein. Mus. XXVII, 258 ff.), aber seine Auffassung selbst ist unhaltbar.

Er meint, die Spartaner wünschten nicht, eine Entscheidung gegen Mardonius herbeizuführen, ehe ein großer Erfolg zur See den Peloponnes gesichert habe. Denn wenn die Athener erst der Sorge vor dem persischen Landheere enthoben waren, hätten sie vielleicht den Krieg nicht mehr mit voller Kraft weitergeführt und die persische Seemacht wäre nicht gebrochen worden. Darauf kam aber den Spartanern sehr viel an. Denn wenn die Perser keine Marine mehr hatten, so war jede Wiederholung der Invasion auf alle Zeiten unmöglich.

So können nun die Spartaner offenbar nicht gedacht haben. Es genügte vollauf, die persische Landmacht zu schlagen, um vor weiteren Invasionen sicher zu sein, und um die Athener zu energischer Bekämpfung der persischen Marine zu bewegen, mußte man sie nicht in der Furcht vor der persischen Landmacht weiterleben lassen, sondern sie im Gegentheil von dieser befreien.

Ganz ebenso mit den Athenern. Nitzsch läßt sie rechnen: es habe nicht in ihrem Interesse gelegen, die persische Seemacht zu bekämpfen, ehe das Landheer geschlagen war. Denn von der Furcht vor jener befreit, hätten die Spartaner ihnen nicht mehr gegen diese geholfen. Nitzsch bringt damit die Sage in Verbindung, daß die Schlachten von Plataä und Mykale an demselben Tage stattfanden, die Griechen bei Mykale aber auf eine wunderbare Weise von dem am Morgen in der Heimath erfochtenen Siege Kunde hatten. Diese Sage könnte nach ihm insofern eine politische Bedeutung haben, als der spartanische König die Nachricht fingierte, um die Athener, die sich bewußt waren, daß der zu frühe Sieg nicht in ihrem Interesse sei, zu encouragieren.

Die Fiction der Sieges-Nachricht mag stimmen, aber das politische Motiv sicherlich nicht. Schlugen die Athener die Perser in Kleinasien und brachten ihre Volksgenossen an der Küste zum Aufstande, so hatten sie damit am allersichersten ihre Heimath befreit. Und geschah das auch nicht, so bedurften die Athener doch nicht der persischen Flotte, um die Spartaner in Böotien im Felde zu erhalten. Denn nicht vor der persischen Flotte fürchteten sich diese, sondern vor der athenischen; nicht mit Neutralität haben die Athener den Spartanern gedroht, sondern mit Uebertritt zu den Persern, wie das auch gar nicht anders möglich ist. Wie hätten die Athener neutral bleiben können? Entweder sie mußten die Perser bekämpfen, oder sich Verdienste um sie erwerben. Darin also lag das treibende Moment der Politik, nicht in der Existenz oder Nicht-Existenz der persischen Flotte.

Ich glaube es ist klar, daß die Ausführung des Nitzsch'schen Gedankens unrichtig ist: richtig aber ist doch die Hauptsache, die Tendenz: daß ein Zusammenhang zwischen beiden Feldzügen existiert und daß, entgegen dem Charakter, den die beiden Großstaaten später immer zeigen, es Sparta war, welches auf einen thätigen Seekrieg, Athen, welches auf einen Landkrieg drängte.

Duncker hat in den ersten Auflagen seines Werkes noch die entgegengesetzte Auffassung und charakterisiert die Wahl des Xanthippus „man wollte einen Admiral, dem es Ernst wäre mit der Befreiung Joniens". Dann hat er sich Nitzsch' Auffassung genähert, jenen Satz fallen lassen und das Interesse Athens am Landkriege stärker betont.

Gesch. d. Alterth. N. F. Bd. I, 5 spricht sich Duncker folgendermaßen aus: „Nicht lange nach der Schlacht von Salamis war es Aristides und Xanthippos gelungen, den Themistokles aus der leitenden Stellung zu drängen, vornehmlich wohl durch die Aussicht, die sie dem Volke eröffnet hatten, daß nun der Landkrieg Attika decken, daß Attika nicht zum zweiten Male der Verheerung und dem Feuer der Perser anheimfallen werde: Themistokles, von Sparta gewonnen, werde Athen wieder zu Gunsten Sparta's auf die Flotte werfen und dann nach dem Hellespont drängen." Das unterscheidet sich also, so weit es Athen betrifft, von meiner Auffassung nur dadurch, daß ich meine, der Gegensatz bezüglich der Kriegführung hat nicht nur in Aussicht gestanden, sondern ist wirklich durchgefochten worden. Der Hauptunterschied aber betrifft Sparta. Ich nehme (mit Nitzsch) an, daß Sparta ernstlich den Seekrieg gewünscht und betrieben hat. Duncker verwirft das und begründet seine Ansicht in einer Anmerkung (VII S 317) mit folgenden drei Erwägungen:

1) Die Bundesflotte war zu schwach und die Spartaner haben den Antrag der Chier abgewiesen.

Darauf erwidere ich, daß Beides vermuthlich nicht Schuld der Spartaner, sondern der Athener war, welche ihre Heimath vertheidigen und nicht Krieg in fernen Landen führen wollten. Ohne den guten Willen der Athener aber konnten die Spartaner nichts thun. Daß die ionischen Gesandten sich von Sparta noch auf die Flotte begaben, um ihren Plan vorzutragen, spricht offenbar dafür, daß die spartanischen Ephoren sich ihrem Vorschlage günstig erwiesen hatten. Wie konnten sie sonst hoffen, auf der von einem spartanischen König commandierten Flotte etwas auszurichten? Hier aber, auf der Flotte, widersprachen die Athener.

2) Pausanias habe die Operationen in Böotien, nachdem sie einmal begonnen waren, nicht vom Ausgange des Seekampfes abhängig machen können.

Insofern dieser Einwand sich gegen Nitzsch richtet, erkenne ich ihn an. Pausanias konnte in der That nicht, wie Nitzsch meinte, die Entscheidung in Böotien hinzögern, nur um zu erwarten, daß erst ein Seesieg erfochten werde. Gegen meine Auffassung würde sich jedoch Dunckers Einwand nicht erheben lassen, insofern Pausanias' Operation nur indirect mit dem Seekriege zusammenhängt.

3) Der Eifer der Jonier habe sich nicht voraussehen lassen.

Im Herbst 480 stimmt das, aber im folgenden Jahre kam eine Botschaft über die andere, welche den Uebergang der Jonier in sichere Aussicht stellte.

Sechstes Capitel.

Die Schlacht bei Platää.

Herodot erzählt die Schlacht bei Platää folgendermaßen. Die Griechen nahmen eine Stellung am Fuß des Kithäron, ohne in die Ebene hinabzusteigen. Die Perser begnügten sich, sie an den zugänglichen Stellen ihrer Position, durch ihre berittenen Bogenschützen fortwährend zu belästigen und fügten ihnen nicht unerheblichen Schaden zu. Einmal jedoch gelang es auch den Griechen, mit Hülfe eines Corps athenischer Bogenschützen in einem Ausfall den Persern einen ansehnlichen Verlust zuzufügen. Ermuthigt durch dieses Gefecht, wagten es die Griechen weiter in die Ebene hinabzugehen nach Platää, namentlich weil diese Gegend besseres Wasser hatte. Mardonius hätte gern eine Schlacht geliefert, aber da ihm die Opfer nicht günstig waren, so schickte er auf den Rath eines Thebaners seine Reiterei an den Paß der Eichenköpfe, um den Griechen den Zuzug und die Zufuhr abzuschneiden. Die Reiter erbeuteten auch sofort einen Zug von 500 Thieren, welche Getreide aus dem Peloponnes brachten. Im Uebrigen wiederholte sich das alte Spiel, daß die berittenen Bogenschützen der Perser die Griechen in ihrer Stellung belästigten. Endlich wurde Mardonius, besonders da er sah, daß die Griechen immer mehr Zuzug erhielten, ungeduldig und beschloß trotz des Widerspruchs des zweiten Befehlshabers Artabazus, der auf die reichen, in Theben aufgehäuften Magazine hinwies, und trotz der ungünstigen Opfer eine Schlacht zu liefern. Noch in der Nacht meldete der König Alexander von Macedonien diesen Entschluß persönlich den Athenern; wenn Mardonius aber die Schlacht noch nicht liefere, fügte er hinzu, so solle man ausharren, da die Perser nur noch auf wenige Tage Lebensmittel hätten. Auf diese Meldung ordnete Pausanias an, daß die Athener noch in der Nacht mit den Spartanern die Stellung tauschen sollten, damit jene in der Schlacht den Persern gegenüberständen, deren Fechtweise sie kannten, während die Spartaner auf dem anderen Flügel den persischen Griechen gegenüber gestanden haben würden. Im feindlichen Lager bemerkte man jedoch den Wechsel und ließ die beiden Flügel ebenfalls tauschen. Darauf ward der Tausch von den Griechen und auch gleich wieder von den Persern rückgängig gemacht. Nun schickte Mardonius seine Reiterei vorwärts, welche die Griechen in alter Weise aus der Ferne beschoß und auch die Quelle Gargaphia, aus der die Griechen das Wasser holten, verschütteten. Aus dem Asopus, dem der linke Flügel der Griechen sonst näher gestanden hätte, konnte man ebenfalls wegen der persischen Bogenschützen auf dem anderen Ufer kein Wasser holen. Die persische Reiterei versperrte endlich auch die Zugänge vom Gebirge, so daß die Griechen in Mangel geriethen. Sie beschlossen deshalb, in der nächsten Nacht eine Viertelmeile rückwärts an einen Platz vor der Stadt Plataä zu gehen, welcher zwischen zwei Bächen liegt und deshalb die „Insel" genannt wird; zugleich aber in derselben Nacht die Hälfte des Heeres abzuschicken, um die Pässe wieder zu eröffnen. In der Nacht zog zuerst das Centrum (Alle außer den Spartanern, Tegeaten und Athenern) ab und ging nicht blos auf die Insel, sondern bis an das Heräon, eine halbe Meile weit zurück. Pausanias befahl den Spartanern, ihnen zu folgen, aber Amompharetus, der Führer der Pitanaten, einer Abtheilung der Spartaner, verweigerte ihm den Gehorsam. Er rief, es sei schimpflich zurückzugehen und erklärte, daß er mit seiner Abtheilung bleiben werde. Vergeblich suchte ihm Pausanias zuzureden und wollte ihn auch nicht allein dem Verderben überlassen. Die Athener, argwöhnisch, ob die Spartaner auch die Verabredung erfüllen würden, waren in ihrer Stellung geblieben und sandten einen Reiter, um zu sehen, was die Spartaner thäten. Dieser kam zu den Spartanern, die in heftigem Streit waren und erlebte, wie Amompharetus dem Pausanias einen mächtigen Feldstein vor die Füße warf, indem er sagte, mit diesem Stein gebe er seine Abstimmung dahin ab, daß er vor den Fremden nicht fliehen werde. Pausanias trug dem athenischen Herold auf, den Athenern zu sagen, sie möchten sich an die Spartaner heranziehen und dann mit ihnen zurückgehen. Gegen Morgen gingen die Spartaner unter Pausanias zurück, machten aber nach einer Viertelmeile Halt, um zu sehen, ob Amompharetus wirklich bliebe, damit sie ihm im schlimmsten Fall zu Hülfe kommen könnten. Amompharetus aber entschloß sich doch, da er sah, daß man ihn allein ließ, den Anderen nachzufolgen. Eben war er zu ihnen gestoßen, als auch schon die persischen Reiter ankamen und in gewohnter Weise angriffen.

Den Persern hatte der Abzug der Hellenen den Eindruck der Flucht gemacht; eilig waren sie aufgebrochen und kamen in ungeordneten Haufen an, die Hellenen anzugreifen. Sie setzten ihre Schilde vor sich nieder und überschütteten sie mit einem Hagel von Pfeilen, der Viele verwundete. Eine Zeit lang ertrugen die Spartaner und Tegeaten, die allein zur Stelle waren, den Pfeilregen, endlich aber gingen sie ihrerseits zum Angriff vor und überwältigten nach heftigem Kampf die Perser, welche ihnen ohne Schutzwaffen und Ordnung im Nahgefecht nicht gewachsen waren. Als endlich auch Mardonius gefallen war, flohen sie in das befestigte Lager.

Gleichzeitig mit den Spartanern waren die Athener von den persischen Griechen angegriffen worden und hatten deshalb den Spartanern nicht zu Hülfe kommen können. Auch sie siegten jedoch an ihrer Stelle.

Die persische und böotische Reiterei deckte die Flucht des Fußvolks.

Die Griechen des Centrums eilten auf die Nachricht, daß die Perser geschlagen seien, herbei, um auch noch einen Antheil an dem Siege zu haben; die Megarer und Phliasier wurden jedoch auf der Ebene von der thebanischen Reiterei angefallen und erlitten einen großen Verlust.

Von den Persern hatte Artabazus nicht an der Schlacht Theil genommen; als er anrückte, kam ihm das Gros bereits fliehend entgegen und er führte seine Abtheilung darauf nicht in das Lager, sondern direct nach Phocis, auf den Weg nach Hause.

Die Perser, welche sich in das Lager geflüchtet hatten, vertheidigten dasselbe tapfer und die Spartaner waren nicht im Stande, es zu erstürmen. Erst der Gewandtheit der Athener gelang es, eine Bresche zu legen, durch welche zuerst die Tegeaten eindrangen. Sämmtliche Perser wurden darauf erschlagen.

Auch die Cantone, deren Contingente nicht an der Schlacht Theil genommen, haben aus Scham darüber und um der Nachwelt willen dennoch Kenotaphien auf dem Schlachtfelde errichtet.

So weit Herodot. Die Erzählung leidet an folgenden Widersprüchen und Unmöglichkeiten.

Mardonius soll eines Tages aus Ungeduld beschlossen haben, die Griechen am anderen Morgen anzugreifen. Trotzdem greift er sie nicht an, im Gegentheil seine Truppen verschütteten ihnen die Quelle, aus der sie ihr Wasser holen. Eine so schwierige und langwierige Arbeit würden die Perser nicht unternommen haben, wenn sie beabsichtigen, die Entscheidung herbeizuführen.

Alexander von Macedonien, welcher den Griechen den angeblichen Entschluß der Perser meldet, fügt hinzu, daß die Perser keine Lebensmittel mehr hätten. Im persischen Kriegsrath am Tage vorher hat umgekehrt Artabazus auf den großen Vorrath an Lebensmitteln hingewiesen, über den man verfüge.

Die Griechen beschließen, wegen Wassermangels eine Stellung eine Viertelmeile (10 Stadien) weiter rückwärts zu beziehen. Das kann kaum der Grund zum Stellungswechsel gewesen sein, da der Bach, hinter den man zurückgehen wollte, von der Rückseite des bisherigen Lagers nicht übermäßig entfernt gewesen sein kann, wenn die beiden Stellungen nur eine Viertelmeile von einander lagen.

Einmal sagt Herodot, die neue Stellung habe eine Viertelmeile hinter der alten gelegen. Dann erzählt er, wie Pausanias, nachdem er eine Viertelmeile marschirt war, Halt macht, um den Amompharetus zu erwarten; er war also noch nicht in der verabredeten Stellung.

Der Grund, weshalb die Athener in der Nacht des Rückzugs stehen bleiben, widerspricht der Situation. Sie sollen argwöhnisch gewesen sein, ob auch die Spartaner zurückgehen würden. Was in aller Welt sollte die Spartaner veranlassen, allein in der gefährdeten Position zu bleiben, wenn alle Anderen zurückgingen? Jener Argwohn hätte nur Sinn, wenn man beschlossen gehabt hätte vorzugehen statt zurück.

Die Contingente des Centrums sollen herbeigeeilt sein, als sie hörten, daß eine Schlacht geliefert werde und die Griechen siegten; hierbei geriethen die Megarer und Phliasier unter die Reiterei der Thebaner. Man kann sich nicht vorstellen, wie das möglich gewesen sein soll. War dies Zusammentreffen vor, neben oder hinter den Athenern? Vor ihnen kann es nicht gewesen sein, neben oder hinter ihnen aber auch nicht, denn dann wären die thebanischen Reiter doch zu allererst den Athenern in die Flanke oder in den Rücken gefallen.

Die Athener sollen Bresche gelegt haben in die Befestigung des Lagers, die Tegeaten aber zuerst eingedrungen sein. Selbstverständlich bringt der Truppentheil auch zuerst ein, der das Loch macht.

Diese Ausstellungen genügen darzuthun, daß Herobot seine Erzählung aus völlig ungenügenden und unzuverlässigen Quellen — für den Zweck, welchen die heutige Geschichtsschreibung verfolgt — entnahm. An einigen Stellen sieht man, wie zwei verschiedene sich widersprechende Relationen in einander gearbeitet sind. Daß die Perser noch viel Lebensmittel gehabt hätten, ist Herobot z. B. in Böotien erzählt worden (er nennt sogar seine Quelle, einen angesehenen Orchomenier, Thersander, der mit den vornehmen Persern verkehrt hatte); die Botschaft Alexanders, worin das Gegentheil behauptet wird, hat er in Macedonien vernommen. Daß sie erst kommen mußten, Bresche zu legen in die Verschanzung, behaupteten die Athener; die Tegeaten aber berichteten, daß sie zuerst eingedrungen seien[1]).

Auf jeden Fall hat eine eigentlich militärische Relation Herobot nicht zu Gebote gestanden. Wir sind daher gezwungen, aus einer Erzählung, die so viel offenbar Falsches enthält, auch alles Dasjenige auszuscheiden, was, wenn auch nicht unmöglich, doch zu auffällig ist, um auf ein so unsicheres Zeugniß hin wiederholt zu werden.

Das würde zum wenigsten folgende Nachrichten treffen.

---

[1]) Nitzsch, „Ueber Herobots Quellen für die Geschichte der Perserkriege", Rheinisches Museum XXVII, S. 249 hat die Geschichte des böotischen Feldzuges in ein athenensisches, ein spartanisches und ein tegeatisches Stück zerlegt, und die feineren Widersprüche, die die Fugen erkennen lassen, von mir aber bei Seite gelassen sind, aufgedeckt. Man kann aber noch einen Schritt weiter gehen als Nitzsch und auch noch ein böotisches und ein macedonisches Stück ausscheiben.

Die Motivierung des zweimaligen Platzwechsels der Athener und Spartaner. Daß ein Theil der Athener vor zehn Jahren einmal den Persern ein Gefecht geliefert, konnte kein Grund, nicht einmal ein Vorwand sein, ihnen darin eine besondere Fertigkeit zuzutrauen, die den Spartanern abging Das hatten diese denn doch bei Thermopylä bewiesen.

Die Absendung der Hälfte des Heeres, um den Paß der Eichenköpfe wieder frei zu machen. Welche Truppen sind abgeschickt worden? Ist der Beschluß überhaupt ausgeführt worden? Am Tage der Schlacht ist mit keinem Wort die Rede davon, daß die Hälfte des Heeres detachiert war. Die Stadt Plataä ist von der Straße, die in den Paß führt, nur ⅛ Meile, die „Insel", an der die Schlacht stattgefunden haben soll, nur etwa 600 Schritt von ihr entfernt.

Der Streit zwischen Pausanias und Amompharetus. Man weiß nicht, wer von Beiden eine lächerlichere Rolle spielt, der Feldherr, der sich nicht Gehorsam zu verschaffen weiß, oder der Bramarbas, der große Worte macht und sich endlich doch nicht getraut, allein stehen zu bleiben. Zu Alledem sagt uns Thucydides (I, 20) ausdrücklich, einen Lochos der Pitanaten habe es in Sparta gar nicht gegeben.

Die Nichtbetheiligung des ganzen Centrums an der Schlacht. Es soll nur eine Viertelmeile zurück gewesen, doch zu spät gekommen und doch wieder theilweise unter die Feinde gerathen sein.

Man glaube nicht, daß das Mißtrauen zu weit getrieben sei, wenn ich eine so bestimmte Behauptung, die Contingente des Centrums hätten an der Schlacht nicht Theil genommen, bezweifele. Eine Parallele aus der neuesten Geschichte mag wieder die Möglichkeit einer solchen Entstellung erhärten. Als ich für meine Biographie Gneisenau's die englischen Berichte über die Schlacht von Belle-Alliance durchging, fand ich auch eine Publication eines englischen Offiziers, die mit Entrüstung den allgemein verbreiteten Irrthum bekämpfte, daß die Preußen an dem Siege Antheil genommen; er sei persönlich während der Schlacht abgeschickt worden, sie zu suchen, habe sie noch am Abend eine Meile hinter der englischen Schlachtlinie mit großer Vorsicht sich vorwärts bewegend gefunden und sie erst darauf aufmerksam gemacht, wo eigentlich geschlagen werde. Nie habe man doch auch von Verlusten gehört, die die Preußen in dieser Schlacht erlitten. Dieser Engländer ist offenbar völlig gutgläubig in seinen Angaben und seiner Entrüstung; er wird einige Bataillone des Zieten'schen Corps, wie er angiebt, hinter der englischen Schlachtlinie gesehen haben und hat von dem Gefecht bei Plancenoit und den 6999 Todten, Verwundeten und Vermißten, welche die Preußen an diesem Tage verloren, nie etwas erfahren. Hätte man ihn auf das preußische Denkmal bei Plancenoit hingewiesen, so würde er vermuthlich, ganz ebenso wie der athenische Gewährsmann Herodots bezüglich der Denkmäler in Plataeä gemeint haben: die Preußen hätten sich das Denkmal aus Eitelkeit gesetzt.

Auch im Alterthum hat man gegen diesen Passus der Herodoteischen Erzählung bereits Verdacht gehabt und Plutarch hat in seiner Schrift gegen Herodot ihn auch dieserhalb heftig angegriffen: was Herodot persönlich betrifft, gewiß mit Unrecht: er hat einfach nacherzählt, was ihm selbst berichtet wurde.

Ich besorge, daß unsere Säuberung des Herodoteischen Berichts Manchem übertrieben scharf erscheinen wird, aber es scheint mir unmöglich, daß eine völlig vorurtheilslose Betrachtung zu einem anderen Resultate gelangt. Directe Zeugnisse, aus welchen Kreisen, von was für Männern Herodot seine Informationen erhalten, fehlen uns fast gänzlich. Aus mancherlei Anzeichen hat man erschließen wollen, daß es in Sparta so zu sagen officielle, wenn auch nur mündlich fortgepflanzte Relationen gegeben habe, daß in Athen Berichte aus den vornehmen Familien, der Philaiden, der Familie des Miltiades, der Alkmäoniden, zu denen Perikles gehörte, vielleicht des Perikles selbst, Herodot zu Gebote gestanden haben. Der Charakter seiner Erzählung harmoniert jedoch mit solchem Ursprung nicht, wenigstens zum sehr großen Theil nicht. Gerade die staatsmännischen, strategischen, taktischen Gesichtspunkte sind es ja, die wir so vielfach gänzlich vermissen und die in Erzählungen aus diesen Staatsmänner- und Feldherrenfamilien zum Vorschein kommen müßten. Hier und da finden sich Züge, die sich sehr wohl mit solchem Ursprung vereinigen lassen, auch wohl auf ihn hindeuten, doch der vorwaltende Charakter ist recht eigentlich der der populären Tradition. In dem ersten Feldzuge hebt sich mächtig heraus die Gestalt des Miltiades, aber daraus zu schließen, daß die Erzählung aus den Kreisen seiner Nachkommen stamme, würde doch nur berechtigt sein, wenn man die Größe des Miltiades nur für ein Product der Geschlechtseitelkeit halten wollte. Hat

Miltiades wirklich gethan, was Herodot und die Nachwelt ihm zuschreiben, so wird es doch auch andere Athener gegeben haben, welche das gern und mit Stolz anerkannten und dem Halikarnassier erzählten. Daß Themistokles im Jahre 479 so unbemerkt untertaucht, würde allerdings sehr gut zu einer Relation aus Alkmäonidenkreisen passen, da man bei näherem Eingehen auf die Differenzen in jenem Jahre dem Themistokles gegen den Xanthippus einigermaßen hätte Recht geben müssen. Aber auch für eine populäre Tradition ist es doch charakteristisch, daß sie den den großen Ereignissen voraufgehenden Streit der Meinungen mit seinen Wenn und Aber über den großen Ereignissen selbst vergißt, und wenn wirklich hier eine feine politische Berechnung die Lücke in der Ueberlieferung geschaffen hätte, so würde derselbe feine Geist doch auch im Stande gewesen sein, eine logisch zusammenhängende Relation der Genesis der Schlacht bei Platää hervorzubringen. Eine solche haben wir aber offenbar bei Herodot nicht, und was für Personen man auch sonst für seine Gewährsmänner halten will, für die Schlacht bei Platää hat er sicherlich weder einen militärisch denkenden, noch einen zuverlässigen Berichterstatter in Athen gehabt. Die Widersprüche und Unmöglichkeiten, wenn auch vom naiven Hörer und Erzähler nicht beachtet, sind für den nüchternen Forscher nach Ursache und Wirkung zu handgreiflich. Was soll man nun mit einer solchen Relation anfangen, wie soll man sie verwerthen? Blos das offenbar Falsche herausstreichen und das Uebrige stehen lassen? Das wäre nicht kritische, sondern rationalistische Quellenbehandlung. Es bleibt nichts, als die Erzählung in allen ihren Einzelheiten anzuzweifeln.

Wir sind in gewisser Beziehung mit der Schlacht von Platää schlimmer daran, als mit der zehn Jahre weiter zurückliegenden Schlacht bei Marathon. Diese war es möglich mit großer Sicherheit zu reconstruieren nach der Maßgabe des nothwendigen sachlichen Zusammenhanges, etwa in der Art, wie ein Zoologe aus einigen Knochen das ganze Thier reconstruiert. Diese Methode ist jedoch nur anwendbar auf ganz allgemeine Züge und bei sehr einfachen Vorgängen. Bei complicirteren Ereignissen, wo die Möglichkeit der Combinationen unendlich wird, wo Individualität und Zufall in's Spiel kommen, ist eine solche Reconstruction nicht mehr möglich. Wir müssen uns daher bescheiden, daß wir eine eingehendere Kenntniß von der Schlacht bei Platää nicht besitzen. Wenn ich es trotzdem

8*

versuche, ein Bild von dem Hergang derselben zu entwerfen, so thue ich es nur in ganz allgemeinen Zügen und auch das nur unter dem Vorbehalt der unbewiesenen und unbeweisbaren Hypothese. Ich behaupte in keiner Weise, daß es so und nicht anders gewesen ist — wie ich das von Marathon wirklich behaupte — ich entwerfe das Bild nur, um zu zeigen, wie die Schlacht etwa hat verlaufen können. Der Werth eines solchen Bildes, wenn es anders gelingt, besteht darin, die politisch-militärischen Verhältnisse jener Zeit nicht blos in abstracten Begriffen, sondern in der Form concreter Ereignisse wiederzugeben und dadurch dem Verständniß näher zu bringen.

Die Griechen also nahmen eine Stellung am Fuße des Kithäron, in der Absicht eine Defensivschlacht zu liefern. Mardonius aber erkannte wohl, wie schlecht er seine Kräfte bei einem Angriff auf den Gebirgsabhang würde verwerthen können und suchte seinerseits durch tägliche Neckereien die Griechen zum Angriff zu reizen; seine berittenen Bogenschützen thaten den Griechen täglichen Schaden. Die Griechen entschlossen sich deshalb, den Persern noch einen Schritt weiter entgegenzukommen und nahmen eine Stellung etwas weiter in der Ebene, aber sorgfältig beide Flügel gut angelehnt, der linke an den Asopos, der rechte an einen Berg¹), damit sie nicht von der Reiterei umgangen werden konnten. Aber auch dadurch ließ Mardonius sich nicht zum Angriff verlocken, sondern benutzte die exponiertere Stellung der Griechen nur, ihnen um so größeren Schaden zu thun. Er versperrte ihnen die bequemste Gelegenheit zum Wasserholen und fing auch einmal unmittelbar vor dem griechischen Lager einen aus dem Paß der Eichenhäupter heraustretenden Transport ab. Nun folgt der zweimalige Platzwechsel der Athener und Spartaner, die Sperrung der Zufuhrwege durch die Perser und die Absendung des halben griechischen Heeres, um den Uebergang über den Kithäron wieder frei zu machen. Alles das ist völlig dunkel und unverständlich.

---

¹) Dies ist der einzige Punkt, wo ich es wage, einen späteren Schriftsteller heranzuziehen. Es ist wieder Ephorus (im Diodor), der die benutzte Notiz giebt; aus den Karten und topographischen Schilderungen ist freilich nicht zu entnehmen, ob das Bett des Asopos, hier so nahe den Quellen, eine wirkliche Flügel-Anlehnung gewähren konnte. Ich will deshalb den Satz nur unter Vorbehalt einfügen. Bei dem Ueberfalle Plataeä's durch die Thebaner im Jahre 431 war nach Thucyd. II, 5 der Asopos, durch Regen angeschwollen, schwer zu überschreiten.

Als Motiv des Platzwechsels könnte man sich zur Noth, obgleich es sehr weit hergeholt erscheint, denken, daß die Griechen dadurch den Eindruck der Unordnung hervorrufen und so die Perser zum Angriff verlocken wollten. Daß die Perser ihnen die Verbindung mit dem Peloponnes abgeschnitten haben, ist, wie ein Blick auf die Straßenkarte zeigt, unmöglich; es mag den Persern einmal gelungen

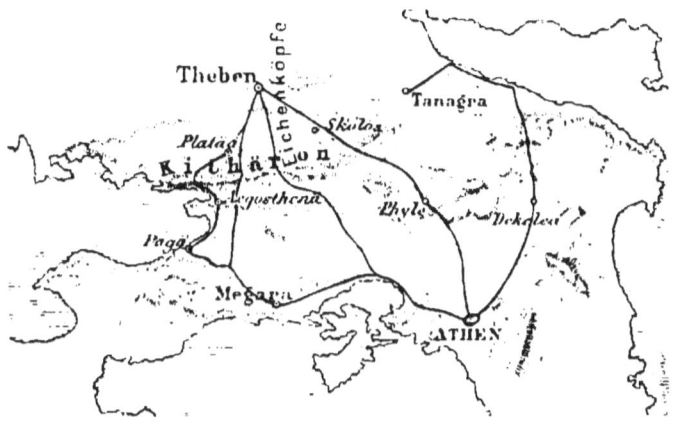

sein, in einem schnellen Ueberfall einen aus dem Paß der Eichenhäupter unvorsichtig heraustretenden Transport abzufangen; den Paß selbst konnten sie aber in so unmittelbarer Nähe der Griechen nicht besetzt halten. Mangel an Lebensmitteln mag darum doch bei den Griechen vorhanden gewesen sein, denn die Verpflegung eines großen Heeres ist etwas so Schwieriges, daß auch ohne Zuthun des Feindes leicht empfindliche Stockungen eintreten können. Ein rationeller Zusammenhang würde sich etwa durch die Hypothese herstellen lassen, daß Mardonius nicht durch den Paß der Eichenhäupter, sondern durch den Paß von Phyle eine Diversion versucht hat und daß gegen diese das halbe griechische Heer d. h. alle Contingente außer den Spartanern, Tegeaten und Athenern abgeschickt wurden oder, da Herodot sie am Tage der Schlacht noch in unmittelbarer Nähe sein läßt, nur abgeschickt werden sollten. Um während dieser Detachierung den Rest des Heeres in eine gesicherte Position zu führen und endlich den fortgesetzten Verlusten durch die persischen Bogenreiter ein Ende zu machen, ließ Pausanias das ganze Heer antreten. Diese Bewegung, aus welchen Gründen auch immer unternommen, führte ganz unverhofft zur Schlacht. Welche Motive Mardonius zu diesem unheilvollen Entschluß bewogen haben, wissen wir nicht; noch kurz vorher hatte er die Quelle verschütten lassen, also nicht an baldigen Angriff gedacht. Entweder es war nichts als die reine Ungeduld eines leidenschaftlichen Temperaments, die den Kampf suchte; oder aber der Entschluß hängt zusammen mit der Expedition der griechischen Flotte nach Jonien. Die Griechen werden kein Geheimniß aus dieser Expedition gemacht, im Gegentheil, sie werden so laut wie möglich davon gesprochen und auch aus ihren Hoffnungen, ihrer Zuversicht, daß die Jonier zu ihnen übergehen würden, kein Hehl gemacht haben. Vielleicht hat auch Mardonius von Xerxes selbst Nachrichten erhalten, welche Besorgniß um Jonien laut werden ließen und zu einer schnellen Entscheidung drängten. Als man nun an jenem Morgen die Rückwärtsbewegung der Griechen in die noch festere Stellung bemerkte, da entschloß sich Mardonius schnell den Moment wahrzunehmen, wo die Griechen in der Bewegung waren und wenigstens noch am Eingang der Ebene standen, die Entscheidung herauszufordern. Vielleicht hat er auch schon die — von mir supponierte — Diversion durch den Phylepaß nach dem wohlüberlegten Plan angeordnet, daß die Griechen einen Theil ihres Heeres detachieren sollten und er dann den Rest angreife. Er hat also das Detachement am Phylepaß sofort wieder umkehren lassen und das ist der Grund, weshalb wir von seinen Thaten oder seinem Schicksal nichts weiter hören.

Als der Angriff der Perser erfolgte, waren die Griechen durch das Manöver, in dem sie begriffen waren, von einander getrennt und die Schlacht zerfiel daher in mehrere von einander unabhängige Gefechte. Aber nur an einer Stelle gelang den Persern das entscheidende Manöver, der Phalanx mit der Reiterei in den Rücken zu kommen. Es war den Megarern und Phliasiern gegenüber, die auf diese Weise geschlagen wurden und große Verluste erlitten. Die Athener aber schlugen die ihnen gegenüberstehenden griechischen Hopliten und die Spartaner mit den Tegeaten, auf die die hauptsächlichste Wucht des Angriffes fiel, wußten, mit vollendeter Sicherheit und Ruhe geführt, das Beispiel von Marathon zu verwerthen. Sie ließen die Bogner herankommen bis auf ein Terrain, wo ihnen die Reiterei nicht in die Flanke fallen konnte, ertrugen sogar mit

Selbstbeherrschung die Pfeile der vordersten Linie, bis die Massen sich ebenfalls herangedrängt hatten, und griffen sie dann im Sturmlauf an. Im Nahkampf erlag das persische Fußvolk und die Reiterei wurde in die Flucht mit fortgerissen. Sie deckte aber wenigstens den Rückzug, da sie sich mehr Zeit lassen durfte, als bei Marathon, wo der Gedanke, daß die einzige Rettung in schnellster Flottmachung der Schiffe liege, Alles beherrschte. Nur ein Theil der Perser floh in die Verschanzung, der andere, verbunden mit Truppen, die nicht in's Gefecht gekommen waren, warf sich sofort auf den Weg nach Phocis, wo sie bald in Sicherheit waren.

In den thracischen und macedonischen Küstenstädten, wie namentlich in Byzanz, wurden in den nächsten Jahren von den Griechen und Macedoniern sehr viele persische Gefangene gemacht. Es werden die Reste des Heeres des Mardonius gewesen sein, die nach dem Rückzuge als Garnisonen in diese Städte vertheilt wurden.

In denselben Tagen mit Platää siegte die Mannschaft der Flotte bei Mykale in Kleinasien. Sie griff, nicht bedroht von der persischen Reiterei und unterstützt durch die Jonier, die während des Gefechts selbst übergehen, die Perser in einer verpallisadirten Stellung an und gewann so die erste Offensivschlacht von Griechen gegen Perser.

Wie immer, wenn im Kriege, sei es nun vermöge Compromisses zwischen verschiedenen Ansichten oder aus anderen Gründen, die Kräfte getheilt werden, sich die Gefahr des Unterliegens, aber in demselben Verhältniß auch der Gewinn steigert, falls man trotzdem siegt, so war auch erst durch diesen Doppelsieg das Uebergewicht der Hellenen über die Perser definitiv entschieden. Hätte man den Plan des Themistokles von vornherein angenommen, so wäre freilich dadurch Griechenland auf der Stelle vom Feinde befreit worden, aber doch nur, indem man die Gefahr auf die Klein-Asiaten ablenkte. Wie hätten die Griechen das zurückkehrende Heer des Mardonius in Asien bekämpfen wollen, dem sie sich nicht einmal getrauten, in Böotien entgegenzutreten? Wie hätten sie den Persern auch nur die Städte am Hellespont und in Thracien entreißen können? Gewiß war das nicht der Grund, daß die Athener die Landschlacht gegen den Mardonius forderten; so wenig wie die Spartaner und Themistokles die Expedition wünschten um der Befreiung der Jonier willen. Das war ihnen Mittel zum Zweck. Eine unvergleichliche Gunst des Schicksals aber war es, daß die verschiedenen Kriegsmethoden, welche die Führer der Hellenen zur Anwendung bringen wollten, sich nicht gegenseitig störten, sondern sich endlich zu einem Plane vereinigen ließen, der sie in die glücklichste Wechselwirkung brachte und den Erfolg in das Großartigste vermehrte.

Dritter Abschnitt.
Die Heereszahlen.

Erstes Capitel.
Die Stärke der Athener.

Zuverlässige Zahlen über Heeresstärken im Alterthum und Mittelalter zu beschaffen, ist schwierig, nicht nur wegen der Unzuverlässigkeit der Quellen, sondern auch wegen der Unbestimmtheit des Begriffes, um den es sich handelt. Es ist offenbar widersinnig, einen Ritter, der einen Knecht zu seiner Bedienung und Pflege seines Pferdes mit in's Feld nimmt, ihm aber auch zugleich einen Dolch oder eine Lanze giebt, für zwei Krieger zu zählen, einen Ritter mit zwei Knechten für drei, einen Ritter ohne Knecht für einen. Man darf, wenn der Letzte einen der beiden Ersten besiegt, nicht sagen, er habe die zwei- oder dreifache Ueberzahl überwunden. Auf den Kreuzzügen ging es in der Kampffähigkeit stufenweise herunter von dem gepanzerten Ritter auf starkem Roß bis zum Bauer mit Knittel und Messer und dem alten Pilger, der mit Mühe sich selbst fortschleppt. Wo hört das Kriegerthum auf, wo fängt es an? Im Alterthum zur Zeit der Perserkriege finden wir die Abstufung von Schwerbewaffneten, Leichtbewaffneten und Sklaven. Letztere werden in großer Zahl von ihren Herren mit in's Feld genommen, zu ihrer Bedienung, zum Tragen des Proviants und der Waffen; sind sie auch und wie weit und mit welchem Nutzen im Kampf verwendet worden? Und was meinen die Schriftsteller, wenn sie uns Heereszahlen angeben?

Diese Fragen beantworten sich zum Theil schon aus dem Vorhergehenden. Wir sahen, daß Leichtbewaffnete in größerer Zahl mit dem Kampf in Phalanx-Ordnung nicht zu vereinigen sind. Wenn wir also finden, daß die alten Schriftsteller nur die Zahl der Hopliten berichten, so ist es unrichtig, wie man neuerdings zu thun pflegt, eine größere, etwa ebenso große Masse von Leichtbewaffneten als selbverständlich hinzuzufügen. Herodot verdoppelt allerdings jedesmal die Zahl das Heeres, indem er zu den Hopliten ebensoviel leichtbewaffnete Sklaven hinzufügt. Wir haben jedoch schon gesehen, daß man diese Sklaven zu den Combattanten in unserem Sinne nicht rechnen darf. Andere Leichtbewaffnete aber, Bogenschützen oder Schleuderer, sind in der That gar nicht oder nur sehr wenig (wie bei den Athenern im Jahre 479) in dem griechischen Heere dieser Zeit gewesen. Erst später wurde man so geschickt, Schwerbewaffnete und Leichtbewaffnete, Nah- und Fernwaffen nebeneinander, sich wechselseitig unterstützend, verwenden zu können.

Wir kommen also zu dem Resultate, daß wir, um die Zahl der Combattanten auf griechischer Seite in den Perserkriegen zu berechnen, nur die Hopliten (und den etwaigen Zusatz an Bürger-, Bogenschützen und Reitern) zählen dürfen; wie uns auch in der Regel diese Zahl von den alten Schriftstellern gegeben wird.

Für die Schlacht bei Marathon theilt uns Herodot weder die Zahl der Griechen noch der Perser mit. Die Angaben der späteren Schriftsteller scheinen alle auf eine Quelle zurück zu gehen, welche die Athener und Plataer zusammen auf 10 000 Mann bezifferte. Daraus haben nun Einige 9000 Athener und 1000 Plataer gemacht, Einer (Justin) 10 000 Athener und 1000 Plataer. Die 1000 Plataer sind sicherlich falsch, da Platää 10 Jahre später nur 600 Mann stellte und beim Ausbruch des peloponnesischen Krieges sogar nur 400 Krieger gezählt zu haben scheint. Auch ist es undenkbar, daß der Flecken Platää fähig gewesen sein sollte, den zehnten Theil des Heeres aufzubringen, welches Athen aufstellte. Dieser Zweifel ist schon öfter ausgesprochen, die Gesammtzahl aber (10 000 und 11 000 Mann) hat man geglaubt acceptieren zu dürfen. Nach unsrer Charakteristik der späteren Quellen, aus welchen wir die Angabe schöpfen, dürfte man das nur, wenn die Zahl durch innere Gründe bestätigt wird. Denn wir haben nicht die geringste Gewähr dafür, daß sie auf einen zuverlässigen Zeitgenossen zurückgeht, und spätere Schriftsteller würden aus eigener Kenntniß nur dann eine ver-

Die Stärke der Athener.

trauenswerthe Angabe überliefern können, wenn die Verhältnisse Athens durchaus stabil geblieben wären und somit noch eine unmittelbare Anschauung von der militärischen Leistungsfähigkeit gegeben hätten, oder wenn dem betreffenden Schriftsteller eine sehr sorgfältige Nachforschung und Berechnung auf Grund der eingetretenen Abwandlungen zuzutrauen wäre. Beides ist aber nicht der Fall. Wir versagen daher dieser Nachricht den Rang eines glaubwürdigen Zeugnisses und constatiren damit, daß wir über die Stärke der Athener bei Marathon einer directen Information entbehren.

In der Schlacht von Plataä hatten die Athener nach Herodots Angabe 8000 Hopliten und vielleicht außerdem noch 800 Bogenschützen. Gleichzeitig hatten sie ein Contingent auf der griechischen Flotte bei Mykalä, dessen Stärke nicht angegeben wird. Aus dem oben entwickelten politisch-strategischen Charakter dieses Feldzuges darf man schließen, daß die Athener auf dieser Flotte relativ schwach, die Spartaner relativ stark vertreten waren, aber wenn die Athener auch nur 50 Schiffe hatten, so bedurften diese einer Besatzung von 10 000 Mann und diese müssen wiederum zumeist Freie gewesen sein, nicht bloße Rudersklaven, da sie im Stande waren, auch eine Landschlacht zu schlagen.

Selbst angenommen, was keineswegs so selbstverständlich ist, daß Herodots Angabe über die Stärke der Athener bei Plataä, 8000 oder auch 8800 Mann, zuverlässig sei, so haben wir damit doch nur einen indirecten Anhalt für die Gesammtzahl der felddienstfähigen Athener im zweiten Perserkriege. Wir dürfen zunächst nur sagen, daß sie nicht wohl weniger als 15 000 Mann betragen haben kann.

Es lohnt der Versuch, aus einem Zeugniß späterer Zeit wenigstens eine sichere Vergleichszahl zu gewinnen.

Thucydides sagt (II, 13), Athen habe im Jahre 431 geboten über 13 000 Hopliten außer den Besatzungen und der Mauervertheidigung von 16 000 Mann, welche bestand aus den ältesten und jüngsten Jahrgängen und den Metöken, so viele ihrer Hopliten waren (ὁπλίτας δὲ τρισχιλίους καὶ μυρίοις εἶναι ἄνευ τῶν ἐν τοῖς φρουρίοις καὶ τῶν παρ' ἔπαλξιν ἑξακισχιλίων καὶ μυρίων. τοσοῦτοι γὰρ ἐφύλασσον τὸ πρῶτον ὁπότε οἱ πολέμιοι ἐσβάλοιεν ἀπό τε τῶν πρεσβυτάτων καὶ τῶν νεωτάτων καὶ μετοίκων ὅσοι ὁπλῖται ἦσαν.). Reiter aber waren vorhanden 1200 mit den berittenen Bogenschützen, ferner 1600 Bogenschützen zu Fuß und 300 Trieren. (ἱππέας δὲ ἀπέφαινε διακοσίους καὶ χιλίους ξὺν ἱπποτοξόταις, ἑξακοσίους δὲ καὶ χιλίους τοξότας καὶ τριήρεις τὰς πλωίμους τριακοσίας.)

Zunächst ist der Sinn dieser Nachricht selbst möglichst klarzustellen. Drei wesentliche Factoren derselben bleiben auf den ersten Augenblick zweifelhaft.

Sind alle die Aufgezählten Athener, oder sind ein Theil, z. B. die Bogenschützen, Söldner oder gar bewaffnete Sklaven?

Sind die außerhalb Attikas, auf Euböa, Imbros, Lemnos u. s. w. wohnenden athenischen Kleruchen mitgezählt?

Ist die gesammte Besatzung der Flotte mitgezählt?

Die erste Frage wird in der Regel bejaht. An andern Stellen (I, 121; I, 143) spricht Thucydides auch davon, daß die Athener ihre Kriege zum Theil mit Söldnern führten. Man nimmt also an, daß hier unter den Bogenschützen zu Pferd und zu Fuß ein Theil Fremde gewesen seien und zwar die Staatsklaven, die sonst den Polizeidienst versahen und meist aus Scythen und Thrakern bestanden. Der besondere Hinweis auf die Bogner zu Pferd legt in der That diesen Gedanken nahe, aber auf der anderen Seite ist eine solche Rechnung für Thucydides eine moralische wie intellectuelle Unmöglichkeit. Die athenische Ritterschaft mit scythischen Sklaven zusammenzuzählen, muß gegen die Empfindung eines Atheners gewesen sein, um so mehr, da die Rechnung damit allen Werth verliert. Von der letzteren Sorte Krieger konnte man mit Aufwand einiger Mittel leicht noch einige Hunderte oder sogar Tausende mehr haben; was hat es also für einen Sinn, die in jenem Augenblick gerade Vorhandenen aufzuzählen? Von Böckh[1]) sind die verschiedenen Stellen gesammelt, welche dafür oder dagegen sprechen, daß unter den Reitern und Bogenschützen Fremde mitbegriffen sind. Darnach ist so viel sicher, daß die beiden Corps zum Theil, die Reiter zum größten Theil aus wirklichen Athenern bestanden. Ob daneben auch Fremde mitgezählt sind, ist jedenfalls nicht nachweisbar. Wir machen also unter keinen Umständen einen sehr großen Fehler, wenn wir, zugleich Thucydides von einer irrationellen Berechnungsweise entlastend, alle seine Zahlenangaben nur von Athenern verstehen.

---

[1]) Staatshaushaltung der Athener Bd. 1, S. 367, 3. Aufl. S. 330 ff.

Ein Unterschied ist nur zu machen zwischen den athenischen Bürgern und den Metöken, die Hopliten-Dienst thaten. Von Letzteren wurden bald darauf zu dem Feldzuge nach Megaris 3000 aufgeboten; in der Gesammtsumme muß jedoch auch noch ein Posten für die nicht mehr felddienstfähigen Metöken stecken, die natürlich zu jenem Feldzuge nicht aufgeboten, doch aber als garnisondienstfähig bei der Mauer-Vertheidigung verwandt wurden. Nehmen wir diese zu 1500 an[1]), so würden wir erhalten:

15 800 felddienstfähige Athener,
11 500 garnisondienstfähige Athener,
3000 felddienstfähige Metöken,
1500 garnisondienstfähige Metöken.

Waffenfähige athenische Vollbürger ergiebt das 27 300.

Die zweite Frage war, ob hierbei die athenischen Kleruchen eingerechnet sind oder nicht. Dagegen spricht, daß Thucydides die Contingente der Kleruchen neben der athenischen Streitmacht öfters besonders nennt, dafür wieder die Rationalität der Rechnung: welchen Grund sollte Thucydides gehabt haben, zum wenigsten die Felddienstfähigen unter diesen außerhalb wohnenden athenischen Bürgern nicht mitzuzählen? Die allernächsten, die Kleruchen auf Euböa und Aegina, welches erst 431 von den Athenern occupirt wurde, muß Thucydides nothwendig bei der Berechnung der athenischen Streitmacht mitgezählt haben; da er nun doch auch diese bei Gelegenheit als besondere Contingente nennt (V, 74 und VII, 57), so verliert diese Art specieller Erwähnung auch für die entfernter Wohnenden ihre Beweiskraft und wir sind genöthigt anzunehmen, daß die Kleruchen sämmtlich in die Zahl der athenischen Krieger eingerechnet sind. Es ist jedoch möglich und wahrscheinlich, daß die besondere Lage der Kleruchen auf den entfernteren Inseln auf die Weise in der Berechnung zum Ausdruck gebracht ist, daß ihre Mannschaft nicht auf die beiden Kategorien der Feld- und GarnisondienstPflichtigen vertheilt, sondern allein der letzteren Klasse zugerechnet ist. Das scheint zu folgen aus der Verhältnißzahl der beiden Klassen, die wir unten besprechen werden.

Zunächst die dritte und wichtigste Frage: die Schiffsmannschaft. Müssen wir der Zahl von 27 300 dienstfähigen Athenern noch einen

---

[1]) Ueber den Grund weshalb ich die Zahl nicht höher ansetze, weiter unten.

Posten für Seeleute hinzusetzen? Man hat diese Frage bisher bejaht unter der Annahme, daß es die Theten waren, welche den Seedienst leisteten und dafür vom Hoplitendienst frei waren.

Böckh hat sich zu dieser Meinung bekannt und Duncker hat auf Grund der Böckh'schen Annahme berechnet, daß zu den 27 000 Hopliten und Reitern (nach meiner Rechnung 27 300) noch 25 000 felddienstfähige Theten hinzuzuaddieren seien [1]). Hierzu kämen noch die nicht mehr felddienstfähigen Theten mit etwa 15 000 Mann. Wir hätten also 67 000 waffenfähige Athener. Rechnen wir dazu nun noch die wegen hohen Alters, Gebrechen oder schwerer Blessuren Nicht-Waffenfähigen, so erhalten wir eine Gesammtzahl von wenigstens 75 000 athenischen Bürgern.

In Widerspruch mit dieser Rechnung kommen nun beide Forscher, Böckh wie Duncker, doch zu der Annahme, Letzterer, daß die athenische Bürgerschaft bei Ausbruch des peloponnesischen Krieges nur 40 000, von denen 10 000 auf Kleruchien und Besatzungen auswärts waren, Ersterer (I, 50; 3. Aufl. 45), daß sie erheblich unter 30 000, ja im Jahr 445, 14 Jahre vor Ausbruch des Krieges, nur 19 000 Köpfe stark gewesen sei.

Die Stelle, auf welche Böckh diese letztere Annahme gründete, hat seitdem eine andere Interpretation erfahren [2]), aber auch eine Zahl von 30 000 und selbst von 40 000 Bürgern ist auf keine Weise mit der Annahme zu vereinigen, daß allein die oberen drei Klassen 27 000 Waffenfähige gezählt hätten. Entweder die eine oder die andere Zahl muß nothwendig falsch sein. Entweder die drei oberen Schätzungsklassen in Athen waren allein im Stande circa 27 000 Bewaffnete aufzustellen; dann kann Athen auch nicht weniger als 75 000 Bürger gehabt haben. Oder aber Athen hatte nur 30—40 000 Bürger, dann haben nicht die drei oberen Klassen

---

[1]) Gesch. b. Alterth. Bd. 9, S. 408 ff. Duncker berechnet die drei höheren Klassen auf 27 000 Mann, da er 200 berittene und die 1600 Fuß-Bogenschützen nicht für Bürger hält, dafür aber nicht die 1500 garnisondienstfähigen Metöken abzieht. Dem ersteren stehen die bei Böckh 3. Aufl., S. 332, citirten Inschriften entgegen, wonach ein Theil der Schützen sicherlich Bürger waren.

Unter den 25 000 Theten versteht Duncker nach der Anmerkung S. 409 15. Zeile von unten nur die Felddienstfähigen.

[2]) Vergl. die Anmerkung von Fränkel in der dritten Auflage von Böckhs Staatshaushalt Bd. II, S. 9*.

sondern alle vier Klassen zusammen jene 27 000 Bewaffneten aufgestellt.

Es kann kein Zweifel sein, daß das Letztere das Richtige ist. Damit fällt eine Ansicht, die bisher als ein rechter Eckstein der athenischen Verfassungsgeschichte gegolten hat, daß nämlich die Theten vor dem letzten Stadium des peloponnesischen Krieges keinen Hoplitendienst gethan hätten. Diese Ansicht ist aber in der That nie etwas anderes als eine Hypothese gewesen und sie ist falsch.

Eine positive, authentische Aussage, daß die Theten keinen Hoplitendienst gethan hätten, findet sich in den Quellen nicht. Wir finden nur, daß Thucydides zur Zeit des peloponnesischen Krieges einen Unterschied macht zwischen den „Hopliten aus der Musterrolle (ἐκ καταλόγου)" und den Theten. Dann sind bei Harpokration einige abgerissene Notizen enthalten, von denen namentlich eine schließen läßt, daß zur Zeit der Aufführung von Aristophanes „Schmausern" (427) die Theten nicht zu Felde zogen („οὐκ ἐστρατεύοντο")[1]).

Beide Stellen würden mit der Annahme verträglich sein, daß in jener Epoche der Waffendienst in Athen derart vertheilt war, daß die Grundbesitzer den eigentlichen Hoplitendienst thaten, die kleinen Leute, denen es schwer wurde, sich eine Hoplitenrüstung anzuschaffen, dazu die Kaufleute und Schiffer ohne Grundbesitz, welche alle auch zur Thetenklasse gehörten, zunächst für den Schiffsdienst ausgehoben wurden, ohne jedoch vom Hoplitendienst unter allen Umständen frei zu sein. Die Notiz bei Harpokration ist viel zu unbestimmt, die Art ihrer Ueberlieferung viel zu unsicher, als daß etwas Weiteres aus ihr geschlossen werden könnte.

Das wird man sofort zugeben, sobald man sich erst die Gegengründe und Zeugnisse vergegenwärtigt hat.

---

[1]) Der ganze Passus in Harpokration lautet wörtlich: „Θῆτες καὶ Θητικόν. Ἀντιφῶν ἐν τῷ κατὰ Φιλίνου φησὶ „τούς τε Θῆτας ἅπαντας ὁπλίτας ποιῆσαι" καὶ Δημοσθένης ἐν τῷ περὶ Ἁγνίου κλήρου „τῶν ἐπικλήρων ὅσαι Θητικὸν τελοῦσιν". εἰς τέσσαρα διῃρημένης παρ' Ἀθηναίοις τῆς πολιτείας οἱ ἀπορώτατοι ἐλέγοντο Θῆτες, καὶ Θητικὸν τελεῖν. οὗτοι δὲ οὐδεμιᾶς μετεῖχον ἀρχῆς, ὡς καὶ Ἀριστοτέλης δηλοῖ ἐν Ἀθηναίων πολιτείᾳ· ὅτι δὲ οὐκ ἐστρατεύοντο, εἴρηκε καὶ Ἀριστοφάνης ἐν Δαιταλεῦσιν. ὁ μέντοι Δημοσθένης ἐν τοῖς προκειμένοις ἐπίκληρον ὀνομάζει τὴν πενιχρὰν κόρην, ἣν Θῆσσαν ὀνομάζουσιν Ἀττικοί. ἐπήναγκες δὲ ἦν τοῖς ἔγγιστα γένους τὰς θάσσας ἢ λαμβάνειν πρὸς γάμον, ἢ πέντε μνᾶς διδόναι, ὡς καὶ Ποσείδιππός που ὁ κωμικός φησιν."

Zunächst jene Heeresübersicht bei Thucydides. Thucydides sagt, nachdem er die Zahl der Feld- und Garnison-Dienstfähigen angegeben, daß Athen außerdem 300 Trieren hatte. 300 Trieren erfordern 60 000 Mann Besatzung; wie viel athenische Bürger dazu nöthig waren, hing davon ab, wie viel Söldner und Sklaven man nahm (als Ruderer). Wir könnten also mit unserem Ansatz von Bürgern für die Flottenbesatzung zwischen 6000 und 60 000 schwanken, und da diese Besatzung unter Umständen, bei Landungen oder im Nothfalle ganz oder zum Theil auch mit der Hoplitenrüstung focht, so würde die genaue Berechnung der Leistungsfähigkeit Athens, die Thucydides aufstellt, völlig illusorisch werden, wenn noch eine so unbestimmte, aber jedenfalls sehr bedeutende Zahl hinzutritt. Das dürfen wir Thucydides offenbar nicht zutrauen. Seine Berechnung ist völlig werthlos, wenn er nicht sagen will: Athen hatte 31 800 Waffenfähige (wovon 16 000 nur zum Garnisondienst) und 300 Trieren, zu deren Besatzung selbstverständlich je nach Bedürfniß ein Theil der waffenfähigen Bürgerschaft genommen wurde. Hopliten bedeutet also in dieser Aufzählung weniger diejenigen, welche die Hoplitendienste wirklich thaten, als die, welche sie zu thun fähig waren.

Ein positives Zeugniß, daß die Theten Hoplitendienste thaten, haben wir aus dem Jahre 403 in der Rede des Lysias über die Wiederherstellung der Demokratie. Man hat das Zeugniß mit der herrschenden Meinung so zu vereinigen gesucht[1], daß man annahm, vielleicht nach der sicilischen Expedition sei in der äußersten Noth die Ausdehnung der Kriegspflicht erfolgt. Es kann aber keinem Zweifel unterliegen, daß auch im Jahre 479 schon die Theten Hoplitendienste gethan haben. Die Schlacht bei Mykale ist ja eine Landschlacht. Es ist völlig undenkbar, daß die Athener hier die Perser, denen sie ja durch nichts so sehr wie durch ihre Schutzwaffen überlegen waren, ohne solche angegriffen hätten; und es ist ebenso undenkbar, daß die Athener das Heer von Plataeä und gleichzeitig eine Flottenmannschaft, die so stark war, daß sie eine Landschlacht liefern konnte, allein aus den drei oberen Klassen hätten stellen können. Darüber herrscht ja auch völlige Uebereinstimmung, daß seit dem Flottenbau die Theten Kriegsdienste thaten. Thaten sie das aber, so haben sie auch bei Mykale als Hopliten gefochten.

---

[1] Usener, Jahrb. f. klass. Philol. 1873 S. 162 ff.

Endlich bietet uns ein letztes Zeugniß das Leben des Sokrates. In den vielerlei Nachrichten über sein Leben findet sich nie eine Andeutung, daß er ein Bauerngut besessen habe, im Gegentheil, er erscheint arm; er gehörte also zur Klasse der Theten. Doch aber hat er im Jahre 431, 424 und 422 als Hoplit gedient.

Dieser Ansicht scheint nun die politische Consequenz, von der uns Aristoteles und Andere berichten, zu widersprechen. Durch die Marine soll in der städtischen Menge, den Theten, das Bewußtsein, die Kraft Athens zu repräsentieren, geweckt worden sein. Hätten sie nun schon vorher Kriegsdienste zu Lande gethan, so wären, meint man, die Verhältnisse ja gar nicht so fundamental verändert worden. Das ist aber doch nicht richtig.

Zu Lande waren die Theten ein Theil, ein Drittel oder vielleicht die Hälfte der Krieger und nicht gerade die besten. Auf der Flotte aber wurden eben diese mangelhaften Hopliten zu Officieren und zu vortrefflichen Officieren. Das Gros der Ruderer bestand aus Sklaven; die Bürger, welche als Steuerleute, Capitäne, Ingenieure 2c. ($\varkappa v \beta \varepsilon \varrho v \tilde{\eta} \tau \alpha\iota\ \varkappa \alpha\grave{\iota}\ \varkappa \varepsilon \lambda \varepsilon v \sigma \tau \alpha\grave{\iota}\ \varkappa \alpha\grave{\iota}\ \pi \varepsilon \nu \tau \eta \varkappa o \nu \tau \alpha \varrho \chi o\iota\ \varkappa \alpha\grave{\iota}\ \pi \varrho \omega \varrho \tilde{\alpha} \tau \alpha\iota\ \varkappa \alpha\grave{\iota}\ \nu \alpha v \pi \eta \gamma o\iota$ wie es der $A \vartheta \eta \nu \alpha \acute{\iota} \omega \nu\ \pi o \lambda \iota \tau \varepsilon \acute{\iota} \alpha$ heißt) die Trieren führten, brauchten gar nicht so sehr zahlreich zu sein, um sich doch als die eigentliche Kraft Athens zu fühlen.

Fassen wir zusammen: wir haben auf der einen Seite weder ein positives, unanfechtbares Zeugniß, daß die Theten zu irgend einer Zeit keinen Hoplitendienst thaten, noch auch innere geschichtliche Gründe für diese Annahme; wir haben auf der anderen Seite Thatsachen und Zeugnisse, welche von der Schlacht bei Mykale an den Hoplitendienst der Theten positiv belegen. Es kann daher keine Frage sein, daß die von Thucydides mitgetheilte Berechnung von 31 800 Mann die Theten nicht ausschließt, sondern die gesammte waffenfähige athenische Bürgerschaft, einschließlich der Kleruchen und der Metöken, umfaßt.

Klarzustellen ist nunmehr nur noch ein Punkt, den wir schon oben berührten, nämlich das Verhältniß der Kleruchen zu den beiden Kategorien der Felddienstpflichtigen und der Garnisondienstpflichtigen. Thucydides rechnet den Letzteren, den Garnisondienstpflichtigen, 3000 Metöken zu, welche selbdienstfähig waren. Ziehen wir diese 3000 Mann ab, und ziehen weiter eine Zahl von 1500 garnisondienstfähigen Metöken ab, so erhalten wir ein Verhältniß von 15 800 felddienstfähigen zu 11 000 garnisondienstfähigen athenischen Vollbürgern. Dies Verhältniß bedarf einer Erklärung. Die modernen Völker rechnen die Felddienstfähigkeit im Allgemeinen bis zum 40. Jahre. Die Landwehrpflicht dauerte in Preußen ehedem bis zum 39., heute nur bis zum 32. Jahre. Die Alten gingen darin weiter. Bei den Römern ist es gut bezeugt, daß die Felddienstpflichtigkeit bis zum 46. Jahre ging, zuweilen bis zum 50. ausgedehnt wurde [1]). Bei den Spartanern ging sie bis zum 60. Jahre [2]). Für Athen scheint ein Ausruf in einer späteren Rede [3]) das 50. Jahr vorauszusetzen. Sokrates zog in seinem 47. Jahre aus zur Schlacht von Amphipolis. In Xenophons Anabasis wird einmal erzählt (VI, 225), daß von den 10 000 alle Diejenigen zu einer Expedition ausrückten, die unter 50 Jahren waren; es müssen also doch eine ziemliche Anzahl Krieger über 50 Jahre in dem Heere gewesen sein. Alle diese Stellen geben jedoch keinen Anhalt dafür, welches Grenzjahr in der Berechnung des Thucydides zu Grunde gelegt ist. Felddienstfähigkeit ist ein relativer Begriff, der im Falle der Noth einmal hoch hinaufgeschraubt werden kann. Berufssoldaten wie die Söldner der Anabasis dienen so lange sie irgend können und erhalten sich auch durch ihre Lebensweise fähig dazu. Die Kriegspflichtigkeit der Spartaner bis zum 60. Jahre beweist nicht, daß sie bis zu diesem hohen Alter wirklich auszogen, sondern nur, daß sie über jenes Alter hinaus nicht mehr gegen ihren Willen aufgeboten werden durften; sehr Viele mögen darum doch schon viel früher thatsächlich aus der Feldarmee ausgeschieden sein.

Der emphatische Hinweis eines späteren Redners endlich auf die Zeit, da Athen nur von den mehr als 50jährigen bewacht war, mag sich auf irgend einen uns unbekannten Specialfall beziehen. Für die Berechnung des Thucydides oder des Perikles selbst, in dessen Rede die Berechnung erscheint, müssen wir nun aber doch eine bestimmte Grenze zwischen den beiden Klassen der Dienstpflicht präsumieren und niedriger als beim 45. Jahre werden wir dieselbe

---

[1]) Mommsen, Röm. Staatsrecht I², 487. Marquardt, Handbuch b. Röm. Alterthümer V, 381 und 383.
[2]) Xenoph. Hellenica V, 4, 13.
[3]) Lykurg gegen Leocrates 39: „αἱ ἐλπίδες τῆς σωτηρίας τῷ δήμῳ ἐν τοῖς ὑπὲρ πεντήκοντα ἔτη γεγονόσι καθειστήκεσαν." Auch Demosth. Olynth. R. III, 3 würde heranzuziehen sein.

Die Stärke der Athener. 133

nicht ziehen dürfen. Rechnen wir nun die Garnisondienstfähigkeit bis zum 60. Jahre (Männer, die über dieses Alter hinaus die Waffen führen können, sind blos Ausnahmen), so enthält diese letztere Kategorie 17 Jahrgänge, nämlich vom 46. bis 60. Jahre und die beiden Jahrgänge Rekruten ($περίπολοι$), die 18- und 19jährigen. Rechnen wir diese beiden letzten Jahrgänge so stark wie drei Jahrgänge von den anderen, so würde auf jeden von diesen ein durchschnittliches Contingent von 11 000 : 18 = etwa 611 Mann fallen. Die Feldarmee würde 26 Jahrgänge, im Durchschnitt also 15 800 : 26 = 608 auf jeden Jahrgang zählen. Das ist ein unmögliches Verhältniß. Die Jahrgänge der Feldarmee müssen erheblich stärker gewesen sein, als die Jahrgänge der Garnisondienstfähigen. Wollten wir etwa die Grenze der Felddienstfähigkeit bis zum 50. Jahre heraufrücken, so würde der Widerspruch nur noch größer werden.

Den richtigen Ausweg aus dieser Schwierigkeit hat, wie ich nicht zweifle, Duncker gefunden, mit der Annahme nämlich, daß die entfernteren Kleruchien mit ihrer gesammten Mannschaft den Garnisondienstpflichtigen zugezählt sind. Statt ihre Felddienstfähigen zu dem eigentlichen Operationsheer zu ziehen, hat man ihnen und vielleicht neben ihnen den $περίπολοι$ den Wachtdienst in den thrakischen Kastellen übertragen, welchen Thucydides ausdrücklich in den Garnisondienst einrechnet.

Die athenische Heeresmacht würde sich danach also etwa folgendermaßen berechnen:

15 800 felddienstpflichtige Vollbürger,
etwa 2000 felddienstfähige Kleruchen im Besatzungsdienst,
etwa 8500 garnisondienstfähige Vollbürger in Athen und den nächsten Kleruchien,
etwa 1000 garnisondienstfähige Vollbürger in den entfernteren Kleruchien,
3000 felddienstfähige, garnisondienstpflichtige Metöken,
etwa 1500 garnisondienstfähige Metöken.

Endlich noch eine Anzahl Metöken, die keinen Hoplitendienst thun und vermuthlich im Nothfall als Ruderer für die Flotte ausgehoben wurden.

Die Zahl aller Felddienstfähigen zusammen ist 20,800; die Zahl aller Garnisondienstfähigen zusammen 11 000. Ein Jahrgang der Felddienstfähigen zählte im Durchschnitt 800 Mann; ein Jahrgang Rekruten 917, ein Jahrgang älterer Garnisontruppen 611 Mann.

Die Zahl der waffenfähigen athenischen Vollbürger mit Einschluß der nächstgelegenen Kleruchien, namentlich auf Euböa, würde etwa 24 300, mit Einschluß aller Kleruchien etwa 27 300 betragen, danach die gesammte Bürgerschaft mit Ausschluß der ferneren Kleruchien etwa 30 000, mit Einschluß derselben etwa 34 000 erwachsene Männer gezählt haben.

Diese Zahl wird bestätigt durch eine Stelle in Aristophanes Ekklesiazusen, die noch nach der Anarchie von mehr als 30 000 Bürgern spricht.

Hieraus ist nun ein directer Rückschluß auf die Stärke der Athener in den Perserkriegen nicht zu machen, da in einem Zeitraum von 50—60 Jahren sich eine Bevölkerung weit mehr als verdoppeln, ebensogut aber auch stationär bleiben oder zurückgehen kann.

Den einzigen Anhalt, den wir für die Berechnung der Bevölkerung in Athen haben, bieten uns die Angaben Herodots, welcher einmal den Aristagoras von 30 000 Athenern sprechen läßt und ferner, wie wir sahen, die Streitmacht der Athener bei Platää auf 8000 (8800) beziffert. An sich ist die Verläßlichkeit beider Angaben gering; sie wird aber verstärkt dadurch, daß sie, obgleich offenbar unabhängig voneinander, doch so ziemlich harmonieren. 8800 Athener bei Platää ließen uns auf eine athenische Streitmacht von insgesammt wenigstens 15 000 Mann schließen. Wiederum die 15 800 felddienstfähigen Athener, welche uns Thucydides meldet, haben uns auf eine Bürgerschaft von 30 000 Köpfen geführt. Ein Unterschied wird aber insofern zu machen sein, als im Jahre 479 unzweifelhaft der Begriff der Felddienstfähigkeit bis auf's äußerste ausgespannt war, die sämmtlichen Rekruten z. B. selbstverständlich in der Feldarmee dienten. Wir würden also aus einem Aufgebot von 15—16 000 Mann im Jahre 479 vielleicht auf eine Bürgerschaft von 26—27 000 Köpfen schließen dürfen; immerhin keine gar zu große Abweichung von der runden Zahl „30 000" bei Herodot.

Sind diese Annahmen richtig, so hat sich die athenische Bürgerschaft, abgesehen von dem Zuzug von Metöken, von den Perserkriegen bis zum Beginn des peloponnesischen Krieges um etwa 8000

Bürger = etwa 30% vermehrt; eine Annahme, gegen die sich aus inneren Gründen nichts einwenden läßt.

Um nun von den 15—16,000 Felddienstfähigen im Jahre 479 zurückschließen zu können auf das Heer von Marathon, ist es nöthig, noch einmal die Frage der Dienstpflicht der Theten zu erwägen. Unsere Untersuchung vorhin erstreckte sich nur auf die Periode seit dem Flottenbau, welcher nothwendig nicht nur den Seedienst, sondern auch den Landdienst der Theten postulierte, da die Schiffsmannschaft unter den damaligen Kriegsverhältnissen immer auch fähig sein mußte, eventuell zu Lande zu fechten. Es erscheint also auf den ersten Blick denkbar, daß vor dem Flottenbau, als Athen auch noch keine ausgesprochenen Großmacht-Aspirationen verfolgte, die unterste Klasse vom Kriegsdienst frei war. Dennoch glaube ich das Gegentheil annehmen zu müssen.

Die drei oberen Klassen wurden gebildet durch die Grundbesitzer, welche wenigstens ein Gespann hielten; es gehörten also nicht dazu alle städtischen Fabrikanten, Handwerker, Kaufleute, Schiffer, alle Fischer, endlich auch alle die ganz kleinen Grundbesitzer, welche etwa nur einen Weinberg, einige Feldstücke zum Gemüsebau oder mit Oel- und Feigenbäumen besaßen. Diese ganz kleinen Grundbesitzer müssen in einem Lande wie Attika, das sich nur sehr theilweise zum Getreidebau eignet, sehr zahlreich gewesen sein. Alle diese Klassen zusammen müssen nicht nur einen sehr großen Theil der athenischen Bürgerschaft ausgemacht, sondern auch zur Zeit der Schlacht bei Marathon bereits viele wohlhabende Elemente eingeschlossen haben. Wie denkt man sich nun den Hoplitendienst auf die drei oberen Klassen beschränkt? War der Inhaber eines Zeugiten-Gutes allein oder mit allen seinen Söhnen dienstpflichtig? In ersterem Falle, wenn jeder Hof nur einen Mann gestellt hätte, wäre das Heer sehr klein geworden; in letzterem Falle die wirthschaftliche Ungerechtigkeit unerträglich. Die vollständige Hoplitenrüstung war ein äußerst kostspieliger Gegenstand. Ist es denkbar, daß man den Bauern zwang, vielleicht drei oder vier Söhne zugleich zu stellen und auszurüsten, den Gärtner und Fischer daneben, ganz abgesehen von dem reichen Kaufmann und Fabrikanten, nicht einmal für seine Person dienen ließ? Ist es ferner denkbar, daß man einer Gefahr gegenüber, wie die persische, einen großen, vielleicht den größeren Theil der waffenfähigen Bürger zu Hause ließ? Die Stadt behielt ja immer noch den Schutz der zahlreichen Klasse der älteren und jüngeren Jahrgänge. Daß etwa nicht Waffen genug zur Ausrüstung der Felddienstfähigen aller Klassen vorhanden gewesen seien, ist ebenfalls nicht anzunehmen; die Besatzung der Stadt bedurfte derselben zur Vertheidigung der Mauern in geringerem Maße und hätte sie im Nothfall abgeben können. Wiederum die bloße Rüstung thut es freilich noch nicht, man muß auch in den Waffen und in der ordnungsmäßigen Bewegung im Gliede geübt sein. Wie das alles in Athen geordnet war, in welcher Art und bis zu welcher Stufe herunter die Aermeren mit Waffen versehen und eingeübt wurden, das wissen wir durchaus nicht. Vielleicht wurden Aermere in der Art ausgerüstet, daß jedes Mitglied einer höheren Klasse, welches nicht im Stande war, selbst auszurücken, einen Ersatzmann stellte. Wäre etwa gar die Nachricht wahr, daß bei Marathon Sklaven mitgefochten haben, so ist es selbstverständlich, daß, ehe man auf diese Hülfe zurückgriff, die Freien bis auf den letzten Mann herangezogen waren.

Nach alle dem bezweifle ich nicht, daß auch zur Zeit der Schlacht bei Marathon die allgemeine Wehrpflicht in Athen ziemlich vollständig durchgeführt war; zum wenigsten, daß die Schicht derjenigen, die wegen Armuth vom Dienst befreit war, sich keineswegs mit der Thetenklasse — wenn es denn je der Fall war — deckte.

Da nun weiter anzunehmen ist, daß die Athener zu dem Kampfe bei Marathon alle irgend verfügbaren Kräfte aufboten, so müssen wir ihre Stärke in dieser Schlacht auf 12—15,000 Mann veranschlagen.

Die Untersuchung über die Stärke des gesammten Griechen-Heeres verschiebe ich auf eine spätere Stelle.

Zweites Capitel.
Die Stärke der Perser.

Von dem persischen Heere des Jahres 490 giebt Herodot so wenig wie von dem athenischen die Stärke an. Die Angaben der späteren Schriftsteller sind nicht wiederholenswerth. Duncker hat sich daher an die von Herodot mitgetheilte Zahl der persischen Schiffe gehalten; das sind 600. Führte jedes 100 Mann, so erhält man 60 000 Mann Landungstruppen. Außerdem hatte Darius eigene Pferdeschiffe bauen lassen, die Reiterei wäre also noch dazu zu rechnen und so kommt man auf ein Landheer von 60—70 000 Mann, neben dem die Flotte etwa 90 000 Mann Besatzung gehabt haben würde.

Offenbar haben wir nun nicht die geringste Sicherheit für die einzige wirklich überlieferte Zahl, die 600 Schiffe. Wer bürgt uns dafür, daß der sonst so vielfältig Sagen erzählende Herodot hier recht berichtet war? Wir haben sogar eine spätere griechische Quelle, welche nur von 300 Schiffen spricht[1]) und die niedrigste Zahl hat die Präsumtion in solchen Fällen für sich. Aber weder auf die eine, noch auf die andere ist irgend etwas zu geben. Wir müssen uns bescheiden, daß wir über eine glaubwürdige Nachricht in dieser Hinsicht nicht verfügen.

Ueber das Heer des Xerxes giebt uns Herodot sehr genaue Zahlen. Er giebt folgende Berechnung:

---

1) Plato, Menex. 240 a.

Asiatische Infanterie	1 700 000
Asiatische Cavallerie	80 000
Kameelreiter ꝛc.	20 000
Europäische Landtruppen	300 000
Asiatische Flotte	517 610
Europäische Flotte	24 000
	2 641 610
Dazu Diener	2 641 610
Summa	5 283 220

Endlich ungezählte Weiber und Eunuchen.

Diese Zahlen sind werthvoll als Beweis, daß es Herodot an jeder Anschauung für Heereszahlen fehlte. Das Landheer würde mit dem Troß, ungerechnet die zahlreichen Weiber, 4 200 000 Köpfe gezählt haben. Ein deutsches Armeecorps von 30 000 Mann nimmt mit seiner Artillerie auf einer Straße reglementsmäßig marschierend eine Länge von drei Meilen ein; mit dem gesammten Fuhrpark fünf Meilen. Rechnen wir nur drei Meilen auf 30 000 Perser mit allem ihrem Zugvieh, so würde, auf eine Straße gesetzt, das Heer eine Länge von 420 Meilen eingenommen haben, d. h. eine Linie etwa von Berlin nach Damaskus oder vom Hellespont an die Grenze von Belubschistan. Selbst wenn wir auf 30 000 Köpfe nur eine Meile rechnen, so hatten, wenn die Vordersten vor Thermopylä ankamen, etwa zwei Drittel den Hellespont überschritten und die Letzten konnten eben aus Sardes ausmarschieren.

Was die Verpflegung solcher Massen betrifft, so stelle ich folgende Zahlen zum Vergleich. In Paris waren 1870 noch nicht zwei Millionen Menschen, Männer, Weiber und Kinder, eingeschlossen, also erheblich weniger als die Hälfte der angegebenen Heeresstärke der Perser. Wäre es gelungen, die Blokade an einer Stelle zu durchbrechen und man hätte die Gelegenheit zur Proviantirung der Stadt benützen wollen, so hätte, um die Bevölkerung auf 14 Tage nur mit Mehl, weiter nichts, zu versorgen, dazu eine Colonne von 40 500 Wagen, die auf einer Straße eine Länge von 47 Meilen einnehmen, gehört[1]).

---

[1]) Nach der Berechnung des Generals Aurelles de Palabines, La première armée de la Loire, S. 372.

Die Stärke der Perser. 139

Auf verschiedene Weise hat man bessere Zahlen über den Xerxes-Zug zu erlangen gesucht und namentlich folgende Berechnung aufgestellt [1]). Herodot giebt das Heer, welches unter Mardonius zurückblieb, zu 300 000 Mann an. Das hat eine gewisse Wahrscheinlichkeit, da das Heer so lange in Griechenland blieb, man also Gelegenheit hatte, seine wirkliche Größe kennen zu lernen. Dieses Heer soll nun der kleinere Theil gewesen sein, was auch Thucydides einmal sagt. Das ganze Heer mag also beim Beginn des Feldzuges 800 000 Mann stark gewesen sein.

Auch diese Zahl ist aber immer noch offenbar viel zu groß. Welche Bürgschaft haben wir, daß Herodot, der selbst von der Bedeutung der Zahlen gar keine Anschauung hat, sich hier vorgesehen und die richtige Zahl wirklich erforscht hat? Sicherlich unrichtig ist die Annahme, daß die größere Hälfte des Heeres mit Xerxes abgezogen sei. Auch bei Thucydides steht es zwar, aber nicht er selbst sagt es, sondern die athenischen Gesandten in einer Rede in Sparta. Es ist also nicht ausgemacht, daß Thucydides es selbst als richtig anerkennt. Was aber positiv dagegen spricht, ist dies. Der König wird nach Herodots Erzählung zurückgeleitet von einem eigenen Corps von 60 000 Mann, welches nachher wieder zu Mardonius zurückkehrt. Welchen Sinn hätte dieser Marsch gehabt, wenn der König ein achtfach größeres Heer außerdem bei sich gehabt hätte? Es kann also keinem Zweifel unterliegen, daß die Perser die Thorheit nicht begangen haben, viele hunderttausend Mann mit nach Griechenland zu schleppen, die die Wege versperrten, die Lebensmittel verzehrten, die Brunnen austranken und nachher nicht zu gebrauchen waren und zurückgeschickt werden mußten. Das persische Heer ist, wie das schon Niebuhr bemerkt hat, von Anfang an nicht erheblich größer gewesen, als das Heer, welches nach Xerxes' Rückkehr unter Mardonius den zweiten Feldzug führte.

Die Maximal-Grenzen dieses Heeres zu bestimmen, haben wir vielleicht ein Mittel in der Angabe Herodots, Mardonius habe am Asopus ein befestigtes Lager aufgeschlagen von 10 Stadien im Geviert. Wie viel Mannschaften kann ein solches Lager etwa fassen? Bronsart v. Schellendorff [2]) rechnet auf ein Bataillon Infanterie

---

[1]) Duncker VII, S. 206.
[2]) Dienst d. Generalstabes S. 406.

von 1000 Mann einen Lagerraum von 160 m Front, 280 m Tiefe = 44 800 □m Raum oder fast 45 □m = ca. 425 □Fuß auf den Mann.

Oberst Kühne dagegen[1]) rechnet, eingeschlossen den Latrinenraum, 200 Schritt = 400 Fuß Front, 360 Schritt = 720 Fuß Tiefe, ohne den Latrinenraum nur 260 Schritt = 520 Fuß Tiefe; das giebt 208 000 □Fuß oder etwas über 208 □Fuß Raum auf den Mann.

Für ein Regiment Cavallerie = 600 Mann verlangt Bronsart 160 × 208 m = 32 280 □m; = 53,5 □m = ca. 500 □Fuß auf den Mann. Kühne nur etwa 300 □Fuß.

Aus dem Alterthum sind uns die Raumverhältnisse des römischen Lagers bei Polybius und Hygin überliefert. Ueber die Auslegung des Einzelnen sind die heutigen Forscher noch sehr verschiedener Ansicht[2]); in der Hauptsache bewegen sich die Annahmen zwischen 2150 und 2600 Fuß im Geviert = 4½ bis 6⅓ Millionen □Fuß für ein Heer von zwei Legionen mit Auxiliartruppen. Nach der geringsten Annahme hätte ein solches Heer 10 800 Mann Infanterie und 2400 Mann Cavallerie gezählt, wovon wiederum nur 12 000 Mann Infanterie innerhalb, 4800 Mann, die Veliten, außerhalb des Lagers campierten. Nach höheren Annahmen hätte das Heer noch einige Tausend Mann Infanterie an Bundesgenossen mehr gezählt und hätten auch die Veliten, wenigstens zum Theil, innerhalb des Lagers campiert. Wir würden also für den Mann auf einen Raum von 200—400 □Fuß kommen[3]). Dabei ist in Betracht zu ziehen, daß in einem antiken, befestigten Lager mehr Raum für die Bewegung der Truppen nothwendig ist, als in einem modernen freien Lagerplatz.

Nehmen wir als Durchschnitt für das persische Heer, uns an

---

[1]) Im Poten'schen Handwörterbuch der ges. Mil. Wissensch.
[2]) Marquardt, Handbuch S. 415. Nissen, Templum. Hankel, N. Jahrb. f. Philol. Bd. 121 S. 737 ff. und Andere.
[3]) Lange in seiner Ausgabe des Hygin S. 177 berechnet in Hygin's-Lager-Schema den Raum für den Infanteristen nur auf 36 □Fuß, für den Cavalleristen auf 90 □Fuß. Das ist jedoch der bloße Zeltraum, ohne Straßen rc. Auch das ganze Lager für 32000 Mann Infanterie und 9450 Mann Cavallerie berechnet er nur auf 1620 × 2320 = 3 758 400 □Fuß. Nissen, Templum S. 38 Anmerk. hat jedoch mit Recht diese Construction für physisch unmöglich erklärt. Sie ist deshalb nicht in Betracht gezogen.

den allerniedrigsten Ansatz haltend, 200 □Fuß für den Mann, so würde ein Lager von 10 Stadien = 6000 Fuß im Quadrat = 36 000 000 □Fuß für 180 000 Mann Raum bieten.

Von diesen 180 000 Mann sind höchstens die Hälfte als Krieger anzusehen. Nach Herodots ausdrücklicher Angabe (III, 186) war, selbst ungerechnet die Weiber und Eunuchen, der Troß eher stärker als schwächer als das Heer. Wohl möglich, daß gerade ein großer Theil des Trosses mit Xerxes nach Asien zurückgekehrt ist, aber trotzdem werden wir keinenfalls unter die Hälfte heruntergehen dürfen.

Welchen Anspruch orientalische Heere noch heute an Lagergefolge erheben, mögen folgende Notizen zeigen[1]). Bis zum Jahre 1868 rechnete man in der englisch-indischen Armee auf 10 000 Combattanten 30 000 Mann Lagergefolge. 1868 zwang der kostspielige abessynische Feldzug zu einer kleinen Einschränkung und auf 12 000 Combattanten kamen nun 28 000 Lagergefolge. In der nächsten Zeit schränkte man sich immer mehr und mehr ein, so zwar, daß 1878 bei Eröffnung des afghanischen Krieges auf etwa 42 000 Combattanten ungefähr 47 000 Lagergefolge entfielen. Dieses Verhältniß dürfte schon die äußerste Grenze des Möglichen darstellen, denn General Roberts behauptete, man habe sich dabei auf das „Allernothwendigste" beschränkt und die Offiziere und Correspondenten klagten, daß man durch diese Beschränkungen die Truppen, besonders die eingeborenen, oft drückenden Entbehrungen und Ungemach ausgesetzt habe.

Im Alterthum, in einem persischen Heere, das zum Theil aus vornehmer, verwöhnter Ritterschaft bestand, ist eine Dienerschaft an Zahl ebenso stark wie die Combattanten gewiß nicht zu hoch gerechnet. Etwas erhöhen könnte man aber die Zahl der Combattanten wieder in Anbetracht, daß die Dienerschaft verhältnißmäßig weniger Raum eingenommen haben wird. Wir kämen also in maximo auf 100 000 bis 120 000 Krieger, oder 200 000 bis 240 000 Köpfe.

Gegen diese Berechnung lassen sich zwei Einwände erheben. Erstens sagt uns Herodot ausdrücklich, daß das Lager sich noch weiter erstreckte am Asopus entlang, aber nur dieser eine Theil befestigt war, zweitens ist vielleicht das Lager als ein bloßer Zu-

---

[1]) Nach einem Aufsatz von Spiridion Gopčević, Jahrb. f. b. deutsche Armee und Marine Bd. 56, S. 310.

fluchtsort sehr viel enger berechnet gewesen, als ein reguläres Lager hätte sein müssen. Beide Einwände sind jedoch nicht durchschlagend. Daß das ganze Heer nicht innerhalb der Befestigung lagerte, auch wenn sie den genügenden Raum bot, ist sehr natürlich. Ein so großes Lager ist höchst unbequem. Das Wasserholen, Kochen, die Aborte sind für eine so ungeheure Masse auf einem Flecke gar nicht zu beschaffen und in Ordnung zu halten und müssen selbst für die an Vieles gewöhnten Orientalen unerträglich werden. Bei uns wird deshalb, wenn irgend möglich, im Bivouac nicht mehr als eine Brigade zusammengelegt. Auch die Perser dehnten sich also, da es ihnen die Situation erlaubte, so sehr wie möglich aus.

Nichtsdestoweniger muß das Lager so angelegt gewesen sein, daß es im Nothfall das ganze Heer nicht nur fassen, sondern bequem fassen konnte. Wenn man es nicht so angelegt hätte, hätte es seinem Zweck nicht entsprochen, d. h. es wäre nicht auf längere Zeit vertheidigungsfähig gewesen. Denn dazu gehört, daß die Truppen sich innerhalb ihrer Befestigung frei genug bewegen können, also freier Raum hinter dem Wall und einige breite Straßen. Wir dürfen den Persern zutrauen, daß sie nicht ihren eigenen Absichten widersprechend gehandelt und die Größe des Lagers nach diesen Grundsätzen berechnet haben[1]).

Einen wirklichen Anhalt für die Größe des persischen Heeres haben wir nun freilich noch immer nicht gewonnen, da wir uns auf die Angabe Herodots über die Größe des Lagers keineswegs unbedingt verlassen können. Höchstens als ein Maximum dürften wir die gewonnenen Zahlen ansehen und sind damit schon auf 100 bis 120 000 Mann heruntergekommen.

Wir finden aber Wendungen in Herodots Erzählung, welche dazu treiben, das Heer des Mardonius noch erheblich kleiner anzu-

---

[1]) Damit erledigt sich die Auffassung, die Befestigung habe nur die hohen Officiere, ihre Feldgeräthschaften, Harems, Dienerschaften und das Gepäck des Heeres umschlossen (Duncker p. 384). Solche Befestigungen legt man an, um einen Schutz gegen Ueberfälle durch leichte Truppen zu haben; die Perser aber hatten dazu keinen Grund. Sie waren völlig sicher, daß die Griechen sich nicht in die Ebene in den Bereich ihrer Reiterei trauen würden. Herodots Angabe, die Befestigung habe eine Zuflucht für den Fall einer Niederlage bilden sollen, ist zu positiv und innerlich wahrscheinlich, um verworfen zu werden. Daß Plutarch dem Lager jene andere Bestimmung giebt, hat keinen größeren Werth, als wenn ein heutiger Historiker diese Ansicht aufstellte.

Die Stärke der Perser. 143

nehmen. Herodot erzählt den Abzug des Mardonius aus Attika folgendermaßen. Mardonius erfuhr die Ankunft von 1000 Lacedämoniern in Megara; in der Hoffnung, diese abzufangen, wandte er sich, schon im Begriff nach Böotien zurückzukehren, hierher und seine Reiterei durchstreifte Megaris. Da erhielt er jedoch die Nachricht von der Ansammlung des großen griechischen Heeres auf dem Isthmus und kehrte um. Er marschierte über Dekelea nach Tanagra. In Tanagra blieb er die Nacht und wandte sich am folgenden Tage nach Skolos.

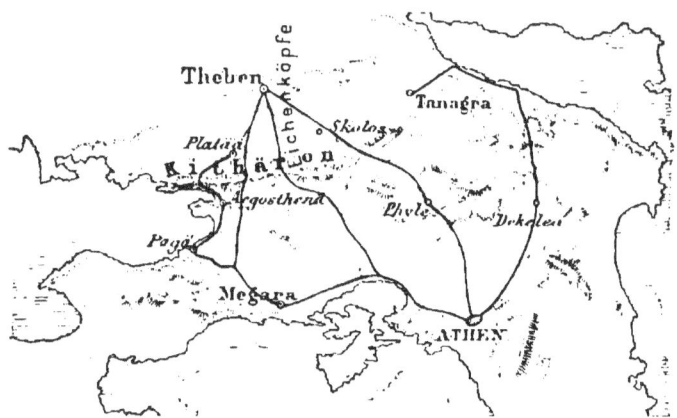

Wollten wir diese Erzählung ihrem Wortlaute und Geiste nach einfach annehmen, so müßten wir zu dem Schluß kommen, daß Mardonius nicht mehr als 30 000 Soldaten gehabt hat. Es ist ganz unmöglich, daß eine große Armee sich in der Weise bewegt, wie sie uns Herodot schildert. Die Perser fanden in Attika keine Verpflegung, mußten dieselbe von Böotien mitnehmen, hatten also einen sehr großen Troß. Ihre Marsch-Disciplin wird schwerlich sehr ausgebildet gewesen sein; auf den engen, unbequemen Gebirgsstraßen dehnten sich daher die Colonnen aus. Allerallerhöchstens 50—60 000 Personen, wovon also 30 000 Soldaten sein würden, können in dieser Weise an einem Tage die schmale Bergstraße von Dekelea passiren, wenn die Letzten am Abend noch den Anschluß wieder erreichen sollen. Denn dazu müssen sie spätestens am frühen Nachmittag aufbrechen und ein solcher Zug hat sicherlich eine Länge von 10 Stunden. Nun könnte das Heer in mehreren Staffeln marschiert sein, die erst bei Skolos wieder aufschlossen. Aber die Form der Erzählung: „Mardonius kam nach Tanagra und marschierte am folgenden Tage weiter", spricht dagegen. Würde sich die Tradition dieses Bild haben entgehen lassen, daß das Heer tagelang hinter einander die Straßen bedeckte? Und wenn wir Herodot wörtlich nehmen, so müßte ein solcher Zug wenigstens 14 Tage gedauert haben, denn zu den 300 000 persischen Kriegern kommen 50 000 Griechen, mit den Dienern also 700 000 Köpfe. Es ist aber auch strategisch höchst unwahrscheinlich, daß Mardonius in einem mehrere Tage dauernden Zuge Attika verließ. Weshalb wählte er die Straße über Dekelea zum Rückzuge? Unzweifelhaft, weil sie die vom Isthmus entfernteste ist und weil er während des Marsches angegriffen zu werden besorgte. Blieb aber ein Theil des Heeres ein oder gar zwei oder viele Tage jenseits des Ueberganges zurück, so war er der Gefahr ausgesetzt, vereinzelt angegriffen zu werden. Herodots Erzählung würde uns also zu dem Resultat führen, daß das Heer nicht mehr als eine Staffel und daß diese nicht mehr als 30 000 Krieger gehabt haben kann.

In Wirklichkeit ist das aber wiederum nur ein Beweis, daß Herodot von der Größe und Bewegung der Heeresmassen keine Anschauung hat, denn selbstverständlich ist das Heer des Mardonius, noch dazu mit allen seinen europäischen und griechischen Hülfsvölkern, erheblich stärker gewesen, und wenn es stärker war, so hat es auch nicht einen, sondern mehrere Pässe zugleich benutzt. Nach einer Notiz bei Pausanias (I, 44, 4) sind die persischen Reiter bis nach Pagä in Megaris gekommen. Schwerlich sind sie von da bis nach Dekelea zurückgegangen, sondern sie haben die direkte Straße von Pagä über Aegosthenä nach Plataiä eingeschlagen. Ebenso wird das übrige Heer neben der Straße über Dekelea auch die drei anderen Pässe, die Straße von Megara[1]), die Eichenköpfe und die Straße über Phyle benutzt haben. Herodot hat zufällig nur von der einen Colonne, die über Dekelea marschierte, gehört. Haben sich auf jeder dieser

---

[1]) Diese Straße findet sich nicht auf der Kiepert'schen Karte im Atlas antiquus. Sie ist jedoch verzeichnet auf der Karte des französischen Generalstabes und auf der jüngst ausgegebenen Wiener Karte des griechischen Generalstabes und wird erwähnt von Xenophon Hellen. V, 4, 14; ebenso von W. Vischer, Erinnerungen an Griechenland p. 540.

fünf Straßen im Durchschnitt 20 000 Menschen bewegt — mehr dürfen wir sicher nicht annehmen, da die beiden Straßen von Megara nur von Streifcorps benutzt werden konnten —, so wäre das persische Heer im Ganzen 100 000 Köpfe oder etwa 50 000 Krieger stark gewesen. Damit ist überhaupt die Maximalsumme gegeben, welche in einem Lande wie Attika operieren kann. Denn mehr als höchstens einige 30 000 Mann können sich nicht auf den Gebirgswegen so bewegen, daß sie im Stande sind, sich gegenseitig zu unterstützen, und mehr als drei gleichzeitig zu benutzende Straßen sind nicht vorhanden, die in die attische Ebene hinein- oder herausführen.

Der schwache Punkt dieser Berechnung ist, daß wir nicht wissen, ob Mardonius wirklich mit seinem ganzen Heere den Kithäron überschritten hat. Nach Herodot müßte man es zwar annehmen. Da aber, wie wir sahen, Mardonius in Attika keine Schlacht liefern wollte, so können wir auch vermuthen, daß er von vorn herein das Gebirge nur mit der Absicht überschritten hat, bei Annäherung des peloponnesischen Heeres sofort umzukehren. Es ist also möglich, daß ein Theil des Heeres in Böotien zurückgeblieben ist. Setzen wir hierfür — freilich ganz willkürlich, aber es muß doch der geringere Theil gewesen sein, da sich in der Tradition gar nichts davon erhalten hat — ein Drittel der Stärke, so hätte das Gesammtheer 75 000 Krieger gezählt. Schlagen wir die Griechen, Thracier, Macedonier, die dabei waren, auf 15 000 an, so würden 60 000 als eigentliche Perser mit ihren Unterthanen übrig bleiben; Xerxes hätte also ein Jahr vorher vielleicht 65—75 000 Krieger, mit einem Troß von vielleicht weiteren 100 000 oder auch 200 000 Köpfen über den Hellespont geführt.

Ich breche die Untersuchung hier vorläufig ab, um zunächst unseren Zahlenbegriff an den burgundisch-schweizerischen Zahlen so zu sagen zu üben.

Hier seien nur noch zwei als Parallelzahlen brauchbare Angaben aus anderen Gebieten des Alterthums angeschlossen.

Im Jahre 846 führte Salmanassar II. nach seiner Inschrift 120 000 Mann über den Euphrat gegen die syrischen Staaten. Es ist der vierte Feldzug gegen denselben Feind, sicher mit Aufbietung der höchsten Kraft. Der König sagt ausdrücklich, er habe in diesem Jahre alle seine Länder gezählt. Dies Beispiel bietet zu den Perserkriegen insofern keine Parallele, als es 350 Jahre zurückliegt und das assyrische Reich nicht entfernt so groß war, wie das spätere persische. Dafür ist es aber ein Feldzug in der allernächsten Nachbarschaft und deshalb die inschriftlich überlieferte Zahl (die sicherlich nicht zu klein gegriffen ist) bemerkenswerth.

Dem gegenüber könnte nun darauf verwiesen werden, daß Herodot sich für seine Angabe über das Heer, welches Darius gegen die Scythen führte, ebenfalls auf eine Inschrift, also eine urkundliche Mittheilung beruft und dieses Heer auf 700 000 Mann angiebt. Wollte man diese Zahl acceptieren, so müßte man offenbar das Heer des Xerxes noch erheblich größer annehmen und damit wäre meine Berechnung, die diesem Heere höchstens 75 000 Krieger giebt, widerlegt. Wie es jedoch mit dem Lesen solcher Inschriften gehen kann, lehrt folgendes Beispiel.

Nach einer Angabe Diodors (I, 54) zog Sesostris, der König von Aegypten, aus mit einem Heere von 600 000 Fußgängern, 24 000 Reitern, 27 000 Streitwagen. Man würde vermuthen dürfen, daß diese Nachricht auf eine ägyptische Inschrift zurückgeht und der Inhalt dieser Inschrift scheint uns auch noch von anderer Seite überliefert zu sein. Tacitus[1]) erzählt uns, daß sich Germanicus in Aegypten eine Inschrift übersetzen ließ, wonach einst in Aegypten 700 000 Männer in kriegsfähigem Alter gewohnt hätten und König Ramses (den eine unberechtigte Sage mit Sesostris identificiert hat) mit diesem Heere ausgezogen sei („habitasse quondam septingenta milia aetate militari atque eo cum exercitu" etc.). Der Ausdruck, den Tacitus gebraucht, ist nicht völlig deutlich, aber sachlich unfraglich, daß 700 000 Streitbare nach einem Census in dem ganzen ägyptischen Lande waren, als König Ramses auszog. Wie Viele er mitgenommen hat, ist nicht gesagt. Diodor hätte dann die Streitbaren für das Heer genommen und Herodot vielleicht einen ähnlichen Fehler gemacht. So natürlich diese Combination klingt, so ist es nach einer Information, die ich Herrn Professor Erman verdanke, nicht einmal wahrscheinlich, daß die Inschrift, die dem Germanicus angeblich übersetzt worden ist, je existiert hat. Sie widerspricht durchaus dem Charakter der vorhandenen Inschriften und speciell die großen thebanischen Inschriften Ramses II, um die es

---

[1]) Ann. II, 60.

sich handeln würde, enthalten nichts den Angaben des Tacitus oder Diodor Aehnliches. Die ägyptischen Cicerones werden also zu Christi Zeiten schon geradeso gefabelt haben wie heute, und dem Germanicus ist etwas vorgelogen worden.

Welcherlei Mißverständniß oder Fabel nun auch Herodot bezüglich der Inschrift des Darius mißleitet haben mag: Heere von 700 000 Mann, die über eine Brücke gehen und einheitlich operieren sollen, gehören jedenfalls in dieselbe Kategorie, wie die acht Stadien Laufschritt, welche die Athener bei Marathon machten. —

Drittes Capitel.

Die Stärke der Burgunder und Schweizer.

Ueber die Stärke des burgundischen Heeres in den beiden Feldzügen von Granson und Murten, wie über die Geschichte dieser Feldzüge überhaupt, bilden das beste und zuverlässigste Zeugniß die Berichte, welche die Gesandten des Herzogs von Mailand ihrem Herrn erstatteten. Sie sind uns im Original erhalten und liegen vor in einer trefflichen Ausgabe von Gingins la Sarra[1]). Namentlich sind wichtig die Berichte des Gesandten Panigarola, welcher Karl auf beiden Feldzügen begleitete und beide Schlachten persönlich mitmachte. Er hat naturgemäß keine Veranlassung, Partei zu ergreifen, sondern beabsichtigte deutlich nichts, als seinem Herrn Alles nach der nüchternsten Wirklichkeit umgehend zu melden. Seine Angaben sind also auch bezüglich der Stärke des burgundischen Heeres vor allen anderen zu Rathe zu ziehen.

Granson.

Als Karl der Kühne nach der Eroberung von Lothringen im Begriff ist, den Krieg gegen die Schweizer zu beginnen, meldet Panigarola seinem Herrn (31. Dec. 1475), nach den eigenen Mit-

---

[1]) Dépêches des Ambassadeurs Milanais sur les campagnes de Charle-le-Hardi Duc de Bourgogne de 1474 à 1477 publiées d'après les pièces originales avec sommaires analytiques et notes historiques par le baron Fréd. de Gingins la Sarra. Paris und Genf 1858. 2 Bde.

theilungen des Herzogs, dieser wolle 25 000 Mann aus Burgund und Savoyen zusammenziehen und dazu über 2300 Lanzen und etwa 10 000 Bogenschützen, welche er bereits unter Waffen habe; so werde er über wenigstens 25 000 Combattanten verfügen. (Fa conto cosi di grosso di Borgogna et Savoya tirare circa 25 m persone di populo et con quelli menara deli soi piu di 2 m 300 lanze et circa 10 m archieri cha ora a ordinato in queste soe ordinanze: in modo spera valersi di 25 m combatenti benche crede sarano piu.) Um den Widerspruch in diesem Satze, in dem erst ein Theil, dann das Ganze auf 25 000 Mann berechnet wird, aufzuklären, untersuchen wir zunächst die weiteren Angaben Panigarolas. Den 16. Januar meldet er weiter, der Herzog habe 400 Lanzen vorausgeschickt, lasse die gesammte Feudal-Miliz von Burgund durch seinen Bruder aufbieten und habe ihm gesagt, er führe „allein mit sich 11 000 Combattanten, da man gegen die Schweizer sich vorsehen müsse" (che quelli mena da qui solamente sono circa 11 m combatenti, perche contra li Sviceri Alamani non bisogna andare disproveduto). Auch diese Stelle bedarf zunächst einer besonderen Interpretation. Rodt, Die Feldzüge Karls des Kühnen II, p. 18, versteht sie so: Karl habe den besten und größten Theil seiner Truppen zu Hause, in Lothringen und Burgund gelassen, weil man sich in einem Kriege gegen die Schweizer nicht seiner besten Kräfte zu entblößen brauche. Rodt hat zu dieser philologisch und sachlich unmöglichen Umdeutung gegriffen, weil er das „solamente" auf die Zahl „11 000" bezog und eine correcte Uebersetzung dann überhaupt keinen Sinn giebt. Ich beziehe daher das „solamente" auf „da qui".

Hiernach hat also Karl an eigentlichen Truppen in die Schweiz 11 000 Mann und 400 Lanzen geführt. Die 400 Lanzen sind, da sie detachiert waren, aufzufassen als volle Lanzen, zu etwa 6 Mann; das Gesammt-Heer war demnach stark etwa 13 400 Mann.

Unter Berücksichtigung dieser Zahl muß die erste Briefstelle interpretirt werden. Dem Wortlaute nach würde man addieren können: 25 000 aus Burgund und Savoyen, plus 2300 Lanzen (= 13 800 Mann) + 10 000 Bogenschützen. Diese Interpretation wird jedoch ausgeschlossen durch den Schluß, der die Gesammtsumme nur auf 25 000 berechnet. Auch sind offenbar die 2300 Lanzen nicht volle Lanzen, neben denen noch 10 000 selbständige Bogenschützen bestehen, sondern diese Bogenschützen sind zugleich Theile der Lanzen. Die Lanzen sind also nur gleich 2300 oder höchstens 4600 Mann (je ein Ritter und ein coustillier in jeder Lanze) zu rechnen; das ganze Heer, abgesehen von dem Aufgebot aus Burgund und Savoyen, zu 12300 bis 14600 Mann.

Wie sind nun daneben jene Aufgebote anzuschlagen? Erst ist gesagt, daß 25000 Mann allein aus Burgund und Savoyen gezogen werden sollen, dann, daß die Schlußsumme aller Combattanten auch nur 25000 beträgt. Endlich bleibt zweifelhaft, ob die gesammte bewaffnete Macht, die hier in Aussicht genommen wird, wirklich zusammengekommen ist und wie viel davon bei Granson zur Stelle war. Es wäre möglich, daß ein erheblicher Theil in Burgund zur Deckung des Landes gegen einen etwaigen Angriff Frankreichs zurückblieb.

Der Vergleich mit dem folgenden Feldzug vermag uns hier Aufklärung zu verschaffen. Alle Berichte stimmen darin überein, daß Karls Heer vor Murten sehr viel stärker war als dasjenige bei Granson. Dort hatte, wie wir sehen werden, sein Heer eine Stärke von vielleicht 20000 Mann, wovon 3000 Savoyarden gewesen sein mögen. Letztere sind entweder gar nicht, oder doch nur in sehr geringer Anzahl bei Granson gewesen[1]). Das burgundische Heer kann also in dieser Schlacht nicht wohl stärker als 14000 Mann gewesen sein.

Hiermit scheint in Widerspruch zu stehen ein Ausruf Karls nach der Niederlage, den Panigarola berichtet (5. März): 20000 Mann hätten vor 10000 Schweizern, ohne nur den Degen zu ziehen, die Flucht ergriffen. Ueberlegt man diesen Ausspruch recht, so scheint er mehr für als gegen unser obiges Resultat zu sprechen, denn es ist von vornherein zu präsumieren, daß in einer so leidenschaftlichen Anklage der Sprecher geneigt ist, sehr frei nach oben abzurunden. Jedenfalls sind die Grundlagen unserer Berechnung zu gut gesichert, um durch eine solche gelegentliche Aeußerung erschüttert zu werden.

Das burgundische Heer bei Granson bestand also thatsächlich

---

[1]) So mit Recht Ginginś, Episodes, in den Mém. d. l. Société d. l. Suisse Romande, T. VIII, p. 226 gegen Robt, der auf Grund einer entfernten Quelle die Savoyarden bei Granson sein läßt. Auch die Chronik des Juvenalis de Aquino (Monumenta patriae SS. I, p. 680) läßt den savoyischen Grafen Romont in der Schlacht bei Granson anwesend sein. Die Chronik ist jedoch erst im Jahr 1510 geschrieben und kann deshalb nicht erheblich in Betracht kommen.

nur aus jenen 2300 Lanzen in Panigarolas Bericht vom 31. December, oder 11 000 Mann und 400 Lanzen in dem Bericht vom 16. Januar, was Beides ungefähr auf dasselbe, nämlich 13—14 000 Mann, herauskommt. Das burgundische Landesaufgebot ist nicht zur Stelle gewesen.

Murten.

Um die Stärke der Burgunder im zweiten Feldzuge zu berechnen, muß man ausgehen von den Berichten der beiden mailändischen Gesandten, Panigarola und Appiano (Letzterer war der mailändische Gesandte bei der Herzogin von Savoyen), über eine große Heerschau, welche Karl vier Wochen vor dem Beginn des Feldzuges, am 9. Mai, bei Lausanne abhielt. Zunächst ergeben diese Berichte, wie schwer es ist, Heeresmassen abzuschätzen. Panigarola sagt, die Gesammtstärke werde verschieden geschätzt, Einige rechnen 20—22 000, Andere 28—30 000, Appiano hingegen berichtet, die Einen rechneten, daß das Heer 18—20 000, die Anderen, daß es nur 16 000 Mann stark sei.

Die Berechnung der beiden Gesandten selbst ist ziemlich übereinstimmend. Panigarola sagt, 11 000 Mann zu Fuß und 1600 Lanzen; Appiano 8—9000 Mann zu Fuß, 56—60 squadre, jede zu 25 hommes d'armes, also gegen 1500 Lanzen; dazu „la corte di Monsignore" (la maison militaire). Beide fügen hinzu, daß die Etats (der Compagnien resp. Schwadronen) hier und da nicht ganz vollständig gewesen seien. Die 15—1600 Lanzen waren je vier Pferde stark, der Ritter (homme d'armes), sein Knappe (coustillier) und zwei berittene Bogenschützen[1]); die ganze Zahl der Reiter also etwa 6000.

---

[1]) So verstehe ich den Bericht Appianos mit Gingins p. 146 Anmerk. 7. Seite 140 Anmerk. 3 berechnet Gingins 9000 Reiter. Der Zusammenhang läßt jedoch die erstere Auslegung unzweifelhaft erscheinen. Die 134 squadre di cavalli, von denen Panigarola in dem Bericht vom 10. Mai spricht, beruhen auf einem Schreib- oder Rechenfehler. Nach dem Bericht Appianos waren die Bogenschützen zu Pferde auch in besondere Schwadronen, je acht auf die Compagnie, eingetheilt, das ergäbe also, da 100 Lanzen eine Compagnie machen, Panigarola also 16 Compagnien annehmen muß: $16 \times 8 = 128$ Schwadronen berittene Bogenschützen; dazu 64 squadre hommes d'armes (je 25 auf die Schwadron), ergiebt 192 Schwadronen. Die Zahl 134 ist mit allen übrigen in gar keine Relation zu bringen.

Panigarola hat überhaupt keine bestimmten Vorstellungen von den Zahlen, sondern giebt sie nur an, wie er jedesmal gehört hat. In dem Bericht vom 11. Mai z. B. schlägt er die Ersparniß an Pferden bei den Bogenschützen auf 6000 an, während es nur 3000 gewesen sein können.

Hinterher wurden den beiden berittenen Bogenschützen in jeder Lanze noch die Pferde genommen[1]), so daß also nach diesen Berichten das Heer insgesammt 12—13000 Mann zu Fuß, 3—4000 zu Pferde stark war, eingeschlossen die maison militaire.

Außer diesem Heer hatte Karl noch Besatzungen in den Grenzfesten, die Panigarola, wohl etwas hoch, auf 3000 Mann anschlägt.

Einige Tage nach dieser Heerschau erließ der Herzog eine Ordre de Bataille, welche uns Panigarola ebenfalls mittheilt. Nach dieser Ordre de Bataille wurde das Heer in vier Corps, jedes Corps in zwei Divisionen getheilt; dazu ein Reserve-Corps. Bei jeder einzelnen Truppenabtheilung der ersten sieben Divisionen und des Reserve-Corps ist die Stärke angegeben. Zählt man die Zahlen zusammen, so erhält man[2]) 12800 Mann, 9700 zu Fuß (eingeschlossen die Schützen, denen die Pferde genommen sind) und 1550 Lanzen gleich 3100 zu Pferde.

Diese Zahlen sind, namentlich bezüglich des Fußvolks, erheblich niedriger als die der Gesandtschaftsberichte. Die fehlende achte Division kann darin nichts ausmachen, da diese eben für die Truppen, die noch nicht zur Stelle waren, offen gelassen wurde. Die Schätzungen der beiden Gesandten sind also noch zu hoch gewesen; die Angaben der Ordre de Bataille müssen als authentisch gelten.

Wie viel Mannschaften in den nächsten vier Wochen noch zu dem Heere gestoßen sind, dafür fehlt es uns an einem sichern Anhalt. Große Verstärkungen werden zwar in Aussicht gestellt, Panigarola aber, so sorgfältig er sonst Alles meldet, berichtet Nichts von ihrem Eintreffen; nur zweimal, schon auf dem Marsch und vor Murten, sagt er im Allgemeinen, daß Zuzüge eintreffen und daß das Heer sich täglich vergrößere (9. und 10. Juni); die sonstigen Nachrichten[3]) haben keinen Werth. Umgekehrt giebt der mailändische Gesandte in Turin, Petrasancta, noch am 6. Juni die Zahl der Schwadronen auf 56 an, und Panigarola, als er nach der Niederlage seinem Herrn die Verluste berichtet, sagt, Karl habe vor Murten

---

[1]) Bericht Panigarolas vom 11. Mai.
[2]) Nach der Berechnung von Meister, Betrachtungen über das Entstehen der Burgunderkriege und der Verlauf des Tages von Murten p. 21, der ich mich anschließe.
[3]) Zusammengestellt bei Ochsenbein, Die Urkunden der Belagerung und Schlacht bei Murten p. 662.

1600 Lanzen gehabt. Das sind dieselben Zahlen, welche auch schon am Tage der Revue angegeben werden.

Was der Herzog im Laufe des Mai noch erwartete, wird wesentlich die Artillerie gewesen sein, welche bei Granson total verloren gegangen und natürlich nicht so schnell zu ersetzen war.

Wir haben also der Stärke von 12800 Mann bei Erlaß der Ordre de Bataille am 13. Mai noch hinzuzufügen: die 8. Division, etwa 2—3000 Mann; einen nicht sehr starken Zuzug von Fußvolk, namentlich Schützen, endlich wohl auch die Besatzungen aus den Grenzfesten, die durch Savoyarden ersetzt wurden. Dazu käme noch die Geschützbedienung, die damals nicht unter die Combattanten gerechnet wurde. Alles in Allem höchstens 20 000 Mann.

Diese Zahl wird bestätigt durch Comines, der uns eine Angabe des Prinzen von Tarent überliefert. Dieser Prinz hatte auf Befehl seines Vaters, des Königs von Neapel, am Tage vor der Schlacht von Murten das Heer des Herzogs von Burgund, in dem er ein Corps befehligte, aus politischen Gründen mit 400 Reitern verlassen und sich zum König von Frankreich begeben. Hier erzählte er in Comines' Gegenwart dem König, daß er beim Uebergang über eine Brücke das burgundische Heer habe zählen lassen und gefunden, daß dasselbe 23 000 Mann stark sei, ohne den Troß und die Geschützbedienung. Comines fügt dann hinzu, daß ihm diese Zahl doch sehr groß scheine und daß die Leute etwas leicht mit den Tausenden umzugehen pflegten; er will deshalb nur 18 000 annehmen[1]). Wir haben keinen Grund, wenn Comines den Eindruck einiger Uebertreibung hatte, unsererseits die Erzählung anders zu beurtheilen, und sehen daher nicht eine Widerlegung, sondern eine indirecte Bestätigung unserer Annahme darin, daß das burgundische Heer, eingeschlossen die Savoyarden, bei Murten nicht stärker als höchstens 20 000 Mann war.

---

[1]) Der Ausdruck Comines' ist nicht völlig klar, so daß man dem Wortlaut nach die „18 000 personnes en tout" auch als 18 000 Todte auffassen kann. Das ist mehrfach geschehen, u. A. auch bei Kirk und Ochsenbein, und auch ältere Ausgaben und das Manuscript der Chronik in der Bibliothek von St. Germaindes-Prés haben die Lesart „18 000 personnes mortes en tout". Der Zusammenhang läßt aber, wie schon Deny-Sauvage, der 1552 eine kritische Ausgabe veranstaltete, mit Recht bemerkt hat, das „mortes" nicht zu. Vgl. die Anmerkung in der Dupont'schen Ausgabe und die Einleitung in der Michaud-Poujoulat'schen Ausgabe p. VIII. Beide lesen „18 000 personnes en tout".

Neben diesen 20000 Kriegern war noch ein sehr erheblicher Troß in dem Heere; die niederländischen und burgundischen Großen werden nicht geringen Anspruch auf Comfort gemacht haben; viele führten sicherlich mehrere Pferde mit der nöthigen Bedienung in's Feld; Krämer und Weiber schlossen sich von selbst an; über Letztere verordnete das Armee-Reglement des Herzogs[1]), daß nicht mehr als 30 jeder Compagnie folgen sollten und daß Niemand, wie bisher geschehen, den Anspruch erheben dürfe, daß ihm eine allein gehöre.

Schweizer.

Ueber die Stärke der Schweizer in der Schlacht bei Granson sind wir urkundlich unterrichtet durch die Liste, welche nachher zum Zwecke der Beutevertheilung aufgestellt wurde[2]). Die Summe ergiebt 18115 Mann[3]); dazu sind noch die Neuenburger zu rechnen, die in der Liste fehlen, so daß das ganze Heer etwa 19000 Mann stark war.

Die Stärke der Schweizer bei der Schlacht von Murten hat Ochsenbein[4]) wesentlich nach Analogie der Aufgebote für den Feldzug von Granson auf höchstens 25879 Mann berechnet. Diese Berechnung wird bestätigt durch die Briefe eines Ravensburgers, Molbinger, an einen Nürnberger Geschäftsfreund, in denen auf Grund der Schreiben des Berner Raths an die benachbarten Städte unmittelbar nach den Ereignissen Bericht erstattet und die Zahl der Schweizer auf 26000 angegeben wird[5]). Die Schweizer waren also stärker als das burgundische Heer, und sogar erheblich stärker, wenn man die gegen 2000 Mann starke Besatzung von Murten einrechnet, die doch auch sehr in's Gewicht fiel.

---

[1]) Gollut l. c. p. 1272.

[2]) Gedr. Eidgenössische Abschiede II, p. 593.

[3]) Der Oesterreicher Hermann von Eptingen figurirt hier nur mit 8 Mann. Knebel, der ihn doch vermuthlich selbst durch Basel durchziehen sah (Chronik p. 388), giebt ihm 120 Mann. Der Widerspruch ist nicht aufzuklären. Der Verlauf der Schlacht spricht nicht dafür, daß eine größere Schaar österreichischer Reisiger vorhanden gewesen sei. Auf der andern Seite will Panigarola (Brief vom 18. März) bei den Schweizern ganze 800 Reiter gesehen haben — eine unbegreifliche Ueberschätzung von einem so besonnenen Beobachter, wenn wirklich, wie die Schweizer angeben, die 60 Baseler neben einigen wenigen Bernern und Oesterreichern allein zur Stelle waren.

[4]) Urkunden p. 658.

[5]) Gedr. bei Ochsenbein, Urkunden p. 338.

Viertes Capitel.

Die historische Tradition über die Zahlen in den Burgunderkriegen.

Nachdem wir die numerische Stärke der beiderseitigen Heere bei Granson und Murten so exact wie möglich festgestellt haben, vergleichen wir dieses Resultat mit den Angaben, welche uns die Schriftsteller und die Tradition darüber bieten. Wir lernen bei dieser Gelegenheit zugleich die wesentlichsten erzählenden Quellen für die Geschichte dieses Krieges kennen.

Ich wiederhole zunächst noch einmal unsere Ergebnisse. Die Burgunder hatten bei Granson 13—14 000 Mann, die Schweizer etwa 19 000 Mann; die Burgunder bei Murten gegen 20 000 Mann, die Schweizer 25—28 000 Mann.

Johannes von Müller in seinen Geschichten der Schweizerischen Eidgenossenschaft schrieb, bei Granson seien die Eidgenossen kaum ein Drittel so stark gewesen, wie der Feind, und in der Anmerkung dazu schätzt er die Schweizer auf 20 000 Mann; die Burgunder glaube er nicht über 50 000 Mann annehmen zu sollen, doch seien viele gute Schriftsteller für 60 000 Mann. Für Murten nimmt er ebenfalls über 60 000 Mann an und fügt in der Anmerkung hinzu, die Meisten sprechen von 100 000 Mann.

Man kann Müller einen kritischen Vorwurf wegen dieser Zahlen keineswegs machen; sie entsprechen den ihm vorliegenden Quellen und gehen zurück auf die Zeugnisse der Zeitgenossen.

Hauptquelle für die Burgunderkriege auf schweizerischer Seite ist die Chronik des Berners Diebold Schilling, welcher selbst an den Schlachten theilgenommen hat, und wenige Jahre hinterher schrieb. Er war Gerichtsschreiber zu Bern und überreichte sein Werk, welches, um einen modernen Ausdruck zu gebrauchen, als ein officiöses zu betrachten ist, dem Rath.

Schilling (p. 210) läßt den Herzog anmarschieren mit einer „unsaglich großen Macht", ferner „mit so viel Lühten und anderes Züges, das es kaum glaublichen ist. Es wurden auch so viel Zelten, Hüser und Hütten uffgeschlagen und gemachet, das es nit anders war, denn ein gros mechtig Statt".

Die Besatzung von Granson ließ — in einem von Schilling (p. 280) wiedergegebenen Schreiben — dem Rath von Bern melden, sie schätze das Belagerungs-Heer nicht höher als 50000 Mann „bös und gut".

Nach der Schlacht will Schilling (p. 297) von Gefangenen gehört haben, daß das burgundische Heer 100 000 Mann stark gewesen sei; „nit die mindesten, sundern userlesen guten Adel und Leuten".

Vielfach mit Schilling wörtlich übereinstimmend ist die Freiburger Chronik. Welches Werk aus dem andern entlehnt wurde, ist nicht völlig klar; für ihre selbständigen Nachrichten ist auch diese Chronik sicherlich als Aufzeichnung eines Augenzeugen anzusehen. Sie ist ungedruckt; ich habe ein mir gütigst aus der Cantonal-Bibliothek zu Freiburg zur Disposition gestelltes Manuscript benützt. Diese Chronik schätzt das Burgunder-Heer bei Granson auf 90000 Mann.

Die zeitgenössische Chronik der den Ereignissen unmittelbar benachbarten Chorherren von Neuenburg schätzt das burgundische Heer bei Granson auf 100—120000 Mann.

Der Dekan Albrecht von Bonstetten, der ein Jahr nach dem Kriege eine Darstellung desselben niederschrieb, giebt den Burgundern bei Granson 80000 Mann. Ebenso Viele giebt ihnen Juvenalis de Aquino[1]), der zwar erst 35 Jahre später schrieb, aber Savoyer war, also von anderer Seite seine Nachricht hatte.

---

[1]) Monumenta patriae SS. I. p. 680.

Die Luzerner Hauptleute meldeten aus dem Felde zu Hause, daß das feindliche Heer 100000 Mann stark gewesen sei[1]).

Der Caplan Knebel von Basel trug in sein Tagebuch ein, ein wahrredender Mann, der dabei gewesen, habe ihm gesagt, der Burgunder seien so viel gewesen, daß, wäre Mann für Mann unbewaffnet fest dagestanden, die Eidgenossen hätten sie an einem ganzen Tage nicht niederschlagen können; auf einen Eidgenossen seien zwölf Feinde gekommen.

Der Verlust der Burgunder bei Granson war nach der übereinstimmenden Aussage Panigarolas, Schillings und Etterlins aus Luzern, Letzterer ebenfalls ein Augenzeuge, dem wir eine werthvolle Chronik verdanken, sehr gering. Panigarola sagt, es seien nur sieben Edelleute gefallen; der Gesammtverlust von 1000 Mann, den die Luzerner Hauptleute nach Hause meldeten, ist sicherlich noch zu hoch.

Bonstetten[2]) aber giebt ihn auf 2000, die zeitgenössische Neuenburger Chronik[3]) auf 7000 Todte an.

Daß das Heer Karls des Kühnen bei Murten noch viel stärker war als bei Granson, giebt Schilling wiederholt zu erkennen, nennt jedoch eine bestimmte Zahl nicht mehr, da er ja bei Granson schon bis zu 100000 Mann hinaufgegangen ist.

120000 Mann giebt den Burgundern bei Murten der zeitgenössische Basler Knebel in seinen Aufzeichnungen.

Gerold Edlibach von Zürich war der Stiefsohn Waldmanns, des Hauptmanns der Züricher in den Burgunderkriegen. Er schrieb seine Chronik, soweit sie den Burgunderkrieg betrifft, zehn Jahre nach diesen Ereignissen, 1485 und 86. Er giebt den Burgundern bei Murten 100000 Mann, darunter etwa 15000 „eitel Küriffer".

Am 15. März, vier Wochen vor Beginn des Feldzuges, meldet der Rath von Bern dem von Basel eine Spionen-Nachricht, daß der Herzog 14000 Bogner und 100000 Genter (Niederländer) habe.

Am 17. Juni, fünf Tage vor der Schlacht, meldete Waldmann,

---

[1]) Brief vom 6. März. Die Briefe sind publicirt im 23. Bd. des Geschichtsfreundes der V. Orte.

[2]) Archiv für Schweizerische Geschichte Bd. 13 (1862).

[3]) Der Schweizerische Geschichtsforscher Bd. 8 (1832) p. 278. Die neue Ausgabe von der historischen Gesellschaft des Cantons Neuenburg (1884) stand mir noch nicht zur Verfügung.

der Führer der Züricher, seinem Rath, daß der Herzog dreimal so viel Leute habe, als das erste Mal, bei Granson.

Der Stadtschreiber von Murten, Schöni, der von den Mauern der belagerten Stadt aus das feindliche Heer täglich sehen konnte oder von Anderen darüber hören, schrieb in sein Rechnungsbuch[1]) eine Notiz über die Schlacht, in der er die Stärke der Burgunder auf 140 000 Mann angiebt.

Die Zahlen über den Verlust der Burgunder bei Murten in den verschiedenen Berichten und Chroniken hat Ochsenbein[2]) zusammengestellt. Sie gehen von 8000 bis zu 30 000 Todten. Letztere Zahl hat der Augenzeuge Etterlin von Luzern; auch Edlibach von Zürich hat sie. Der Stadtschreiber Schöni giebt etwa 20 000 an. Später setzt sich fest, daß 22 065 Mann begraben seien, daneben noch eine große Zahl im See ertrunken; also mehr als Karl der Kühne überhaupt gehabt hat.

Bei Granson wurde, wie wir sahen, die Stärke der Schweizer amtlich festgestellt und die Berichte weichen nicht so sehr von dieser Zahl, etwa 19 000, ab. Immerhin aber giebt ihnen der Basler Knebel einmal 20 000, einmal aber auch 24 000 Mann, also 4—5000 Mann zu viel.

Bei Murten wurde eine authentische Zählung nicht veranstaltet; hier können wir die Zuverlässigkeit von Chroniken-Angaben bezüglich der Heeresstärken des eigenen Volkes kennen lernen.

Den etwa 26 000 Mann (ohne die Besatzung von Murten) stehen gegenüber eine zeitgenössische St. Gallener Aufzeichnung, welche 60 000 Mann giebt[3]), die Chronik von Neuenburg 50 000, Hugues de Pierre 40 000, Knebel einmal 40 000, einmal 30 000, Bonstetten 40 000 Mann. Die anderen Schweizer Chroniken geben keine Zahlen. Die Lothringische Chronik hat 40 000 Mann. Ein Bericht aus Rheinfelden, der nach Lübeck gesandt wurde und so in die Lübecker Chronik übergegangen ist[4]), ergiebt 35 000 Mann.

---

[1]) Mitgetheilt bei Ochsenbein, Urkunden p. 518.
[2]) Urkunden p. 667.
[3]) Handschrift der Stadtbibliothek in Bern, welche Herr Pfarrer Ochsenbein die Güte hatte für mich abschreiben zu lassen.
[4]) Nach dem Citat bei Bernoulli „Die Beschreibung der Burgunderkriege durch den Basler Stadtschreiber Nicolaus Rüsch". Basler Dissertation 1886 S. 54 Anmerk.

Fünftes Capitel.

Abschluß der Untersuchung über die Zahlen in den Perserkriegen.

Die Gegenüberstellung der wirklichen Heereszahlen im burgundischen Kriege mit den Angaben der Schriftsteller, die aus der von der öffentlichen Meinung angestellten Schätzung schöpfen, glaube ich, wird das Vertrauen unserer Leser in Angaben der letzteren Art überhaupt so weit erschüttert haben, daß ich mich mit den letzten Resultaten meiner Untersuchung über die griechisch-persischen Zahlen hervorwagen darf.

Gegen die subjective Wahrheitsliebe der angeführten Zeugen aus den Burgunderkriegen ist mit Ausnahme von Schilling, der wohl oft mit vollem Bewußtsein lügt, aber gerade in diesen Zahlen durchaus gutgläubig sein mag, nichts Wesentliches einzuwenden. Objectiv waren sie alle ohne Ausnahme in einer unvergleichlich viel günstigeren Lage als Herodot, die Wahrheit zu erfahren. Sie sind sämmtlich Zeitgenossen, zum Theil Theilnehmer an den Schlachten oder in nahen Beziehungen zu leitenden Persönlichkeiten. Dennoch sind ihre Angaben so gut wie werthlos. Sie übertreiben nicht nur die Stärke des Gegners, sie wissen oft nicht einmal die Stärke der eigenen Landsleute, und die Hauptsache, das numerische Verhältniß der beiden Heere, stellen sie in der ungeheuerlichsten Weise geradezu auf den Kopf: sie rühmen den Sieg einer Minderzahl über eine erdrückende Mehrzahl; in Wirklichkeit war auf Seite der Sieger in beiden Schlachten eine erheblich numerische Ueberlegenheit.

Was sollen wir da dem Herodot glauben, der über ein Menschenalter nach den Ereignissen die mündlichen Traditionen aufzeichnete?

Ich verwerfe also zunächst die griechischen Angaben über die Stärke wie über die Verluste der Perser vollständig. Wir können aus der Höhe derselben nicht einmal schließen, daß die Perser den Griechen überhaupt numerisch überlegen gewesen sind: eine populäre Tradition schreckt auch davor nicht zurück, eine Minorität in eine Majorität zu verwandeln. Der natürliche Trieb, in dieser Richtung zu übertreiben, wurde aber in dem vorliegenden Falle noch durch besondere Umstände verstärkt.

Als die griechische Tradition anfing aufgezeichnet zu werden in der Weise, wie sie auf uns gekommen ist, war die kriegerische Tüchtigkeit der Perser bereits so sehr reduciert, das Uebergewicht der Griechen so zweifellos, ihre Zuversicht, es mit jeder Ueberlegenheit aufnehmen zu können, so sicher, daß die Schlachten der Perserkriege bei numerischer Gleichheit gar nicht mehr den Schein von Heldenthaten gehabt haben würden. Das hätte man ja täglich ebenso machen können. Der Unterschied ist aber, daß vor jenen Kriegen das persische Kriegswesen als das überlegene galt und es in gewisser Beziehung auch wirklich war. Die Perser werden mehr den Charakter von Berufssoldaten gehabt haben, als das griechische Heer bei Marathon und Plataeä. Mit Ausnahme der Spartiaten waren die Krieger, die hier kämpften, doch nur Milizen im modernen Sinne, zwar sehr gut ausgebildete, kriegerische Milizen, aber doch immerhin nur Milizen, Bürgersoldaten. Ihr Ruhm ist nicht sowohl ein der Zahl, als ein der Qualität, dem bisherigen Renommé nach überlegenes Heer überwunden zu haben. Die Stärke der Perser bestand nicht, oder wenigstens nicht allein, in der Masse, sondern in ihrem Selbstvertrauen, der Siegeszuversicht, welche die kriegerische Kraft auch thatsächlich mehr als jede andere Eigenschaft zu steigern fähig ist. Je mehr diese Eigenschaft den Blicken und dem Gedächtniß der Menschen entschwand, desto mehr mußten sie geneigt sein, die Größe der alten Siege in die Größe der besiegten Massen zu setzen.

Kehren wir uns von diesem Punkte des Raisonnements aus rückwärts, so werden wir dazu geführt, daß eine gar zu große Stärke des persischen Heeres wenigstens bei Marathon geradezu unwahrscheinlich ist. Wozu sollten die Perser diesen Aufwand, der ihnen unnöthig erscheinen mußte, gemacht haben? Auch bei gleicher Zahl fühlten sie sich, nach Allem, was sie bisher erfahren hatten, den Griechen überlegen genug. Kein Kriegsherr macht sein Heer stärker, als es ihm genügend erscheint, den Erfolg zu gewährleisten, am wenigsten bei einer ohnehin so sehr kostspieligen See=Expedition. Wir haben daher keinen Grund, anzunehmen, daß das persische Heer bei Marathon stärker als 10000 oder höchstens 15000 Bogner und 1000 Reiter gewesen ist. Das ist immer schon für eine See=Expedition ein recht stattliches Heer und die völlige Niederlage eines solchen war ein hinreichendes Motiv, den Feldzug mit einer sehr viel größeren Streitmacht zu wiederholen.

Dieses zweite Heer, den Xerxes=Zug, haben wir vorläufig nicht auf 2100000 wie Herodot, auch nicht auf 800000 wie neuere Schriftsteller, sondern auf höchstens 75000 Krieger geschätzt.

Um für diese Schätzung eine Controle zu gewinnen, ist es nöthig, einen bestimmten Begriff von der Stärke des griechischen Heeres bei Platää zu haben. Herodot giebt uns darüber folgende sehr specielle Uebersicht (IX, 28 f.):

Spartiaten	5000
Spartanische Periöken . .	5000
Tegeaten	1500
Korinther	5000
Potidäaten	300
Orchomenier	600
Sikyonier	3000
Epidaurier	800
Trözenier	1000
Lepreaten	200
Mykenier und Tirynthier .	400
Phliasier	1000
Hermionier	300
Eretrier und Styreer . .	600
Chalkidier	400
Latus	25100

Transport	25100
Ambrakioten	500
Leukabier und Anaktorier	800
Paleer	200
Aegineten	500
Megarer	3000
Platäer	600
Athener	8000
Sa.	38700 Hopliten

Neben diesen 38700 Hopliten hatten die Spartiaten allein 35000 Heloten, alle Anderen auf jeden Mann ebenfalls einen gerüsteten Sklaven (ψιλός) bei sich, so daß die Gesammtsumme derselben, wie Herodot sagt, 34500 machte. Diese Zahl ist, wenn man nachrechnet, um 800 zu hoch; die Gesammtsumme der Hopliten außer den Spartiaten ergiebt nur 33700 Mann. Die Genesis des Fehlers scheint zu sein, daß Herodot das Corps der athenischen Bogenschützen an dieser Stelle vergessen hat, zu nennen. Daß ein solches vorhanden war, erfuhren wir im Verlauf der Erzählung (S. 108), freilich nicht seine Stärke. Nehmen wir aber an, daß es 800 Mann stark war, die doch auch Jeder seine Sklaven bei sich hatten, so würde die Zahl der Letzteren stimmen und wir haben dann der Zahl der eigentlichen Krieger noch diese 800 hinzuzuzählen, so daß die Summe auf 39500 steigt. Endlich spricht Herodot noch von 1800 Thespiern, die keine Rüstung hatten; in welcher Weise sie verwandt wurden, ist nicht gesagt.

Die Frage ist, wie weit diese Angaben für zuverlässig zu halten sind. Durch die Specialisirung und Exactheit der Aufzählung darf man sich nicht täuschen lassen; der nächste Gedanke ist ja, daß dieselbe einer officiellen Aufzeichnung entstammt, aber es wäre doch ebenso gut möglich, daß Herodot sich nach diesen Zahlen bei einem der Ueberlebenden erkundigt und dieser nach seiner Erinnerung und Schätzung ihm eine ziemlich willkürliche Composition unterbreitet hätte.

Auf der anderen Seite liegt ein sachlicher Grund, die angegebene Gesammt-Zahl zu bezweifeln, nicht vor. Es ist sehr wohl möglich, daß die verbündeten griechischen Staaten neben der Besatzung der Flotte noch ein Heer von 35—40000 Hopliten aufzustellen vermochten, und da sie das, was ihnen möglich war, auch wirklich aufgebracht haben werden, so darf man die Zahl Herodots immerhin als eine nicht unwahrscheinliche acceptieren.

Von den 35000 Heloten aber, welche die Spartiaten mit sich geführt haben sollen, sind, als auf irgend einem Mißverständniß Herodots beruhend, 30 000 zu streichen. Man konnte sie sich zur Noth gefallen lassen, so lange man diesen Sklaven einen wenn auch beschränkten militärischen Werth beimaß. Nachdem wir diesen Irrthum beseitigt haben, muß auch diese Zahlangabe fallen. Ein Heer von fast 80000 Köpfen (die immer noch übrig bleiben, wenn auf jeden Krieger ein Sklave gerechnet wird) ist so schwer an einer Stelle, noch dazu mit schwierigen Zufuhrwegen, zu verpflegen, daß jede unnütze Vermehrung der Mäuler ein Fehler wäre, den man den Griechen nicht zutrauen darf. Sie kamen ohnehin in große Verpflegungsschwierigkeiten[1]), und welchen Gefahren setzte diese Unmenge unzuverlässiger gar nicht zu beaufsichtigender und überflüssiger Leute das im Angesicht des Feindes Wochen lang lagernde Heer aus! Selbst ganz andere Zeugnisse als dasjenige Herodots würden nicht genügen, uns eine so widersinnige Thatsache glaubhaft erscheinen zu lassen. Hätten die Einzelheiten der Herodoteischen Erzählung von der Schlacht von Platää mehr Glaubwürdigkeit, als sie in Wirklichkeit haben, so würden auch hier wieder, wie bei den Persern, die Zahlen durch die Thaten widerlegt werden. 5000 Spartiaten, 5000 Periöken, 35 000 Heloten für die Spartiaten, 5000 für die Periöken macht 50 000 Köpfe; das ist eine Masse gleich der Infanterie zweier modernen Armeecorps. Bei Herodot bewegen sie sich mit einer Leichtigkeit, wie wenn es sich höchstens um Brigaden handelte.

Auch von den 40000 Knechten, die dann noch für das ganze griechische Heer übrig bleiben, werden wir uns wohl immer einen großen Theil nicht im Lager, sondern auf den rückwärtigen Wegen zu denken haben, um die Lebensmittel heranzuschaffen. Die an Ort und Stelle zu verpflegende Masse würde damit auf vielleicht 60 000 Köpfe sinken.

Bleiben wir also dabei, daß das griechische Heer bei Platää an wirklichen Kriegern 35—40 000 Mann zählte, so dürfen wir

---

[1]) Herodot IX, 50.

schließen, daß das persische Heer eine jedenfalls nicht geringere, aber auch nicht sehr erheblich größere Stärke hatte.

Wäre das persische Heer schwächer gewesen als das griechische, so würden die Griechen doch wohl nicht so außerordentlich vorsichtig operiert haben. Wenn sie dann keine Flotte aussandten, so konnten sie eine große numerische Ueberlegenheit entwickeln und hätten nicht Athen zweimal preisgegeben.

Es ist aber auch nicht anzunehmen, daß das persische Heer sehr erheblich stärker war als das griechische. Denn hätte es eine solche Stärke gehabt, so würde Mardonius nicht nöthig gehabt haben, so lange vor Platää still zu liegen und endlich unter ungünstigen Verhältnissen die Schlacht anzunehmen. Er hätte nämlich über die Pässe von Phyle und Dekelea den Griechen die Hälfte seines Heeres in den Rücken senden können. Eine kleinere Abtheilung durfte diese Umgehung nicht wagen, denn sie hätte sich isoliert einer Niederlage ausgesetzt. Die Expedition durch den Phylepaß, welche ich selbst oben hypostasiert habe, ist, um es ausdrücklich hervorzuheben, gemeint als eine Demonstration, nicht als eine wirkliche Umgehung. Ein Heer aber von annähernd der doppelten Ueberlegenheit hätte nichts Vortheilhafteres thun können als das letztere; dabei ist das Manöver so einfach und die Perser haben im Uebrigen in dem ganzen Kriege so gut operiert, daß man ihnen nicht zutrauen darf, sie würden die Umgehung nicht gemacht haben, wenn ihre numerische Stärke sie ihnen erlaubt hätte.

Ich nehme deshalb an, die Perser waren für eine so weit ausholende Umgehung zu schwach; sie verfügten also, wenn die Griechen 35—40000 Mann hatten, ihrerseits, eingeschlossen die ihnen verbündeten Griechen, über 45—55000 Mann. Ebenso viel wird auch etwa Xerxes, ein Jahr vorher, über den Hellespont geführt haben; die Verluste waren durch den Zutritt einer Anzahl griechischer Cantone und eine Anzahl Seesoldaten von der Flotte[1]) ausgeglichen. Daß eine irgend erhebliche Zahl Soldaten mit dem Xerxes heimgekehrt sei, erscheint ausgeschlossen, erstens dadurch, daß Mardonius, wie wir sahen, recht gut noch mehr Soldaten in Griechenland hätte gebrauchen können, zweitens durch die ausdrückliche An-

---

[1]) Herodot IX, 32.

gabe Herodots, daß ein Corps, welches den König begleitete, wieder zu Mardonius zurückkehrte. In Asien hatte der König wieder die Flotte und auch wohl zurückgelassene Städte-Besatzungen zur Verfügung.

Mit einem Troß, der doch noch immer leicht 100—200000 Köpfe gezählt haben kann, zum Theil aber mit dem König heimkehrte, mußte auch schon ein solches Heer auf die Griechen den Eindruck einer unermeßlichen Größe machen. Schon die 13—14000 Mann Karls des Kühnen machten ja diesen Eindruck auf die Schweizer.

Vierter Abschnitt.

Die Burgunderkriege.

Erstes Capitel.
Der politische Charakter der Burgunderkriege.

Der Zweck der persischen Kriegszüge nach Griechenland war die Unterwerfung des Landes und Einfügung in den Großstaat des Eroberers. Der Zweck der Kriegszüge des Herzogs von Burgund gegen die Schweizer war das nicht. Selbst bei einem völlig durchschlagenden Erfolg nach dem glänzendsten Sieg würde der Herzog Karl der Kühne, dem neben den beiden Burgund namentlich das heutige Belgien mit den angrenzenden Landschaften gehörte, schwerlich zu einem solchen Plan sich haben hinreißen lassen. Die Schweiz lag völlig außerhalb der Sphäre seiner Erwerbspläne. Der Krieg war für ihn ein offensiv geführter Vertheidigungskrieg; die Schweizer, die früher mit Burgund in traditionell gutem Verhältniß standen, hatten seine und seines Bundesgenossen Savoyen Länder angegriffen, er wollte sie dafür züchtigen, sie zum Frieden zwingen und ihnen die Wiederholung des Angriffs verleiden.

Die Motive, durch welche sich die Schweizer zu ihrer Agression bringen ließen, gehören nicht unmittelbar zu unserer Aufgabe, haben als Hintergrund der folgenden Ereignisse jedoch eine nicht geringe indirecte Bedeutung und müssen deshalb hier kurz charakterisiert werden, um so mehr, als darüber sehr irrthümliche Ansichten entgegengesetzter Natur verbreitet sind.

Nach den Einen haben die Schweizer ausschließlich im Solde des Königs von Frankreich, Ludwig XI. als seine „Bravos" den

Herzog angegriffen und niedergeschlagen. Diese Auffassung erscheint schon früh in der Schweiz selbst; ihr erster literarischer Vertreter ist Anshelm zur Zeit der Reformation; der bedeutendste neuere Verfechter derselben ist der Amerikaner Foster Kirk, in seiner umfangreichen, auf sorgfältige Forschungen aufgebauten, vortrefflich geschriebenen Biographie des Herzogs. — Nach Anderen haben die Schweizer allein in ihrem eigenen politischen Interesse gehandelt, sind der Feindschaft Karls und den drohenden Gefahren der Zukunft muthig entgegengegangen, und die Pensionen, welche der König von Frankreich unter ihnen sowohl an die Cantone, wie an die leitenden Politiker austheilte, haben keinerlei Einfluß auf ihre Entschlüsse ausgeübt[1]). Noch andere Darstellungen halten zwischen diesen Auffassungen die Mitte und lassen beiderlei Motive zusammenwirken, so also, daß die zukünftig von dem burgundischen Großstaat drohende Gefahr, der Verdacht und die Besorgniß unmittelbarer Aggression, dazu einige mehr zufällige Provocationen einen Brandstoff gebildet hätten, der durch die Pensionen und Bestechungen, welche Ludwig XI. austheilte, in Flammen gesetzt wurde[2]). So natürlich diese Auffassung klingt, so ist sie doch ebenso wenig richtig, wie die beiden vorgenannten, denn es kann keinem Zweifel unterliegen, daß der Herzog von Burgund sich auch nicht mit den allerentferntesten Aggressivabsichten gegen die Schweiz trug, sondern sich im Gegentheil unausgesetzt alle Mühe gab, mit ihnen auf gutem Fuße zu bleiben[3]). Es lag also auch kein Brandstoff in dem angegebenen Sinne vor, der durch die Geldspenden Ludwigs XI. hätte in Flammen gesetzt werden können.

Man muß, um die Genesis des schweizerisch-burgundischen Krieges zu verstehen, davon ausgehen, daß die Eidgenossenschaft um

---

[1]) So hauptsächlich Ochsenbein in seinen drei einschlägigen Schriften.
    a) Die Kriegsgründe und Kriegsbilder des Burgunderkrieges. Auf die vierte Säcularfeier von Gottl. Friedr. Ochsenbein, evang. Pfarrer zu Freiburg.
    b) Die Murtenschlacht.
    c) Die Urkunden der Belagerung und Schlacht von Murten. Alle drei Werke 1876.

[2]) So, mit starker Betonung des eigenen Interesses der Schweizer an dem Kriege, besonders Dändliker, Ursachen und Vorspiel der Burgunderkriege. Zürich 1876.

[3]) Dies ist namentlich nachgewiesen von Mandrot, Etude sur les relations de Louis XI, roi de France, avec les cantons suisses, in dem Jahrbuch für Schweizerische Geschichte Band 5 (1880) p. 163 f.

die Mitte des 15. Jahrhunderts ebenso wie etwa Burgund oder Frankreich eine Eroberungsmacht war. Der Erbfeind der Eidgenossen war Oesterreich; zum großen Theil waren sie ja ehemalige Unterthanen dieses Hauses, welche sich von ihm losgerissen hatten. In diesen Kämpfen hatte sich eine kriegerische Kraft in ihnen ausgebildet, welche nicht müßig bleiben konnte, sondern weiter und immer weiter drängte, eine Landschaft nach der anderen eroberte und ihren Nachbarn weit hinaus furchtbar wurde. Inmitten der friedlichen Bevölkerungen rings um erinnern sie an ihre Ahnen mehr als ein Jahrtausend früher am römischen Grenzwall. Im Bewußtsein ihrer kriegerischen Ueberlegenheit brachen sie plötzlich aus ihren Bergen hervor, Beute suchend, Mord und Brand vor sich her tragend: ein höhnisches Muhen (Nachahmen des Gebrülls der Kühe) über die Grenze hinüber genügt als Vorwand.

Der derzeitige Inhaber der vorderösterreichischen Lande Herzog Sigismund vermochte sich ihrer nicht zu erwehren und ergriff deshalb endlich das Auskunftsmittel, seine an die Schweiz grenzenden Landschaften auf beiden Ufern des Rheins, den Schwarzwald und Oberelsaß dem Herzog von Burgund zu verpfänden, in der Hoffnung so diesen mächtigen Herrscher mit den Schweizern zu verfeinden, sie vielleicht mit seiner Hülfe zu überwinden, vielleicht gar die österreichische Herrschaft wiederherzustellen und später auf irgend eine Weise auch die verpfändeten Landschaften zurückzuerwerben (1469). Karl acceptierte sein Anerbieten, aber mit der entgegengesetzten Absicht, sich nämlich nicht mit den seinem Hause altbefreundeten Schweizern in Feindseligkeiten verwickeln zu lassen, sondern einen dauerhaften Frieden an diesen Marken zu vermitteln und durch sein Ansehen und seine Macht zu erhalten.

Den Schweizern war durch dieses Dazwischentreten des mächtigen Burgunders nunmehr nach dieser Seite die Grenze geschlossen. Wollten sie ihre Waffen nach einer andern Seite richten, so stand ihnen, da im Osten, Vorarlberg und Lichtenstein nicht viel zu holen war, und die eigentlich leitenden Kantone nicht in dieser Richtung lagen — die zu Savoyen gehörige Waadt und die Lombardei offen. Ueber Aggressionen nach dieser Seite aber war schwer eine Einigung zu erzielen. Gegen das Haus Oesterreich hielt die Eidgenossen, wenn nicht das Interesse, doch die Tradition zusammen. Was hatten aber Zürich und die Waldstätte von der Waadt? Sie würden dieselbe nur für Bern erobert haben. Die Urcantone fanden, daß der wahre Weg der Herrschaft und der Beute nach Süden gehe, gegen Italien; noch im Jahre 1473 richteten die anderen Cantone gemeinschaftlich das dringende Ersuchen an Schwyz, nicht in diesem Augenblick Händel mit Mailand anzufangen.

In der Waadt wäre man andererseits zuletzt doch noch wieder auf den Herzog von Burgund gestoßen, der mit Savoyen in einem Schutz- und Trutzbündniß stand, und gegen ihn etwa die Angriffspolitik einfach in derselben Weise fortzusetzen, wie ehedem gegen Oesterreich, wäre überkühn erschienen. Es war ja gerade das, was der Herzog Sigismund von Oesterreich hoffte und erwartete. Auch hütete sich Karl seinerseits sehr, den Schweizern irgend einen Vorwand zum Angriff zu bieten und stellte Beschwerden mit aller Zuvorkommenheit ab[1]).

So war die schweizerische Politik durch die Verpfändung der vorderösterreichischen Lande an Burgund so zu sagen festgelegt. Dies ist der springende Punkt der Situation. Nicht weil der Herzog von Burgund die Eidgenossen bedroht hätte, sondern weil er die Bahnen ihrer eigenen activen Politik kreuzte, entstand zwischen Beiden eine Spannung.

Die Spannung wurde gesteigert dadurch, daß Karl in den Pfandlandschaften ein energisches, von den Unterthanen vielfach als sehr drückend empfundenes Regiment aufrichtete und die Selbständigkeit der in diesem Gebiet belegenen Reichsstädte, namentlich Mühlhausens bedrohte. Diese Städte, an ihrer Spitze Straßburg, wandten sich naturgemäß als Stamm- und Gesinnungsverwandte an die Eidgenossen um Unterstützung.

Hätte die Eidgenossenschaft eine einheitliche, zielbewußte Politik gehabt, so wären diese Anlässe wohl stark genug gewesen, sie gegen den Burgunder in die Waffen zu bringen, Anschluß an seine anderweiten vielfachen Gegner zu suchen und auf den Trümmern seiner Macht den eigenen Großstaat zu begründen. Aber der lose Staatenbund der acht Cantone mit ihren Zugewandten war einer solchen Politik nicht fähig. Die Interessen der Einzelcantone gingen, wie schon angedeutet, zu sehr auseinander, die Leitung durch die unregelmäßig zusammentretenden Tagsatzungen war eine zu form- und

---

[1]) Mandrot l. c.

directionslose, um eine weit angelegte große Politik zu treiben. Erst eine Combination besonderer Umstände und Mittel brachte endlich die Einzelinteressen zum Schweigen und ermöglichte das Zusammengehen gegen den bisher befreundeten Burgunderherzog.

Der Anstoß ging aus von dem österreichischen Herzog Sigismund. Der Burgunderherzog hatte das Protectorat über sein Land übernommen, wie allmählich klar wurde, nicht um die österreichischen Ansprüche gegen die Schweizer durchzufechten, sondern um auf dem status quo einen dauernden Frieden herzustellen. Damit war aber dem Oesterreicher ganz ebensowenig gedient wie den Schweizern. Das Resultat dieser Politik wäre gewesen, daß er seine verpfändeten Landschaften definitiv los war, ohne einen anderen Gewinn als die Pfandsumme von 50000 Gulden; Karl richtete sich offenbar schon als dauernder Herrscher im Elsaß ein und von allen Seiten tönten die Klagen von Sigismunds Unterthanen über das despotische Regiment des burgundischen Statthalters Peter von Hagenbach.

Sigismund wandte sich (Juli bis August 1473) an die einzige Macht, die noch im Stande war, hier mitzusprechen, König Ludwig XI. von Frankreich.

Ludwig ergriff mit beiden Händen die Gelegenheit, seinem furchtbaren Gegner auf dieser Seite Feindseligkeiten zu erwecken. Er übernahm die Vermittelung eines definitiven Ausgleichs, einer „ewigen Richtung", wie es genannt wurde, zwischen Oesterreich und der Schweiz — früher hatte man immer nur Frieden auf bestimmte Jahre, also eigentlich nur Waffenstillstand geschlossen —, um Beide gemeinschaftlich gegen Burgund zu führen.

Es erscheint auf den ersten Blick paradox, daß dies das Endergebniß der burgundischen Vermittelungspolitik war: gerade dadurch waren die Eidgenossen ja in Gegnerschaft zu dem Herzog von Burgund gerathen, weil dieser Oesterreich gegen ihre aggressive Politik schützte: nun verband sich eben dieses Oesterreich mit seinen alten Feinden gegen den Beschützer! Und doch ist dieses Resultat ganz natürlich.

Konnten die Schweizer ohnehin keinen Krieg mehr gegen Oesterreich führen, so war ein definitiver Friede, welcher den Besitzstand und alle Eroberungen bestätigte, immerhin ein großer politischer Gewinn. Daß man aber von der „ewigen Richtung", dem Frieden bis zu einem Bündniß gegen den Burgunderherzog fortschritt, war die nothwendige Consequenz, wenn man überhaupt eine active Politik nach dieser Richtung machen wollte.

Die Frage ist nun, ob die Eidgenossen wirklich eine solche active Politik für sich, oder nur einen Kriegszug im Solde des besten Zahlers, nämlich des Königs von Frankreich, haben machen wollen. Letzteres einfach zu bejahen, wird ausgeschlossen durch die Thatsache, daß auch Karl, der gewiß ein wenigstens ebenso guter Zahler wie Ludwig XI. war, mehrfach Verhandlungen versuchte und Anerbietungen machte, die zurückgewiesen wurden[1]). Um die erstere Frage aber zu beantworten, muß man die verschiedenen Potenzen innerhalb der Eidgenossenschaft unterscheiden. Wenn schon die großen Entschlüsse in einem monarchischen Staat oft nicht durch ein einzelnes klar erkanntes großes Motiv, sondern durch ein Zusammenwirken von mancherlei Momenten bestimmt werden, wie viel mehr in einem lockeren Bund von acht oder zehn Republiken!

Zu unterscheiden ist zunächst zwischen Bern und seinem nächsten Verbündeten Freiburg auf der einen Seite, den übrigen Cantonen auf der anderen Seite. Innerhalb Berns wieder hängt Alles ab von der Beurtheilung des leitenden Staatsmannes, des eigentlichen Vaters des französischen Bündnisses und des Burgunderkrieges, des Schultheißen Nicolaus von Diesbach.

Die sieben östlicheren Cantone hatten ein directes politisches Interesse an einem Kriege gegen Karl den Kühnen nicht. Sie sind durch Bern, dessen Motive wir zunächst dahingestellt sein lassen, erst in das Bündniß mit Oesterreich, dann in den Krieg hineingezogen worden.

Die Cantone zu der „ewigen Richtung" und der Erweiterung derselben zu einem Bündniß zu bewegen, gelang Bern nur mit großer Mühe. Die meisten Cantone gaben wohl zuletzt nach aus Freundschaft gegen Bern und weil sie die Tragweite des Beschlusses nicht

---

[1]) Juli 1473 ließ Karl den Schweizern ein Bündniß anbieten gegen Mailand. „Da wölten sin gnab uns allen ein groß merklich summ guts zu uffrüstung geben und uns allen darzu noch mer geben und tun, baß sich unser kind des fröwen möchtind." Aus der Instruction der Züricher Gesandtschaft in den Eidgenössischen Abschieden II. p. 453 Nr. 717.

Noch während des Krieges selbst ließ Karl durch die Herzogin-Regentin von Savoyen vergeblich den sehr vortheilhaften Antrag machen, den Schweizern seine Pfandsumme auf das Elsaß zu cediren.

erkannten. Im äußersten Falle erwarteten sicherlich Viele, daß nichts daraus hervorgehen werde, als daß man dem Herzog Sigismund gegen gute Bezahlung einige Hülfstruppen stellte. Eine Gesandtschaft des Herzogs von Burgund, die unmittelbar darauf, im März und April 1474 die Cantone bereiste, wurde allenthalben gut aufgenommen.

Immerhin waren dem Herzog von Oesterreich für den Fall der Noth gegen den Burgunder Söldner zugesagt. So weit gekommen, galt es nun, die Cantone zu einer directen Kriegserklärung gegen Burgund fortzudrängen. Es währte mehr als ein halbes Jahr, ehe Diesbach im Verein mit Gesandten Ludwigs XI. es dahin brachte, obgleich die Verhältnisse für eine solche Politik ungemein günstig lagen. Diesbach konnte darauf hinweisen, daß der Krieg ohnehin unvermeidlich sei und daß die Eidgenossenschaft in diesem Augenblick ohne jede Gefahr sich auf denselben einlassen könne. Denn eben war Karl auch mit Kaiser und Reich in einen Krieg gerathen und die Eidgenossenschaft trat also, wenn sie sich den Feinden Burgunds offen anschloß, in eine umfassende antiburgundische Combination. Zugleich bot Ludwig jedem der Cantone eine dauernde Pension von jährlich 2000 Franken und hohe Subsidien für die Dauer des Krieges und unter die leitenden Persönlichkeiten wurden von Neuem wie schon früher große Geldsummen vertheilt.

Die Gelder gaben endlich den Ausschlag: die Cantone erklärten den Krieg, nicht als „Hauptsächer", wie sie selbst mit aller Entschiedenheit auch jetzt noch festhielten, sondern „als Helfer uff manung des heiligen Richs, auch des Fürsten von Oesterreich und der nidern (elsässischen) fürsten und stetten".

Bern hatte also bei den anderen Cantonen seinen Willen durchgesetzt. Die sieben östlicheren Cantone, Zürich, Luzern, Zug, Glarus, Schwyz, Uri, Unterwalden, sind in den Krieg eingetreten ohne eigenes politisches Interesse, allein der Führung Berns folgend und um des Geldes und der Beute willen.

Es handelt sich also nunmehr noch um die Politik Berns.

Sofort nach dem Ausbruch des Krieges trat sie klar zu Tage. Savoyen versuchte eine Friedensvermittelung. Aber Bern ging unverzüglich mit einer Schroffheit gegen diesen altbefreundeten Staat vor[1]), die über die Absicht, es zum Kriege zu zwingen, keinen Zweifel läßt. Man forderte nicht nur, daß die Herzogin-Regentin die Pässe ihres Landes den italienischen Söldnern, welche Karl zuzogen, sperre, daß sie dagegen den Schweizern ihr Land und ihre festen Plätze öffne, daß Genf eine schwere Genugthuungssumme zahlte für eine Diesbach zugefügte Beleidigung, sondern auch daß Savoyen sich den Schweizern anschließe und selber dem Herzog von Burgund den Krieg erkläre. Lehnte Savoyen, wie vorauszusehen, diese Bedingungen ab, so konnte Bern ihm, gedeckt durch die ganze Eidgenossenschaft, den Krieg erklären und die Waadt in Besitz nehmen.

Das war die Politik Berns, aber nicht die der anderen Cantone. Ein Beschluß der Tagsatzung erfolgte, wonach kein Canton auf eigene Hand Savoyen den Krieg erklären dürfe. Bern mußte trotzdem seinen Weg zu finden. Die Verhältnisse lagen dadurch in echt mittelalterlicher wirrer Weise verknotet, daß der größte Theil von Waadt unter savoyischer Lehenshoheit Magnaten gehörte, die ihrerseits im burgundischen Dienste standen. Bern konnte also mit einigem Grund solche Orte und Burgen als feindlich ansehen. Ohne weitere Erklärungen bemächtigte es sich, so oft ein Kriegszug in die burgundische Franche-Comté unternommen wurde, durch Ueberfall eines dieser Plätze nach dem anderen; namentlich benutzte Diesbach als Oberbefehlshaber die Gelegenheit, vier Plätze, welche die südlichen Jurapässe beherrschen, Granson, Orbe, Echallens, Joigne zu erobern. Endlich im Herbst 1475, während Karl noch immer fern war, erklärte Bern auch dem ersten savoyischen Vasallen in der Waadt, dem Grafen von Romont, einem Mitgliede des savoyischen Fürstenhauses, der ebenfalls in Karls Dienst war, plötzlich den Krieg, eroberte seine Städte und Burgen, namentlich Murten, und im Anschluß daran die ganze Waadt. Erst ein Jahr vorher hatte Romont, als er zum Herzog von Burgund abreiste, sein Land den Bernern als guten Freunden und Nachbarn zum Schutz empfohlen. Jetzt riefen die Berner die Stände des Landes zusammen und forderten die Huldigung, indem sie ausdrücklich das Land für ein erobertes und die alten Rechte der Stände für erloschen erklärten.

---

[1]) Den Ueberfall von St. Croix, der schon im September 1474 stattgefunden haben soll, bin ich geneigt, mit Ochsenbein (Kriegsgründe p. 144) für ein bloßes, unbegründetes Gerücht zu halten.

Die mit Bern verbündeten Cantone hatten kein Mittel, Bern an solchem Vorgehen direct zu verhindern, aber sie behaupteten mit aller Zähigkeit ihren Standpunkt: daß nämlich alle diese Eroberungen sie durchaus nichts angingen, sondern eine Privatsache Berns seien. An der Ausplünderung, dem „Sackmann machen" in den reichen waadtländischen Ortschaften, hatten sich zwar Zuzüge aus anderen Orten gern betheiligt, aber die politische Eroberung für das schon so mächtige Bern widersprach ihren Intentionen völlig. Wollte Bern die Waadt behalten, so mochte es sehen, wie es seine Eroberungen vertheidige. Die Bundespflicht der Eidgenossenschaft sollte erst beginnen, wenn das eigene Gebiet Berns angegriffen werde.

Diese Wendung trat nunmehr ein und der Krieg nahm eine völlig andere Gestalt an, als Diesbach es vorhergesehen und gemeint, oder irgend ein Mensch in der Schweiz oder ein Mitglied der Tagsatzung es damals vermuthet hatte, als man die Kriegserklärung erließ. Der König von Frankreich, der Kaiser und das deutsche Reich machten Frieden mit dem Burgunderherzog und die Schweizer, welche gemeint hatten, einen ebenso gefahrlosen, wie gewinnreichen Nebenkrieg zu führen, sahen plötzlich den Lavastrom des burgundischen Heeres die Wendung gegen sie nehmen. Nichts ist wichtiger für das Verständniß der Genesis des Krieges, als diese Abwandelung.

Fünfviertel Jahre nach der Kriegserklärung der Eidgenossen währte es, bis Karl, aufgehalten durch die Belagerung von Neuß und die Eroberung von Lothringen, in seinen südlichen Landen erschien, um sie vor den fürchterlichen, immer wiederholten Raub- und Brandeinfällen der Schweizer zu schützen. Als sein Heer sich nahte, blieb den Bernern nichts übrig, als ihre Eroberungen fahren zu lassen und die besetzten Juraplätze zu räumen. Allein konnten sie sie nicht halten, und die Cantone erkannten sehr wohl, daß militärisch ihre Chancen unmittelbar an den Grenzen des eigenen Gebiets sehr viel günstiger seien, als weit da draußen in dem eroberten Lande.

Der weitest vorgeschobene Posten, den die Berner zu behaupten wagten, war Granson. Sie legten eine Besatzung von 500 Mann hinein, in der Hoffnung, daß, wenn diese in Bedrängniß gerathe, die bundesbrüderliche Gesinnung der Cantone sich stark genug erweisen werde, das Bundesheer wenigstens bis an diesen der Grenze noch so nah gelegenen Posten vorzuschieben, um so viele Berner

Bürger aus der Hand des grimmen rachedürstenden Feindes zu erretten.

Wir werden sehen, wie weit diese Hoffnung in Erfüllung ging, entnehmen aber zunächst dem Verlauf dieses ersten Kriegsjahrs die Antwort auf die Frage nach den Motiven Berns bei seiner gegen Burgund gerichteten Kriegspolitik. Auch Bern erhielt als Canton die französische Pension und Berner Rathsherren, vor Allen Diesbach empfingen heimlich ungemein hohe Geldsummen von dem König von Frankreich, und die Vorschrift, daß im Berner Rath das Gesetz gegen Bestechungen jährlich verlesen werden solle, wurde ausdrücklich aufgehoben. Diese Thatsachen scheinen überwältigend, aber sie sind dennoch nicht entscheidend; sehr häufig finden wir diese Erscheinung in der Geschichte, daß Staatsmänner für eine Politik, welche sie ohnehin verfolgen, von Demjenigen, dem sie nützt, Geschenke annehmen. Die Thatsache der Geschenke bildet also noch keinen Beweis, daß diese Geschenke das letzte Motiv der ganzen Bernerischen Politik gewesen ist. Sie sind es vielmehr ganz sicher nicht gewesen, da man, wie schon erwähnt, sicher von dem Herzog von Burgund ebenso viel und vielleicht noch mehr hätte erhalten können und doch nicht auf seine Vorschläge einging. Das letzte Motiv war also ein politisches und zwar kein anderes, als das natürliche Ziel der Bernerischen Politik, die Eroberung der Waadt und generell die Störung der Bildung einer Großmacht Burgund, welche die Eidgenossenschaft zugleich im Westen und Norden eingeengt hätte.

Die Zahlungen und Verheißungen Ludwigs XI. waren das Mittel, die dieser Politik Widerstrebenden zu beschwichtigen und zu gewinnen. Für einige von den Rathsherren auch in Bern waren sie vielleicht einfache Bestechungen, für das Volk einzelner Cantone der Sold, um den sie fochten, gleichgültig für oder gegen wen: für die eingeschlagene Politik selbst aber waren sie nicht Ursache, sondern Hülfsmittel. Hätte Diesbach einfach und offen den Angriffs- und Eroberungskrieg gegen Burgund proclamiert, so würden die anderen Cantone, vielleicht selbst ein Theil der Berner Bürgerschaft, ihm die Heeresfolge versagt haben.

Man bemerke wohl den mehrfachen Unterschied dieser Erklärung von derjenigen, welche wir oben anführten und die ebenfalls ein Zusammenwirken des schweizerischen politischen Interesses mit dem französischen Gelde annahm. Dort war das schweizerische Interesse als ein defensives aufgefaßt und die Kreise, auf welche das französische Geld wirkte, nicht geschieden von anderen, bei denen das nicht zutraf. Dadurch erhält das Geld eine primäre Rolle ebenbürtig mit der Politik. Nach unserer Auffassung spielt das Geld eine secundäre Rolle; es war nichts als ein Hülfsrab in der lockeren diffusen eidgenössischen Bundesverfassung, welche zu einem großen politischen Entschluß ohne solche künstliche Hülfe überhaupt nicht zusammenzuhalten und vorwärts zu bringen war.

Unser Bild würde nicht vollständig sein, wenn wir nicht auch den politischen Ausgang des Krieges in die Betrachtung hineinzögen. Dieser Ausgang könnte sogar noch wieder Zweifel an unserer Auffassung erwecken, da er mit derselben durchaus nicht im Einklang steht. Denn trotz der überwältigenden Siege der Schweizer haben sie endlich dennoch die Waadt nicht behalten, sondern dieselbe bis auf wenige Plätze, ebenso wie ihre Ansprüche auf die Franche-Comté gegen Geldzahlungen wieder aufgegeben. Sie haben also doch den Krieg, scheint es, nicht mit eigenen politischen Ideen, sondern nur im Solde und zum Besten des besten Zahlers geführt. Sie haben ihn allerdings so geschlossen, aber das ist kein Beweis, daß sie ihn auch so begonnen haben. Nicolaus von Diesbach starb bereits im Jahre 1475, noch vor den Entscheidungsschlachten, und Bern hatte keinen Staatsmann, der seine Politik weiterzuführen vermocht hätte. Die innere Zerfahrenheit der Bundesverfassung, einen Augenblick durch die verwogenen Mittel und die zähe Geschicklichkeit Diesbachs zusammengehalten, bot auf die Dauer kein Fundament, auf dem sich eine Großmacht-Politik hätte errichten lassen. Der Canton Bern war nicht im Stande, eine führende Stellung in der Eidgenossenschaft zu ergreifen, wie etwa später Holland in dem Bunde der Niederlande; im Gegentheil: Bern wurde unmittelbar nach der Schlacht geradezu unter die Vormundschaft der anderen Cantone gestellt (auf dem Tage von Luzern am 12. Juli 1476) und ihm aufgegeben, Briefe vom König von Frankreich unerbrochen an „gemeine Eidgenossenschaft zu bringen"[1]), damit die Edgenossenschaft nicht wieder in Bahnen der Politik hineingezogen würde, die sie nicht wolle. So gewann das bei Ausbruch des Burgunderkrieges noch secundäre Moment, Sold und

---

[1]) Eidgenössische Abschiede II, 599.

Beute, die Oberhand und endlich die Alleinherrschaft. Die Schweiz sank zum Werbeplatz für die Nachbarn und zum Soldatenhandel herab. Der Burgunderkrieg bildet den Uebergang; schon bei dem letztvorhergegangenen Krieg gegen Sigismund von Oesterreich war Zwiespalt unter den Eidgenossen entstanden, da die Einen als Siegespreis Land verlangten, die Andern sich mit Geld begnügen wollten. Die Letzteren hatten die Oberhand behalten; der Burgunderkrieg endete ebenso und der Feldzug von Nancy ist der erste, zu dem die Cantone ihre Söldner von Staats wegen stellten.

Man mag die Situation der Schweizer an dieser Grenzscheide vergleichen mit derjenigen der deutschen Fürsten im 18. Jahrhundert. Auch diese besaßen in ihren Truppen eine kriegerische Kraft, die weit über ihre Stellung hinausreichte. Einer von ihnen ist der König von Preußen. Als Friedrich den Thron bestieg, warf er einen Blick auf das Heer, welches ihm sein Vater hinterließ, und musterte seine Nachbarn und die unerfüllten Rechtstitel, welche Preußen besaß. Nicht anders als er suchten auch die Klein-Fürsten nach einer Verwendung für ihre Kriegsmacht. Aber während Friedrich die seine in den Dienst einer großen politischen Idee stellte, waren jene, die Fürsten von Hessen, Braunschweig, Ansbach und Andere einer solchen nicht gewachsen und ihre Kriegsmacht wurde ihnen ein Instrument des Erwerbes. Erst betheiligten sie sich gegen Subsidien an Kriegen, denen sie sonst vielleicht fern geblieben sein würden, endlich verdangen sie ihre Truppen an die Geldmächte zu jedem beliebigen Zweck. Zwischen diesen beiden Polen bewegt sich die Thätigkeit der Schweizer in unserer Epoche.

Zweites Capitel.
Die Schlacht von Granson.

Der nächste Weg, auf dem der Herzog von Burgund in das Land der Schweizer eindringen konnte, hätte über den Jura, etwa auf Neufchatel oder Biel geführt. Karl nahm jedoch diesen Weg nicht. Die nördlichen Jura-Pässe waren von den Schweizern gesperrt und das Ziel, welches der Herzog sich setzte, war zunächst noch nicht die Invasion des schweizerischen Gebiets, sondern die Befreiung der Waadt, des von den Schweizern eroberten savoyischen Gebietes. Hierher also wandte sich Karl zunächst, und machte die Waadt zu seiner Operationsbasis, so daß er während des eigentlichen Feldzuges die Front nach Nord-Osten gerichtet hatte.

Das erste strategische Object, welches der Herzog in's Auge faßte, war die Wiedereroberung der Stadt Granson. Der Ort liegt nicht auf dem Wege, der ihn direct auf seinen Hauptfeind, die Stadt Bern, geführt haben würde. Aber gerade deshalb wird Karl dieses Manöver gewählt haben. Er wußte, daß keineswegs alle Cantone mit der Politik Berns einverstanden waren. Wäre er nun direct auf Bern losgegangen, so war anzunehmen, daß trotz aller Differenzen die Eidgenossen Bern nicht im Stich lassen würden. Indem Karl aber Granson angriff, so standen die Cantone zunächst nur vor der Frage, ob sie Veranlassung hätten, Bern in der Vertheidigung dieser seiner Eroberung zu unterstützen. Es war möglich, daß sie in dieser Empfindung nur mit halber Kraft, oder lässig oder gar nicht zur Hülfe erscheinen würden. Mochte nun Bern mit seinen und seiner nächsten Genossen Kräften allein eine Entsatzschlacht wagen oder die Stadt und Besatzung sich selbst überlassen — immer erschienen die Chancen gerade für dieses Unternehmen ganz besonders günstig.

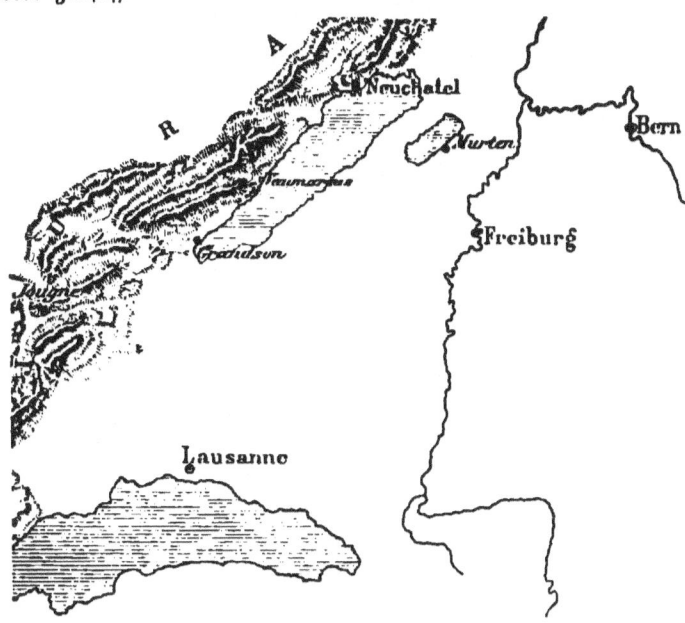

Karl ist noch einen Schritt weiter gegangen und hat die relative Unbedeutendheit dieses ersten Manövers aus dem Zwecke des Krieges selbst abgeleitet. Da Karl, sagt er, nicht die Unterwerfung der Schweiz wollte, sondern nur Bestrafung und Frieden, so hütete er sich, durch einen Stoß in's Herz den Conflict auf die Spitze zu treiben. Er sprach in den ersten Tagen des Feldzuges mit dem mailändischen Gesandten davon, daß er den Schweizern, falls sie ihn darum angingen, den Frieden bewilligen werde. In der That ist das sicherlich Karls letzter Gedanke gewesen, wenn er auch später einmal wieder davon gesprochen hat, daß er die Schweizer gründlich züchtigen müsse, weil sie sonst doch keinen Frieden halten würden. Aber so wenig Karl an eine dauernde Unterwerfung der Schweiz gedacht hat, so braucht doch gerade das Manöver gegen Granson mit dieser politischen Endabsicht nicht in Verbindung gebracht zu werden. Denn welches auch immer das letzte Ziel war, auf jeden Fall war es ein Vortheil, den ersten Act des Feldzuges so einzurichten, daß der politische Zwiespalt in der Eidgenossenschaft dabei in's Spiel gezogen wurde und ihr Zusammenwirken lähmen konnte.

Die Berechnung Karls ging in Erfüllung. Vom 8.—12. Februar 1476 überschritten seine Truppen das Gebirge; am 13. erschienen die ersten Einschließungstruppen; am 19. kam Karl selbst, und erst an diesem Tage, obgleich Bern seit dem 10. täglich flehende Botschaften um Hülfe ausgesandt hatte, beschloß die Tagsatzung zu Luzern, daß die Mannschaften in's Feld rücken sollten und setzte als Tag des Ausmarsches den 23. fest. Mittlerweile erstürmte Karl am 21. die Stadt Granson und drängte die Besatzung in das Castell zurück, und am 28. mußte sich dieselbe vor Ankunft des Entsatzes auf Gnade und Ungnade ergeben. Auch als nun zwei Tage später, drei Wochen nach Eröffnung des Feldzuges, das schweizerische Heer endlich actionsfähig bei Neuenburg versammelt war (1. März; 1476 war ein Schaltjahr), umfaßte es immer noch nicht die Gesammtmacht, welche die Eidgenossen fähig gewesen wären aufzustellen.

Die Einleitung des Feldzuges war also dem Herzog von Burgund vollständig gelungen. Er hatte durch die Vernichtung der 500 Mann starken Besatzung von Granson — die Gefangenen wurden als nur zu wohlverdienter Strafe für die von den Schweizern verübten Schreckensthaten sämmtlich hingerichtet — einen bedeutenden Erfolg erlangt und mittlerweile ein schweizerisches Heer in's Feld gelockt, welches wohl stark genug war, eine Schlacht zu wagen, aber doch bei Weitem nicht die Gesammtmacht der Schweizer umfaßte. Etwa 19000 Mann stark, war es dem burgundischen Heer um mehrere Tausende überlegen, aber Karl hatte darum doch keinen Zweifel, daß er es im freien Felde mit seinen berufsmäßigen Kriegern und seiner Artillerie überwinden werde.

Am sichersten wäre es für den Herzog unzweifelhaft gewesen, wenn er in dem wohlgerüsteten, mit Artillerie vertheidigten Lager auf der Ebene bei Granson den Angriff der Schweizer abgewartet hätte. Aber ob diese einen solchen Angriff wagen würden, war doch ungewiß. Karl beschloß deshalb, des Erfolges sicher, ihnen entgegenzugehen. Der Weg führt entlang am Neuenburger See;

eine Strecke lang machen ihn die an den See herantretenden Berge zu einem Engpaß. Um sich den Durchmarsch durch denselben zu sichern, bemächtigte sich Karl zunächst des an dem entgegengesetzten (nördlichen) Ausgang liegenden Schlosses Baumarcus und versah es mit einer Besatzung[1]) (1. März).

Diese Bewegung bestimmte auch das Vorgehen der Schweizer. Sie hatten in der That Bedenken getragen, das befestigte Lager der Burgunder bei Granson anzugreifen. Jetzt beschlossen sie auf der Stelle sich gegen Baumarcus zu wenden. Es war mit Sicherheit anzunehmen, daß Karl zum Entsatz herbeieilen und so die Gelegenheit zu einer Schlacht in einer nicht vorbereiteten, d. h. namentlich nicht mit Artillerie besetzten Stellung bieten werde[2]).

Am 2. März Morgens bewegen sich nun die beiden Heere gegen einander; die Schweizer gegen den nördlichen Ausgang des Engpasses auf Baumarcus, die Burgunder gegen den südlichen Ausgang. Nur bis zu dieser Stelle, etwa eine Meile von Granson, wollte Karl sein Heer vorwärts bewegen. Der etwa eine halbe Meile breite Bergrücken würde also noch zwischen den beiden Gegnern liegen. Da entwickelt sich, beiden Theilen unerwartet, die Schlacht.

Ein Theil der Schweizer, hauptsächlich Schwyzer, Berner und Freiburger, ist mit einem burgundischen Posten, der auf dem über den Bergrücken hinwegführenden Wege[3]) aufgestellt ist, in Kampf gerathen. Der Kampf zieht einen Haufen nach dem andern auf diesen Weg, und indem sie den Feind verfolgend auf der andern

---

[1]) Olivier de la Marche, der als Vertrauter des Herzogs dessen Intentionen kennen konnte, giebt in seinen Memoiren (die leider über diesen Krieg sehr kurz sind) an, Baumarcus sei besetzt worden als Köder, um die Eidgenossen zum Vorrücken zu verlocken. Recht verständlich ist auch dieses Motiv nicht, da der Herzog jenseits des Engpasses nimmermehr ein so günstiges Schlachtfeld finden konnte, wie ihm seine befestigte Stellung bei Granson bot und er jedenfalls leichter sein Heer einige Wochen zusammenhalten und warten konnte als die Schweizer. Ungeduld und Geringschätzung des Feindes, die dem Herzog von so vielen Seiten als Haupteigenschaften nachgesagt werden, werden hierdurch in der That bestätigt.

[2]) Hierüber besonders klar Etterlin p. 90.

[3]) Schilling sagt, ein Theil der Eidgenossen sei auf dem oberen Wege, „der ander under dem Schloß hin" gezogen. Nachher heißt es, der Feind sei von beiden Seiten angegriffen worden und über („durch") den Berg nieder zur Karthause gejagt worden. Das scheint sich zu widersprechen. Denn wenn die Burgunder auch von dem unteren Wege aus angegriffen wurden, konnten sie nicht zur Karthause fliehen. Für den Gang der Schlacht ist der Unterschied gleichgültig.

Seite des Berges anlangen, erblicken sie vor sich in der Ebene dessen gesammtes Heer. Die Vortruppen sind bereits angekommen und haben begonnen das Lager aufzuschlagen; das Gros ist noch im Marsch.

Der Herzog selbst ist mit den Vortruppen zur Stelle und nimmt den Kampf mit den aus dem Paß hervorquellenden Schweizern auf, zunächst vornehmlich durch seine Schützen.

Die Situation ist, abstract betrachtet, für das burgundische Heer so günstig wie möglich. Beide Heere sind noch im Anmarsch, aber die Burgunder über eine Ebene, die Schweizer durch ein schwieriges Défilé. Man muß daher annehmen, daß das burgundische Heer schneller versammelt und aufmarschiert sein konnte, als das schweizerische; es konnte dann die noch in der Entwickelung begriffenen Schweizer angreifen und wenn es gelang, sie zu werfen, so mußten sie, an dem Eingang des Défilés sich drängend und stopfend, schwere Verluste erleiden.

Die eigenthümliche Zusammensetzung und Taktik beider Heere machte dies an sich natürliche Manöver für die Burgunder unthunlich. Der Weg, auf dem die Schweizer anrückten, tritt nicht direct aus dem waldigen Berg in die Ebene, sondern senkt sich allmählich über mit Reben bepflanzten Hügeln hinab. Auf diesem Terrain konnte Karl die beiden Waffen, in die er das meiste Vertrauen setzte, seine Ritter und seine Artillerie, so gut wie gar nicht zur Action bringen. Hätte er allein die gewaltige Masse seiner Schützen zum Angriff vorgehen lassen, so hätten diese die Schweizer vielleicht genöthigt, in den Paß zurückzugehen, aber eine wirkliche Niederlage konnten sie allein, die sich nicht getrauen durften, sehr nahe an den Feind heranzugehen, oder gar es zum Handgemenge kommen zu lassen, ihnen nicht beibringen.

Karl beschloß deshalb, sein Heer in der Ebene aufmarschieren und es hier von den Schweizern angreifen zu lassen. Man sollte meinen, daß er hiermit auf den Hauptvortheil, den die Situation ihm bot, verzichtet habe, nämlich die Schlacht zu engagieren, ehe die Gesammtmacht des Feindes zur Stelle war. Aber selbst das gelang ihm noch einzurichten. Er ließ das Gefecht durch einige Abtheilungen Schützen fortführen, welche den Schweizer Schützen überlegen, vermuthlich den Gevierthaufen der Schweizer, der sich nun auf den Hügeln formierte, sehr belästigt haben[1]). Dieser setzte sich daher, noch nicht die Hälfte des schweizerischen Heeres, etwa 8000 Mann umfassend, zum Angriff in Bewegung, ohne die Ankunft der Uebrigen abzuwarten.

Es möchte scheinen, als ob die Schweizer mit dieser Schlachtordnung von ihrer traditionellen Methode, drei Gevierthaufen zu bilden, abgewichen seien. Man kann aber vielleicht im Gegentheil sagen, daß gerade das unbehülfliche Festhalten an der Tradition in diesem Falle zu dem Vorgehen mit einem Haufen geführt habe. Schilling sagt, daß der „rechte Haufen" noch fern gewesen sei; der Baseler Ulrich Meltinger schrieb nach Hause, daß das Baseler Fußvolk zur Nachhut bestimmt gewesen sei. So haben wir also alle drei Haufen: die Vorhut, aus Denen gebildet, die gerade zur Hand waren und deshalb ungewöhnlich stark; der Gewalthaufe, als welcher die zunächst Nachrückenden präsumiert werden, und die Nachhut.

Die wenigen Reiter[2]) und einige Geschütze, welche die Berner mit sich führten, begleiteten den Gevierthaufen.

Man kann sich eine günstigere Situation für das burgundische Heer kaum vorstellen, wenn man annimmt, daß dieses seinerseits nun bereits vollständig aufmarschiert war. Das ist freilich nicht völlig sicher. Panigarola spricht von den weiter rückwärts befindlichen Truppen; der neapolitanische Gesandte[3]) und auch Panigarola in einem späteren Bericht (vom 18. März) sprechen von der Unordnung, in der die burgundischen Truppen marschiert seien, weil sie kein Gefecht an dem Tage erwarteten. Sie sehen darin eine Entschuldigung der Niederlage. Danach kann also die Unordnung bei Beginn des Gefechtes auch nicht völlig gehoben, der Aufmarsch noch nicht vollendet gewesen sein. Auf der andern Seite muß doch von dem ersten Erscheinen der Schweizer diesseits des Passes bis zur Bildung des Gewalthaufens eine ziemliche Zeit verflossen sein,

---

[1]) Die Freiburger Chronik (Manuscript) hebt speciell hervor, „und schussent vhenblich gegen Jhnen und thaten Jhnen großen schaden und besunder die boguer, der auch uß der maßen vil waren und schüssen in maßen, daß die pfil so dick vielen als so ein dicker schne von Himmel herab wallet". Es scheint jedoch, als ob sich diese Schilderung auf einen späteren Moment der Schlacht bezieht.

[2]) Hauptsächlich die Baseler, deren Zahl auf 60 angegeben wird. Da aber auch der Anführer der österreichischen Ritter, Hermann von Eptingen, zur Stelle war (Brief Meltingers bei Knebel), so müssen doch auch diese Oesterreicher wenigstens theilweise dabei gewesen sein.

[3]) Dépêches Milanèses II, 365.

wenigstens eine, vielleicht zwei Stunden. Da man nun von dem Lager von Granson noch nicht eine Meile entfernt war, so konnten die Burgunder das Schlachtfeld erreichen, selbst wenn sie bei Beginn des Gefechtes noch am Lagerthor standen. Man darf also wohl annehmen, daß die burgundische Armee wohl vollständig zur Stelle, aber theilweise noch etwas rückwärts im Herausarbeiten aus dem Train und Aufstellen begriffen war, als die Schweizer anrückten. Vielleicht haben sich diese gerade im Hinblick, daß auch die Burgunder noch nicht völlig bereit waren, zu dem isolierten Angriff hinreißen lassen.

Wie dem auch sei: immer glaubte der Herzog noch alle Vortheile auf seiner Seite zu haben. Kam der schweizerische Gevierthaufen in die Ebene, so konnte er ihn in den Flanken mit seinen Gensd'armen packen, in der Front von der Artillerie und den Schützen beschießen lassen. Die wenigen Reiter und Schützen der Schweizer, welche den Gevierthaufen begleiteten, hätten ihn vor den Flanken-, vielleicht auch bald Rückenangriffen nicht zu decken vermocht; er hätte, um sich ihrer zu erwehren, Halt machen müssen und wäre endlich den allseitigen Angriffen erlegen.

Karl befahl also einigen Abtheilungen seiner Gensd'armen den Flankenangriff von der Bergseite her, anderen, sich aus der Front zurückzuziehen, um die Artillerie zu demaskieren. Die Geschützkugeln schlugen in den schweizerischen Haufen ein. Der Angriff der Gensd'armen wurde mit großer Bravour ausgeführt; die Plänkler der Eidgenossen flüchteten sich in den Haufen[1]); die Gensd'armen kamen bis an die Spieße; aber in den massiven Haufen, aus dem ihnen die langen Spieße entgegengestreckt wurden, einzudringen, waren sie außer Stande; der Herr von Chateauguyon, der sein Pferd mit Gewalt hineindrängte, fiel, die Anderen kehrten um.

Indem war das Schicksal des Tages bereits entschieden. Bei den noch weiter zurück befindlichen Schaaren der Burgunder, also wahrscheinlich denen, die noch dabei waren, sich zu ordnen, sowie beim Train war eine Panik ausgebrochen, die sich immer weiter fortpflanzte. Unter dem Ruf „sauve qui peut" ergriff eine Abtheilung nach der andern die Flucht. Als Grund dieser Panik giebt Panigarola an, daß die hinteren Abtheilungen jene Rückwärts-

---

[1]) So verstehe ich Schilling, p. 288 oben.

bewegung, die gemacht wurde, um der Artillerie freies Feld zu geben, als Flucht aufgefaßt hätten. Die Schweizer nahmen an, daß die Ankunft der übrigen Eidgenossen, welche in unaufhörlichem Strom aus dem Paß (oder beiden Pässen) hervorquollen, die Burgunder so in Schrecken gesetzt habe. Es mag wohl dies Beides und dazu die Abweisung des Angriffs der Gensd'armen unter Chateauguyon[1]) zusammengewirkt haben. Jedenfalls war es zu einem allgemeinen Kampfe gar nicht gekommen. Das burgundische Heer stürzte davon; vergeblich suchte Karl seine Leute aufzuhalten und noch hier und da das Gefecht wieder zum Stehen zu bringen. Die Schweizer folgten den Fliehenden nach, da aber nur noch wenige ihrer Reiter zur Stelle waren, und diese sich nicht isoliert vorwagten, so konnten sie ihnen keinen Schaden mehr thun. Der Verlust von 1000 Mann, der von Einigen angegeben wird, ist jedenfalls noch zu hoch; Panigarola sagt, offenbar dem Charakter des Gefechtes entsprechend, daß nur ganz Wenige gefallen seien, und der Hauptmann der St. Galler, Freiherr Peter von Hewen, meldete seinem Abt am Tage nach der Schlacht, es seien nur 200 Burgunder geblieben[2]).

Auf Seiten der Schweizer waren durch das Geschütz und die Pfeile der Burgunder eine nicht ganz unerhebliche Zahl getödtet und verletzt; auch bei den Contingenten, welche nicht bei der Vorhut, sondern bei dem Gewalthaufen waren; die Luzerner z. B. hatten 52 Verwundete[3]). Diese sind vermuthlich meist auf der Verfolgung

---

[1]) Hierauf legt der burgundische Hof-Historiograph Molinet Gewicht.
[2]) Mitgetheilt in „St. Gallens Antheil an den Burgunderkriegen". Herausgegeben vom historischen Verein in St. Gallen. St. Gallen 1876.
[3]) Nach dem Verzeichniß in den Eidgenössischen Abschieden II, 593 waren verwundet:

```
    von Zürich . . . . . .   7
      „ Schwyz . . . . .   70
      „ Freiburg . . . . .  22
      „ Uri . . . . . . . .  8
      „ Zug . . . . . .    12
      „ Solothurn . . . .  13
      „ Glarus . . . . .    7
      „ St. Gallen . . . .   2
      „ Ob- und Nidwalden . 5
      „ Luzern . . . . . . 52
                  Sa. 198
```

durch rückwärts gesandte Pfeile getroffen worden. Vereinzelt soll sich auch eine Anzahl von Leuten aller Contingente der Vorhut angeschlossen haben und mag hiervon Einer oder der Andere in der Schlacht selbst verwundet worden sein.

Vierter Excurs.
Quellenkritische Begründung.

Meine Darstellung des Verlaufes der Schlacht bei Granson weicht nicht unerheblich von derjenigen Rodts, Rüstows und Kirks ab; hauptsächlich in der Art, daß die Zahl der einzelnen Actionen und Wechselmomente der Schlacht in meiner Darstellung eine viel geringere ist, als bei jenen Schriftstellern. Diese haben nämlich, wie das häufig geschieht, Dinge, die uns mehrfach in etwas verschiedener Form erzählt werden, für ebensoviel verschiedene Ereignisse gehalten, während es sich unzweifelhaft immer um dasselbe handelt. Ferner haben sie den verschiedenen Werth der verschiedenen Quellen nicht genügend auseinandergehalten.

Neben den Briefen Panigarolas ist die Schilderung des Basler Ulrich Meltinger in einem unmittelbar nach der Schlacht geschriebenen Brief (bei Knebel, Basler Chroniken II, 357) das gewichtigste Zeugniß, über welches wir verfügen. Der Brief bedarf jedoch einer sorgfältigen Interpretation.

Die Erzählung verläuft so. Als man über den Berg gekommen, habe zuerst ein Schützengefecht stattgefunden, in dem die Schweizer mit Mühe sich gehalten. Dann seien die Schweizer in die Ebene vorgegangen. So weit ist Alles klar. Nun fährt Meltinger fort.

„Item er hatt dry huffen, denn eyner hie der ander dort; zulest underſtund er mit einem huffen zu berg zu — denn die wyte was zwischen dem see und dem berg — und wer er demselben Weg verfolgt so wer derselb huff gerad mitten in unser volk kommen. Nu warends die rüter von Stroßburg nit by uns noch unser Fußvolck — denn sy worent durch die eydgenossen geordent die hinderhut zu halten — angesehen daß man forcht er hatt ein volk verschlagen die uns hinden

---

Außerdem ist angegeben, daß Bern für die Pflege seiner Verwundeten ausgegeben habe 6x6 Pfund Heller 18 Schilling; Basel 30 Gulden. Das läßt auf weitere 500 Verwundete schließen. Knebel giebt von den Schwyzern an, daß sie im Ganzen 80 Todte und Verwundete gehabt, das ergäbe nach Abzug der oben angegebenen 70 Verwundeten 10 Todte. Nimmt man eine analoge Zahl für die Gesammtheit an, so würden wir auf 100 Todte neben 700 Verwundeten kommen.

In dem Protocoll der Tagsatzung vom 15. Mai (Eidg. Abſch. II, 593) werden nur „by fünfzig Mann" angegeben. Dasselbe Protocoll behauptet aber, daß 1500 oder 1600 erschlagene Burgunder aufgefunden seien und der Herzog allein 60000 rechter Reisiger und des übrigen Volks noch mehr gehabt habe. Sehr glaubwürdig ist es also nicht.

wurden angriffen. und der von Fleckenstein behielt unser volk dohinden das sy übel verdroß. und als man in zu berg sach rucken was herre Hermann v. Eplingen by uns und sust wenig rüter, — der rufft uns an und auch etlich fußvolk: „frommen Basler werent daß er do inher nit komme." do kerte sich unser senlin gegen demselben huffen mit wenig fußknechten. do werckte der allemechtig gott. denn hette derselb huff vollbruckt so weren mir gerecht gewesen. Nu hant wir kuntschaft daß der herzog u. der basthart selbs personlich im feld worent; was sy bedunken wolt, weiß ich nit: die dry huffen schlugen zusamen und ward ein huff und machten einen finen spitz mit ytelichen kürisseren u. verdeckten rossen u. bliesen uff. so sy trumeten u. claretten und mit großem geschrey ranten sy in den huffen do die panner innen woren. Glich dobor worent die eydgenossen alle uf ir knie gefallen u. mitt zertrennten armen gebetend by dry pater noster und dry ave maria lang, und als er in dem hinrante do gestunden sy als die frommen. do begab sich doß wir mußten zu syner syten hinin: was er sich bedocht weis nieman. do das erst treffen beschoch, was nit groß, do wante er sich und flohe. — Hielt sich herre Herman v. Eptingen als ein wyser und schickte im die soldener u. knecht hinnoch u. sprach: Ir frommen von Basel begebend üch keins vorteils denn das fußvolk mag üch nit zu gevolgen — solte er sich denn gegen üch wenden, so were uwer zu wenig. Denn do wir die knaben und rytbüben abschickten und die soldener u. knecht verranten was unser wenig by dem vennlin u. zwar der knechten was nit viel — aber sy hielten sich mannlich also daß sy einen pannerherrn erstochen u. das panner mit stangen und allem zu uns im veld brochten — Glich als er die flucht genommen was eyn reyn noch baby — stalt er wider und aber dran do hiewend aber die eydgenossen dorin unerschrocken — Do floch er aber — das beschach zum dicken mol — also daß wir inen jageten von dem sloß Famerku für sin erst wagenburg, die was an einem Wasser in demselben Wasser beschach auch ein scharmutzen — und dornoch durcht den rechten lager vor Grandson" zc.

Wir müssen diese Erzählung, ihr Satz für Satz folgend, zergliedern, um sie richtig zu verstehn.

„Item er hatt dry huffen, denn eyner hie der ander dort. zulest underftund er mit einem huffen zu berg zu" — „und wer er demselben Weg verfolgt, so wer derselb huff gerad mitten in unser volck kommen". Es seien nur wenig Reiter zur Stelle gewesen; diesen und einigen Fußknechten habe Herr Herman von Eptingen zugerufen, den Feind von dieser Seite abzuwehren und man habe sich gegen ihn gewandt. Hier bricht die Erzählung plötzlich ab. Der Verfasser fährt fort „do werckte der allemechtig gott. denn hette derselb huff vollbruckt so weren wir gerecht [gestraft] gewesen. Nu hant wir kuntschaft, daß der herzog u. der basthart selbs personlich im feld worent". Man fragt: was hat denn nun der allmächtige Gott eigentlich gewirkt? Der feindliche Haufe rückt an — er würde gesiegt haben, wenn er weiter gegangen wäre — wir gingen ihm entgegen — Schluß fehlt. Wäre der Brief hier zu Ende, so würde man annehmen müssen, daß die wenigen schweizerischen Reiter den feindlichen nicht so sehr entgegengegangen, als vielmehr ausgewichen sind, diese sich darauf auf den Gevierthaufen geworfen, dort aber in der uns bei Schilling geschilderten Weise zurückgewiesen worden sind. Jedenfalls sind es die Baseler Reiter nicht gewesen, die ihn zurückgeworfen haben. Nun geht aber der Brief Meltingers weiter im unmittelbaren Anschluß an die Mittheilung über die persönliche Anwesenheit des Herzogs von Burgund: „Die dry huffen schlugen zusamen und ward ein huff und machten einen finen spitz mit ytelichen türissieren u. verdeckten rossen u. bliesen uff, so sy trumeten und clareten und mit grossem geschrey ranten sy in den huffen do die paner innen woren". Man fragt zunächst: ist dies ein neuer Angriff oder ist es nur die Fortsetzung jener anscheinend unvollendeten Erzählung? Für die erstere Auffassung spricht, daß Meltinger das erste Mal einen von drei Haufen angreifen, jetzt ausdrücklich die drei Haufen in einen zusammengezogen werden läßt. Robt und Kirk haben daher diese Auffassung angenommen. Sie ist aber doch aus mehreren Gründen unmöglich. Zunächst erzählt Meltinger nun weiter, daß „glich bovor" die Eidgenossen auf den Knieen ihr Gebet gesprochen. Das schließt offenbar völlig aus, daß bereits vorher eine Attaque der Gensd'armen abgeschlagen war, da die Gebetsscene vor der Schlacht noch auf der Höhe und nicht mitten inne beim Betreten der Ebene stattgefunden haben muß. Dann heißt es in der Erzählung weiter: „Do das erst treffen beschach, was nit groß, do wante er sich u. floche". „Das erst treffen" kann doch nur heißen: „gleich beim ersten Zusammentreffen" und die angeblich mehrfachen Attaquen sind dadurch direct ausgeschlossen.

Ich verstehe also Meltinger so. In dem Satz „er hatt dry huffen zulest widerstund er mit einem huffen zu berg zu" ist nicht der „eine" Haufe „einer von den dreien" — sondern in der springenden Art eines ungewandten Briefschreibers fügt er der Angabe, daß die Burgunder ursprünglich drei Haufen gehabt, gleich hinzu, daß sie den Angriff zuletzt in einem Haufen gemacht hätten und dieser gerade auf die Baseler gerichtet gewesen wäre. Nun holt er erst Mancherlei in der Erzählung nach und beginnt nun noch einmal, wie die Burgunder die drei Haufen in einen zusammengezogen und den Angriff ausgeführt.

So allein ist in die Erzählung ein rationeller Zusammenhang zu bringen. Als der burgundische Haufe „der fine spitz mit ytelichen türissieren" sich nach der Bergseite zuwandte, um dem schweizerischen Gevierthaufen in die Flanke zu fallen, da wurden die Baseler Ritter aufgefordert, diesen Angriff abzuwehren. Ihnen war bei der großen Ueberlegenheit des Feindes nicht wohl dabei zu Muthe; wären die burgundischen Ritter geradeaus auf die Baseler losgegangen, so wären diese verloren gewesen. Zu ihrem Heil („Do wirkte der allemechtig Gott") und naturgemäß wandten sich die Burgunder aber nicht gegen die wenigen Reiter, sondern gegen den Gevierthaufen, der den Angriff abschlug, während die Baseler die burgundischen Reiter ihrerseits in der Flanke bedrohten. „Do gestunden sy (der Gevierthaufe) als die frommen — do begab sich daß wir musten zu finer syten hinzu. — was er sich bedocht weiß nieman — do das erst treffen beschach — was nit groß — do wante er sich und floche".

So interpretirt stimmt die Schilderung Meltingers mit derjenigen Schillings und Panigarolas durchaus überein. Ein wiederholter Angriff der burgundischen Gensd'armen auf den schweizerischen Gevierthaufen ist mit Panigarolas Erzählung überhaupt nicht zu vereinigen und in Schilling auch nur mit Mühe hinein zu interpretiren. Er müßte dann zufällig genau denselben Gedankensprung gemacht haben, wie Meltinger, nämlich den Erfolg des ersten Angriffes mitzutheilen vergessen haben.

Die Frage ist noch, wie Meltinger zu seiner Darstellung der Bewegung der drei Haufen der Burgunder kommt, die er anfänglich unterschieden haben will und die sich nachher in einen Haufen zusammengezogen haben sollen und „einen finnen Spitz"[1]) mit ytelichen türissieren und verdeckten rossen" machten. Ein anderer

---

[1]) Der Ausdruck „Spitz", der zu viel Kopfzerbrechen und Irrthum Veranlassung gegeben hat, bedeutet durchaus nichts Anderes als eine tiefe Colonne, so-

Brief (ebenfalls bei Knebel p. 363) beschreibt die Stellung der drei Haufen „der ein an dem berg bo rinn ist er gewesen — der andere in der wyte en mittel u. der dritte wider den see". Daran ist natürlich nicht zu denken, daß Karl seine sämmtlichen Gensd'armen in eine mächtige Colonne zusammengezogen habe. Von Panigarola erfahren wir ausdrücklich, daß ein Theil den Befehl erhielt zurückzugehen, um die Artillerie zu bemaskiren. Wir müssen also annehmen, daß die Baseler Ritter, deren ganze Aufmerksamkeit naturgemäß auf den ihnen gegenüberstehenden Haufen gerichtet war, jene anderen nicht beachtete und sich einbildete, die ganze Masse habe sich zugleich auf sie gestürzt.

Nach Knebel p. 367 sind die Baseler wohl und frisch wieder heimgekehrt bis auf Einen, der sich an gesalzenen Fischen krank gegessen. Nach dem Actenstück in den Eidgenöss. Abschieden II, 593 hätten die Baseler aber für die Pflege ihrer Verwundeten 30 Gulden erhalten, was auf 10—20 Verwundete schließen lassen würde. Ob diese Verwundungen aus der Schlacht selbst stammten, ist damit noch nicht gesagt; auch vor Baumarcus oder auf der Verfolgung können die Baseler sie erlitten haben.

Daß die wenigen Reiter gegen die Menge der Burgunder in der Schlacht etwas ausgerichtet haben, ist kaum anzunehmen, obgleich es ihnen mehrfach nachgerühmt wird.

Robt sagt p. 75: „Beim Anblick der feindlichen Macht schien die Vorsicht Halt zu gebieten, um des Nachzuges der übrigen Eidgenossen zu harren, bevor man weiter vorrückte, und unten auf flachem Felde dem gewaltigen Andrang einer zahlreichen feindlichen Reiterei sich bloßstellte; dies mag auch die Absicht der Anführer gewesen sein. Doch vergebens, sie mußten der ungestümen Kampfbegier

---

gar Schlachthaufen ganz allgemein. Albrecht von Bonstetten, der den Burgunderkrieg lateinisch und deutsch beschrieben hat (Archiv f. Schweiz. Gesch. Bd. XIII, p. 290 und p. 307) übersetzt: „Ha, ha, und du bist geflohen, der du bis har die Spitz diner Bynden hast alle durchritten". „Ha Ha fugisti tu ipse tandem, qui hac tenus omnes adversantium acies transmigrasti."

Wir finden freilich wirklich einmal eine Anordnung der Ritter im Dreieck. In dem Gefecht bei Pillenreuth (11. März 1450) standen (nach dem Bericht im 2. Bande der Chroniken deutscher Städte) im ersten Gliede 5 namentlich genannte Ritter, im zweiten 11, im dritten 9, im vierten 14, danach der Haufen, zuletzt 14 Ritter, die den Haufen zusammenhielten. Diese dem Haufen gegebene Spitze ist natürlich nichts wie eine Spielerei, etwa wie die Evolutionen der Nachtreter Friedrichs des Großen, die die schräge Schlachtordnung vorstellen sollten nach den Gesetzen der Geometrie. Wollte man sich eine spitze Ordnung beim Zusammentreffen mit dem Feinde festgehalten denken, so müßte ja das zweite Glied auf Gliederabstand vom Feinde Halt machen, um zu warten, bis das erste seine Gegner getödtet hat, resp. wahrscheinlicher von allen Seiten angefallen und getödtet ist. Die Schilderung der „pyramidalen" Schlachtordnung bei Saxo Grammaticus Buch VII (Ausg. v. Holder p. 248) hat als historisches Zeugniß etwa so viel Werth wie die von Historikern und Militärschriftstellern immer noch gläubig nacherzählten Münchhausiaden des Aeneas Silvius über die Wagenmanöver der Hussiten oder die „eisernen Heerwagen" (Sichelwagen?), mit welchen nach Tschudi die Schweizer bei Laupen unter ihre Feinde gefahren sind.

Wer diese und ähnliche Fabeleien ausführlicher widerlegt zu haben wünscht, den verweise ich auf die vortreffliche, mir erst während des Drucks zugegangene Schrift von Bürkli „Der wahre Winkelried. Die Taktik der alten Urschweizer", Zürich 1886. Aus dieser Schrift trage ich hier zugleich die Verbesserung nach, daß nur die Spießer, aber nicht die Hellebardierer der Schweizer Harnische trugen.

der Mannschaft, dem Racheburst der bernerischen besonders nachgeben. Vorwärts! erscholl es jetzt durch die Reihen. Als die Benner sahen, daß es Ernst galt, stiegen sie von ihren Rossen ꝛc." Als Quelle für diese Schilderung citiert Rodt neben Schilling und dem Kanonikus von Neuschatel die handschriftliche Freiburger Chronik. Da die beiden ersteren nichts davon enthalten, so ließ ich mir die Freiburger Chronik kommen, denn es wäre offenbar ein sehr wichtiges Moment, wenn die Schlacht allein durch die Ungeduld der Mannschaft gegen den Willen der Führer herbeigeführt worden wäre. Aber auch die Freiburger Chronik enthält hiervon kein Wort. Die Schilderung ist, wie es ja auch die Wortfassung andeutet, eine Ausmalung Rodts.

Drittes Capitel.

Die Schlacht bei Murten.

Die Schweizer machten ihren Sieg nicht etwa zum Fundament einer großen strategischen Offensive; sie verfolgten ihn nicht einmal weit über das Lager von Granson hinaus, sondern kehrten mit der Beute sofort in ihre heimathlichen Cantone zurück. So konnte Karl in der Waadt selbst, 11 Meilen von Bern sein Heer reorganisieren. Sein Hauptquartier war Lausanne. In zwei Monaten hatte er hier seine Rüstungen vollendet, ein beträchtlich stärkeres Heer als bei Granson zusammengebracht und begann den Feldzug von Neuem.

Die Schweizer hatten es diesmal nicht gewagt, so weit vorgeschobene Posten, wie es Granson gewesen war, zu behalten. Der einzige Ort auf savoyischem Gebiet, den sie festhielten, war Murten, welches, kaum drei Meilen von Bern gelegen, die nördlichere der beiden Straßen, auf denen man von Lausanne nach Bern gelangen kann, sperrt, sowie Freiburg die südlichere. Einen von diesen beiden Orten mußte Karl daher zunächst angreifen. Etwa an ihnen vorbei direct auf Bern zu ziehen, würde keinen Vortheil gebracht haben. Die Berner allein hätten sich schwerlich zur Schlacht im offenen Lande gestellt; der Herzog hätte die Stadt belagern müssen und wäre dabei in derselben Art, aber unter unendlich viel ungünstigeren Umständen, von dem Entsatzheer angegriffen worden, wie er es vor Murten oder Freiburg erwarten durfte. Der Herzog mußte sich also nothwendig zunächst gegen eine dieser beiden Städte wenden und der Berner Rath hatte in Voraussicht dessen die Freiburger Bürgerschaft durch einen „Zusatz" von 1000 Mann verstärkt, die auf feindlichem Gebiet gelegene Stadt Murten, deren Gesinnung zweifelhaft war, mit einer Besatzung von 1500 Mann unter Führung eines besonders bewährten Kriegers, Adrian von Bubenberg, versehen.

Der Herzog von Burgund beschloß, sich gegen diesen letzteren Platz zu wenden. Was für specifisch militärische Gründe auch für diesen Entschluß in die Wagschale gefallen sein mögen — etwa die bessere Rückzugslinie oder Terrain — das Entscheidende war dieselbe Betrachtung, welche ihn den ersten Feldzug hatte gegen Granson richten lassen. Der Widerwille der östlichen Cantone gegen diesen Krieg war nach Granson ganz ebenso groß wie vorher. Deshalb waren sie trotz aller Vorstellungen Berns und trotz der augenscheinlichsten militärischen Vortheile, die zu gewinnen waren, nach dem Siege sofort nach Hause zurückgekehrt und hatten den Burgundern erlaubt, unmittelbar vor ihrer Thür ihren Sammelplatz aufzuschlagen. Selbst Murten wollten sie nicht vertheidigen helfen, sondern sich beschränken auf den Schutz des wirklich eidgenössischen Gebiets. Ein Angriff auf Freiburg, obgleich auch dieses nicht zu dem eigentlichen Bunde gehörte, würde sie sofort mit ganzer Macht unter die Waffen gebracht haben; mit Murten konnte sich leicht dasselbe Spiel wiederholen, wie im Frühling mit Granson.

Was der Herzog weiter beabsichtigte, wenn es ihm gelang, Murten vor Ankunft des Entsatzheeres zu nehmen, ist schwer zu sagen. Er hat zwar zu Panigarola davon gesprochen, daß er dann direct auf Bern ziehen werde, aber man kann sich ebenso gut vorstellen, daß er in einer festen Stellung den Angriff der Schweizer abgewartet hätte. Die 1500 Mann Besatzung von Murten in seiner Hand hätten vielleicht sogar genügt, den Zweck des Krieges zu erreichen, wenn er sie als Pfand gefangen behielt; und wenn er sie wie die Besatzung von Granson hinrichten ließ, so hätte er nicht bis Bern zu gehen brauchen, um die Schweizer zu der gewünschten Schlacht im offenen Felde zu provocieren.

In wohlüberlegter Weise also ging Karl auf Murten vor, begann die Belagerung (8. Juni) und bereitete seine Stellung zum Empfang eines etwa anrückenden Entsatzheeres. Ein Belagerungsheer kann einem Entsatzheer entweder entgegengehen, wie Friedrich

13*

bei Rollin, oder Bonaparte 1796 vor Mantua den Oesterreichern, oder es kann den Feind hinter einer Contravallation erwarten, wie

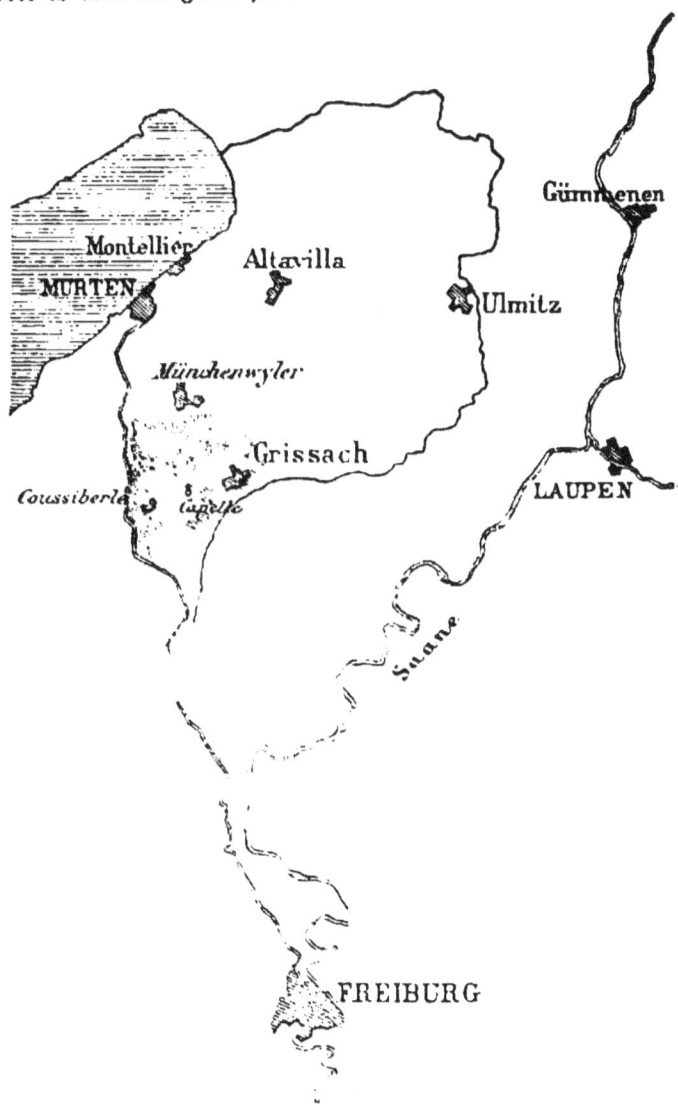

Cäsar die Gallier vor Alesia. Das Erstere verwarf Karl, wohl nicht zum wenigsten beeinflußt durch die Erfahrung bei Granson. Wenn

überhaupt die Defensiv-Offensive, d. h. die Defensive, welche in dem Augenblick zur Offensive übergeht, wo die Vortheile der Defensive erschöpft sind — die stärkste aller Gefechtsformen ist, so war sie es im besonderen Maße für die burgundische Armee in ihrer Zusammensetzung aus Artillerie, Schützen und schweren Reitern, und auf einem Terrain wie das schweizerische, welches nur theilweise für das Zusammenwirken dieser Waffen practicabel ist. Karls Absicht war daher, den Feind zu erwarten in einer festen mit Artillerie besetzten Stellung mit freiem Vorterrain, auf welches die Reiterei im gegebenen Augenblick vorbrechen konnte.

Ein Blick auf die Karte zeigt, daß für eine Armee, die Murten belagert, ein solcher Plan besondere Dornen hat. Sie kämpft, wenn der Angriff nicht gerade von Norden an dem See entlang erfolgt, ohne Rückzugsstraße. Diesem Uebelstande zu begegnen, traf der Herzog Anstalten, über die uns jedoch die Ueberlieferung nur mangelhaft informiert. Wir erfahren, wie Karl den Angriff abzuwehren gedachte, der nachher wirklich erfolgte, aber nichts über die anderweitigen Eventualitäten, welche Karl nothwendig in Betracht gezogen haben muß. Namentlich wie Karl sich in dem Fall verhalten haben würde, daß die Schweizer ihr Heer bei Freiburg sammelten, wissen wir nicht. Es ist möglich, daß er einem solchen Angriff, unter Aufhebung der Belagerung, entgegengegangen wäre.

Der Angriff der Schweizer hat sich aber nicht von dieser Seite, sondern in der Richtung von Osten, von Bern her, über Gümmenen und Ulmiz, entwickelt. Die Zuzüge der Eidgenossen kamen so langsam, daß man hätte fürchten müssen für den Entsatz, wie bei Granson, zu spät zu kommen, wenn man noch den Umweg auf die Freiburger Straße hätte machen wollen. Auch der Angriff von Ulmiz mußte ja das burgundische Heer, wenn es ihn vor Murten abwartete, in den See werfen und konnte deshalb die noch weiter ausholende Umgehung überflüssig erscheinen lassen.

Karls Gegenanstalt bestand nun nicht darin, daß er eine eigentliche Contravallationslinie anlegte, wobei er keinen Rückzug gehabt haben würde, sondern er ließ eine Stellung befestigen, die sich so weit nach rechts (Süd-Osten) ausdehnte, daß sie, wenn auch nicht völlig senkrecht zur Rückzugsstraße, doch wenigstens schräg zu derselben stand. Die Stellung erstreckte sich in der Richtung von Münchenwyler an der Capelle vorbei bis auf die Anhöhe westlich der

Quelle des Biberen-Baches nahe der Freiburger Straße, die eine starke halbe Meile von den Thoren der Stadt Murten entfernt ist, und bestand in einer Palissabierung, die mit Artillerie besetzt wurde.

Wie der Herzog sich gegen eine noch weiter ausholende Umgehung von Freiburg zu sichern suchte, oder was er in diesem Fall zu thun beabsichtigte, ist, wie schon gesagt, nicht überliefert. Wie der linke Flügel gestaltet war, ist ebenfalls nicht überliefert. Man kann sich etwa vorstellen, daß eine Palissabierung von Münchenwyler bis an die Stellung des Belagerungscorps, südlich von Murten, gezogen war, so daß das nördliche Belagerungscorps — es waren die Savoyer unter dem Grafen von Romont — außerhalb der Stellung sich befand und den Auftrag hatte, im Fall eines Angriffes von dieser Seite, sich unter momentaner Aufopferung des Lagers und der schweren Geschütze zurückzuziehen. Die Schlacht würde dann südlich von Murten geschlagen worden sein; siegten hier die Burgunder, so fiel ihnen ja das momentan Aufgegebene von selbst wieder zu. Es ist jedoch auch möglich, daß das ganze Belagerungscorps mit in die Verschanzung hineingezogen war; dann hätte die Linie etwa bis auf die Höhe von Altavilla und von da im Winkel an den See gehen müssen und wäre fast eine Meile im Ganzen lang gewesen. Das scheint für eine Armee von kaum 20000 Mann eine ganz unzulässige Ausdehnung. Vielleicht liegt die Erklärung in einer Angabe, die wir freilich nur in einem der Schlachtlieder[1]) finden, daß nämlich Karl auch einen Bach habe stauen lassen. Oberstlieutenant Meister glaubt diesen Bach in dem von Münchenwyler nach Montellier fließenden Wässerchen zu erkennen, durch dessen Stauung dieser Theil des Terrains völlig unzugänglich gemacht worden sei. Mit der eigenen weiteren Darstellung Meisters stimmt diese Annahme nicht überein[2]); auch nach der Karte scheint der Bach viel zu nahe der Stadt Murten selbst in den See zu münden, als daß

---

[1]) Das alte Murtenlied von Zoller. Bei Ochsenbein, Urkunden p. 494.
[2]) Meister p. 32 faßt nämlich als die Front des burgundischen Heeres die Linie Capelle St. Urbaine-Altavilla und von da bis zum See. Unmittelbar darauf äußert er sich aber dahin, daß Karl auf der Ebene am See d. h. von Münchenwyl bis Altavilla die Schlacht nicht angenommen haben würde; nur uneigentlich kann also diese Strecke mit in den Ausdruck „Front" hineingezogen werden.

er hätte das Belagerungscorps decken können. Ich lasse diesen Punkt also dahingestellt.

Wie und wo auch immer die beiden Flügel des burgundischen Heeres aufgestellt gewesen sein mögen, es ist klar, daß die strategische Schwäche der Stellung des Belagerungsheeres durch die Befestigungs-Anlage keineswegs völlig gehoben wurde. Gewonnen wurde allerdings die Möglichkeit des Rückzuges, aber dieser Gewinn war erkauft durch andere, eigentlich unerträgliche Mängel. Entweder ein Theil des Belagerungsheeres war nicht gedeckt oder die Ausdehnung der Stellung in gar keinem Verhältniß zu der Truppenzahl; Letzteres sogar eigentlich auf jeden Fall. Man muß sich wohl vorstellen, daß Karl meinte, den Anmarsch der Schweizer früh genug bemerken zu können, um auf dem angegriffenen Punkt seine Truppen zusammenzuziehen; vielleicht nicht in die Stellung hinein, sondern in der Art, daß die angegriffenen Truppen sich vertheidigten, bis die an den nicht angegriffenen Stellen stehenden ihnen durch Offensiv-Bewegung in die Flanken des Feindes zu Hülfe kamen: eine höchst schwierige Aufgabe, da bei der Länge der Stellung die Besatzung an jedem einzelnen Abschnitt nur sehr dünn sein konnte und die dazwischen liegenden Waldhügel die Uebersicht und die Bewegung erschwerten. Nur zu leicht konnten die Schweizer an dem angegriffenen Punkt durchgebrochen sein, ehe die fernerstehenden Truppen anlangten. Hätte der Herzog aber dieses Umstandes wegen die Stellung verkürzen wollen, so hätten die Schweizer dieselbe von der Flanke aus angreifen und aufrollen können. Selbst die Verlängerung bis zur Freiburger Straße sichert doch noch nicht völlig gegen diese Eventualität [1]).

Erst am 22. Juni, dem 13. Tage nach Beginn der Belagerung, war das Heer der Schweizer versammelt. Nicht auf die Nachricht von dem Vormarsch des burgundischen Heeres, nicht einmal auf die Nachricht der Belagerung Murtens, sondern erst als wirklich altbernerisches Gebiet verletzt war — was bei Gelegenheit eines Vor-

---

[1]) Die der Meister'schen Abhandlung beigegebene Terrainkarte stimmt mit der dem Ochsenbein'schen Urkundenbuch beigegebenen Karte des eidgenössischen Stabsbüreaus (der unsere Skizze nachgebildet ist), nicht ganz überein. Nach letzterer führt die Freiburger Straße über Courlevon und Courgevaux nach Murten, nach Meister über Münchenwyl.

postengefechtes an der Saane am 12. Juni geschah — hatten die Cantone ihre Mannschaften aufgeboten.

Trotz großer Anstrengung war es den Burgundern nicht gelungen, in dieser Zeit Murten zu überwältigen. Sie hatten Bresche geschossen und gestürmt, waren aber zurückgeschlagen worden. Mit der höchsten Thatkraft und Umsicht leitete der Commandant Bubenberg die Vertheidigung. Er hielt die feindlichen Regungen in der Bürgerschaft im Zaume und befeuerte den schon sinkenden Muth seiner Mannschaft durch Zuspruch und Strenge. Verstärkungen, die ihm über den See zugesandt wurden, kamen ihm zu Hülfe. Die burgundischen Capitäne riethen daher dem Herzog, auf eine Wiederholung des Sturmes zu verzichten, sich auf die fortgesetzte Beschießung zu beschränken und alle Kraft auf die bevorstehende Schlacht zu verwenden, welche auch das Schicksal der Stadt mit bestimme[1]).

Unsere Auseinandersetzung über die Stellung des burgundischen Heeres zeigte, wie viel für den Herzog darauf ankam, rechtzeitig von dem nahenden Angriff des Entsatzheeres unterrichtet zu sein. Man sollte daher meinen, er habe seine Vorposten soweit wie möglich vorgeschoben und zwar bietet sich als die natürliche Linie derselben der Lauf der Saane, deren beide Uebergänge, bei Laupen und Gümmenen, eine reichliche Meile von dem burgundischen Lager und der Aufnahmestellung entfernt liegen. Am 12. Juni machten die Burgunder auch einen Versuch, sich dieser Plätze zu bemächtigen, wiederholten denselben aber, als sie zurückgeschlagen waren, nicht. Karl wollte wohl nicht exponierte Posten der Gefahr aussetzen, aufgehoben zu werden, und jene Gefechte haben nur den Zweck der Recognoscierung, oder vielleicht den der Zerstörung der Brücken gehabt.

Die Schweizer waren nunmehr im Stande, ihr Heer vorwärts der Saane bei Ulmiz zu sammeln, nicht viel über eine halbe Meile von dem Heerestheil des Grafen Romont entfernt, welcher Murten von der nördlichen Seite einschloß, und eine kleine Meile von dem äußersten rechten Flügel der burgundischen Aufnahmestellung. Neben den eigentlichen Schweizern erschienen der Herzog René von Lothringen mit einigen hundert Reitern, österreichische Reiter, Straßburger und andere Contingente aus dem Elsaß.

---

[1]) Panigarola 20. Juni.

Ein Kriegsrath beschloß, den Angriff auf den rechten Flügel der burgundischen Stellung zu richten; drang man hier durch, so mußte ein großer Theil des feindlichen Heeres von der Rückzugsstraße abgedrängt und abgeschnitten werden. Es ist werth, die eigenen Worte des Berner Chronisten über diesen entscheidenden Entschluß zu wiederholen: „da warent alle Hauptlüht, Venner und Rähte, von Stetten und Lendern, dazu ander Pundgnossen und Verwanten, Tag und Nacht by einandern zu bedenken und rahtschlagen, wie sy die Sachen nach Ehren angriffen und hanblen möchten, dann sy allweg in Fürsorgen warent, der Hertzog und die Rechtschuldigen wurden inen entrinnen, als vorhin vor Granson auch beschechen was, und wurden des mit einandern enhellichen zu Raht, daß sy in dem Namen Gottes, und mit seiner Göttlichen Hilf, den rechten Herrn am ersten angriffen, und den inmaßen hinderziehen wolten, das er inen nit wol möcht entrinen, dann sy meinten, ob sy joch dem Grafen von Reymond, der sin Lager hier diesenthalb Murten auch mechtiglich geschlagen hat, am ersten angriffen und erschlugen, so würden der Hertzog und die andern Rechtschuldigen zu Flucht bewegt."

Um die rechte Stelle zum Angriff zu erkunden, wurden am Morgen in aller Frühe drei Hauptleute mit 600 Reitern zur Recognoscierung vorgeschickt. Diese stießen am Ausgang des Waldes auf die burgundischen Vorposten, allarmierten dadurch das ganze Lager und zogen sich, als sie angegriffen wurden, wieder zurück[1]).

Nun wurde in der üblichen Weise die Schlachtordnung gebildet. Nicht einem Schweizer, sondern dem österreichischen Ritter Wilhelm Herter, der auch jene Recognoscierung geleitet hatte, wurde das Amt des Oberanführers und Ordners übertragen, ein Geschäft, das man sich, so einfach die Ordnung an sich war, doch nicht so leicht und einfach vorstellen darf. Die Vorhut wird etwa 5000 Mann an blanken Waffen gezählt haben; Führer derselben war der Berner Hans von Hallwyl. Ihr wurden noch die sämmtlichen Schützen und

---

[1]) Diese Recognoscierung wird nur von zwei Quellen erwähnt, in der Chronik Etterlins und in dem Bericht, welchen der Straßburger Hans v. Ragened unmittelbar nach der Schlacht nach Hause sandte. (Bei Ochsenbein, Urkunden, p. 260.)

Robt citiert einen Satz aus Etterlin „Das wundert ein Michel Teil, so soliches entfolen warb". In dem ältesten Druck von 1507 und in der Wiedergabe in Ochsenbrins Urkunden steht jedoch, unzweifelhaft richtig: „Der wurdentt eyn michel teyl so sölichs entpfollen warb".

die Reiterei zugetheilt. Nur die eine Flanke wurde, außer der Front, mit langen Spießen besetzt, weil die andere durch die Reiterei gedeckt war. Der Gewalthaufe, unter Führung des Zürichers Hans Waldmann, wird etwa 10 000, die Nachhut, unter dem Luzerner Hertenstein, wieder etwa 5000 Mann stark gewesen sein. Der Rest entfällt auf Schützen und Reiter. Mehrere Stunden vergingen über dem Aufmarsch; dann verging noch einige Zeit mit der Ceremonie der Ertheilung des Ritterschlages an einige hundert Krieger; endlich, da die Mannschaft schon anfing ungeduldig zu werden[1]), setzte man sich in Bewegung.

In dieser Zwischenzeit war ein fast unbegreiflich erscheinender Umstand eingetreten, der, wenn er auch gewiß nicht das Schicksal des Tages entschied, doch den Sieg der Schweizer unendlich erleichterte. Die burgundische Armee, durch die Recognoscierung am Morgen allarmiert, hatte, nachdem sie den Angriff sechs Stunden in strömendem Regen erwartet, die Verschanzungen verlassen und sich wieder in das Lager zurückbegeben, die Waffen abgelegt und die Pferde abgesattelt[2]).

Die Unaufmerksamkeit erscheint um so unverzeihlicher, wenn man sich erinnert, wie viel bei der ausgedehnten Aufstellung gerade auf die rechtzeitige Befehlsertheilung ankam. Ob der Herzog etwa Befehle bezüglich der Beobachtung des Vorterrains gegeben, welche nicht befolgt sind, ist nicht überliefert. Es ist das sehr wohl möglich, da nichts leichter ist, als solche Befehle zu geben und nichts schwieriger, als eine vollständige Ausführung zu erlangen. Recognoscierungen sind immer nicht nur ermüdende, sondern auch sehr gefährliche Unternehmungen, die auch von den bestdisciplinierten Truppen oft nur ungenügend ausgeführt werden. Jeder Einzelne ist versucht, den Befehl so eng wie möglich auszulegen und Mancher zieht es vor, nicht ganz so weit vorzugehen, wie nöthig wäre, die Beobachtung wirklich auszuführen. Analogien dazu, daß eine ganze feindliche Armee im Anmarsch dicht vor der Front nicht entdeckt wird, bietet die Kriegsgeschichte häufig. Ich will, weil eigentlich

---

[1]) Das lange Warten und die Ungeduld betonen besonders die Schlachtgedichte.

[2]) Diese Darstellung beruht auf der Erzählung Basins, der in frappanter Weise mit Etterlin harmoniert und dadurch einen hohen Grad von Glaubwürdigkeit erhält, auf den der Autor sonst nicht Anspruch machen könnte.

Die Schlacht bei Murten. 203

nur die immer wiederholte Erfahrung die Sache glaublich erscheinen läßt, an einige erinnern. Am 16. October 1813 erwarteten die Franzosen die Schlesische Armee in einer wohlvorbereiteten Stellung bei Wahren und verließen diese in der Meinung, daß von dieser Seite kein Angriff bevorstehe. Unmittelbar darauf wurde der Feind gemeldet und war bereits so nahe, daß man in jene Stellung nicht zurückkehren konnte, sondern die, eine Viertelmeile rückwärts liegende Stellung von Möckern, wo man eben angelangt war, einnahm. Noch crasser ist das Beispiel der Schlacht bei Königgrätz, wo die Oesterreicher auf dem rechten Flügel den Anmarsch der Truppen des Kronprinzen nicht eher bemerkten, als bis sie mitten unter ihnen waren. Am 4. August 1870 war die ganze III. Armee auf Weißenburg im Anmarsch, ohne daß die französischen Patrouillen sie bemerkten; der General Douay ließ auf ihre Meldungen hin die Truppen abkochen, als plötzlich bei den Vorposten das Feuern begann. Die Gefechte von Trautenau 1866, wo die Preußen die Ankunft des Gros der Oesterreicher nicht bemerkten, und von Beaumont 1870, wo die Franzosen von den Preußen überfallen wurden, gehören nicht ganz hierher, da der Fehler darin lag, daß man den Feind nicht sowohl nicht bemerkte, als nicht erwartete. Eher läßt sich noch heranziehen, daß die Deutschen den 17. und den ganzen Vormittag des 18. August 1870 gebrauchten, ehe sie den rechten Flügel der französischen Stellung bei St. Privat herausfanden, der nur eine Meile von ihnen entfernt war. Diese Beispiele aus den bestdisciplinirten Heeren der Weltgeschichte werden den Fehler der Burgunder bei Murten dem Verständniß näher bringen.

Die Schweizer richteten ihren Angriff, alle drei Haufen ziemlich nahe bei einander auf das Thal zwischen Grissach (Cressier) und Coussiberle. Wie schwach die Besetzung dieses Postens war, erhellt, wenn man überlegt, daß derselbe doch nur einen Abschnitt der ganzen langen Stellung bildete, von der die Schweizer jeden einzelnen Punkt nach Belieben angreifen konnten, die also auch alle gleichmäßig bewacht sein mußten, doch aber das Gros des burgundischen Heeres in das Lager zurückgekehrt war. Nichtsdestoweniger wurde der erste Angriff zurückgeschlagen; die Berichte beider Seiten stimmen darin überein. Nach der Erzählung des Berners Schilling müßte man annehmen, daß die Haufen bis an die burgundischen Palissaden selbst gekommen, hier nicht durchgedrungen und wieder umgekehrt wären. Wahrscheinlicher ist wohl, daß schon die Wirkung des burgundischen Geschützes und der Anblick der mit Schützen besetzten Befestigung die Angriffscolonnen zum Stutzen brachte. Die Erzählung eines anderen Augenzeugen, des Luzerners Etterlin lautet: „Do hattent sich die vygent trefflichen gesterckt, und trefflichs großes geschützes, Schuffent trefflich und vygentlich gegen den Eydtgenossen in yr ordnung, des gelichne in die Rütter die dann nebent der ordnung hieltent in einem velblin und tatten an dem ende großen schaden, dann ich peterman etterlin, setzer diser coronick und menig fromm mann, so do warent gesüchent ettliche Reysigen und Ritter, an mitten entzwey schiessen das das oberteyl gantz anweg kam und der underteyl im sattel beleyb, des gelichen wurdent ettlichen der kopf ab auch sust erschossen und geletzt, aber dennoch von den gnaden gottes nit viel." Wären die Schweizer bis an die Palissaden gekommen und hätten im Bereich der feindlichen Geschosse zurückgemußt, so wäre der Verlust wohl ziemlich groß geworden. So war es mehr der moralische Eindruck der fürchterlichen Verletzungen durch die Vollkugeln, als die Zahl der Getödteten, welche die Colonnen zum Stehen brachten.

Panigarola berichtet, der Capitän Jacob Galioto und alle anderen Capitäne hätten ihm gesagt, daß, wenn das burgundische Heer zur Stelle gewesen wäre, als die Schweizer umkehrten und sich nach dem Wald hinzogen, man sie unzweifelhaft besiegt haben würde[1]). Ob die Schweizer Gevierthaufen wirklich so sehr erschüttert gewesen sind, mag billig bezweifelt werden, aber richtig ist, daß dies für die Burgunder der gegebene Augenblick für den Uebergang zur Offensive gewesen wäre. Da erst ein geringer Theil der Truppen zur Stelle war, so konnten die Burgunder den Moment nicht benutzen.

Was nun weiter geschah, ist zwar so zu sagen der Idee nach völlig klar, über die concrete Ausführung sind wir jedoch nicht genügend informiert. Eine Abtheilung der Schweizer umging die Verschanzung, brachte vermuthlich schon durch ihr bloßes Erscheinen die Geschütze zum Schweigen, hieb die Bedienung und die Bogner nieder oder jagte sie in die Flucht und eröffnete damit der ganzen Masse den Zugang. Wer diese Wendung gerathen oder befohlen, welche

---

[1]) Offenbar unrichtiger Weise hat man diese Erzählung auf die Recognoscierung am Morgen früh beziehen wollen.

Abtheilung sie ausgeführt, von welcher Seite und wie weit ausholend die Umgehung bewerkstelligt wurde, ob die Schweizer eine unbefestigte oder nur eine unbewachte Stelle fanden, über das Alles lassen uns die Berichte im Dunkeln, widersprechen sich oder ermangeln der Glaubwürdigkeit. Wollten wir allein nach der äußeren Beglaubigung durch Zeugnisse fragen, so dürfte die Sache selbst fast zweifelhaft erscheinen. Von schweizerischen Augenzeugen wird sie direct von Niemand erwähnt; Panigarolas Bericht ist verloren gegangen. Der Baseler Knebel[1]) aber schreibt: „Da war ein Führer aus Schwyz, ein Landammann, der als ein sehr kluger Mann den Seinen den Rath gab, nicht in gerader Richtung den Angriff zu thun, sondern um einen Hügel herum, den Lombarden unerwartet. Also seine Hellebarde ergreifend stieg er vom Pferde, schritt seiner Schaar voran, führte sie in schräger Richtung gegen den Feind, stürzte muthig auf ihn und errang den Sieg." Ihm schließt sich an die Schilderung in der Chronik des Züricher Rathsherrn Hans Füßli, der 1495 Mitglied des Großen Raths wurde, 1538 starb, also noch als Zeitgenosse der Burgunderkriege angesehen werden kann. Er hat Edlibach seiner Schilderung zu Grunde gelegt, auch die offenbar falsche Nachricht, daß die burgundischen Ritter einen Ausfall aus dem Grünhaag machten, von ihm übernommen, dann aber fügt er selbständig hinzu: „Do das die eidgnossen sahend, do theilten sy beid huffen (die Gevierthaufen) von einandern und fielend uff eintweder syten durch den grünhaag mit gewalt entwerds in des Herzogen Zŭg und ließend die luden lär stan, bann der merteil gschütz darin gericht war (wie obstat) und ee sy das gschütz mochtend gewenden, do war man an inen." Die Aussage dieser beiden Schriftsteller, deren subjective Zuverlässigkeit sehr gering ist, werden werthvoll, wenn man sie vergleicht mit der Aussage des Augenzeugen Schilling und namentlich prüft an der Situation. Schilling sagt: „kamen am ersten an einen Hag, darüber man nit mocht kommen, dann dos sie wiederumb mußten keren und nebenzu durch einen engen Weg zu Roß und Fuß brechen mußten." Hier bleibt es unklar, was unter dem „engen Weg nebenzu" zu verstehen ist. Die ausführlichere Erzählung bei Knebel und Füßli belehrt uns darüber

---

[1]) Für „Murten" habe ich, da der dritte Theil der Basler Chroniken noch nicht erschienen ist, nur die alte sehr unzuverlässige Ausgabe von Burtorf-Falteisen benutzen können.

und der unklare Ausdruck Schillings genügt wieder jene zu bestätigen. Es ist ja das von der Natur der Dinge gegebene Manöver, eine Stellung, die in der Front zu stark, ist zu umgehen. Bei der Länge der burgundischen Stellung und der schwachen Besetzung mußte bald ein Punkt gefunden werden, wo man ohne Schwierigkeit durchbrach. Aufgeschreckt aus dem Lager eilten die Burgunder einzeln und in kleinen Abtheilungen herbei. Da kamen ihnen die Flüchtigen bereits entgegen und ihnen nach in dichten Massen, wenn auch schon aufgelöster Ordnung, die Schweizer. Vergeblich waren da alle Versuche des Herzogs, die Seinigen in einer neuen Stellung zum Halten zu bringen. Die gewaltige Ueberzahl und das stürmische Vordringen der Schweizer, die Verwirrung und Vereinzelung bei den Burgundern machte alle Anstrengungen scheitern. Nur ein Theil der Berittenen entkam; das Fußvolk, darunter die berühmten englischen Bogenschützen, wurde von den feindlichen Reitern ereilt und zum großen Theil niedergehauen; die ganzen Heeresabtheilungen aber, welche die Stadt Murten umschlossen hielten, waren abgeschnitten, ehe sie erfuhren, was geschehen war. Sie wurden sämmtlich hingeschlachtet oder im See ertränkt; nur die Abtheilung des Grafen Romont, die im Norden der Stadt lagerte, entkam, indem sie in großem Bogen um das feindliche Heer herum an der Saane entlang flüchtete.

Den Gesammtverlust schätzt Panigarola einmal (8. Juli) auf 8—10000 Mann, den Troß eingerechnet; später giebt er an, (13. Juli), daß von seinen 1600 Lanzen der Herzog 1000 Lanzen und 200 Edle gerettet habe, was wohl so zu verstehen ist, daß die 1000 Lanzen als volle Lanzen angesehen werden, von den 200 anderen sich nur die am besten berittenen Edlen[1]) gerettet haben, die Gemeinen und namentlich die Schützen untergegangen, und endlich die 400 noch übrigen Lanzen völlig vernichtet sind. Nach diesem Bericht wären also etwa ein Drittel des Heeres, 6000 bis 7000 Mann gefallen, was mit der vorhergehenden Angabe (von der ja noch der Troß abzuziehen ist) etwa stimmen würde. In einer dritten Depesche (vom 27. Juli) berichtet Panigarola von einer Heerschau, die Karl über die Geretteten abhielt. Hier kamen

---

[1]) Gingins übersetzt „nobili" mit „gentils-hommes de sa maison", wozu ich keinen Grund sehe.

Die Schlacht bei Murten.

11 Compagnien zusammen, welche hätten 1100 Lanzen geben müssen, aber nicht viel über die Hälfte so stark waren. Das würde den Verlust sehr viel größer erscheinen lassen, als die vorhergehenden Berichte, aber Panigarola fügt hinzu, daß nicht alle die Fehlenden gefallen, sondern viele Italiener und Burgunder nach Hause gegangen seien. Man wird also annehmen dürfen, daß von den insgesammt gegen 20000 Kriegern in dem Heere Karls sich außer den 2-3000 Savoyern etwa 8—10000 gerettet, 6—8000 und eine Anzahl Troßknechte und Lagergefolge erschlagen worden sind

Ueber den Verlust der Schweizer haben wir keine authentische Nachricht. Panigarola berichtet mehrfach, daß er von ausgelösten Gefangenen und geretteten Frauen gehört habe, wie die abgeschnittenen Burgunder ihr Leben theuer verkauft hätten.

Das wird bestätigt durch die Briefe Molbingers[1]), der erfahren haben will, daß die deutschen Knechte, unter denen sogar viele schweizerische Ueberläufer gewesen seien, „vast fest gestanden" und sich „ritterlich gewehrt", ehe sie erschlagen wurden. Trotzdem ist der Verlust von 3000 Mann, den nach Panigarola das eidgenössische Heer erlitten haben soll, sicherlich zu hoch.

---

[1]) Bei Ochsenbein, Urkunden p. 339 und 341.

Viertes Capitel.

Die Burgunderkriege in der Tradition.

Wir haben die kriegsgeschichtlich wesentlichen Ereignisse der Burgunderkriege nach dem Zeugniß von Urkunden und Augenzeugen kennen gelernt. Es folge nunmehr die Wiedergabe der Tradition und zwar zunächst die Wiedergabe einer Erzählung, welche in gewisser Beziehung in Vergleich zu der Erzählung Herodots von den Perserkriegen gesetzt werden kann. Es ist die bisher nicht gedruckte, aber öfter benutzte Erzählung Heinrich Bullingers.

Bullinger.

Die Analogie Bullingers mit Herodot liegt selbstverständlich nicht in der literarischen noch historischen Bedeutung der Männer oder der Werke, sondern ausschließlich in der Eigenschaft beider Werke als zweier Zeugnisse von historischen Ereignissen. Beide erzählen Dinge, welche das Gemüth und die Phantasie des Volkes in der Tiefe aufregten, und noch lange in der Tradition lebendig waren; Beide schöpften aus dieser Tradition, Herodot wenigstens 40, vielleicht erst 60 Jahre nach der Schlacht bei Marathon, Bullinger (geb. 1504, gestorben 1575) noch etwas später, aber doch auch noch vor dem völligen Aussterben der Generation der Zeitgenossen, außerdem unterstützt durch mehrfache schriftliche Aufzeichnungen, welche Herodot sicherlich nur in sehr geringem Maß zur Verfügung standen. Beide waren naiven, nicht kritischen Sinnes und erzählen schlichtweg, was ihnen überliefert ist.

Bullinger gegenüber sind wir nun im Besitz näherer und sehr naher Zeugnisse, so daß wir den Charakter der Tradition, welche er wiedergiebt, genau zu prüfen im Stande sind. Herodot gegenüber entbehren wir solcher Controlle fast vollständig. Es scheint mir daher angebracht, sich durch das Studium der Bullingerschen Tradition, der wir noch einiges Weitere hinzufügen werden, den Blick so zu sagen zu schärfen, um in der Herodoteischen Wahrheit und Dichtung auch ohne weitere Zeugnisse mit möglichster Sicherheit unterscheiden zu können.

Bullingers Erzählung lautet:

„Der Hertzog Carolus aber gar ergrimmet wider die Bundt- u. insonders wider die Eydgenoßen, Rüstete sich mit aller Macht, Sie zu überziehen, In willens Sie mit Feur & Schwert in Grund zu verderben.

Zum Zeichen dessen ließ er in seine Panner u. Fähndli mahlen Rothe andresiche oder burgundische Creutz, Feur, Eisen, Feurstein, Feurflammen u. Feurschwamm: Also ließ er ihm auch ein Ketten machen, wie es nachmahls pflegtend die Fürsten des Burgundischen Haußes zu führen u. zu tragen: Er ließ es auch rund um sein Wappen machen zu bedeuten; daß Er mit brennendem Zorn die Bunds- u. insonders die Eydgenoßen in grund verderben, ausreuten u. verbrennen wolte. Dann Er solches von wegen seiner großen Macht wohl zu thun getraute, hatte aber in seinem Hochmuth Gott noch nicht darum gefragt.

Seinen Anzug aber thet er auf den Hertzogen von Lothringen, u. belägeret Ihm seine Statt, Bry genannt. Die Belägerten in der Statt erschrakend ob der großen Macht des Burgundiers, begehrten der Gnaden, u. gabend sich auf, doch daß Sie ihres Leibs & Lebens gesicheret werind: welches Ihnen der Fürst zugesagt. Als Sie aber hinauszogend, u. 250 Eydgenoßen under Ihnen warend, hieß Er dieselben still stehen, u. die Gewehr von Ihnen legen, dann Er etwas mit Ihnen zu reden hette: Sobald Sie aber die gewehr von Ihnen gelegt, u. sich keines Moordts versehen, ließ Er Sie flux all fangen, u. an die nächsten Bäume jämmerlich u. um fürstlich übergebene Treüw u. Glauben Erhenken, u. sagt dazu: Also wil ich thun allen Eydgenoßen, die mir in diesem Krieg werdend. Es ward

Ihm aber darumb von Erfahrnen Leüthen übel geredt u. geloofet.

Carolus aber fuhr für mit seiner Macht, und in kurzem nahm Er eyn das ganz Fürstenthum Lothringen, u. vertrieb Herzog Reinhard von allem seinem Land, welches gar ein groß Herz machte allen Burgundiern, die nun mehr gewüßer Zuversicht warend, Ihr Fürst wurde Sie rächen an den Eydgenoßen, wie dann auch der Fürst nichts mehrers begehrte.

Wie Bern dem Graffen von Remont absagt u. Ihn überzog; Wie auch alle Eydgenoßen in die Waat zogend, und Sie einnahmend.
Cap. XIII.

Wiewohl der Graff von Remont zuvor wider die Eydgenossen für Clincurt zogen, könnt Er sich doch gegen Bern verstellen, daß man Ihm nicht allerdingen übel trauwte; dann er diser Zeit für den Rath zu Bern stuhnd u. sich alles gutem embotte, u. daß Er diser Zeit von Land reiten müßte, (sagte aber nicht wohin, Ritte aber hinab zu Herzog Carolo, u. ward da sein Marschalk) Befehle derohalber Jhnen seine Land u. Leuth.

Sein Volkh aber, daß den Sieg des Caroli von Lothringen vernommen, auch wie Ihr Herr u. Graff in des Fürsten hoher Achtung war, Erhub sich dessen u. beleidigte die Berner u. Ihre Bundsgenossen, in allem dem daß Sie möchtend u. könntend: dann Sie schlugend den Bundsgenossen zusätzeren allen feilen Kauff ab, warffend den Berneren Ihre Boten nider u. ermördeten Ihrer etliche.

Deßhalben die Statt Bern solches nicht mehr leiden wolt, u. sagtes dem Graff u. allen den Seinen ab. Des Absagsbrieff Datum ist d. 14. Oct. des 1475. Jahres u. zogend mit Ihr Panner samt denen von Freyburg aus für Murten, am Samstag vor Galli, doss gab sich auf mit aller gerechtsamme, wie es unter dem Graffen von Romont gewesen war.

Demnach zogend Sie für Peterlingen, da die Burger die Schlüssel entgegen brachtend, u. sich an Sie, allerdings wie Murten aufgabend.

Und wie Bern gemahnet hatte all Ihre Eydgenoßen, zog Zürich Ihnen zu mit 1500 Mann, deren Haubtmann war Hs. Waldmann.

Es zogend auch die andern Orth, Luzern, Ury, Schweiz, Unterwalden, Zug u. Glaruß; u. diese all mit einanderen zogend für Stäffis, war eine schöne u. gewerbsamme Statt, etliche Chroniken melden ob vermelte Orth der Eydgenoßen seyend erst zu Morsee zu den Berneren kommen.

In Stäffis war ein Haubtmann gar ein prächtiger Mann, der nicht wolt hören sagen vom Aufgeben, das kam dem armen Volkh zu grossem Unfahl; dann die Statt mit dem Sturm genommen u. vill Volkhs jämmerlich erschlagen ward. Der Haubtmann, der sich beßen nicht versehen, entrann mit 150 Knechten in das Schloß, ward aber nicht lang darnach mit den Seinigen (da Er groß Guth für sein Leben anbotte vergebens) gemetzget. In Summa ob 1000 Persohnen wurdend umgebracht, deren verschonet worden wäre, wenn der Haubtmann verständiger und nicht so hochmüthig gewesen were. Groß Guth ward auch da gewunnen.

Von Stäffis zogend Sie für Iferten, das ergab sich bald, durch underhandlung des Graffen von Valentis. Darum zog mann auch von da auf Edle, oder Etzeley: Die Saffoyer so darinnen lagend, verbrantend selbst das Stättlein, und wichend in das Schloß, welches ziemlich vest u. schön war: Das stürmten die Eidgenoßen auf 5 Stund, u. gewunnends: die Feind entrunnend weiters in einen hohen starken Thurn, aus dem Sie sich wehrtend: den woltend die Eydgnoßen angezündt u. nidergefellt haben: Da lagend in demselben Thurn 3 Berner gefangen, die battend treülich, daß mann doch Ihnen verschonen wolte, dann wann der Thurm angezündt u. gefellt wurde, were es um Sie auch gethan. Darum nahm mann die Feind im Thurn auf an das Schwerth, deßen warend bey 70 Persohnen, die wurdend hinweg geführt, u. mehrentheils enthauptet: insonders die welche vom Adel warend; under denen war auch der Herr von Chuseney, ein sehr schöner Mann.

Nach diesen Dingen kam daß geschrey, daß der Graff von Romont, eigner Persohn zu Morsee mit 3000 Pferdten läge: deß war mann eylends auf Ihn da zu suchen: aber Er entritte mit den Seinigen, denen war so noth zu fliehen, daß etliche außert Genff im Rhoden ertrunken: Statt u. Schloß Morsee aber gab sich auf an die Eydgenoßen.

Also ward auch bald gewunnen die Statt Vivis und verbrent: Item Remont & andere mehr. Es kam ein solcher Schrecken in das Land, daß wenig widerstand mehr war: u. die Statt Losanen schickt zu den Eydgnoßen um Friden, u. bezahlte Jhnen 2000 fl. Brandschatzung.

Darauf zog mann auf Genff, die hate sich auch unfründlich gegen den Eydgnoßen gehalten, daß wo mann nicht verschonet hette den Stätten Costanz, Augstburg, Nürnberg, die ihre Waahren darinnen hattend; das wann es durch einen Einfahl eingenohmen worden ware, hettend ermelte Stätt, u. andere Ehrenleuth das Jhrige da verlohren, u. were denen Gensseren übel gewartet worden. Mann nahm aber von Jhnen 25 000 Kronnen Brandschatzung, u. schonete Jhnen, dieweil Sie die Schlüssel den Eydgnoßen entgegen brachtend. Es wurdend auch vill andere Stätt u. Schlößer der Waat eingenommen, mehrentheils alle verbrandt, u. vill Volkh erschlagen, daß großer Jammer im Land war.

Zuletzt rüstete mann sich wider zu dem Ab- & Heimzug, besatzte aber vorhin mit 500 Mann, die mehrentheils von Bern u. Fryburg warend Statt u. Schloß Grandson, u. zog ab.

Es ist auch zu wüssen, daß in diesem 1475. Jahr die Statt Bern mit dem Land Wallis eine ewige hilfliche Bündtnuß gemacht hat, darum daß Land Wallis in Obermeltem Zug Jhre Zeichen u. Leuth auch gehabt hat.

Aber so bald die Eydgenoßen u. Walliser abgezogen, hat sich der Bischoff von Genff, die Statt u. andere Saffoyer, der Waatt, widerum abgeworfen, und habend sich stark besammlet in 10 000 zu Roß u. Fuß, darunter vill Adel war: Diese sind auf Montag nach St. Martinstag den Wallißern in Jhr Land gezogen. Die Walliser aber habend Jhnen den Einzug wollen wehren, sind aber hindersich getriben u. geschlagen worden: u. sind die Savoyer mit Gewalt für Sitten gerickt, da sich die Walliser gestärkt u. Hilff von den Sibenthaleren u. Saneren gehabt, u. underftanden Sitten zu entschütten; sind aber auch noch zu Schwach gewesen, u. zum anderen mahl abgetriben worden. Jnzwüschent kamend Bern u. Solothurn mit 3000 storkh den Wallißern zu Hilff, beredten die Flüchtigen, daß Sie widerum mit Jhnen angriffend u. gab Gott Kraft u. Stärke, daß Sie die Savoyer vor Sitten erschlugend; u. also das Land Wallis der Savoyeren entladen ward.

Zu Jferten lag ein Zusatz redlicher Leuthen von Bern, Luzern, Fryburg u. Solothurn: die underftund der Graff von Romont bey

Nacht durch Verrätherung der Burgeren, mit einer Mordnacht aufzuheben; u. kam in der Nacht Freitag vor Anthonj des 1476.
Jahres wohl mit 1500 zu Roß u. zu Fuß vor die Statt; die
Burger öffneten Ihm die Porten, daß er hinein kam. Der Eydgenoßen Wacht wekte die anderen, daß man bald im Harnist war,
u. mit weehren sich zusammenthat. Bald vermerktend die Eydgnoßen
der Burgeren untreüw, vermahneten einander dapfer zu sein u. Gott
anzurufen: Hiermit gieng es an ein heftiges Fechten, das vast
2 stund währete; u. wie Sie die groß Macht sahend drungend Sie
dem Schloß zu, kamend darein u. zogend die Fallbrugg auf. Der
Graff vermeinte, Er hette Sie nun mehr als in einem Thurn gefangen, forderte das Volkh in die Kirchen Ihm widerum zu huldigen
u. da zu Gemeinden, wie mann die Eydgenoßen ausreütten u. Sie
all vertilgen möchte.

Solches kam den Eydgenoßen wohl, dann Sie in dem Schloß
wenig Speis, Pulfer u. andere Rüstung fundend, so daß Sie übel
erschrackend: wurden räthig, die Fallbrugg wider herabzulaßen, u.
einen Ausfall in die Statt zu thun, um Speis u. was Jhnen werden
möcht in das Schloß hinein zu tragen: Der Ausfall gerieth Jhnen
glücklich u. wohl, u. überkamend zimlich ihre Nothdurft. Es war
aber der Graff flugs auch an Jhnen, denn das Geschrey in die
Kirchen kam, die Eydgnoßen woltend Sie in der Kirchen überfallen: deßen Sie erschrakend u. entsetzlich hinausfielend: Aber die
Eydgnoßen wehrtend sich starkh, u. kamend widerum mit wenig
Schaden in das Schloß: doch warend Jhnen 6 Eydgnoßen dermaßen von Feinden umgeben, daß Sie mit den andern nicht
möchtend in das Schloß kommen; das sahend die im Schloß, ließend
die Fallbrugg widerum ab, u. loffend etliche frische Knecht den um-
stelten zu Hilf, u. wagtens theür: doch gab Jhnen Gott stärke,
daß Sie 4 Errettetend, u. mit Jhnen in das Schloß brachtend,
zween wurdend erschlagen, die schleikten Sie dennoch mit Jhnen,
also Tod hinein: under den 6 war ein großer starker Mann von
Luzern, mit einem großen Schwerth, der bracht vill der Feinden
um, u. machte weg u. Lückhen mit seinem Schwerth.

Der Graff kam vor das Schloß, u. forderte es auf mit großem
Dröhen, war doch erschrocken, u. dazu wund; verwunderte sich der
Eydgnoßen, daß Jhren so wenig sich aller Jhrer ville Erwehret
hattend. Und da Sie ihm aus dem Schloß trotzig u. unverzagt

antwort gabend, brach Er noch selbiger Nacht auf, u. fuhr mit den
seinigen darvon: Ihm folgtend bald vill der verrätherischen Bur=
geren mit weib u. Kinderen. Die Zusätzer aber fielend widerum
heraus in die Statt, u. wie Sie fandend, daß Sie der Feinden
durch Gottes gnab entladen, versorgtend Sie die Statt widerum,
u. fandend auch genug Speis u. anderes zu Ihrer Nothdurft, das
die Verräther im Schrecken mit Ihnen nichts davon geführt hattend.

Und wie zu Grandson auch ein Zusatz lag, hat der Graff daselbst auch eine Mordnacht mit den Burgeren die verrätherisch
warend, angericht; geriet ihm aber nicht: Dann wie die Eydgnossen
im Schloß das Schießen u. getümmel zu Iferten hörtend, u. nicht
wüßtend was es war, lieff Brandolff von Stein von Bern, Haubtmann, mit 3 Knechten hinab aus dem Schloß in die Statt zu den
Burgeren, mit Ihnen zu verschaffen, daß Sie gut Sorg habind.
Da warend schon der Feinden etliche in die Statt gedrungen, die
nahmend den Haubtmann von Stein u. seine 3 Knecht gefangen,
legtend Ihnen Strick um die Häls, führtens für das Schloß u.
dröhtend, die 4 zu erhenken wo Sie das Schloß nicht aufgebind.
Das woltend die im Schloß aber nicht thun, u. hauffeten sich mit
etlichen Burgeren, die nicht Verräther warend, u. nichts von dieser
Sach wüßtend, so daß die Feind u. Verräther der Sach nicht wohl
trautend, mit den Gefangnen zu der Statt hinaus flohend; darmit
kam der von Stein in Burgund zu Hertzog Carlj, der führt Ihn
mit Ihm herumb.

Hertzog Carolo von Burgund zeücht für Grandson, be-
schießt es, nimmt der Eydgnossen Zusatz auf Gnad an
u. erhenkt u. erträngt Sie aber; darauf beschiehet die
Schlacht vor Grandson u. verlieret der Hertzog seine
Leuth & sehr vill Guth.

Cap. XIV.

Nach erobertem Fürstenthum Lothringen ward Hertzog Carlj
Gemüth nicht wenig erfreut, u. erhebt, der Hoffnung sein fürge-
nohmner überzug der Bundsgenoßen würde sich nicht minder
glücken: Sein Kriegsvolkh jubilirte auch anderst nicht, dann als ob
Sie schon die gantz Eydgnoßenschaft u. Oestreich samt den Verbündeten Stätten gewunnen hettend. Es war der Fürst dermaßen
erbitteret u. entzündt über die Bundsgenoßen, daß Er nicht wohl

grimmiger hette werden können. Dann Ihn zum ersten gar übel verdroß, daß diese Bündtnuß wider Ihn gemacht, u. vom Bundt Ihm vor Neuß so scharff abgesagt worden, u. Er im selbigen fürgenohmenen Krieg verhinderet worden, u. zum Theil mit Schaden abzuzeühen genöthiget. Demnach ergrimmete Er über daß, daß Ihm sein Landvogt Hagenbach enthauptet, u. die Pfandschaft Ihm allerdingen aus seinen Händen gerissen ward. Daß auch sein Volk zu Clincurt geschlagen, u. Ihm so vill Einfäll in sein Land beschähen, so vill schöne Stätt u. Flecken, insonders Blamont zerrißen, zerstört u. verbrennbt warend. Ueber daß alles war der Hertzogin von Savoy u. des Graffen von Romont seines Marschalken Klag bitter u. groß, dennen die Eydgnoßen Ihre Leuth erschlagen, Ihre Land eingenommen u. undertriben hattend. Daran underſtunnd Er sein Leben, all sein Haab u. Guth, all sein Land u. Leuth zu setzen, u. sämtliche Schmach, schand u. schaden, so Ihm bewissen worden zu rächen, auf daß rauheste, grimmigste, mit Schwert, Brand, u. undertreiben Land u. Leuthen, wie Er dann auch in seinen Panner u. Fähndleinen mit seiner Liberey der Feuerschlagen u. Feuersteinen (wie hievor gemeldet) bezeuget u. angebildet.

Derhalben hat Er sich gerüſt aufs allerbeſt, mit allem dem daß zu einem Krieg dienet, u. nothwendig ist. Er hatte ein gewaltig mächtig Geschütz, dergleichen selbiger Zeit nirgend gefunden ward: Er hatte ein auserleßenen Reysigenzeug von Herren u. grossem Adel; des Königs von Neapolis Sohn war eigner Persohn samt 6 Fürsten bey Ihm in dem Feld: aus beyden Königreichen Engelland u. Dännemark hatte Er einen guten theil, u. in Summa hatte Er ein vast guth u. wohlerfahren Kriegsvolth, zu Roß u. Fuß, von villerley Nationen, aus Neapolis, Italien, Lombarden, Savoy, Burgund, Piccardie, u. aus anderen Länderen, u. sein Troß, u. was dem Heertzeug nachzog, war wie ein großer Heertzeug selbst, mit Karren, Wagen, Roßen, Eßlen, u. allerley fertigung. Wo er das Lager schlug, war es einer großen Statt gleicher dann einem Lager, darin war allerley Kaufmannschafft, wie in einer großen Maß u. zogend die Krämer mit Ihren köſtlichen wahren dem Lager nach, schlugend auf, u. legtend aus, wie an einem Jahrmarkt.

Mit aller dieser seiner Macht aber zog er daher, ruckte für Grandson, u. schlug sein Lager darfür: In dem Er herzu zog, embottend Bern und Freyburg bem Zusatz in Iferten, das Er in Eyl abziehen solte, u. alles was Ihnen werden, u. Sie fertigen möginb mit Ihnen heim oder in Grandson führen, Iferten aber verbrennen soltend: das geschah also. Es ward auch der Zusatz in Grandson gewarnet, daß Er guth Sorg hette.

Demnach schrieb Bern u. schickte an alle Orth der Bundtsgenoßen Boten u. mahnete Sie in Eyl, mit Allmacht aufzusein u. Ihnen zuzuziehen, dieweil der Hertzog mit aller Macht angezogen, u. es Ihnen nunmehr gehe um Leib & Guth, um Ihr Land & Leuth, des Mahnungsbrieff datum steht 10. Febr. a. 1476. Mit hinzu war Bern auf mit ihr Panner u. kamend zu Ihnen die von Fryburg u. Biel mit Ihren Panneren, u. legten sich gen Murten, daselbst die andern Eydgnoßen zu erwarten.

Der Hertzog aber beschoß Grandson mit großem Gewalt, u. auf Sontag vor Mathiae, den 18. Febrier, als Er es wohl beschossen, sah Er an einen Sturm, u. that denselben mit vill Leuthen u. grossem Ernst u. Gewalt. Aber die Eydgnoßen in der Besatzung wehrtend sich dermaßen, daß die Burgundier mit Schand u. Schaden abziehen müßtend. Darum der Fürst übel erzörnt, sie treffentlich beschalt. Auf Mitwochen hernach, den 21. Februar sah Er einen anderen Sturm an, mit dem er den Eydgnoßen die Statt angewann u. Sie in das Schloß jagte. Bald legte Er sein Geschütz darfür u. schoß darein ohne underlaß. Der Büchsenmeister im Schloß ward Ihnen erschossen, u. mit Ihm andere mehr, u. zu besonderem Unfahl verbrann Ihnen ihr Pulfer.

Bald brachtend Sie einen heraus, der denen von Bern Ihre Noth anzeigte; zur stund schicktend die Berner etliche Knecht auf dem See für Grandson, Sie zu trösten, mit zeichen geben, daran Sie merken könntend, daß mann im Felde were Sie zu entschütten: Die ermelten Knecht fuhrend auf dem See von Welsch-Neuenburg auf Grandson, u. liessend Trommel schlagen u. pfeifen, schwungend ein Fähndlj im Schiff, daß die im Schloß sehen möchtend, u. Ihnen widerum ein Zeichen gabend. Darauf die Knecht im Schiff eylend widerum zurück fuhrend, dann Sie geschützes halber nicht wohl sicher warend, u. daß beschah auf St. Mathysen abend den 23. Febr.

Und auf den Äschen-Mitwochen, war der letzte Febr. forderet der Hertzog das Schloß auf zu Gnaden: der Gnad aber trauend die Eidgnossen nicht. Eintemahl Er zu Bry in Lothringen Gnad

zugesagt, u. den Armen Knechten ungnad bewieß. — und wolltend
sich nicht aufgeben.

Da war ein falscher untreüwer Edelmann ein Burgunder der
wohl Teusch könte, ein Mongon, (etliche Chronniken habend nicht
recht, einen von Ramschwag, dann dieselbe Teutsche, u. mit Burgunder sind) der fügt sich in ein gespräch mit den Eydgnoßen, gab
Ihnen für, wie Sie übel thetind, daß Sie sich nicht auf Gnab er-
gebind, dann es würde Sie niemand entschütten. Der Fürst hette
schon Fryburg eingenommen, u. alles was drinnen töben laffen;
Jetzund liege Er auch vor Bern, die gebind sich gern auf so wolle
der Fürsthe an Gnad nicht annehmen. Es seyend auch die anderen
Eydgnoßen von Bern abgefallen u. habind frey heraus gesagt,
daß Sie keine gesahr bestehen wollind von Ihres neüw einge-
nohmenen Landes wegen: u. in Summa, es seye grosse uneinigkeit
in der Eydgnossenschaft u. beredt hiermit mit seinem verlogenen
fürgeben die Zusätzer, daß Sie sich an gnab woltind aufgeben, so
sehrn Er, (der sich merken ließ, Er bey dem Fürsten alles vermöchte)
verschaffen wollte, daß Ihnen der Fürst hielte, und, Sie mit Ihr
Haab abziehen ließe: gabend Ihm auch darauf 100 fl. das er Ihnen
ihr Sach guth machen sollte; welches Er Ihnen alles zusagte der
Fürst auch Ihnen alle Gnad zusagt.

Sobald Sie sich aber aufgeben hatten, ließ er Sie fangen, u.
binden, u. mit groffem Gespött durch das Lager führen, u. Sie
darauf kläglich an die Bäum henken, also, daß Er etwan zween
an einen Strick zusammen knüpfen ließ, daß Sie sich peinlich zu
Tode zabletend: u. deren, die also kläglich erhenkt worden, warend
in 300 Mann. Die andern 200 spahrte Er auf Donnerstag den
1. Martz, dieselben ließ Er auch zusammen kupplen an Seilen,
thets in die Schiff, führte Sie auf den See hinaus, u. ließ Sie da
hinaus, u. ließ Sie da hinaus werfen, daß Sie selbst einander ertränken müsstend. Doch waren die Ehrenleuth all gebultig u. star-
bend troßlich u. mannlich, das den Feinden ein groffen Schrecken
bracht.

Nun müsstend die Eydgnossen bey den Panneren nicht, (die
nunmehr in 20 000 stark sich besammlet) daß Ihren biderben Leuthen so übel ergangen war, Eyltend Sie zu retten u. zu entschütten,
u. zogend den 3. Marty auf Grandson zu, mit dem Herßogen zu
schlagen, u. war Ihnen doch schwer, Ihn in seinem Lager u. hinder

einem so mordlichen Geschütz anzugreiffen: Dieweil Sie aber in Erfahrung kommen, daß seine Räthe u. Liebharden sich um mehrerer Ruh willen gelegt hattend in das Schloß Jannergy, die Er freylich wurde entschütten; wurd Er also aus seinem Nest u. Vortheil hinder seinem geschütz hervorgebracht auf die weite; u. zogend darum die Panner Bern Schweitz, Fryburg u. Thun vorauff auf Jannergy u. auf den Feind.

Indem war der Hertzog aufgebrochen fürbas zu ziehen, und stiessend also beyde Hauffen aneinander: Diese 4 Vanner embottend den anderen Eydgnossen, daß Sie eylends Ihnen zuziehen sollend, dann es sich schickte, daß Sie angreifend müßind. Und als die Burgunder starck u. wohlgeordnet vor Ihnen hieltend, fielen die Eydgnossen auf Ihre Knye, breitetend Ihre Arme u. Hände aus zu Gott u. bättend um Hilff und beyfland. Die Burgunder, die dergleichen nie gesehen, vermeintend. Sie begehrtend der Gnaden? darum schrauwend Sie: Ihr böffwicht, Ihr müßend all sterben, und ist nirgens kein Gnad.

Die Eydgnossen aber, nach vollbrachtem Gebätt, wütschend mannlich auf, u. loffend gegen den Feinden, die Reyfigen aber setzend heftig in Sie, u. warb ein harter Angriff, an dem bey 30 Eydgnossen nidergelegt wurdend. Es blibend auch der Herren u. vom Adel der Burgunderen nicht wenig, denn Sie wagtends dapfer. Der Herr Schettigion kam den Eydgnossen zum anderen mahl nach der Panner von Schweitz, warb aber erschlagen.

Und wie der Hertzog gar vill Volkh hatte, hubend etlich sich an, sich an Hauffen zu thun, in willens die Eydgnossen zu umschlagen, u. all mit einanderen umzubringen, u. in sonderheit machte sich ein grosser Hauffen an den Bühel des Bergs, so nebent den Eydgnossen war, Sie zu überhöchen.

In demselben kamend über den Berg hinein, grad an dem Orth, da sich der ermelt Hauffen gestelt hatte, Zürich, Luzern, Uri, Unterwalden, Zug, Glaruß, u. die zugewandten, mit grossem Geschrey u. wütten: Die Trompeten, Harsthörner, der Uristier u. Kuh von Underwalden, brühleten greuwentlich, u. schien die Sonn in Sie, daß es widerglänzte, wie ein stählener Berg. Hertzog Carlj, der vermeint hat, alle Eydgnossen wehrind bey den 4 Panneren, mit denen Er schlug, sagt zu Brandolff von Stein, dem gefangenen, den der Fürst mit Ihm geführt: Lieber! wer ist doch daß grausam greuwentlich Volkh, sind es auch Eydgnoßen? Antwortet Brandolff:

Ja gnädiger Fürst u. Herr! das sind erst die rechten alten Eydgnoßen? Sehet Ihr wohl an Ihren Pannern. Des erschrack der Fürst gar übel, u. hub an, die Seinigen zu mahnen dapfer zu sein. Aber der grosse Hauffen am Berg ward durch den Anlauff der Eydgnossen vom Berg herab in die Flucht geschlagen, dem folgtend auch die anderen Hauffen mit entsetzlicher Flucht. Der Fürst aber u. etliche Herren aber rittend Ihnen entgegen mit bloßen Schwerteren die Flucht aufzuhalten.

Und wie der Fürst sahe, daß die Flucht nicht zu schwellen war, schreye Er zu seinen Reysigen, u. batt Sie sich zwüschend seine flüchtigen u. den nachjagenden Eydgnossen eyn liessind, dem Fußvolth zu gutem; Dieses halff, das weniger Fußvoll erschlagen ward: Dann alles in dieser Schlacht über 1000 Mann nicht umkamend. Wenn die Reysigen Bundsgenossen zeitlich werind herzu kommen daß Sie zu dem Angriff kommen, were der Feind villmehr geschädiget worden.

Bald nahm mann dem Herzogen sein Lager eyn, und gewann alles, was Er dahin gebracht hatte: das wird in der Eydgnössischen History von Stuck zu Stuck erzehlt, hier nicht nothwendig zu beschreiben. Der Herzog selbst hat bekent, daß Er zu Grandson allein für selbst (ohne was seine Herren u. Adel verlohren, mehr denn zehen mahl 100 000 Gulden.

Nach erlangtem Sieg knyeten die Eydgnoßen nieder, u. banketen Gott treülich. Da wurdend vill zu Rittern geschlagen, u. allein von Zürich:

Hr. Hans von der Breiten Landenberg.
Hr. Roll von Bonstetten, zu Usterj.
Hr. Eyfrid von Griessen.
Hr. Heinrich Göldj.
Hr. Hartmann Rordorf.
Hr. Felix Schwartzmaurer.

Mann nahm auch flux Statt und Schloß Grandson widerum eyn, u. die Feind welche darin gefunden, wurdend über die Mauren hinaus zu Tod gestürzt u. die andern all erhenkt.

Die Schlacht beschah auf Sontag, war die alt Faßnacht: darum die Eydgnossen im Lager grosse Freud hattend, denn alle Völle da ward: embottend auch durch geordnete Läuffer, den herrlichen Sieg Ihren Herren u. Oberen, damit alles Volkh, das gebättet hatte die

Zeit des Kriegs, auch Gott dankette und Erfreut wurdend. Doch ward solche Freud verbitteret, durch die so an den Bäumen hungen, und in dem See erträncket warend: Dann vill da Ihre Vätter, Sohn, Bruder, Schwäher, Schwager u. geliebte Nachbauren hangen sahend: Die wurden all abgelöst, u. mit den 30 Mann Eydgnoßen, die im Streit umkommen warend, zu den Barfüßeren zu Granßon Ehrlich begraben.

An diesem Streit wurdend auch gewonnen vill schöner Zelten, Panner, Fähndlin, allerley Kriegsrüstung, u. vill klein u. groß Geschütz, u. nach dem dritten Tag fertigte mann das Guth heimb, als mann auf der Waahlstatt gelegen, nach der Eydgnoßen altem Gebrauch, ob jemand unberstunde, den Schaden zu rächen; hernach brach mann auf, und zog heimb mit Freuden, als mann alles gewunnen Guth zu gelegner Zeit gebeuttet u. wurdend vill Leuth in der Eydgnoßenschaft von diesem Krieg ganz reich. Da ward gewunnen Carlj Einsigel: des Bastharten von Burgund Einsigel, Panner u. Fähndlj: Des Herzog Carolj kostliche Tafel u. Gebättbuch: Item der guldni Säßel, kostete 11 000 fl. des Herzogen Scepter u. Herzogs-Huth, Sein Dägen geschäzt auf 10 000 fl. Item ein grosser Ring mit einem Demant, versezt, auf 20 000 fl. geächt. Item ein Demant mit 3 Perlen, geschäzt für 60 000 fl. Item St. Anna rechter Arm, und Gold u. Edelgestein, kostlich verfasst. Item St. Georgen ling Bein eingefasset. Item St. Andreas lingger Daumen, kam gen Zürich zum Großen-Münster.

Carolus rüste sich auf ein neues gar stark; Die Eidgnossen legen ein Zusaz gen Fryburg u. die Berner gen Murten; Der Herzog belägert u. stürmmt beyde.

Cap. XV.

Sehr groß war des Fürsten leid u. kummer über diesen seinen überaus grossen Verlurst; dann Er übel krank ward, daß Er in 2 Tag u. 2 Nächten nicht das geringste weder aß noch trank. Die Fürstin von Savoy, des Königs in Frankreich seine Schwester pflegte seiner ganz fleißig, zu deren Er von der Schlacht entrunnen war. Sobald Er sich aber widerum etwas beßer befand, schrieb Er weit u. breit, sandte auch Legaten in fehrne Land zu Fürsten u. Herren, Er klagt sich höchlich seines grossen Verlursts mit treffentlicher Bitt, Ihm beyzustehen u. zu helfen. Deßhalben die Venediger, der Herzog von Meyland u. andere Fürsten, die gern hettend gesehen den Untergang der Eydgnoßenschaft, groß Guth u. allerley Kriegsrüstung ihm zuschickend, u. dieweil der Hertzog vor Granbson seine u. der seinigen Kleider verlohren, verschuff die Hertzogin von Savoy, das Ihm Seyden, Sammet, Damast, Tuch, auch Kleinodien u. Zierathen zukamend, u. daß die Handwerksleuth Tag und Nacht müßtend arbeiten.

Dem nach zog Er in Eyl hinab in Burgund seine Sachen zu ordnen; sammlete vill Ertz zum Geschütz u. ließ in kurzem gießen 150 Stuck, auf Räderen; welche von seinen Underthanen zween Häfen hattend, dennen nahm Er den einen zum Geschütz, den andern ließ Er ihnen in der Kuchj bleiben.

Und auf sein werben ward Ihm groß Volkh zugesandt: Er sammlete auch die flüchtigen viber zusammen. Ihm lieff zu Kriegsvolkh von Romm, Neapolj, aus Italien, Lombarden, Piemont, Savoy, Venedig, Burgund, Piccardie, Brabant, Holland, Flandern, Seeland, Gelderen, Lütich, u. von Gent, u. von vill anderen Orthen mehr, daß der Zeug vill größer ward, dann Er envor gewesen, u. schatzt mann Ihn in die 100 000 Mann zu Roß & Fuß, die besammleten sich in der Waat u. um Lausane, das alles Land dort herum voller Kriegsvolkh war.

Aber grad im anfang diser Rüstung des Hertzogen, warend die von Bern nicht saumßellig, sondern schribend allen andern Orthen der Eydgnoßenschafft von des Hertzogen neüwer Rüstung: darum Sie begehrind daß mann sich rüste mit aller Macht; u. nichts desto minder auf den Tag gen Luzern kommen den Sontag zu nacht zu Rathschlagen wie dem Feind zu begegnen seye; des Brieffs datum ist Zinstag den 13. Merz a. 1476.

Den 15. May ward der Tag gehalten, u. darauf erkent, daß mann 1000 Mann zum Zusatz aus aller Eydgnoßenschaft gen Fryburg legen wolte; darzu Zürich 200 Mann under dem Haubtmann Hans Waldmann gab, u. wurdend alle Fähnblein undergeschlagen, u. zog männiglich under dem Zürich Fähndlj. Bey diesem Fähnblj blibend auch die Reyßigigen von Östreich und Straßburg, die zur Schlacht bei Granßon zuspaht kommen warend, welches Sie übel bedaurtend, u. darum jetzund warten und nicht abziehen woltend.

Und hielt sich diser Zusatz gar wohl u. ehrlich, dann niemanden von Ihm einiche Schand, Schmach oder Leid geschehen war;

dann mann Gottsförchtig war, u. vill bättete um Hilff von Gott. Diese Zusätzer fielend aus etliche mahl under die Feind, u. schädigten Sie, und wie der Graff von Remont zuvor sein Land widerum eingenohmen hatte, fielend etliche der Zusätzer für Remont, verbrantend die Vorstatt, u. brachtend etliche um, u. kamend ohne Schaden widerum gen Fryburg.

Aber sobald der Hertzog Carlj seine sachen drunten im Land verricht hatte, kam Er herauf gen Lausane, zu seinem Volkh u. besammlet es; liess ein Stuhl wie ein Predigstuhl aufrichten; stund darauf, u. erklagt sich vor allem Volkh, seines grossen Schadens u. Verlursts, welcher Jhme wider alles Recht widerfahren seye. Vermahnete u. batte auch, männiglich Jhm mit treuwen zu helffen; u. verhiess Jhnen grosses, wann Sie siegetend und besonders that Er grosse Verheißungen, dass Er wolte den Graff von Remont einen Herren machen zu Bern: Fryburg die Statt wolte Er schenken der Fürstin von Savoy: etliche Häusser verhiess Er seinem Adel, u. anderen seinen Kriegsleuthen; u. kam die sach so weit, dass die Kriegsleuth anhubend im Lager das Looss werffen um die Orth u. Häuser der Eydgnossenschafft: Dann Jhnen nicht zu Sinn kam, dass Jhnen bey solcher menge der Leuthen fehlen solte: u. theiltend also die Haut eher als Sie den Bären gestochen u. gefellt hattend.

Sobald mann nun vernahm, dass Hertzog Carlj willens war, mit aller Macht auf Fryburg u. Bern zu ziehen, wurden die Berner eins ein Zusatz gen Murten, als zu den Jhrigen, die so vill als des Lands Vorhuth war, zu legen; und erwehltend Hrn Adrian von Bubenberg, Ritter, ein gar redlicher Mann zum Haubtmann, u. gabend Jhm zu Hans Rudolff von Erlach und Peter Starck zu Mitträthen u. nahmend aus zu Statt u. Land in 1500 Mann: dass wo Vatter u. Söhne, Brüdern u. Schwägeren warend, mann deren nur einen in Zusatz nahm, damit Sie desto getroster werind des Entschüttends. Es müsstend auch alle diese Knecht dem Haubtmann schweren gehorsam u. strenge ordonanz: So musst auch der Rath dem Haubtmann geloben, alles das nachzuschicken; was Jhm zum Krieg nothwendig sein würde.

Also zog diser Haubtmann mit seinem Fähndlj u. Volkh fröhlich aus auf Murten zu, auf den Palmtag den 8. Aprillis u. sobald mann dahin kam, war weder Tag noch nacht Ruh, Bollwerk u. Festungen zu rüsten, darvon Murten bald gar wehrhaft wurde.

Er schickte auch Straßburg, eignen guten willens ungemahnet Geschütz u. Büchsenmeister, u. etlich erfahrne Leuth in die Besatzung.

Nun hattend aber die Berner von disem ihrem Zusatz gen Murten niemand nicht wüssen lassen; dann Sie vorhin vernohmen etlicher Orthen unwillen, u. das geredt worden, mann könnte mit großen Kösten nicht immerdar den Berneren helfen ausser dem Creis der Bündten schirmen die Land & Leuth die Sie in der fehrne anfielend: Mann habe sonst einen schweren Feind: So habe mann ein Zusatz der Eydgnoßen gen Fryburg gelegt u. darum die Statt Bern auf folgenden Donnerstag den 12. April ein Ernsthaffte u. gar fründliche Schrifft an alle Orth der Eydgnoßenschafft schickte und darmit berichtet, daß Sie ein Zusatz gen Murten gelegt, u. aus was ursach: mit Erzehlung was Rechten Sie zu Murten habind, u. das Murten der Stadt Bern von 200 Jahren her mit Eyd verbunden: hättind deswegen daß man Sie nicht verlassen, sondern tröstlich Ihnen zuziehen wolte.

Um diser Sach willen wurdend etliche Tagleistungen zu Luzern gehalten: u. wiewohl etliche Orth unwillig, legte sich doch Zürich u. Luzern, die geneigt warend, um so vill eyn, daß gemeinlich den Berneren zugesagt ward, Leib, Guth, u. Bluth zu Ihnen zu setzen: welcher antwort die zu Murten wohl erfreut wurdend.

Der Haubtmann in Murten war ein geflißner weiser Mann, darum Er seine Kundschafft under die Feind machte, zu erfahren Ihr fürnehmen thun u. lassen; darmit Er sich darnach könne richten und als Er vernahm daß der Herzog entlich Ihm fürgenohmen mit aller Macht für Murten zu ziehen, u. nunmehr im Anzug war, schrieb Er eylends seinen Herren der Feinden große Macht u. anzug, mit Bitt Sie in der Statt Murten befohlen zu halten: doch soltend Sie nitt zu vill eylen in keine gefahr sich geben, sondern aller Eyd- u. Bundsgenoßen warten, u. sich wider den großen Gewalt wohl gefaßt machen: Sie in Murten getrauwind sich mit Gottes Hilff wohl u. redlich zu erwehren, biß mann Sie stattlich entschütten möge.

Auf solches Schreiben mahnet Bern alle Eydgnoßen u. Bundsgenoßen mit Boten u. Brieffen, sich zu rüsten, dieweil ein starker Feind vorhanden: darauf ein treffenlich rüsten bei allen Bundsgnoßen war, auch ernstlich anrufen zu Gott um Hilf u. Rettung.

Auf den 8. Junj zog die Vorhuth des Herzogen an, u. ruckte

für Milden, Päterlingen, u. Wiffelsburg auf Murten zu, u. kam dahin auf Samstag den 9. Juny. Der Haubtmann aber fiel mit 600 Mann aus der Statt Murten, und tribe die Burgunder hinder sich auf Wiffelsburg, und fing in dem Scharmutz einen Edelmann, von dem Er vernahm, der Feinden Ihr fürnemmen u. Rathschlag, welches Er alles seinen Herren zuschrieb.

Auf den 10. Tag ward Murten berennt, u. hubend an die Feind Ihr Läger zu schlagen, aber der Haubtmann thet wider einen Ausfall mit 200 frischen Knechten, die bekamend in 50 Mann der Feinden, und kamend ohne Schaden widerum zurück.

Am Montag den 11. Juny zog Hertzog Carlj von Burgund selbst eigner Persohn für die Statt Murten u. ordnete sein Läger, dass sein Volck an zweyen grossen Hauffen bergshalber sich um die Statt, u. der Graff Remont mit seinem Zeug auf der anderen Seiten gegen den See lägerten, u. beschossend hiemit die Statt, dass nichts weder zu nach von der Statt komen möcht: allein habend sie gantz gefahrlich etliche Botschafften in kleinen Schifflenen, den Ihrigen von Bern gethan.

Demnach Sie also in der Statt einbeschlossen warend, und die grosse Gefahr vor Augen: Vermahnet der Haubtmann die Zusätzer, tröstlich u. redlich zu sein, mit ernstlicher Bedröhung wer ungehorsam u. unredlich sich erzeigte, oder ein Wort vom Aufgeben redte, zu dessen Leib & Leben wolte Er richten lassen: Dann wo wir Uns nicht ritterlich hieltend, würde der Feind ein Hertz fassen und die Unsrigen erschrecken; u. wurdend deßhalben Wir gemeine Eydgnoßenschafft Unser Vatterland, so vill als verrathen u. Es war aber männiglich gar guthwillig, tröstlich, gehorsam u. fleißig.

Darum möchtend die Burgunder mit Ihrem Anrennen, Schiessen u. stürmen nichts schaffen. Es müsstend die Zusätzer, wo ein jeder stehen u. was er thun solt. Sie lagend in den Bollwerken, u. beschlossend nie kein Thor, u. was die Feind am Tag abschossend, das vermachtend die Zusätzer widerum zu nacht. Darum die Feind draussen anhubend vill Gnad verheissen, so mann sich aufgebe. Wie mann aber Ihren darüber spottete, u. Ihre Treuwloose zu Bry & Grandson begangen, Ihnen verwies, wantend Sie sich zu Dröhen, u. fuhrend für die Statt Murten, mit einem Wagen voll Strick, darauf stundend etlich, zeigtend denen in der Statt die Strick, u. schrauwend: Sehet da! an denen Stricken müsst Ihr erworgen.

Mann Schoß aber aus der Statt so ernstlich zu Ihnen, daß Sie bald hinweg flohend.

Demnach schribend Sie Zebeli, heftetend Sie an die Pfeil u. schoßends in die Statt hinein, deren eins also lautete: Ihr Pauren von Bern gebend Euch auf! dann müssend Wir Euch gewinnen, so möchtend doch alle Hämmer in der Welt das Gelt nicht schlagen, daß wir woltend nemmen für Eure Lössung! Dann Ihr all an Euren Gurglen am Strick erworgen müssend. In einem anderen stund: Rüstet Euch zum Tod! dann Ihr all müssend hangen u. die Eurigen werden Euch nicht von uffrer Macht entschutten. Ihr ligend uns nunmehr zu vill weit dahinden in der Rüschen.

Der Haubtmann in der Statt ließ ein Schifflein in den See gehen, u. berichtet die von Bern alles dessen, daß sich bisher verlauffen hatte, mit Vermahnung, daß Sie nicht Eylen, sondern sich wohl versamlen soltind, dann der Feind unglaublich stark u. dermaßen mit Geschütz und Kriegsrüstung verfasst, daß dergleichen nie erhört, doch getrauwend Sie mit Gott Ihm die Statt noch eine Zeit vorzubehalten.

Als aber die Velägerung nunmehr 10 Tage gewähret hatte, u. in den letzten Tagen mit grossem Ernst und unaufhörlichem Schiessen, zum Sturm wohl beschloßen war, sah der Hertzog einen gewaltigen Sturm an, namlich auf Donstag vor der 10000 Rittern Tag, war den 19. Juny. Denselben Tag beschahend 70 Schütz aus großen Stucken[1]) in die Statt, u. war den ganzen Tag in der Feinden Lager nichts dann Trompeten, Trommlen, Musteren u. Schreyen.

Am Abend aber, als die Hitz ein wenig abgenommen loffend die Feind in guter Ordnung stark und unaufhörlich mit grossem Wüthen den Sturm an; Denselben empfiengend die in der Statt unerschrocken & dapfer mit Schießen, werffen, stechen und hauen. Die Büchsenmeister von Straßburg u. Bern schoßend wohl, machtend große Luckhen u. gassen in der Feinden Hauffen: & die in den Gräben lagend an den Strychweehrenen, schoßend die Sturmleitern samt denen so darauf stundend, auf einen Hauffen niber. Der Haubtmann hatte zu Ihm genohmen etlich auserlesne redliche Leuth,

---

[1]) Aus den 70 Schüssen an einem Tage hat die noch spätere Tradition 70 große Geschütze gemacht. Berchtold, Hist. du canton de Fribourg, I, 385, Anm.

mit denselben lieff er hinder denen die am sturm stuhndend herum, u. wo Er sah, daß Noth war, stund Er dar u. halff redlich: war also jedermann von den seinen tröstlich, mit Vermahnung u. der That, u. währete dieser Sturm über 3 Stund, an welchem die Zusätzer wenig, die Feind aber ob 1000 Mann verlohren hattend: des sich der Fürst gar übel erzörnt, sein Kriegsvolkh hefftig beschalt, was Sie doch für Leuth werind, u. wessen Er sich fürohin in grösseren Dingen sich Ihren getrösten könne, da Sie Ihm ein so kleines und faules Stättlein nicht gewünnen könnind.

Wie sich die Eyd- u. Bundsgenoßen wider Hertzog Carlj versammletend u. Ihn vor Murten angriffend, da eine treffentliche Haubtschlacht beschah u. der Hertzog mit allen den Seinigen in die Flucht geschlagen ward.

Cap. XVI.

In diesen Dingen hattend die von Bern all ihr Volk in die Statt zu ziehen gemahnet, u. als sich das zum Theil mit etlichen Fähnblein gesammlet hatte, um damit die folgenden Pläz. darzu auch die Brugg an der Aaren versehen wurdend, verordneten die Herren von Bern, daß die versammleten Fähnblein an die Bruggen Laupen u. Gümminen Sie zu versorgen, ziehen soltind. Diese könnten sobald an die Brugg Gümminen nicht kommen, die Burgunder warend in 6000 Mann stark auch da, u. gab einen gewaltigen Scharmuz under Ihnen, welchen die Berner den Burgundieren angewunnend, u. Sie von der Brugg in die Flucht schlagend. Es kam aber das Geschrey von diesem Streit in die Statt Bern, darum in Eyl auf eine ganze Stund gestürmt ward, u. kam alles Volkh bewaffnet auf die Kreutzgasse, bis die Panner gefertiget ward.

Und wie mann wohl versammlet ward, zog mann mit der Panner in grosser Eyl aus, auf Barnabae, war der 13. Juny auf Gümminen; dahin vermahneten die Berner auch andere Eydgnossen zu zeuhen: die Freyburger Panner u. die so daselbst lagend, zogend auch dahin: Item, die von Solothurn und Biel, welche zu Aarberg lagend zogend auch dahin.

Und wie der Sturm (vorgemelt) zu Murten beschah, hörte mann das Schießen u. Toosen daselbst gar ring: darum vill Volks meint nothwendig zu sein, daß mann auf wäre, & die Ihrigen rettete, u. hattend die Haubtleuth genug zu schaffen, das Volk zu stillen, demselben sagende: wo es Ihnen mit ihrem allzuvill sorgen fehlen solte, Sie die ganze Eydgnossenschafft mit Ihrem unzeitigen Eylen in endliches Verderben richten wurdend.

Aber bald kam ein Schreiben von dem Haubtmann von Murten, der abermahl ein Schifflein über See gewaget, u. zeigte an, dass Ihnen Gott Gnad u. Krafft verliehen, dass Sie den sturm erhalten, wenig verlohren, und dem Feind eine grosse menge erschlagen hettind. Das Schreiben war gar tröstlich, doch verstund mann daraus wohl, dass Sie nun mehr der Entschüttung begehrind. Darauf abermahl die von Bern Brieff u. Boten schicktend die Eydgnossen u. Bundsverwandten um unverzogne eylende Hilff zu mahnen.

Auf solch ernstliche Mahnung zog mann herzu mit ganzen Hauffen, u. zum ersten kamend mit Ihren Pannern u. Fähndlenen, Unterwalden u. Entlebuch: demnach Luzern, Uri, Schweiz, Zug, u. Glarus, alle mit Ihrer Macht u. Panneren: zu denen kam eignen guten willens Herzog Reinhardt von Lothringen in eigner Persohn mit 200 wohlgerüster pferdten, als ein Bandyt u. vertriebner Fürst; war Tag u Nacht geritten, damit Er zum Schimpf früh genug kämme. Es kam auch ein reysiger Zeug von beyden Bischöffen Basel u. Strassburg, u. derselben Stätten ihre Panner mit Macht: So kam auch Graff Oswald von Thierstein, des Herzogen von Östreichs Landvogt, mit dem Adel, im Nammen des Fürsten u. Haußes Oestreichs. Item der Graff von Gryers, zog auch denen von Bern zu, wohlgerüst zu Ross u. Fuss.

Mehr kamend die Stätte Collmar, Schlettstatt, St. Gallen, Schaffhausen, Rottweil, u. das Land Appenzell. Desgleichen hat Zürich zu Ihr Stattpanner ausgenommen auf 3000 Mann, mit welchen zog dass Thurgöw: die Graffschaft und Statt Baden: die Stätte Bremgarten, Mellingen, und die freyen Ämter in dem Aargöw; deren aller Volkh mann schätzt 5000 wohlgerüster Mann: u. dass diese nicht so schnell mochtend versamlet werden, machte, dass Zürich im Zuzug das letzt orth war, dass zu der Sannen zu den Bernneren kam: doch eylte mann so vill mann könnt. Dann auf Mitwochen vor der 10 000 Ritteren Tag zog mann zu Zürich aus mit der Panner, u. kam gen Bern am Freytag bei guter Zeit, u. war dennoch ellend Regenwetter, das im Krauchthal vill Volks erlag wegen müde und altershalben, das es nicht gefolget möcht. Der Haubtmann Waldmann aber war vom Zeug der Eyd- u. Bunds-

genoßen hinweg gen Bern in die Statt geritten, darum Er hören
müfft vill unwillens von anderen Eydgnoßen, des spahtens ankom-
mens halben seiner Leuthen von Zürich: deßhalben Er von Bern
einen Boten auf den anderen nach der Panner schickt, und vermahnet daß mann eyle, dann mann des wartens gar unwillig were.
Und als die Panner gen Bern kommen, versamlete mann sich; da
dann immerdar noch vill Volks hinzu kam, Weib und Kinder. Die
Berner batend ernstlich die Züricher, daß Sie eylen soltend die
Ihrigen in Murten zu entschütten, deren Sie herzlich übel besorgt sind.
Und nach desselben Freytags um die 10 uhr in der Nacht brach
mann auf mit der Panner, u. zog von Bern den Eydgnossen zu:
Da wachete jedermann in der Statt mit angezündten Lichtern in
allen Gassen, da auch Tisch gestellt mit Speis u. Trank, welche im
fürbey zug von den Soldaten genossen wurdend, u. im grossen
Regen kam auch Haubtmann Waldmann (der gar ernstlich u. treu-
lich von Bern auf Murten an die Eydgnossen geschrieben, u. be-
gehrt hat, nicht länger dann nur auf Samstag zu warten, u. ohne
seine Herren von Zürich nicht anzugreifen) ermelten Samstag vor
Tag über die Sanen gen Gümminen: u. am Tag machete Er die
ordnung, u. zog vom Wasser hinauf gen Murten, under der Eydgnossen Läger, welche, als Sie mit grossen Freuden ein so schönen
starken Zug gesehen, habend Sie Gott gelobet, u. gesagt: Mann
ist wohl etwas unwillig gsein zu warten; aber eines so redlichen
wohlgerüsten schönen Volks hat mann wohl warten mögen: u. loffend
die von Bern den Züricheren, u. denen so mit Ihnen kommen zu,
u. gabend Ihnen Speis u. Trankh.

Der Eydgnossen Haubtleuth u. Räth all bey einander versamlet,
rathschlageten mit einander, wie der Herzog anzugreifen were; oder
ob mann den Graffen von Remont zum ersten angreiffen wolle.
Da ward mann eins, richtig auf die groß Macht des Herzogen anzugreifen, grad under angesicht, und wurden bestimmt drey Hauffen
zu stellen, ein Vorhuth, ein gewalt- und Schlachthauffen, u. eine
Nachhuth. Über die Vorhuth ward zum Haubtmann gesetzt Hanß
von Hallwyl: über den Gewalthauffen, Hanß Waldmann, Haubtmann von Zürich: u. über die Nachhut Hr. Caspar von Hertenstein, von Luzern. Es ward auch hernach dem Hs. Waldmann zu
geben von des Bunds wegen, zum Mithaubtmann Hr. Wilhelm
Herter von Straßburg.

Als nun alles genugsam berathschlaget ward, brach mann auf mit allem Volkh, u. zog dem Wald zu: Dann ennert dem Wald hatte der Hertzog sein Lager geschlagen; der auch, sobald Er der Eid- und Bundsgenoßen gewahr worden, sein Volkh auf den Plan führte, u. stellte Sie in die Ordnung auf einen weiten Acker, der mit einem dicken Grunhaag umgeben war, u. wartete da seiner Feinden hinder seinem gewaltigen Geschütz u. als die Eydgnossen an den Wald hinan kommen hubend Sie an ihre Ordnung machen. Indem kam herzureiten Herr Wilhelm Herter von Straßburg, von der Herrschaft u. den Bundsgenoßen, zeigt den Eydgenossen in der Herren Nammen an, daß Sie willens werind eine starke Wagenburg an den Hertzogen zu schlagen, in die soltend die Eydgnoßen zu Ihnen zeuhen, als die Ihr Leib und Guth zu Ihnen setzen woltind, u. wie darauf niemand nichts antworten wolte, sprach Herr Felix Keller von Zürich: wollend Ihr dann Euwer Leib u. Guth zu uns setzen, so kommet her zu uns; dann wir wie unsere vorderen, unseren Feind, den wir da vor uns habend, angreiffen wollend, u. uns in kein Lager einlassen: Sobald hatte Er daß nicht geredt, fuhr der Reiter darvon; u. bald kamend die Herren, der Abel und alle Bundgenossen zu den Eydgnoßen, mit all Ihrer Macht zu Roß u. Fuß.

Die Eydgnossen aber machtend die Ordnung u. steltend in die Vorhuth die Fähndlin Zürich, das in der Besatzung zu Freyburg gelegen; auch Thun und Entlibuch, mit einer starken Hilff aus allem Zeug. In den Schlachthauffen odneten Sie alle Panner der Eyd- und Bundsgenossen. Die Nachhuth ward auch starkh gemacht: und an die Vorhuth hat mann als Flügel, die Schützen und etliche Reuter angehenkt. Sonsten hatte die Herrschaft, der Abel und die Reysigen Ihre ordnung auch gut gemacht.

Mit dieser Ordnung zog mann im Nammen Gottes zu dem Wald gegen dem Feind, da es immerdar regnete, u. wüst wetter war. So bald aber die Vorhuth vornen in den Wald kam, möcht sie sehen den grossen Gewalt der Burgundieren, daß auch der Eydgnoßen u. der Burgundieren Hünd, welche dem Lager nachloffend, aneinander zu beißen kamend, u. der Eydgnoßen Hünd der Burgundieren Ihrem Läger zu jagtend, das mann gerne sahe, u. es die Eydgnoßen für ein guth Omen hieltend.

Als aber der Burgunderen Lager von grosser Macht abscheulich anzusehen war, kehrte sich der Haubtmann von Hallweil, der mit dem bloßen Schwert vor der Ordnung hergüng, zu der Ordnung u. sprach: Fromme Eyd- u. Bundsgenossen, biderbe Leuth! Hier sehend Ihr jetzunder vor euweren Augen, die, so Euwer Land, Hauß, Heimath, Weib und Kinder under sich getheilt u. gebeutet habend, u. die auf Euwer Leib u. Leben steltend: Auch zuvor uns unßre biderben Leuth zu Bry u. Granßon mordlich umgebracht, gehenkt u. ertränkt habend, an denen habend Ihr euch begehret der Euwrigen halben zu rächen! da stehend Sie jetzt! Darum sent dapfer, Rettend Euch u. die Euwrigen! Rächend daß schandlich Moord an Ihnen! Förchtet Euch nicht von wegen Ihrer großen Macht: Auf den heutigen Tag der Heil. 10 000 Ritterentag, ist etwann manches Jahr, daß unsere Vorderen in kleiner Anzahl eine grosse Macht der Feinden vor Laupen erschlagend: Nicht minder glücklich wird der heutige Tag uns auch werden: Und gedenke Euer ein jeder, Er allein wolle Sie alle abtreiben. Gott ist unsere Stärke, u. Herr! hats der nicht mit uns, so sind wir aller Welt, geschweige nur disen stark genug! Daß er aber mit uns seye, uns Krafft u. Sieg verliehe, wollend Wir Ihne jetzund ernstlich bitten: Darum knyend nieder, u. befehlend Euwere Seelen, Leib u. Heil dem Allmächtigen, der unseren Bättern geholffen, u. uns auch helffen mag u. wird.

Indem mann also in stille bättete, that sich der Himmel auf u. gab einen helen Sonnenglanz, da es bisher gar naß u. wüst gewesen war. Bald wütschte der von Hallweil auf, streckte sein bloß Schwert aus u. sprach: Biderbe Leuth! by dieser Änderung des Wetters u. hälem Sonnenglanz indem wir gebättet, zeigt uns Gott klahr an, daß Er will by uns sein u. uns zünden: Darum frisch auf, im Nammen Gottes! u. gedenk Euwer ein jeder an sein Weib u. Kinder, daß Er dieselben rette mit mannlicher That: u. Ihr jungen Gesellen, habet Ihr Ehren geliebte Töchteren, so fahret dapfer an den Feind, u. lasset dieselben nicht den öden Walchen, Sie zu schänden.

Der Herzog aber hatte 8 Schlangen gegen den Wald gericht, die giengend zu hoch, u. schlugend die äste von den Bäumen, daß Sie auf die Ordnung fielend, doch kein grossen Schaden verursacheten: und trang hiemit der Vorzug auf den Feind. Die Reysigen aber der Burgunderen, thatend sich herfür, darum die Reysigen der

Bundsgenoßen an Sie anreiten woltend, da giengend etliche Burgundische Stuck in Sie, daß den Abel beschädigte: Der Haubtmann aber der Vorhuth ordnete in Eyl etliche seiner Knechten, daß Sie hinab fielend, u. erschlugend die Büchsenmeister, u. kehrtend die Büchsen um; darmit ward den Reysigen des Punds der Weg geoffnet durch eine Lucken u. arbeitetend gar streng am Feind.

Der Grunhaag, von welchem oben meldung gethan, irrete die Eyd u. Bundsgenoßen nicht wenig; doch fielend Sie nebent der Lucken über u. durch den Zaun od. Grunhaag, von beyden seithen, die Vorhuth u. der Schlacht-Hauffen, und gab einen hefftigen streyt. In diesem Streit fielend aus der Statt Murten, der Zusätzeren bey 600 Mann, auch in den Feind, welche allenthalben anhubend entsetzlich zu fleuhen: die vermelten Zusätzer tribend einen grossen Hauffen in den See, in dem eine solche Menge stuhnde, so dickh in einanderen, daß mann hette mögen Jhnen auf den Köpfen, wie auf einer Tillj oder Bünnj gehen: Da ward vill Volkhs erstochen u. noch vill mehr erträncket. Die Reysigen folgtend der Flucht mit niderstechen u. schlagen: so zogend alle Panner u. Fähndlin der Flucht nach biß hinaus für Wiffelsburg, u. war alles dickh überlegt mit Todten Cörper, daß es ein greuwentlich Spectacul war, u. der Übermuth des Fürsten, u. seines Volkhs Trotzen und Dröhen, henken und erträncken der unschuldigen, wohl gerochen u. gestrafft ward. Es warend auch etliche der Eydgnossen, denen die Jhrigen zu Granßon erhenkt u. ertränkt worden warend, die im Niberschlagen der Feinden, immerdar darzu schrauwend Granßy! Granßy! Granßy!

Der Hertzog entrann mit etlichen seiner Dieneren für Milden, Päterlingen, durch Lausanne biß gen Genff, daß Er nie aufhörte zu fleuhen, noch ab den Pferdten kam. Dann wie Er den mannlich grimmigen Angriff sah, erschrak Er und sah gleich wo die Sach hinaus wolt: Darum macht Er sich bey guter Zeit auf die Flucht u. aus dem Staub, u. verlohr bei diesem Streit wohl auf 1500 seines Adels, u. fürnemmer Leüthen. Die von Bern ordneten Leuth die im See ertrunknen suchtend und mit denselben auch die Erschlagnen begrubend, deren fanden Sie ob 26 000 Mann, ohne die so mann im See u. sonsten nicht fand; das gemeinlich die Zahl der umgekommnen gerechnet wird auf 30 000 Mann. Daher das Sprüchwort bey den Eydgnoßen entstanden, in grossen nöthen: Es gehet ubler, dann es zu Murten je gegangen ist.

So weit Bullinger.

Ich habe seine Erzählung ohne Unterbrechung wiedergegeben, damit der Leser einen Gesammteindruck von ihr erhalte. Man empfindet unmittelbar, daß man es mit einer noch lebendigen mündlichen Tradition, die das Knochengerüst zeitgenössischer Aufzeichnung umkleidet, zu thun hat. Näherer Vergleich mit den übrigen Quellen bestätigt das; da uns Alles, was überhaupt aufgezeichnet ist, so ziemlich auch heute noch vorliegen wird, so können wir genau erkennen, wie viel und was Bullinger noch der mündlichen Tradition entnommen hat, wie sich die ursprüngliche Erzählung allmählich verändert hat und welche Glaubwürdigkeit der posthumen Tradition beiwohnt.

Diese Untersuchung wollen wir, ohne gerade jede Einzelheit zu prüfen und alle die kleinen Fehler der Bullinger'schen Erzählung aufzudecken, in den bedeutenderen Zügen durchführen und dabei zugleich Besonderheiten der Ueberlieferung, die sich bei anderen Schriftstellern, auch den zeitgenössischen, finden und die psychologisch zu verwerthen sind, heranziehen.

Die Tradition bis zur Schlacht bei Granson.

Ueber Bullingers Erzählung bis zur Belagerung von Granson ist nicht viel zu bemerken. Das Sagenhafte der Panner, Fähndli und Ketten, mit Eisen, Feuerstein und Feuerflammen, welche der Herzog von Burgund anfertigen ließ, springt sofort in die Augen. Es ist nichts Anderes als der Orden des Goldenen Bließes, der in der That solche Abzeichen hat, aber bereits von Karls des Kühnen Vater im Jahre 1429 begründet wurde.

Im Uebrigen hält sich die Erzählung Bullinger's wesentlich an die schriftliche Ueberlieferung, auf die sie sich ja auch beruft; über diese Nebenzüge war die mündliche Tradition wohl bald erloschen. Der hauptsächlichste Fehler dieses Theiles liegt in der Angabe über den Ursprung der Feindschaft mit dem Grafen von Romont. Dieser übergab sein Land der Obhut der Berner bereits im Frühling 1476, mehr als ein halbes Jahr, ehe die Schweizer dem Herzog von Burgund absagten. Er war auch nicht in dem Treffen bei Héricourt.

Bullinger's Erzählung, daß der Herzog der Besatzung von Granson Gnade versprochen und durch die Hinrichtung einen unerhörten Treubruch begangen, findet sich schon in zeitgenössischen

Chroniken; z. B. bei dem Baseler Knebel, dem Dekan von Einsiedeln, Albert Bonstetten, und dem Züricher Edlibach. Die Unwahrheit der Beschuldigung unterliegt keinem Zweifel. Panigarola, der keinen Grund hatte, seinem Herrn die Wahrheit zu verhehlen, meldete diesem ausdrücklich, daß der Herzog Anerbietungen der Besatzung, sich gegen Versicherung ihres Lebens zu ergeben, abgelehnt und auf bedingungsloser Ergebung bestanden habe. Die Besatzung selber ließ dem Rath in Bern melden, daß sie sich nur bis zum Dienstag zu halten vermöge[1]), und die Uebergabe erfolgte erst am Mittwoch. Die nächststehenden schweizerischen Chroniken, beide Schilling, Etterlin, die Chronik von Neufchatel, behaupten deshalb auch nicht so direct, daß der Herzog selber der Besatzung etwas versprochen habe, sondern finden den Verrath darin, daß gewisse deutsche Knechte oder auch eine Dirne, welche sie hineinschickten, ein Herr von Runtschan oder der Markgraf von Rötelen mit der Besatzung verhandelt und ihr Versprechungen gemacht habe. Der Herr von Runtschan (ein Ronchamp war Capitain in Karls Heer) habe sich für seine Vermittelung 100 Gulden von der Besatzung geben lassen. Durch die falsche Nachricht, daß auch Freiburg bereits eingenommen, Zwiespalt in der Eidgenossenschaft ausgebrochen und gar keine Aussicht auf Ersatz sei, habe man die Unglücklichen zur Unterwerfung bewogen. Danach ist vielleicht — auch das doch wohl nur vielleicht — an der Erzählung so viel wahr, daß die burgundischen Kriegsknechte die gewöhnliche, freilich bei der Hülflosigkeit der Besatzung überflüssige Kriegslist anwandten, sie durch Mittheilung von Schreckensnachrichten einzuschüchtern und diese, in Voraussicht dessen, was ihrer harre, einen Versuch machten, durch Geschenke einen Fürsprecher im burgundischen Heere zu gewinnen.

Schon Etterlin, der noch nichts von einem persönlichen Versprechen des Herzogs weiß, macht hieraus doch die Anklage, daß „der Herzog von Burgund sein fürstlich Eere daselbs verwirct"; die Tradition hat dann die Thatsachen nach dieser Auffassung ergänzt und das Versprechen Karls hinzugedichtet.

Nicht anders verhält es sich ohne Zweifel mit der ersten analogen Erzählung Bullingers von der wortbrüchigen Hinrichtung der Besatzung von Brie in Lothringen. Die Lothringische Chronik,

---

[1]) Schilling p. 279.

welche von einer Persönlichkeit aus dem Gefolge des Herzogs René verfaßt ist, berichtet ausdrücklich, daß die Besatzung sich à bonne volonté ergeben habe.

Von der Grausamkeit und Wuth des Herzogs von Burgund weiß der Basler Kaplan Knebel in seinem den Ereignissen parallel geführten Tagebuch noch Folgendes zu berichten. In Genf, erzählt er, habe der Herzog nach seiner Ankunft — er ist gar nicht über Genf gekommen — alle Schweizer umbringen lassen, die Weiber im See ertränkt, auch alle Kinder getödtet; in Granson habe er den Kindern in der Wiege Hände und Füße abgehauen. Einige Ritter habe er nach der Niederlage hinrichten lassen, weil sie ihm gesagt, die Schweizer hätten keine Waffen, seien rohe Bauern, fast nackt und leicht zu besiegen. Das hatte sogar der Berner Rath seinen Bundesgenossen schreiben lassen[1]). Weiter erzählt Knebel, der Herzog habe einen Kriegsrath berufen und Umfrage gehalten, wie der Krieg zu führen sei; als zwei Ritter darauf den Rath gaben, nach Burgund zurückzugehen und die Schweizer in Frieden zu lassen, habe er sofort einen Teppich auf den Boden des Zeltes ausbreiten, die beiden Ritter hinknieen und sie ohne Beichte enthaupten lassen.

Von anderen Nachrichten notiere ich folgende. Knebel läßt dem Herzog eine Hülfsarmee von 15 000 Mann Mailändern und 5000 Savoyern — also erheblich mehr als er je gehabt hat — zumarschieren. „Jenes Lombardenheer von 15 000 Mann, welches, nach Heuter, Müller anführt, und das Lausanne erobert haben soll, müßte vom Himmel gefallen sein," sagt Rodt (II, 24 Anmerk.), und mit Recht. Knebel's Tagebuch war damals noch nicht im Original bekannt, Rodt fand die Nachricht nur in der späteren Heuter'schen Erzählung und hatte deshalb den kritischen Muth, sie zu verwerfen. Hätte er gewußt, daß die Nachricht aus einer den Ereignissen so nahe stehenden Quelle stamme, so hätte er es sich vielleicht nicht getraut.

Man kann den Gang und das Wachsen der Notiz Schritt für Schritt verfolgen. Bei Knebel tritt sie noch ziemlich unbestimmt auf; erst sagt er nur, das Heer solle kommen (II, 342); dann bringt er einen Brief des Statthalters zu Biel (II, 362), daß es

---

[1]) Schilling p. 311.

sich mit Karl bei Granson vereinigt habe. Durch Vermittelung von Seb. Münsters Kosmographie (auch Wurstisens Basler Chronik hat sie) ist die Nachricht dann an Pontus Heuterus übergegangen und zwar in der ganz bestimmten Form, daß dieses Heer Lausanne in plötzlicher Ankunft besetzt habe.

Zum Schluß will ich hier noch eine merkwürdige Sage erwähnen, die wohl von den Schweizern ausgegangen, aber bei ihnen wieder verloren, so zu sagen, in dem vollendeten Siegesbewußtsein wieder untergegangen, und nur bei Philipp Comines erhalten ist. Dieser erzählt, daß die Schweizer den Herzog von Burgund dringend um Frieden gebeten; sie hätten ihm vorgestellt, daß sie ja arme Leute seien und er bei ihnen nichts gewinnen könne; die Sporen und Pferdegebisse in seinem Heere würden mehr werth sein, als Alles, was sie zahlen könnten, wenn sie unterworfen würden. Comines will das aus dem eigenen Munde eines der eidgenössischen Gesandten, die von dem Herzog abgeschickt waren, gehört haben. An anderer Stelle fügt er hinzu, die Schweizer hätten dem Herzog angeboten, selbst gegen geringe Bezahlung in seine Dienste zu treten, wenn er sie verschonen wolle. Alles das wird durch die erhaltenen Urkunden und näherstehenden Chroniken als reine Fabel dargethan.

Die Tradition über die Schlacht bei Granson.

Die Erzählung Bullinger's von der Schlacht bei Granson lautete:

„Nun wüßtend die Eydgenossen bei den Panneren nicht, (die nunmehr in 20 000 stark sich besammlet) daß Ihren biderben Leuthen so übel ergangen war, Eyltend Sie zu retten u. zu entschütten, u. zogend den 3. Marty auf Grandson zu, mit dem Herzogen zu schlagen, u. war Ihnen doch schwer, Ihn in seinem Lager u. hinder einem so mordlichen Geschütz anzugreiffen: Dieweil Sie aber in Erfahrung kommen, daß seine Räthe u. Liebharden sich um mehrerer Ruh willen gelegt hattend in das Schloß Fannergy, die Er freylich wurde entschütten; wurd Er also aus seinem Nest und Vortheil hinder seinem Geschütz hervorgebracht auf die weite; u. zogend darum die Panner Bern, Schweitz, Fryburg u. Thun vorauß auf Fannergy u. auf den Feind."

Unrichtig ist in diesem Absatz die Annahme, daß die Eidgenossen vor der Schlacht von dem Schicksal der Besatzung von Granson nichts gewußt hätten; die gleichzeitigen Autoren berichten das Gegentheil und werden darin bestätigt durch ein Schreiben der Luzerner Hauptleute aus dem Feld¹) vom 1. März, welches die Hinrichtung bereits mittheilt.

Unrichtig ist das Datum der Schlacht; 3. März statt des 2.

Unrichtig und Bullinger eigenthümlich ist ferner die Wendung, daß die Räthe und Liebharden Karls sich „um mehrer Ruh willen" in das Schloß Vaumarcus gelegt hätten. Karl besetzte dies Schloß unzweifelhaft, weil es den Ausgang des Passes beherrschte, welchen er zu durchziehen hatte. .

Bullinger fährt fort:

„Indem war der Herzog aufgebrochen fürbas zu ziehn und stießend also beyde Hauffen aneinander: Diese 4 Panneren embottend den anderen Eydgenossen, daß Sie eylends Ihnen zuziehen soltind, dann es sich schickte, daß Sie angreiffen müßind. Und als die Burgunder stark und wohlgeordnet vor Ihnen hieltend" —

Die Wendung „stark und wohlgeordnet" verwirscht uns einen sehr wesentlichen Zug in dem Schlachtbilde. Auch Karls Heer war erst im Anmarsch und noch nicht völlig aufmarschiert, als der Angriff der Schweizer erfolgte. Der Fehler ist jedoch nicht Bullingers allein. Schon Schilling hat eine ähnliche Wendung.

— „fielen die Eydgnossen auf Ihre Knye, breitetend Ihre Arme und Hände aus zu Gott u. bättend um Hilff u. beystand. Die Burgunder die dergleichen nie gesehen, vermeintend Sie begehrtend der Gnaden? Darum schrauwend Sie: Ihr böswicht, Ihr müßend all sterben, und ist nirgens kein Gnad."

Die Behauptung, daß die Burgunder das Schlachtgebet der Schweizer für eine Bitte um Gnade angesehen, ist der ganzen schweizerischen Ueberlieferung gemein. Schilling der Augenzeuge, Bonstetten, die Chronik von Neufchatel, Edlibach die Zeitgenossen, berichten dasselbe. Der Neufchateller läßt den Herzog selbst ausrufen: Sie bitten um Gnade — laßt die Artillerie auf sie feuern. („Par S. George! ces canailles crient mercy! gens du canon feu sur ces vilains".) Das Sagenhafte dieser letzteren Erzählung leuchtet sofort ein: die Schweizer werden nicht innerhalb des Kanonenschusses niedergekniet sein. Aber auch das Mißverständniß seitens der

---

¹) Geschichtsfreund der V-Orte, Bd. 23.

Burgunder überhaupt ist natürlich nur eine Supposition der Schweizer. Es ist die Einkleidung der schweizerischen Vorstellung von den frommen Eidgenossen im Unterschied von dem frivolen, tyrannischen Adel. Die Erzählung gehört zu jener Art Volksmythen, die sich immer wiederholen. Etterlin und Tschudi berichten es auch von der Schlacht bei Sempach. Die Schotten erzählen, daß, wie sie vor der Schlacht bei Bannockburn niederknieten, König Eduard ausrief: „Sie bitten um Gnade", und sie ihm erwiderten: „Ja Gott, aber nicht euch". Speciell bei Granson ist es selbstverständlich, daß weder der Herzog noch seine Krieger den Schweizern, deren Kriegstüchtigkeit bereits seit Generationen hochberühmt war, zutrauten, daß sie mitten im Gefecht — denn seit Stunden scharmuzierten ja die Schützen miteinander — einen Gewalthaufen bildeten, um in corpore um Gnade zu flehen.

— „Die Eydgnossen aber nach vollbrachtem Gebätt, wütschend mannlich auf, u. loffend gegen den Feinden, die Reysigen aber setzend heftig in Sie, u. ward ein harter Angriff, an dem bey 30 Eydgnossen nidergelegt wurdend. Es blibend auch der Herren u. vom Adel der Burgunderen nicht wenig, denn Sie wagtends dapfer. Der Herr Tschettigion kam den Eydgnossen zum anderen Mahl nach der Panner von Schweitz, ward aber erschlagen.

Und wie der Herzog gar viel Volkh hatte, hubend etlich sich an sich an hauffen zu thun, in willens die Eydgnossen zu umschlagen, u. all mit einanderen umzubringen, u. in sonderheit machte sich ein großer Hauffen an den Bühel des Bergs, so nebend den Eydgnossen war, Sie zu überhöchen.

In demselben kamend über den Berg hinein, grad an dem Orth, da sich der ermelt Hauffen gestelt hatte, Zürich, Luzern, Uri, Unterwalden, Zug, Glaruß, u. die zugewandten, mit großem Geschrey u. wüthen: die Trompeten, harsthörner, der Uristier u. Kuh von Unterwalden, brühleten greuwentlich, u. schien die Sonn in Sie, daß es widerglänzte wie ein stählerner Berg. Herzog Carli, der vermeint hat, alle Eydgnoßen wehrend bei den 4 Panneren, mit denen Er schlug, sagt zu Brandolff vom Stein, dem gefangenen, den der Fürst mit Ihm geführt: Lieber! wer ist doch das grausam greuwentlich Volkh, sind es auch Eydgnoßen? Antwortet Brandolff: Ja gnädiger Fürst u. Herr!

das sind erst die rechten alten Eydgnoßen? Sehet Ihr wohl an Ihren Panneren. Des erschrack der Fürst gar übel, u. hub an, die Seinigen zu mahnen dapfer zu sein. Aber der große Hauffen am Berg ward durch den Anlauff der Eydgnossen vom Berg herab in die Flucht geschlagen, dem folgtend auch die anderen Hauffen mit entsetzlicher Flucht. Der Fürst aber u. etliche Herren rittend Ihnen entgegen mit bloßen Schwertern die Flucht aufzuhalten."

Das militärisch Eigenthümliche in dieser Erzählung ist die Wendung, daß der Gewalthaufen der Eidgenossen dem Umgehungs-Corps der Burgunder seinerseits in die Flanke gefallen sei und dadurch die Entscheidung gebracht habe. Hätten wir andere Zeugnisse nicht, so würden wir in diesem Moment vermuthlich das eigentlich Charakteristische des Verlaufes der Schlacht sehen. Um so mehr, wenn wir etwa noch mit Ausschluß anderer Quellen diesen Theil des Tagebuches des Basler Knebel daneben hätten, welcher ausdrücklich sagt, daß ein Theil der Schweizer die Burgunder von hinten gefaßt hätte. Der Vergleich mit den näherstehenden Zeugnissen lehrt uns aber, daß der Gewalthaufe so direct garnicht eingegriffen hat; seine Hauptwirkung lag in seinem bloßen Erscheinen, verbunden mit der von dem Herzog befohlenen Rückwärtsbewegung einiger Abtheilungen, welche von den rückwärtigen Truppen mißverstanden wurde. Grade dies so sehr Wesentliche würden wir aus Bullinger, wie aus den schweizerischen Quellen insgesammt überhaupt nicht erfahren.

Die Unterhaltung des Herzogs mit Brandolf vom Stein charakterisiert sich als echte Volkssage und tritt zuerst bei Bullinger auf. Joh. v. Müller hat ihr noch eine weitere Ausmalung gegeben und läßt den Herzog sagen: „Was wird aus uns werden? schon die Wenigen haben uns ermüdet". Man bemerke wohl, daß das Gespräch nicht nur an sich sagenhaft ist, sondern daß es sich auch mit der Situation, in die es versetzt wird, nicht vereinigen läßt. Von einer „Ermüdung durch die Wenigen" kann nicht die Rede gewesen sein, da die eigentliche Schlacht eben erst begonnen hatte; auch die einfache ängstliche Frage, wie sie sich bei Bullinger findet, würde in vollem Widerspruch stehen zu der Stimmung, wonach, wie uns authentisch durch Panigarola bezeugt ist, der Herzog den Sieg sicher in der Hand zu haben glaubte, als die Panik ausbrach.

Endlich hat Karl selbstverständlich nicht den gefangenen Brandolf von Stein in einem Gefecht mit sich herumgeführt, wo nach anderer Sage (in der Neuschateller Chronik) er persönlich mit eingelegter Lanze in die Feinde einsprengte, nach wieder anderer[1]) sein Pferd verwundet, nach einer dritten[2]) unter ihm getödtet sein soll.

Den Keim von Bullingers Erzählung finden wir in der Chronik des Mitkämpfers Etterlin von Luzern, welcher schildert: „Do der Herzog von Burgund gesach den züg den berg ab züchen, schein die sunn gerad in sp, und glitzertt als wie ein spiegel, des gelichen lüpet das Horn von Urp, auch die Harschhorne von Luzern, und was ein sölich tossen, das des Herzogen von Burgund lüt ein grusen darob emtpfiengent und trattend hinter sich."

Bullingers Darstellung der Schlacht bei Granson läßt, abgesehen von der sagenhaften Ausschmückung, wichtige Momente aus und erfetzt sie durch fingierte. Trotzdem wird der Leser im Allgemeinen den Eindruck haben, daß sie doch der Wahrheit nicht so sehr ferne ist. Sie verdankt das sicherlich nicht der mündlichen Tradition, sondern den schriftlichen zeitgenössischen Quellen, welche der Autor benutzte. Auch die Fehler Bullingers sind zum Theil schon die Fehler dieser Quellen.

Um nun ganz zu übersehen, was die populäre Erzählung aus kriegerischen Ereignissen zu machen im Stande ist, wollen wir uns nicht mit Bullinger begnügen, der eine eben doch verhältnißmäßig sehr gute Grundlage hatte, sondern, da wir über eine rein mündliche und doch durch gleichzeitige Quellen wieder controllierbare Tradition nicht verfügen, aus allen originalen Quellen die charakteristischen Erscheinungen und besonders auffälligen Falsa zusammenstellen.

Schilling berichtet von einem Kriegsrath des Herzogs von Burgund nach der Einnahme von Granson. Hier hätten die Einen gerathen, vor Bern oder Freiburg ein Lager aufzuschlagen; Andere, er solle nicht die Städte belagern, sondern das ganze Land mit Feuer und Schwert verwüsten; noch Andere, er solle friedlich durch das Land ziehen. Alle aber erwarten, daß sich nun ohne Widerstand Jedermann ergeben werde.

---
[1]) Nach einem Schreiben des Berner Raths bei Knebel II p. 23.
[2]) Nach einem Schreiben eines Kanonikus von Genf. Dep. Mil. I, 354. Wäre es wahr, so würden wir es unzweifelhaft bei Panigarola erwähnt finden.

Wir dürfen mit voller Bestimmtheit bestreiten, daß der Herzog solche Pläne mit den Seinen erwogen oder solche Erwartungen gehegt hat. Die mailändischen Gesandten würden sonst etwas davon berichten. Von ihnen aber und aus einem eigenen Briefe Karls des Kühnen an die Herzogin von Savoyen[1]) erfahren wir im Gegentheil, daß des Herzogs Sinn in erster Linie auf nichts Anderes als auf eine Feldschlacht gerichtet war.

Schilling berichtet weiter, der Herzog sei (am Morgen des 2. März) aus seinem Lager bei Granson aufgebrochen, um die Seinen im Schloß Vaumarcus zu entsetzen. Aus Panigarola wissen wir, daß er nur das Lager an den Eingang des Passes verlegen wollte.

Edlibachs Erzählung von der Schlacht bei Granson ist im Ganzen correct und hebt die wesentlichsten Momente sehr gut und ziemlich vollständig hervor. Im Einzelnen aber enthält die Erzählung doch einen Fehler, der einem unbedeutend erscheint, wenn man das Richtige weiß, der aber doch genügen würde, uns das Bild der Schlacht sehr zu verschieben, wenn wir keine weiteren Quellen hätten und glaubten, auf Edlibach, als einen Schriftsteller, der persönlich durch seine Beziehung zu dem Hauptmann Waldmann den Dingen so nahe stand und so bald nach den Ereignissen schrieb, voll vertrauen zu dürfen.

Wir haben gesehen, wie die Vorhut, welche das eigentliche Treffen schlug, zusammengesetzt war und daß sie eine Stärke von etwa 8000 Mann hatte. In dem Bestreben, seine Landsleute an der That theilnehmen zu lassen, läßt Edlibach die Vorhut neben denen von Schwyz und Bern aus 800 Zürichern bestehen, so daß ihre ganze Stärke 1500 Mann betragen habe; dieser Vorhut sei, als sie bedrängt wurde, noch eine Anzahl anderer Knechte zugelaufen. Der Fehler, daß den Zürichern eine Rolle zugeschrieben wird, die sie nicht gespielt haben, ist noch der geringste. Da nun aber nachher richtig weiter erzählt wird, daß bei dem bloßen Erscheinen des Hauptheeres der Schweizer die Burgunder die Flucht ergriffen, so wird das eigentliche Treffen bei Edlibach von einer so geringen Schaar ausgefochten, daß man aus seiner Erzählung weder klar werden könnte, wie diese Wenigen sich in einen Kampf mit dem ganzen

---

[1]) Dépêches Milanaises I, 296.

burgundischen Heere haben einlassen, und noch weniger, wie sie sich in diesem Kampfe haben halten können.

Die Genesis des Fehlers ist wohl die, daß Eitelkeit der Züricher zunächst die Zahl der Ihren, die an dem Kampfe theilgenommen, auf 800 heraufgeschraubt und wieder die eidgenössische Eitelkeit die Gesammtzahl auf nicht viel über 1500 herabgesetzt und Edlibach Beides kombiniert hat.

Die sog. Chronik der Chorherren von Neufchatel[1]) läßt Karl den Kühnen am Morgen der Schlacht vor dem Ausmarsche eine längere Ansprache an seine Kapitäne halten: „heute sei der Tag gekommen, diese Elenden abzuthun, das ganze Land sollte unterworfen, Niemand geschont werden."

Diese Ansprache muß reine Phantasie sein, da wir wissen, daß der Herzog an jenem Tage eine Schlacht nicht erwartete.

Neben den schweizerischen ist es auch der Mühe werth, die ausländischen Erzählungen zu vergleichen.

Die Lothringische Chronik[2]) ist vermuthlich geschrieben von Chretien de Châtenois, einem Secretär des Herzogs René. Châtenois stand also den Dingen sehr nahe; der Herzog hat ja an der Schlacht bei Murten persönlich theilgenommen, Châtenois selber an der Schlacht bei Nancy.

Er leitet seine Erzählung der Schweizer Schlachten damit ein, daß er Karl den Kühnen die Herzogin von Savoyen gefangen nehmen läßt. Der politische wie militärische Zusammenhang des Krieges wird dadurch auf den Kopf gestellt: die Kriegführung Karls ist, wie wir sehen, durchaus auf ein enges Bündniß zwischen Burgund und Savoyen basiert. Erst nach der Niederlage von Murten, als Karl den Verdacht faßte, daß die Herzogin sich von ihm lossagen wolle, ließ er sie gefangen nehmen.

In der Schlacht bei Granson giebt Châtenois die Stärke der Schweizer auf 30 000 Mann an, die in sechs Bataillen aufgestellt gewesen seien. In der ersten Bataille 8000 Mann, als ihre Avantgarde 3000 Couleuvriniers, 2000 Hellebarden, als letzter Haufen 3000 Pikeniere. Ein anderer Haufen 5000 Mann, zwei zu 6000, einer zu 4000, der letzte zu 3000. Völlig verständlich ist diese

---

[1]) Gebr. Schweiz. Geschichtsforscher Bd. VIII.
[2]) La Chronique de Lorraine. In der Sammlung der Société d'Archéologie Lorraine. Herausgeg. v. Marchal.

detaillierte Aufzählung nicht; die Summe würde auch nicht 30 000, sondern 40 000 ergeben. Es kommt nichts darauf an, da die ganze detaillierte Aufzählung reine Phantasie ist.

Die Schlachtschilderung selbst ist in den allgemeinen Zügen, auf die sie sich beschränkt, ziemlich richtig.

Der Verlust der Burgunder wird auf 2000 Todte angegeben; der furchtbare Anblick des mit Todten bedeckten Feldes sogar ausgemalt. Wir erinnern uns aber, daß der Verlust der Burgunder in dieser Schlacht sehr gering war.

Jean Molinet wurde während der Belagerung von Neuß (1474/75) zum Historiographen des Hauses Burgund ernannt und hat uns eine Chronik hinterlassen, welche von 1474 bis 1506 reicht. Seine Stellung muß ihm eine so gute Information zur Verfügung gestellt haben, wie sie auf burgundischer Seite überhaupt möglich war.

Molinet erklärt die Besetzung des Schlosses Baumarcus damit, daß alle Zufuhr für das burgundische Heer von hier gekommen sei. Man erinnere sich einen Moment der Lage dieses Schlosses, um die ganze Größe der Confusion in dieser Angabe zu ermessen.

Die Erzählung der Schlacht von Granson leitet er damit ein, daß die vornehmsten Begleiter Karls ihn vergeblich auf den Anmarsch der Schweizer aufmerksam gemacht und gebeten hätten, das Heer aufzustellen. Der Herzog habe geantwortet, er werde sich hüten, eine solche Thorheit zu begehen.

Ob dieser Erzählung eine Verwechselung mit Murten zu Grunde liegt, ist nicht zu ersehen; das wäre immerhin noch die mildeste Erklärung der völligen Unrichtigkeit.

Von da an ist die Schlachterzählung richtig.

Thomas Basin war Bischof von Lisieux und lebte, von Ludwig XI. vertrieben, lange in der Verbannung auf burgundischem Gebiet. Die letzten Jahre seines Lebens brachte er in Utrecht zu, mit dessen Bischof, David, einem Halbbruder Karls des Kühnen, er nahe befreundet war. Hier schrieb er etwa acht bis zehn Jahre nach den Ereignissen die uns berührenden Capitel seiner „Geschichte Karls VII. und Ludwigs XI."[1]. Er war also in jeder Beziehung in der Lage, sich die besten Nachrichten zu verschaffen.

---

[1] Ausgabe von Quicherat in der Sammlung der Société de l'Histoire de France.

Basin leitet seine Schilderung des Feldzuges von Granson damit ein, daß er die Zusammenkunft Karls des Kühnen mit der Herzogin von Savoyen und das Lager bei Lausanne, was Beides vor die Schlacht bei Murten gehört, hierher verlegt. Er setzt die Schlacht statt auf den 2. März an das Ende März, sagt kein Wort von der Belagerung von Granson und läßt die Schlacht derart verlaufen, daß zuerst der unvorsichtig vorangeschickte Troß mit der ganzen Kriegsausrüstung den Schweizern in die Hände fällt und aus Schreck darüber das burgundische Heer die Flucht ergreift. Die einzelnen Ereignisse sind richtig; durch die verkehrte Reihenfolge wird das Ganze absurd.

Eine ganz eigenthümliche Tradition finden wir endlich in einem sehr viel späteren Schriftsteller Pontus Heuterus, geb. 1535, gest. 1602. Er lebte in den Niederlanden und schrieb ein Werk: Rerum Burgundiarum libri VI. Nach ihm führte den Oberbefehl über die Schweizer Hermann von Eptingen, der Befehlshaber der östreichischen Reiter. Er besetzt mit gutem Vorbedacht eine „Clause", wo Karl seine Reiterei nicht verwenden kann. Gegen allen vernünftigen Rath geht der Burgunderherzog wirklich in den Engpaß hinein. Heuterus giebt uns auch genau an, wie die drei Haufen, in denen das Burgunderheer marschierte, zusammengesetzt waren.

Von da an ist die Erzählung richtig, und wenn man den wahren Verlauf kennt, sieht man auch, daß die Brechungen und Abwandlungen in der Heuter'schen Relation gar nicht so übermäßig von der Wahrheit abweichen: trotzdem wäre es völlig unmöglich, aus ihr allein die Wahrheit zu reconstruieren.

Woher die Besonderheiten der Heuter'schen Erzählung stammen, habe ich nicht allenthalben auffinden können. Mündliche Tradition kann er eigentlich nicht mehr gehabt haben. Die Nachricht, daß Eptingen der Anführer der Schweizer gewesen, hat zuerst Knebel. Sebastian Münster und Wurstisen nennen ihn wohl, aber ohne ihm die höchste Stellung zu geben. Wurstisen nennt die Anführer der drei burgundischen Haufen, fast übereinstimmend mit Heuterus.

Die Tradition über die Schlacht bei Murten.

Bullingers Erzählung lautete:

„Der Eydgnossen Hauptleuth u. Räth all bey einander versamlet, rathschlagten miteinander, wie der Hertzog anzugreifen

were; oder ob man den Graffen von Remont zum erften angreiffen wolle. Da ward man eins, richtig auf die groß Macht
des Herzogen anzugreifen, grad unter angeſicht, und wurden
beſtimmt drey Hauffen zu ſtellen, eine Vorhuth, ein gewalt- und
Schlachthauffen, und eine Nachhuth. Ueber die Vorhuth ward
zum Haubtmann geſetzt Hans von Hallwyl: über den Gewalthaufen Hanß Waldmann, Haubtmann von Zürich: und über die
Nachhut Hr. Caspar Hertenstein von Luzern."

In dieſem Abſatz iſt bemerkenswerth, daß, ſo zu ſagen, die
äußere Schale des Schweizeriſchen Schlachtplanes erhalten, die Idee
aber verloren gegangen iſt. Man überlegte, ob man den Heer-
haufen des Grafen Romont oder den Herzog ſelbſt angreifen ſollte
und entſchied für das Letztere, weil damit dem Belagerungsheere
der Rückzug abgeſchnitten wurde. Dieſen Grund weiß Bullinger
nicht mehr, ſondern ſubſtituiert ſtatt deſſen, daß man in ritterlichem
Sinne gerade auf die Hauptmacht habe losgehen wollen. Da er
ſich auch über die Vertheilung der burgundiſchen Truppen um Murten
und ſpeciell den Standort Romonts ſehr unbeſtimmt ausdrückt („an
zweyen großen Hauffen bergshalber um die Stadt und der Graf
Remont mit ſeinem Zeug auf der anderen Seiten gegen den See"),
ſo wäre es ſchwer möglich, aus ihm allein den richtigen Zuſammen-
hang zu erkennen.

„Es ward auch hernach dem Hs Waldmann zugeben von
des Bunds wegen zum Mithauptmann Hr. Wilhelm Herter von
Straßburg."

Herter war nicht bloßer Mithauptmann Waldmanns, ſondern
im Gegentheil der Ordner des geſammten Heeres und inſofern, ſo
weit der Begriff hier überhaupt anwendbar iſt, der Oberanführer.

„Als nun alles genugſam berathſchlagt ward, brach man
auf mit allem Volkh und zog dem Wald zu: Dann ennert dem
Wald hatte der Herzog ſein Lager geſchlagen; der auch, ſobald
Er der Eid- und Bundsgenoſſen gewahr worden, ſein Volkh auf
den Plan führte, und ſtellte Sie in die Ordnung auf einen
weiten Acker, der mit einem dicken Grunhaag umgeben war, u.
wartete da ſeiner Feinden hinder ſeinem gewaltigen Geſchütz" —

Das ganz entſcheidende Moment der Ueberraſchung iſt in
dieſer Erzählung völlig ausgefallen und in das Gegentheil verkehrt.

— „und als die Eydgnossen an den Wald hinan kommen hubend Sie an ihre Ordnung zu machen. Indem kam herzureiten Herr Wilhelm Herter von Straßburg, von der Herrschaft und den Bundsgnossen, zeigt den Eydgnossen in der Herren Namen an, daß Sie willens werind eine starke Wagenburg an den Herzogen zu schlagen, in die soltind die Eydgnossen zu Ihnen zeühen, als die Ihr Leib und Guth zu Ihnen setzen woltind, u. wie darauf niemand nichts antworten wolte, sprach Herr Felix Keller von Zürich: wollend Ihr dann Euwer Leib u. Guth zu uns setzen, so kommet her zu uns; dann wir wie unsere vorderen, unseren Feind, den wir da vor uns habend, angreiffen wollend, u. uns in kein Lager einlassen. Sobald hette er daß nicht geredt, fuhr der Reiter darvon u. bald kamend die Herren, der Adel u. alle Bundgnossen zu den Eydgnossen, mit all Ihrer Macht zu Roß und Fuß."

Der Vorschlag Herters und das Gespräch mit Felix Keller ist in keiner zeitgenössischen Quelle auch nur angedeutet und läßt sich auf keine Weise mit der Situation vereinigen. Nicht einmal in einem früheren Moment kann irgend Jemand der militärischen Führer und am allerwenigsten ein solcher Mann des allgemeinen Vertrauens wie Wilhelm Herter den Vorschlag gemacht haben, daß das Heer, welches Murten entsetzen wollte, eine Defensiv-Stellung einnehme. Die Erzählung ist ohne Zweifel dem Geist der Eifersucht gegen den östreichischen Führer entsprungen, welcher diesen auch oben schon zu einem bloßen Mithauptmann Waldmanns herabsetzte.

„Die Eydgnossen aber machtend die Ordnung und stellten in die Vorhuth die Fähndlin Zürich, das in die Besatzung zu Freiburg gelegen, auch Thun und Entlibuch, mit einer starken Hilf aus allem Zeug. In den Schlachthaufen ordneten Sie alle Panner der Eyd- u. Bundsgnossen. Die Nachhuth ward auch stark gemacht und an die Vorhuth hat man als Flügel die Schützen und etliche Reuter angehenkt. Sonsten hatte die Herrschaft, der Adel und die Reysigen Ihre Ordnung auch gut gemacht.

Mit dieser Ordnung zog man im Namen Gottes zu dem Wald gegen den Feind, da es immerdar regnete, u. wüst wetter war. So bald aber die Vorhuth vornen in den Wald kam, möcht sie sehen, den großen Gewalt der Burgundieren, daß auch der Eydgnoſſen u. der Burgundieren Hünd, welche dem Lager nachloſſend, aneinander zu beißen kamend, u. der Eydgnoſſen Hünd der Burgundieren Ihrem Läger zujagtend, das man gerne ſahe u. es die Eydgnoſſen für ein gut Omen hieltend.

Als aber der Burgundieren Lager von großer Macht abſcheulich anzuſehen war, kehrte ſich der Haubtmann von Hallweil, der mit dem bloßen Schwert vor der Ordnung hergüng, zu der Ordnung u. ſprach: Fromme Eyd= u. Bundsgenoſſen, biderbe Leuth! Hier ſehend Ihr jeßunder vor euweren Augen, die, ſo Euwer Land, Haus, Heimath, Weib und Kinder under ſich getheilt und gebeutet habend, u. die auf Euwer Leib und Leben ſteltend, auch zuvor uns unſere biderben Leuth zu Bry und Granſon mordlich umgebracht, gehenkt und ertränkt habend, an denen habt Ihr euch begehret der Euwrigen halben zu rächen! Da ſtehend ſie jeßt! Darum ſeyt dapfer, Rettend Euch und die Euwrigen! Rächend das ſchandlich Mord an ihnen! Förchtet Euch nicht von wegen ihrer großen Macht: auf den heutigen Tag den Heil. 10 000 Ritterentag, iſt etwann manches Jahr, daß unſere Vorderen in kleiner Anzahl eine große Macht der Feinden vor Laupen erſchlugend. Nicht minder glücklich wird der heutige Tag uns auch werden. Und gedenke Euer ein Jeder, Er allein wolle ſie alle abtreiben. Gott iſt unſere Stärke und Herr! hats der nicht mit uns, ſo ſind wir aller Welt, geſchweige nur dieſen ſtark genug! daß er aber mit uns ſeye, uns Krafft und Sieg verleihe, wollend wir Ihne jeßund ernſtlich bitten: Darum knyend nieder u. befehlend Euwere Seelen, Leib u. Heil dem Allmächtigen, der unſeren Bättern geholffen und uns auch helffen mag und wird.

Indem man alſo in ſtille bättete, that ſich der Himmel auf und gab einen helen Sonnenglanz, da es bisher gar naß und wüſt geweſen war. Bald wütſchte der von Hallwyl auf, ſtreckte ſein bloß Schwert aus u. ſprach: Biderbe Leuth! bei dieſer Änderung des Wetters u. hälem Sonnenglanz, indem wir gebättet, zeigt uns Gott klahr an, daß er will bei uns ſein und uns zünden: Darum friſch auf im Namen Gottes! u. gedenkt Euwer ein jeder an ſein Weib u. Kinder, daß er dieſelben rette mit mannlicher That: u. Ihr jungen Geſellen, habt Ihr Ehren geliebte Töchteren, so fahret dapfer an den Feind und lasset dieselben nicht den öden Walchen, Sie zu schänden."

Die Erzählung von den Hunden und die Reden Hallwyls finden wir zuerst bei Bullinger. Alles muß als reine Sage, die Rede vielleicht als persönliche Ausmalung Bullingers, angesehen werden. Zu Grunde liegt allein, daß das Wetter sich, nachdem es den ganzen Vormittag heftig geregnet, Mittags zur Zeit des Angriffs aufklärte.

"Der Herzog aber hatte 8 Schlangen gegen den Wald gericht, die giengend zu hoch u. schlugend die äste von den Bäumen, daß Sie auf die Ordnung fielend, doch kein grossen Schaden verursachten: u. trang hiemit der Vorzug auf den Feind. Die Reysigen aber der Burgunderen thatend sich herfür, darum die Reysigen der Bundsgenossen an Sie anreiten woltend, da gingeb etliche Burgundische Stuck in Sie, daß den Adel beschädigte. Der Haubtmann aber der Vorhuth ordnete in Eyl etliche seiner Knechten, daß Sie hinab fielend u. erschlugend die Büchsenmeister u. kehrten die Büchsen um; damit ward den Reysigen des Punds der Weg geoffnet durch eine Lucken und arbeitend gar streng an Feind.

Der Grunhaag, von welchem oben meldung gethan, irrete die Eyd- u. Bundsgnossen nicht wenig; doch fielet sie neben der Lucken über und durch den Zaun oder Grunhaag von beyden seithen, die Vorhuth u. der Schlacht-Hauffen und gab einen hefftigen streyt. In diesen Streit fielend aus der Stadt Murten der Zusätzer bei 600 Mann, auch in den Feind, welche allenthalben anhubend entsetzlich zu fleuhen: die vermelten Zusätzer trieben einen grossen Hauffen in den see, in dem eine solche Menge stuhnde, so dick in einanderen, daß man hätte mögen Ihnen auf den Köpfen wie auf einer Tillj oder Bünnj gehen. Da ward viel Volkhs erstochen u. noch vill mehr ertränket. Die Reysigen folgtend der Flucht mit niederstechen und schlagen: so zogend alle Panner u. Fähnblin der Flucht nach biß hinaus für Wiffelsburg, u. war alles dicht überlegt mit Todten Cörper, daß es ein greuwentlich Spectacul war, u. der Uebermuth des Fürsten, u. seines Volkhs Trotzen und Dröhen, henken und ertränken der unschuldigen, wohl gerochen u. gestrafft ward. Es warend auch etliche der Eydgnossen, denen die Ihrigen zu

Granſſon erhenkt und ertränkt worden waren, die im Niederschlagen der Feinden immerdar darzu schreuwend Granſſy!
Granſſy! Granſſy!"

Dieſe Schilderung des eigentlichen Gefechts hat, wohl aus Füßli,
richtig das ſo weſentliche Moment der Umgehung aufgenommen. Im
Uebrigen aber wäre es ſchwer, ein richtiges Bild des Ereigniſſes
aus ihr zu gewinnen. Das Moment des Ueberfalles fehlt gänzlich.
Umgekehrt iſt der ſicherlich fingierte Ausfall der burgundiſchen Ritter
aus Edlibach oder Füßli übernommen[1]). Die Angabe, daß die
Schweizer die eroberten Geſchütze umgekehrt hätten, mag nur ſo zu
verſtehen ſein, daß ſie ſie unbrauchbar machten; wollte man, wie es
öfter geſchehen iſt, da herausleſen, daß die Geſchütze gegen die
Burgunder gerichtet worden, ſo wäre es Sage. Die Geſchütze der
Zeit waren für eine ſolche Operation viel zu ſchwerfällig. Sehr
eigenthümlich iſt die Wendung, daß die Beſatzung von Murten einen
Ausfall gemacht habe. Hätten wir keine anderen Quellen, ſo würde
man wohl hierin die Haupturſache des Sieges der Schweizer ſehen.
In Wirklichkeit machen jedoch die zeitgenöſſiſchen Quellen Buben-
berg eher eine Art Vorwurf daraus, daß er nicht mit größerer
Energie ausgefallen ſei.

Fügen wir der Analyſe der Bullinger'ſchen Erzählung wiederum
noch Einiges aus anderen Quellen hinzu.

Edlibach (p. 155) berichtet, der Herzog habe der Beſatzung
von Murten freien Abzug angeboten. Umgekehrt berichtet die
ſavoyiſche Chronik Aquinos, die Beſatzung habe ſich ergeben, der
Herzog aber die Ergebung auf Bedingungen nicht annehmen wollen.
Das Eine iſt ſo falſch wie das Andere.

Châtenois in ſeiner Lothringiſchen Chronik macht ſeinen
Herrn, den Herzog René, zum Anführer der Schweizer. Er weiß ſogar
zu erzählen, wie die Schweizer zu ihm nach Frankreich geſchickt
und ihn aufgefordert haben, zu ihnen zu kommen, wie die Beſatzung
von Murten den Burgundern zuruft, bald werde auch ihr Fürſt
aus königlichem Stamme kommen und ſie bekämpfen und endlich

---

[1]) Der Ausfall muß nothwendig fingiert ſein, da die burgundiſche Beſatzung
des Grünhaags dazu viel zu ſchwach war und die Augenzeugen nichts davon
ſagen, obgleich auch Molbingers Bericht (Ochſenbein, Urkunden p. 339) offenbar
einen ſolchen Ausfall annimmt.

die Schweizer René feierlich einholen, ihm danken, daß er sie führen will und versichern, daß eher 10000 von ihnen sich tödten lassen würden, ehe sie ihm ein Leids thun ließen. Von alle Dem ist kein Wort wahr.

Die Schlachtschilderung selbst beginnt wie die von Granson wieder mit einer detaillirten Aufzählung der einzelnen Haufen, die auf keinerlei Aehnlichkeit mit der Wirklichkeit Anspruch machen kann, und bewegt sich dann in ganz allgemeinen Wendungen, die mehr oder weniger auf jede Schlacht passen würden.

Molinet, der burgundische Hof-Historiograph, schildert die Schlacht folgendermaßen:

Am Freitag sei dem Herzog gemeldet, daß die Schweizer anrückten. Er ließ darauf die Truppen antreten, ritt selbst vor, um sich von dem Stand der Dinge zu überzeugen und sah einige Zelte und 200 Schweizer. Der Capitän Jacob Galeoto hatte sie schon am Tage vorher ankommen sehen. Am liebsten hätte der Herzog noch am Freitag geschlagen, aber die Dunkelheit war bereits nahe und die Mannschaften, die schon drei Tage und drei Nächte auf den Beinen gewesen waren, zu ermüdet.

Was dieser Erzählung Wahres zu Grunde liegt, ist nicht mit Sicherheit zu sagen. Völlig richtig kann es nicht sein, da die Schweizer bereits am Mittwoch die Stellung bei Ulmiz einnahmen[1]), welche Bewegung allein gemeint sein kann und offenbar gemeint ist.

Molinet fährt fort, die Capitäne Karls und „toute sa baronnie" habe ihm gerathen, die Belagerung aufzuheben und eine Stellung in der Ebene zu nehmen; er habe aber an einen Angriff nicht glauben wollen. Man kehrte also in die alten Stellungen zurück. Die Nacht und den ganzen nächsten Vormittag regnete es stark. Die Capitäne, welche die Wache hatten, meldeten dem Herzog, daß sie auffälliges Geräusch beim Feinde hörten und daß ein Angriff bevorstehe; er wollte es aber nicht glauben. Erst auf das höchste Anbringen der Capitäne ließ er einige Compagnien aufsitzen und plötzlich war der Feind da.

Dieser Passus der Erzählung scheint mit unserer Darstellung auf den ersten Blick gar keine Verwandtschaft mehr zu haben.

---

[1]) Brief der bernerischen Hauptleute vom Dienstag, den 18.; Ochsenbein, Urkunden M. 409. Vgl. das Rathsmanual ebenda M. 415.

Prüft man es jedoch näher, so sieht man, daß doch nur das Aufstellen und Warten des burgundischen Heeres von dem Schlachttag selbst (Sonnabend) auf den Tag vorher (Freitag) verlegt ist. Jeder rationelle Zusammenhang wird damit zerstört; es wäre unmöglich, ihn überhaupt zu errathen, wenn wir ihn nicht aus anderen Quellen kennten: dennoch ist es wohl möglich, daß Molinet sich das Ereigniß von einem directen Augenzeugen hat erzählen lassen.

Molinet fährt fort: Der Angriff der Schweizer war so plötzlich, daß der Herzog sich auf den Platz, wo seine Artillerie aufgefahren war, begeben mußte und fand, daß die Schweizer sich durch einen Haag befestigt hatten, in den man nicht eindringen konnte. Einige Bogner drangen zwar ein, aber die Gensdarmen konnten nichts machen. Der Herzog befahl deshalb den Bognern, sich zurückzuziehen. Die Schweizer folgten ihnen auf dem Fuße nach und setzten ihnen so zu, daß sie die Flucht ergriffen. In dieser Flucht wurde bald das gesammte Fußvolk, das sich eben aufstellte, und endlich auch die Gensdarmen mit fortgerissen. Nur der Capitän Jacob Galeoto mit seiner Abtheilung blieb und versuchte den Feind zu attaquieren, aber der Ansturm war zu gewaltig und nichts konnte ihn aufhalten.

Man fragt sich, ob wir es wirklich mit einer Schilderung aus der Schlacht von Murten zu thun haben? Wie, nicht die Burgunder, sondern die Schweizer sollen sich hinter einem Haag verschanzt haben? Ich weiß nicht, ob die historische Kritik, wenn wir Molinet allein hätten, scharf genug sein würde, um aus dem ganzen Zusammenhang, dem plötzlichen Ankommen der Schweizer, dem Angriff der Burgunder, ehe sie Alle zur Stelle sind, den Schluß zu machen, daß nicht jene, sondern diese angegriffen wurden und sich verschanzt hatten, dem entsprechend also Molinets Erzählung zu corrigiren: ich sage, ich weiß nicht, ob die historische Kritik sich das zutrauen würde; für uns aber ist es klar, daß das Mißverständniß bei Schlachterzählungen bei Chronisten so weit gehen kann, daß sie die beiden Gegner selbst mit einander verwechseln, daß sie sie verwechseln, obgleich damit ihre eigene Erzählung widersinnig wird, daß sie sie verwechseln, obgleich sie ihre Nachrichten, wie uns die wiederholte Erwähnung des Capitäns Galeoto und seiner Abtheilung zweifellos macht, von Augenzeugen und Theilnehmern einziehen.

Eine gewisse Verwandtschaft mit Molinet hat der Bericht, den wir bei Heuterus finden. Eigenthümlich ist ihm die Beschreibung der Schlachtordnung Karls: alles Fußvolk in einem großen Geviert-haufen, die Reiter auf den Flügeln, die Schützen im Rücken. Wagte die Kritik nicht, solche Nachrichten zu verwerfen — hier ist es ja bei dem Ueberfluß urkundlicher Quellen leicht —, so wäre jede Möglichkeit, zu einem Verständniß der Entwicklung des Kriegswesens zu gelangen, abgeschnitten.

Heuterus' Erzählung hat Bircken in den Fuggerschen Spiegel der Ehren des Hauses Oestreich verarbeitet, wobei sich noch eine merkwürdige Abwandlungs-Reihe bildet. Basin giebt an, bei Murten sei das eidgenössische Lager von dem burgundischen „medium milliare teutonicum" entfernt gewesen. Dies ist offenbar übersetzt aus der Mittheilung eines Deutschen, der Basin, so ziemlich richtig, gesagt hat „eine halbe deutsche Meile". Basins Ausdruck giebt nun Heuterus (Meile-mille) wieder mit „quingentis passibus" und die „passus" übersetzt Bircken mit „Schritt", Gollut mit „pas" — so daß die beiden Lager jetzt nur noch 500 Schritt von einander entfernt sind.

Fünfter Abschnitt.

Abschluß.

Erstes Capitel.

Quellenkritischer Abschluß.

Ich habe bei der Zusammenstellung der Tradition über die Burgunderkriege mich jedes Hinweises auf die Analogie mit der Tradition über die Perserkriege enthalten, aber ich glaube, die Analogie hat sich unausgesetzt dem Leser von selbst aufgedrängt.

In gewaltigen Hyperbeln wird uns hier wie dort das feindliche Heer in seinem Anmarsch geschildert; alle einzelnen Völkerschaften, welche Truppen stellen, werden aufgezählt.

Einzelne Erzählungen lassen den Uebermuth und die Tyrannei des feindlichen Herrschers erkennen. Xerxes läßt den Sohn des Pythios tödten, mitten durchschneiden und die beiden Hälften auf die beiden Seiten der Straße legen, die das Heer entlang zieht, nur weil der Vater gebeten hat, ihm diesen Sohn zu Hause zu lassen. Die Schweizer erzählen, wie der Burgunderherzog die Edelleute, die ihm riethen, vom Kriege abzustehen, sofort hinrichten ließ.

Die Schweizer vergleichen, daß die Sporen und Pferdegebisse im burgundischen Heere größeren Werth gehabt, als ihr ganzes Land; die Griechen erzählen, wie ein Perser selber ausgerufen, man führe sie gegen Leute, die nicht um Geld, sondern um die Ehre wettkämpfen, und wie nach der Schlacht bei Plataä der König Pausanias zum Vergleich vor Aller Augen ein persisches und ein spartanisches Mahl habe herrichten lassen. Als Xerxes vor Thermopylä erscheint und naturgemäß einige Tage mit dem Angriff wartet, um das Gros seiner Truppen herankommen zu lassen, sieht die griechische Tradition darin die Erwartung, daß die Hellenen sich freiwillig ergeben würden. Die Schweizer berichten, daß Herzog Karl dasselbe von ihnen erwartet und noch, da er sie zum Schlachtgebet niederknieen sieht, hierin eine Bitte um Gnade erblickt habe.

Den Untergang Eretrias und der Thermopylen-Besatzung erklärt sich Herodot durch Verrath. Nur durch Verrath können sich die Schweizer die Uebergabe und den Tod der Besatzung von Granson erklären.

Der vertriebene König Demarat von Sparta erklärt dem König zu seinem Erstaunen und Schrecken die Art der Griechen; der gefangene Brandolf von Stein erhält dieselbe Rolle bei dem Herzog von Burgund.

Eifersucht erzeugt bei den Athenern die Fabel von dem Stellungswechsel bei Platää zum Nachtheil der Spartaner und der anderen Griechen. Die Züricher erzählen von dem feigen Vorschlage, den der oberste Anführer in der Schlacht bei Murten, der östreichische Ritter Wilhelm Herter, im Namen des Adels gemacht habe.

So kann man bis in das Einzelne hinein die volkspsychologische Parallele verfolgen. Für unseren Zweck sind uns dabei namentlich zwei Beobachtungen wichtig. Die eine ist die Ersetzung sachlicher Motive durch persönliche. In beiden Schlachten, bei Granson und Murten, hat die Tradition bei Bullinger das militärische Motiv in der entscheidenden Wendung vergessen; dort wird das Schloß Baumarcus „um mehrerer Ruh willen" von den Burgundern occupirt, hier wird die Angriffsrichtung gewählt, um „die große Macht des Herzogen grad unter Angesicht" anzugreifen. Das ist dieselbe Geschichtsauffassung, welche Miltiades bei Marathon die Schlacht verzögern läßt, damit sie auf den Tag seines nicht bloß factischen, sondern auch rechtlichen Oberbefehls falle, und darüber den wirklichen Zusammenhang der Schlacht vergißt.

Noch wichtiger ist uns aber das Zweite, nämlich die Feststellung des Grades, bis zu welchem Kriegsereignisse und namentlich Schlachten nicht bloß in der populären Tradition, sondern auch bei an sich wohlinformirten Schriftstellern entstellt und mißverstanden überliefert werden können. Die Schweizer, welche zum Theil Augenzeugen und Mitkämpfer gewesen sind, selbst wenn sie das Einzelne richtig geben, verwirren doch durch Auslassung und Verschiebung den Zusammenhang so sehr, daß wir aus ihnen allein nicht im Stande wären, ihn zu reconstruieren. Die Fernstehenden, obgleich sie unzweifelhaft von Mitkämpfern direct ihre Nachrichten eingezogen haben, wie Molinet und Basin, stellen doch unmittelbar neben richtigen und von anderer Seite bestätigten Zügen Vieles geradezu auf den Kopf. Die beste Schilderung Murtens von burgundischer Seite verdanken wir Basin; derselbe Basin läßt bei Granson erst das Lager verloren gehen und dann die Armee die Flucht ergreifen.

Mit Ausnahme von Bullinger, den wir etwa Herodot gleichsetzen können, und Heuterus, sind alle anderen von uns angezogenen Quellen dem Herodot in ihrer Eigenschaft als historische Zeugen nicht nur gleichwerthig, sondern überlegen. Sie standen den Ereignissen zeitlich und persönlich näher; wir kennen die Provenienz ihrer Nachrichten. Die subjective Glaubwürdigkeit kommt für unsere Zwecke wenig in Betracht und ist auch bei den meisten jener Autoren außer Frage. Dennoch haben wir nur durch vergleichende Heranziehung all' der verschiedenen Einzel-Aussagen die Wahrheit mit genügender Gewißheit und Vollständigkeit eruieren können und auch das würden wir ohne die Berichte Panigarola's mehrfach nicht haben erreichen können. Welches Zutrauen dürfen wir da haben, daß es uns gelingen könne, selbst mit der äußersten Vorsicht, aus der fast ganz allein stehenden und deshalb fast ganz uncontrollierbaren Erzählung Herodots den Wahrheitskern herauszuschälen?

Die Stellung, welche die neueren Historiker zu der griechischen Tradition von den Perserkriegen genommen haben, läßt sich in zwei Richtungen zerlegen. Niebuhr hat Herodot in allen seinen Einzelheiten den Glauben versagt und sieht in seiner Erzählung vorwiegende Poesie und Fabel, die uns nur ganz allgemein den wirklichen Gang der Dinge erkennen lassen. Ebenso nennt Ranke in der Weltgeschichte Herodot's Werk ein Epos, nimmt aber trotzdem hier und da mehr Einzelheiten aus der Erzählung auf, als man hiernach erwarten sollte.

Auf der anderen Seite haben die hervorragendsten SpecialHistoriker des griechischen Alterthums, namentlich Duncker, Curtius und Grote, Herodots Erzählung im Wesentlichen recipiert und nur hier und da in Einzelheiten nach innerer Wahrscheinlichkeit oder anderweiter Ueberlieferung corrigiert.

Der Vergleich mit der Tradition der Burgunderkriege beweist, daß allein die Niebuhrsche Auffassung die richtige ist. Es ist falsch, sich damit zu begnügen, die offenbaren Fehler und Widersprüche in der Herodoteischen Erzählung herauszuarbeiten und zu meinen, daß damit die Wahrheit hergestellt sei. Ein solches Verfahren giebt nicht diejenige Garantie, ohne welche echte Wissenschaft sich nicht beruhigen darf. Man muß den methodologischen Grundsatz umkehren und nur diejenigen Züge als historisch gelten lassen, welche durch besondere Argumente eine positive Beglaubigung erhalten.

Meine eigene Untersuchung ist scheinbar nicht diesen Weg gegangen, sondern hat in der üblichen Weise in der Herodoteischen Erzählung die zweifelhaften Punkte aufgesucht und entfernt, um den Rest, gegen den sich nichts Spezielles einwenden ließ, zu behalten; erst bei der Schlacht von Platää habe ich den strengeren Maßstab hervorgeholt. Der Grund ist, daß bis zu diesem Punkt schon der mildere Maßstab ausreicht. Die Verhältnisse und Bedingungen der Schlacht von Marathon sind so einfach, daß man die unechten Einsprengungen der Tradition auch einzeln erkennen kann, und es giebt naturgemäß ein noch größeres Gefühl der Sicherheit, wenn die Kritik es erreichen kann, auf diesem Wege zu ihrem Ziele zu gelangen. Auf dem nunmehr erreichten Standpunkt aber kehre ich wiederum die Argumentation um: nicht ich will bewiesen haben, sondern ich verlange, daß bewiesen werde; nicht ich nehme es mehr auf mich, den Beweis zu führen, daß die Annahme einer verrätherischen Partei in Athen, welche den Persern mit einem Schilde Signale gab, falsch ist, sondern ich verlange, daß wenn Jemand diese Erzählung aufrecht erhalten will, er einen Beweis dafür antrete. Nicht ich führe mehr den Beweis, daß die Annahme, die Perser hätten noch nach der Schlacht bei Marathon Athen überrumpeln wollen, verkehrt ist, sondern ich erwarte, daß uns ein solches Stratagem glaubhaft gemacht werde. Nicht ich will nachgewiesen haben, daß der Stellungswechsel der Athener und Spartaner vor der Schlacht bei Platää und der Rückzug der Griechen aus der zweiten in die dritte Stellung mit der von Herodot gegebenen Motivierung eine Fabel ist, sondern ich warte ab, ob uns ein solches Manöver wahrscheinlich gemacht werden kann.

Jede Argumentation in der Art, wie etwa diejenige Grotes bei Marathon: die Angabe des Nepos erscheine ihm bezüglich der Frage, wo der Kriegsrath der Athener stattgefunden habe, glaubwürdiger als diejenige Herodots — jede solche Argumentation ist methodisch falsch: weder die Angaben des Nepos, noch die des Herodot haben in solchen Details an sich irgend welche Glaubwürdigkeit. Wer die Angaben Herodots von den acht Stadien Laufschritt und dem Heer von 4 200 000 Mann und die unausgesetzten Widersprüche in seiner Schilderung der Schlacht von Platää, und wer weiter jene Beispiele aus der Volkstradition über die Burgunderkriege einmal recht gewürdigt hat und dennoch bei der Methode verharrt, Alles, was nicht geradezu unwahrscheinlich genannt werden kann, in den griechischen Erzählungen als beglaubigt anzunehmen, der arbeitet nach der Methode des Rationalismus und nicht der wissenschaftlichen Kritik.

Zweites Capitel.

Kriegsgeschichtlicher Abschluß.

Indem ich mit aller Rigorosität für die Geschichte der Perserkriege den quellenkritischen Grundsatz Niebuhrs aufnehme, so glaube ich doch nicht, rein der Negation gedient zu haben. Niebuhr selbst, indem er die ältere römische Geschichte kritisch auflöste, fand das Mittel, in die Erkenntniß selbst solcher Zeiten vorzubringen, zu welchen keinerlei wirklich historische Erzählung hinaufreicht. Es sind die Institutionen, die festen Formen des öffentlichen Lebens, welche uns durch ihre Gestalt noch in spätern Jahrhunderten ihre und damit einen Theil der Geschichte des Staats in alten Zeiten verrathen. „Lange ehe in jenen Zeiten ein historisches Andenken bestimmter Individuen hervortritt, lassen sich die Formen mit Sicherheit erkennen, unter denen das Gemeinwesen bestand: so fest und auf Jahrhunderte unvertilgbar war sie Allem eingedrückt und so völlig hatte der Einzelne sein Dasein im Ganzen." Dieser Satz, mit dem Niebuhr seine römische Geschichte einleitet, gilt nicht nur für Rom und nicht nur für die Rechtsformen.

Auch die Kampfesformen sind Objectivitäten, deren verschiedene Stadien sich organisch auseinander entwickeln, Rückschlüsse zulassen und beim Zusammentreffen berechenbare Erscheinungen hervorbringen. Wie der quellenkritische der negative, so ist dies der positive Pol unserer Untersuchung. Die Erkenntniß der griechischen und persischen Fechtweise, ihrer taktischen Eigenschaften, ihrer Rückwirkungen auf die Strategie giebt der Heroboteischen Erzählung, obgleich jeder einzelne Passus an sich zweifelhaft erscheinen muß, ein festes Rückgrat. Was sich an dieses Rückgrat nicht anpassen läßt, bleibt unbeglaubigt; was sich aber umgekehrt mit unverkennbarer Harmonie einpassen läßt, empfängt eben dadurch einen hohen Grad von Beglaubigung, kann nunmehr zum Maßstab für wieder weitere Einzelheiten dienen und sich so zu einem wohlgeordneten zuverlässigen Ganzen zusammenschließen.

Die Anerkennung der positiven Resultate unserer Untersuchung muß also stehen und fallen mit der Anerkennung unserer Darstellung und Auffassung der griechischen und persischen Taktik. Durch die schweizerisch-burgundische Analogie versuchten wir, dieser Seite unseres Baues denselben Strebepfeiler zur Stütze zu geben wie der quellenkritischen.

Es ist vielleicht überflüssig, aber ich will es doch ausdrücklich hervorheben, daß man in der Zusammenstellung der griechischen Siege mit den schweizerischen nicht eine politische oder eine Werth-Vergleichung sehen darf. Die politische Bedeutung der Schlachten von Granson und Murten ist gering; sie kam hauptsächlich Frankreich zu Gute, dessen Consolidation als nationaler Einheitsstaat nunmehr mit schnellen Schritten vollzogen wurde. Die Eidgenossenschaft selbst hatte nicht die Befähigung, in die Bahnen einer großen Politik einzutreten. Als in der zweiten Generation darauf das burbundische Erbe vereinigt mit dem habsburgischen, dem aragonischen und castilianischen zu einer Masse zusammengeballt war, gegen die die Besitzungen Karls des Kühnen verschwinden, die Eidgenossenschaft dadurch von vier Seiten zugleich umfaßt wurde und das übrige Europa sich nur mit Mühe unabhängig erhielt, da zählte in dem politischen Spiel der Mächte die so kriegsgewaltige Eidgenossenschaft kaum. Sie war zum wechselnden Werbeplatz der Großstaaten herabgesunken.

Die wahre Bedeutung der Schweizer-Siege in den Burgunder-kriegen liegt in dem specifisch Militärischen. In dieser Beziehung sind diese Siege in der That einigermaßen mit den griechischen Siegen von Marathon und Plataeä in Parallele zu stellen. Beide bilden den Ausgangspunkt einer neuen unendlich fruchtbaren Epoche der Kriegführung. Die schweizerische Ordnung verbreitete sich über Europa und diese Krieger des Bruchtheiles eines deutschen Stammes sind die Ahnen der gesammten modernen europäischen Infanterie geworden.

Um nun die Analogie der Perser- und Burgunderschlachten durchzuführen, wollen wir beginnen mit demjenigen Punkte, in welchem sich die beiden großen Kriegshandlungen am frappantesten unterscheiden. Als solcher springt in die Augen, daß Marathon und Plataeä seitens der Griechen Defensiv-Schlachten, Granson und Murten seitens der Schweizer Offensiv-Schlachten waren. Hätten die Griechen nach Art der Schweizer verfahren wollen, so hätten sie im ersten Kriege die Perser bei der Belagerung von Eretria angreifen müssen; im zweiten, statt Athen zu räumen, es vertheidigen und, wenn nicht schon bei einer früheren Gelegenheit, spätestens hier den Persern auf den Leib gehen müssen. Statt dessen suchten sie, sogar unter zweimaliger Aufopferung Athens, es mit Kunst dahin zu bringen, daß sie ihrerseits von den Persern angegriffen wurden. Dieser Unterschied geht zurück auf das verschiedene Gewichtsverhältniß der beiderseitigen Streitkräfte. Die Perser waren den Griechen in bei weitem höherem Maße überlegen, als die Burgunder den Schweizern. Die letzteren hatten eine Siegesgeschichte von anderthalb Jahrhunderten hinter sich; sie hatten sich bei jedem Zusammentreffen den Heeren von der Zusammensetzung der burgundischen überlegen gezeigt. Sie besaßen die gerade für einen solchen Gegner geeignete Kampfesart und die geeigneten Waffen, die langen Spieße, mit denen sie bei Granson den Angriff der Ritterschaar Chateauguyons glücklich abwehrten. Sie verfügten bei Granson wie bei Murten über eine erhebliche numerische Ueberzahl; die strategischen und Terrainverhältnisse waren bei Murten wenigstens ganz und gar zu ihren Gunsten (Granson ist ja bloße Rencontre-Schlacht). Es ist daher wohl erklärlich, daß die Schweizer mit voller Siegesgewißheit in den Kampf gehen und das erste Mal nur darauf Bedacht nehmen, die Schlacht so einzurichten, daß die Artillerie der Burgunder nicht zur Wirksamkeit gelangen könne, das zweite Mal sich auch nicht vor dem Sturm auf die befestigte Stellung scheuen.

Die Perser waren den Griechen, wenigstens das zweite Mal, bei dem Xerxeszuge auch numerisch wohl ziemlich erheblich überlegen. Ihre Hauptüberlegenheit beruhte aber in ihrer vorausgesetzten kriegerischen Tüchtigkeit, der bisher die Griechen nirgends hatten widerstehen können. Mit einem anderen Gefühl also, als die Schweizer den Angriff der Burgunder, erwarteten die Griechen die Invasion der Perser, und das kommt militärisch in dem kühnen Draufgehen der Einen, dem äußerst vorsichtigen Operieren der Andern, welches doch und nur durch die hellenische Genialität in ein großes Stratagem verwandelt werden konnte, zum Ausdruck.

Die Aehnlichkeit der beiderseitigen Kriegsereignisse beginnt erst bei einer bestimmten Wendung, nämlich in dem Moment, wo die griechischen Phalangen, nachdem sie den Angriff der Perser abgewartet, ihrerseits die Offensive ergreifen. Von hier an verlaufen die Ereignisse durchaus parallel. Die Schützen vermögen nicht den Massenangriff mit der blanken Waffe aufzuhalten und die Reiter, nachdem die Flucht einmal begonnen hat, vermögen nicht die Schlacht wieder herzustellen. Dies Resultat ist ein nothwendiges. Keine Infanterie, die sich auf die Fernwaffe verläßt, ist im Stande, einer Infanterie mit der blanken Waffe, sobald diese die Entschlossenheit hat, ihr auf den Leib zu gehen, zu widerstehen. Letztere wiederum ist geliefert bei einem gleichzeitigen Flankenangriff durch Cavallerie. Mit Blick und Einsicht dirigirt Karl der Kühne bei Granson seine Reiter in die Flanken des feindlichen Gevierthaufens, um ihn in der Front mit den Geschossen seiner Bogner und seiner Geschütze zu bearbeiten. Das Manöver mißlingt, weil der Ansturm des gewaltigen massiven Schlachthaufens — 8 bis 10000 Mann in einer Masse — schon durch seinen moralischen Druck die lose burgundische Schlachtlinie sprengt, ehe das Flankenmanöver recht wirksam werden kann. Bei Murten sind die schweizerischen Gevierthaufen auch ihrerseits von einer nicht unerheblichen Reiterei begleitet. Bei Marathon und Platää sind die persischen Bogner gezwungen, allein auf einem für die Reiterei unpracticabeln Terrain das Gefecht aufzunehmen, und als sie hier unterliegen, hat die Reiterei, weil sie noch keine taktischen Körper bildet, nicht Führung genug, um das Gefecht durch einen nachträglichen Flankenangriff wieder herzustellen, sondern wird von der allgemeinen Flucht mit fortgerissen.

Die Erkenntniß der Analogie in diesen Ereignissen wird erschwert durch die vielerlei Zufälle, welche den Verlauf der Schlachten von Granson und Murten bestimmen und das eigentlich Charakteristische verdunkeln. Man könnte sich zu der Behauptung versucht fühlen, daß diese Schlachten als eine wahre Probe für die beiderseitigen Kampfesweisen gar nicht gelten könnten; es sei ja die Panik bei Granſon, der Ueberfall bei Murten geweſen, wodurch die Entſcheidung gebracht wurde.

Der Einwand iſt bis auf einen gewiſſen Grad richtig. Jede Schlacht zeigt die generellen Eigenthümlichkeiten des Kriegsweſens ihrer Zeit verquickt mit beſonderen Zufällen. Bei manchen laſſen die letzteren das Allgemeine faſt völlig verſchwinden; bei anderen, ſelteneren tritt das Letztere faſt rein und zugleich ſo kräftig zu Tage, daß dieſe Schlachten mit ihrer Individualität doch als typiſch für ihre Periode aufgefaßt werden können. So iſt Cannä die typiſche Schlacht Hannibals, Leuthen diejenige Friedrichs. Die beiden burgundiſch-ſchweizeriſchen Schlachten, welche wir behandelt haben, können nicht als ſolche Typen gelten. Granſon iſt eine Rencontre-Schlacht; Murten wird völlig beherrſcht von dem Moment des Ueberfalles, der die Möglichkeit, das wirkliche innere Verhältniß der beiderſeitigen Kräfte und Gefechtsformen zu erkennen, faſt auszuſchließen ſcheint.

Wenn ich dennoch gerade dieſe Schlachten als Analogie herangezogen habe, ſo geſchah es, weil günſtigere nicht exiſtieren und es nicht ſchwer iſt, das Fehlende durch einige Hülfslinien zu ergänzen. Es handelt ſich darum, ob die Ueberlegenheit der Schweizer wirklich in den koloſſalen Gewalthaufen Fußvolk mit blanker Waffe beſtanden hat. Daß des weiteren loſe Reiterſchaaren, wie die Ordonnanz-Compagnien und die perſiſchen Reiter, trotz zugeſtandener perſönlicher Tapferkeit das einmal verlorene Gefecht nicht wieder herzuſtellen vermögen, wird das viermal gleiche Ergebniß der von uns betrachteten vier Schlachten genügend beweiſen. Jenes Andere aber, die Ueberlegenheit der blanken Waffe in geſchloſſenen Infanteriemaſſen, wird über jeden Zweifel erhoben durch die weitere Entwickelung. Karl der Kühne ſelbſt erklärte unmittelbar nach der Schlacht bei Murten dem mailändiſchen Geſandten Panigarola, daß er in der nächſten Schlacht die Hälfte ſeiner Lanzen zu Fuß fechten laſſen werde, in einem Haufen von 10 000 Mann, weil es die Schweizer auch ſo machten[1]). Freilich ſollen in dieſem Haufen immer noch ſechs Schützen auf vier Pikeniere (eingeſchloſſen die Gensdarmen) kommen und inſofern iſt der Haufen von dem ſchweizeriſchen noch

---

[1]) Dépêches Milanaises II, 361. Bericht vom 13. Juli. Die Zahl 14 in der dritten Zeile von oben iſt wohl Druckfehler ſtatt „10" oder „9".

sehr verschieden. Auch der Infanteriehaufen, den Karl in der Schlacht bei Nancy bildete, ist noch nicht der schweizerische¹). Nur zwei Jahre später aber, in der Schlacht bei Guinegate, bildete der Erzherzog Maximilian nicht aus Schweizern, sondern aus „Knechten des (eigenen) Landes" einen Pikenierhaufen ganz analog den schweizerischen. Unmittelbar darauf nahmen auch die Franzosen diese Ordnung an. Ludwig XI. schaffte die Miliz-Schützen (die francarchers) ab und ließ, wie der schweizerische Gesandte Melchior Ruß nach Hause meldete, eine große Masse lange Spieße und Hellebarden nach deutscher Weise fabricieren; wenn er auch Menschen fabricieren könnte, die sie handhabten, würde er Niemandes Dienste weiter gebrauchen, fügt Ruß hinzu²). Die Franzosen haben in der That nicht viel mit ihrer Infanterie in der ganzen folgenden Periode geleistet; desto mehr aber seit der Schlacht bei Guinegate die deutschen Landsknechte und bald auch die Spanier, welche ebenfalls die schweizerische Ordnung annahmen. So haben schon in den nächsten Jahren nach den Burgunderkriegen alle romanisch-germanischen Nationen die Fechtart einer bloßen Combination von Rittern und Schützen verlassen und die schweizerischen Infanteriehaufen angenommen. Damit ist die Beweiskette geschlossen, daß eben hierin die Ueberlegenheit der Schweizer auch in jenen Schlachten bestanden hat, und von hier aus schließen wir wieder weiter auf die Schlachten von Marathon und Plataä.

Erst durch das Verständniß dieser taktischen Verhältnisse werden uns nunmehr auch die strategischen Bedingungen der Perserkriege völlig klar. Am meisten kommen sie der Geschichte der Schlacht von Plataä zu Gute, persönlich vor Allem dem Pausanias. Nicht mehr stumpfer Aberglaube und Zaghaftigkeit sind es, die ihn Wochen lang in der Vertheidigungsstellung festhalten, sondern eine klar und richtig erkannte und herrlich durchgeführte taktische Idee, und mit Recht hat Herodot geschrieben: „καὶ νίκην ἀναιρεῖται καλλίστην ἁπασέων τῶν ἡμεῖς ἴδμεν Παυσανίης ὁ Κλεομβρότου τοῦ Ἀναξανδρίδεω" — „und es gewann den schönsten Sieg von allen, die wir kennen, Pausanias, der Sohn des Kleombrotos, des Sohnes des Anaxandribas". Aus dem, was Herodot selbst direct erzählt,

---

[1] Vgl. hierüber Rüstow, Gesch. der Infanterie.
[2] Mitgetheilt v. Mandrot in d. Jahrb. f. Schweiz. Gesch. Bd. VI, p. 263.

würde dem Pausanias ein solcher Ruhmeskranz nicht geflochten werden können; sein persönliches Verdienst ist verhüllt von einer Nacht von Unverständniß und Aberglauben; nur den unmittelbaren Eindruck, daß er der Sieger von Platää sei, wie Miltiades der Sieger von Marathon und Themistokles der Sieger von Salamis, empfand das griechische Volk, ohne die Thatsache verstehen oder erklären und beweisen zu können. So giebt es uns der getreue Erzähler Herodot wieder und unverstanden, wie es überliefert war, haben es die Jahrtausende nachgesprochen oder auch bezweifelt.

Unsere Untersuchung der Burgunderschlachten hat uns zunächst zu der Erklärung der Perserschlachten gedient; auch für ihre eigene Epoche sind jedoch unsere Resultate von Bedeutung und zwar nach rückwärts gewandt: für die Geschichte des Kriegswesens im Mittelalter. Im Allgemeinen wird die Richtung zu erkennen sein; auf das Einzelne einzugehen, muß ich mir vorläufig versagen. Ich hoffe, dieser Epoche der Kriegsgeschichte noch einmal eine besondere Untersuchung widmen zu können.

Anhang.

Die römische Manipulartaktik[1]).

Die herrschende Auffassung von dem Wesen der römischen Manipulartaktik findet sich in dem Marquardt-Mommsen'schen Handbuche (Römische Staatsverwaltung von Marquardt 2, 308 ff.) folgendermaßen wiedergegeben.

Ursprünglich fochten die Römer wie die Griechen in der Phalanx, d. h. in einer ununterbrochenen mehrgliederigen Linearaufstellung; die Zahl der Glieder, also die Tiefe der Aufstellung, wird verschieden angenommen, am wahrscheinlichsten sind sechs Glieder (d. h. sechs Mann hinter einander).

Hieraus entwickelt sich die Manipularaufstellung, indem die Legion in 30 kleine Abtheilungen, manipuli, zerlegt wird, von denen 20 je 120 Mann, 10 (die Triarier) je 60 Mann stark, jede für sich einen Haufen von 20 Rotten (20 Mann Breite) und 6 resp. (die Triarier) nur 3 Mann Tiefe bilden. Diese Haufen sind schachbrettförmig (in Quincunxstellung) in drei Treffen aufgestellt mit Intervallen gleich der Frontlänge des Manipels. Das erste Treffen bilden die hastati, 10 Manipel. Das zweite Treffen bilden die principes, so aufgestellt, daß jeder Manipel dieses Treffens genau auf einem Intervall des ersten Treffens steht und dieses auch genau

---

[1]) Ich habe den Gegenstand behandelt in der Histor. Zeitschr. Bd. 51 p. 239; Bd. 56 p. 504 und Hermes XXI p. 65. Den Inhalt dieser Abhandlungen wiederhole ich hier wegen des engen Zusammenhangs mit den vorliegenden Studien und verbessere zugleich die Punkte, in denen ich mittlerweile eines Besseren belehrt worden bin.

deckt. Im dritten Treffen, wieder auf die Intervalle des zweiten Treffens gerichtet, stehen die halb so tiefen Manipel der Triarier.

Die Summe dieser Schwerbewaffneten (Hopliten) ist bei der normalen Legion 3000 Mann; je 1200 (10 × 120) in den beiden ersten, 600 (10 × 60) im dritten Treffen.

Sie fechten in der Weise, daß zunächst das erste Treffen allein kämpft; wenn dieses den Feind nicht zu werfen vermag und ermattet, zieht es sich durch die Intervalle zurück und das zweite Treffen tritt vorrückend an seine Stelle. Als Reserve dienen die Triarier, welche, auf das Knie niedergelassen, den Moment ihres Eingreifens abwarten.

Jedem Manipel, gleichmäßig durch alle Treffen, sind 40 Leichtbewaffnete beigegeben. Diese schwärmen aus oder rangieren sich in zwei Gliedern hinter den Schwerbewaffneten, so daß mit ihnen die beiden ersten Treffen 8, das dritte 5 Glieder tief ist. Mit den Leichtbewaffneten (30 × 40 = 1200) ist die Legion 4200 Mann zu Fuß stark. Dazu die Reiter.

Zwei Punkte in dieser Beschreibung sind nicht positiv überliefert: die Tiefe der Aufstellung (Zahl der Glieder) und die Größe des Intervalls zwischen den einzelnen Manipeln.

Das Entscheidende ist die Größe des Intervalls. Sie wird erschlossen aus der bei Livius (8, 8) überlieferten Taktik. Wenn das erste und zweite Treffen sich durch einander durchziehen sollen, nimmt man an, so müssen Intervall und Manipelfrontbreite einander gleich sein. Ist das aber der Fall, so ist daraus eine Frontbreite von 20 Mann zu erschließen. Denn sie ist die einzige, die ein rationelles Verhältniß zur Manipelstärke von 120 Schwer- und 40 Leichtbewaffneten ergiebt. Eine Frontbreite von 40 Mann, also eine bloß dreigliederige Aufstellung der Hopliten, ein Glied Leichter, würde für den mörderischen Nahkampf zu flach; eine Frontbreite von bloß 10 Mann, also 12gliederig für die Hopliten, dazu 4 Glieder Leichter, offenbar, wo ein zweites und drittes Treffen im Hintergrunde steht, eine Kraftverschwendung sein.

Man sieht, es hängt Alles an der Taktik des Ablösens der Treffen durch die Intervalle: diese aber ist in sich unmöglich. Ist dieser Einwand richtig, so bedarf die ganze bisherige Darstellung nicht nur der Manipulartaktik selbst und der Aufstellung der Legion, sondern auch, wie wir sehen werden, die Darstellung der Entwickelung der Kohortentaktik aus der Manipulartaktik einer durchgreifenden Correctur.

Ich sage also: das manipelweise Durchziehen und Ablösen der Treffen ist, so bestimmt auch die Erzählung Livius' lautet, unmöglich. Es ist eine Stubenphantasie, wie sie unsere illustrierten und nicht illustrierten Zeitungen in Poesie und Prosa in den letzten Kriegen zahlreich hervorgebracht haben, die aber in sich zerfallen, sobald man sie vor dem nüchternen Auge des realen Lebens als wirklich vorzustellen versucht.

Schon die Consequenzen, welche die bisherige Forschung aus der Darstellung des Livius gezogen hat und ziehen mußte, sind nicht mehr völlig mit der Gesammtdarstellung des Livius im Einklang. Wenn man aus dem Ablösen des ersten Treffens durch das zweite den Schluß zog, daß die Intervalle gleich den Frontbreiten gewesen sein müßten, so fehlt die Erklärung, wie denn endlich das dritte Treffen, die Triarier, zum Einhauen gelangte, da für sie gar kein Intervall mehr vorhanden war. Hier könnte man sich etwa noch damit helfen, daß die Triariermanipel, nur halb so stark als die anderen, nicht flacher, wie bisher angenommen, sondern schmaler als jene aufgestellt, also nur 10 Mann breit, darauf angewiesen gewesen seien, durch die sich von selbst bildenden Lücken der geschwächten vorderen Treffen vorzubringen. Die Darstellung könnte also mit dieser kleinen Modification bestehen bleiben.

Schwieriger ist schon ein directer Widerspruch mit dem Wortlaut bei Livius selbst zu überwinden. Er sagt ausdrücklich, die Manipel hätten gestanden „distantes inter se modicum spatium". Der Autor, aus dem Livius diese Notiz übernahm, hat offenbar nicht die Vorstellung gehabt, daß die Intervalle gleich den Frontbreiten gewesen seien, da er ein solches Intervall schwerlich als ein „mäßiges" bezeichnet hätte.

Durchschlagender als diese Interpretationsschwierigkeit ist aber folgende Betrachtung. Stellen wir uns die Legion vorschriftsmäßig manipelweise, gut ausgerichtet, mit den richtigen Abständen aufgestellt vor, so ist nichts sicherer, als daß nach wenigen hundert Schritten, ja nach wenigen Schritten Avancierens alle Distanzen verloren gegangen sind. Livius' Darstellung bezieht sich auf den Latinerkrieg, also eine Zeit, wo das römische Heer noch eine reine Miliz von gewiß sehr primitiver Exerzierkunst war. Selbst aber für unsere heutigen stehenden Heere mit ihrer Exerziervirtuosität, ihrem Stamm von berufsmäßigen Offizieren und Unteroffizieren ist das Einhalten genauer Distanzen auf dem ebenen Exerzierplatz im Frieden eine der schwierigsten Aufgaben. In der Aufregung des bevorstehenden Gefechts, auf vielleicht unebenem Terrain, mit Bürgeraufgeboten ist an ein solches Manöver gar nicht zu denken. Ist es aber unmöglich, die Distanzen einzuhalten, haben sich an einer Stelle die Manipel des ersten Treffens bis auf wenige Schritte genähert, sind dafür zwischen anderen Lücken von mehreren hundert Schritten entstanden, so ist alles in voller Unordnung und die vorgeschriebene Ablösung unausführbar.

Das ist die erste Unmöglichkeit. Nehmen wir aber an, sie existierte nicht und die Legion käme in voller Ordnung an den Feind. Dieser steht entweder wie die Latiner, die dieselbe Taktik wie die Römer hatten, in derselben Quincunxordnung oder in der Phalanx. Betrachten wir zuerst den supponierten Kampf mit der Phalanx. Immer 20 Mann derselben mit ihren Hintermännern treffen auf Gegner, 20 nicht. Werden diese letzten 20 Mann nun ruhig stehen bleiben und abwarten, wie das Gefecht neben ihnen ausfällt? Entweder sie gehen vorwärts, bringen in die Intervalle der Manipel ein, bis sie auf das Treffen der principes stoßen, oder wahrscheinlicher, sie dringen nur wenige Schritte in die Intervalle ein, wenden sich dann rechts und links und umklammern jeden einzelnen feindlichen Manipel in beiden Flanken. Dann hat das zweite Treffen der Römer nichts Eiligeres zu thun, als schleunigst einzurücken und die Eingedrungenen womöglich, ehe das erste Treffen von der Übermacht erdrückt ist, wieder hinauszuwerfen — womit dann glücklich auch auf römischer Seite die continuierliche Aufstellung der Phalanx gewonnen und die ganze Klügelei der Manipulardisposition verschwunden ist.

Völlige Confusion tritt ein, wenn auch auf der anderen Seite die Manipularstellung beliebt wird: dann kommt es darauf an, ob zufällig Manipel auf Manipel oder Manipel auf Intervall stößt. In jedem Falle wird der gewinnen, der am schnellsten seine Intervalle mit dem zweiten Treffen ausfüllt und also zur Phalanxstellung übergeht.

Hier haben wir eine zweite Unmöglichkeit. Selbst von dieser aber noch abgesehen und angenommen, daß auf irgend eine Weise, wie es Livius beschreibt, die Manipel des ersten Treffens zunächst allein das Gefecht führen. Wie stellt man sich die Ablösung vor? Wird der Feind die zurückgehenden Manipel friedlich ziehen lassen? Er wird ihnen ohne Zweifel nachdrängen; auf einen Moment ist dann auch auf römischer Seite wieder die Phalanx hergestellt, aus der allmählich die Hastatenmanipel sich zurückziehen, offenbar dem Feinde höchst genehme Lücken zum Nach- und Eindringen bietend.

Das ganze Bild der Quincunxstellung und der Ablösung der Treffen mit allen seinen Details ist zu beseitigen. Es fragt sich, was an die Stelle zu setzen ist.

Wir fanden schon oben, daß Livius' eigene Darstellung ein Wort hat, welches man bisher unbeachtet ließ, weil es sich mit dem Bilde, welches man der übrigen Darstellung entnahm, nicht vereinigen läßt. Es ist der „mäßige Zwischenraum" zwischen den Manipeln. Nachdem wir nun die andere Seite der widersprechenden Angaben verworfen haben, dürfen und müssen wir es mit dieser versuchen. Der Unterschied, so gering, bloß graduell er auf den ersten Anblick zu sein scheint — ein etwas kleineres oder größeres Intervall — ist von durchschlagender Bedeutung.

Der Fehler der bisherigen Auffassung der Manipularstellung ist, begrifflich ausgedrückt, daß sie den Manipel zu einem eigenen taktischen Körper erhebt, wozu seine Kräfte — 120 Mann — nicht ausreichen. Lassen wir die Intervalle bis auf einen mäßigen Zwischenraum verschwinden, so hören die Manipel auf, selbständig zu sein; der taktische Körper ist die Legion, welche in Manipel gegliedert ist.

Erinnern wir uns noch einmal, daß auch die Römer von der Phalanx ausgegangen sind. Der Mangel der Phalanx ist — ganz abgesehen von der Unmöglichkeit der Flankenbewegungen — die Schwierigkeit, in irgendwie koupiertem Terrain beim Avancieren die Ordnung aufrecht zu erhalten; Richtung und Fühlung gehen verloren; es entstehen hier Lücken, dort Gedränge. Die Manipularordnung überwindet diesen Mangel, indem sie bestimmte Einschnitte in die Phalanx macht, welche es erlauben, die entstehenden Verschiebungen auszugleichen. Jeder Manipel braucht nur in sich zusammenzuhalten; entsteht nun an einer Stelle eine Lücke, weil ein Manipel sich seitwärts geschoben hat, so erwächst daraus noch keine Unruhe und Zweifel in den Flügelleuten des nächsten Manipels. denn sie wissen, daß sie sich an ihren Manipel und nicht an jenen anzuschließen haben. Wird die Lücke größer, so ist dadurch, daß die Manipel der principes mit ihrer Mitte auf die Intervalle der hastati gerichtet waren, dafür gesorgt, daß sofort von diesen durch einige eilige Schritte im letzten Augenblick die Lücke geschlossen werden kann. Es bleibt also das Wesen der Phalanx, die kontinuierliche Linie, durchaus erhalten; die Phalanx ist auch noch nicht einmal eigentlich gegliedert, sondern nur mit Gelenken versehen. Die Intervalle zwischen den Manipeln haben keine taktische Bedeutung an sich, sie können beliebig verloren gehen und vergrößert werden; sie erheben nicht den einzelnen Manipel zur Selbständigkeit, sondern sie bezwecken nur, Abschnitte innerhalb der Phalanx deutlich zu markieren und der Phalanx dadurch den nöthigen Spielraum für die Bewegung zu geben.

Hierzu kommt der zweite, ebenso wesentliche Vortheil, daß durch die Intervalle die Leichtbewaffneten sich mit Schnelligkeit zurückziehen, also bis zum letzten Moment des Zusammenstoßes der Phalangen wirksam sein können. Daher die Zutheilung von Leichtbewaffneten zu jedem einzelnen Manipel. Bei der ursprünglichen Phalanx können sie sich nur um die Flügel herum zurückziehen oder bringen die Hopliten in Verwirrung.

Ist diese Auffassung richtig, so ergiebt sich daraus, daß der Ausdruck „Treffen" für die drei Abtheilungen hastati, principes und triarii zu verwerfen ist. Zum Begriff des Treffens gehören taktische Körper, welche sich selbständig bewegen. Die hastati und principes sind sich aber ohne Zweifel unmittelbar, höchstens mit einigen Schritten Abstand gefolgt. Das Ganze bildet ein Treffen.

Der weitere Gang der Entwickelung der römischen Infanterie-Elementartaktik ist nun dieser: die Einschnitte werden allmählich größer und führen zur Auflösung der Legion; die Theile werden selbständig. Da jedoch der Manipel zur Selbständigkeit zu klein ist, so werden immer drei Manipel zu einer Kohorte zusammengefaßt. Die Kohorten sind also wirklich selbständige taktische Körper, welche je nach der Anordnung des Feldherrn in einem, zwei, drei, auch vier Treffen aufgestellt, beliebige Formationen annehmen und sich unter systematischer Benutzung des Terrains frei nach allen Seiten bewegen. Das ist die römische Kohortentaktik. So erscheint sie bei Cäsar.

Auch dieser Zusammenhang ergiebt die Unmöglichkeit der älteren Annahme, welche den Manipel als selbständigen taktischen

Körper behandelt. Der Fortschritt der Entwickelung ist nothwendig der, daß mit der Umbildung des Heeres aus einer Miliz in ein Berufsheer die Exerzierkunst steigt, daß die Gliederung daher eine feinere, beweglichere wird. So geschieht es bei unserer Auffassung. Nach der älteren Annahme würde aber die Legion zunächst in ganz kleine Kompagnien zerlegt und diese würden später wieder in größere Bataillone zusammengezogen sein. Das wäre ein in sich unmotiviertes Hin- und Herschwanken.

In dem ganz allgemein bezeichneten Gang der Entwickelung käme es nun noch darauf an, einige Übergangsstufen näher zu präzisieren und namentlich die Zeitpunkte der Umwandlung zu fixieren.

Die alte Phalanxlegion des Königs Servius hatte 30 Centurien Schwerbewaffneter und 12 Centurien Leichtbewaffneter zu je 100 Mann[1]). Das war eine administrative, keine taktische Eintheilung. Die Frage ist: ist aus dieser administrativen die taktische Eintheilung, sind aus jenen 42 Centurien die 30 Manipel, 20 zu je 160 (120 Schwere und 40 Leichte), 10 zu je 100 (60 Schwere und 40 Leichte) Mann hervorgegangen?

Es scheint in die Augen zu springen, daß die 12 Centurien Leichtbewaffneter auf die 30 Centurien Schwerbewaffneter vertheilt worden und so die 42 Centurien zu 30 Manipeln geworden sind. Dann fehlt aber die Erklärung, wie es gekommen ist, daß die Manipel der Triarier an Schwerbewaffneten auf 60 reduziert, die der beiden anderen Abtheilungen auf 120 verstärkt worden sind.

Die Quellen zeigen deutlich, daß der Weg ein etwas anderer war. Unsere Kenntnis beruht hauptsächlich auf zwei Darstellungen,

---

[1]) Es ist für unseren Zweck gleichgültig, ob etwa die Legion noch früher nur 4000 Mann gehabt und die 200 bei irgend einer Gelegenheit einmal zugefügt worden sind. Die Berechnung selbst ist folgende: die drei ersten Klassen des Servius hatten zusammen (80 + 20 + 20 =) 120 Centurien. Davon kam die Hälfte auf die iuniores und wiederum die Hälfte auf jede Legion, also 30. Von den (20 + 30 =) 50 Centurien der vierten und fünften Klasse gehen 2 ab für die accensi velati (Mommsen, Tribus S. 135), bleiben für die iuniores innerhalb der Legion 24 und für jede Legion 12. Ein Wechseln der Legionsstärke mit der wachsenden Tribuszahl, wie es Steinwender will (Programm des Marienburger Gymnasiums 1877), kann ich nicht annehmen; ebensowenig einen Zusammenhang zwischen der Stärke der Kolonistenaussendungen und der Legionen. Für beides fehlt es an einem vernünftigen Grund. Die 4200 Mann der Legion sind nicht eine fixe, sondern bloß eine Normalzahl, die man umsoweniger häufig ändert, als man in der Praxis beliebig davon abweichen kann.

derjenigen des Polybius und jenem Kapitel des Livius (8, 8), welches die phantastische Schilderung der Taktik der Manipularlegion enthält. Eben dieses Kapitel bringt noch eine Reihe spezieller Notizen über die alte Legion, welche von jeher den Forschern Kopfzerbrechen gekostet haben. Die Aufgabe ist, die Daten des Polybius, welche ohne Zweifel die Verhältnisse seiner Epoche korrekt wiedergeben, mit denjenigen des Livius, die sich auf den Latinerkrieg beziehen, zu vereinigen. Fast in allen Einzelheiten weicht Livius von Polybius ab; man muß seine Angaben entweder verwerfen oder sie als Zwischenstufen zwischen die Servianische Phalanxlegion und die Manipularlegion einreihen können.

Daß wir die Darstellung der Manipulartaktik desselben Kapitels als verkehrt befunden haben, ist noch kein Grund, die Nachrichten des Kapitels über die Manipularlegion im ganzen zu verwerfen, da sie sehr wohl aus verschiedenen Quellen stammen können.

Die Darstellung des Livius lautet:

„quod antea phalanges similes Macedonicis, hoc postea manipulatim structa acies coepit esse: postremo in plures ordines instruebantur".

Man hat gezweifelt, ob das „postremo" lokal oder temporal zu fassen sei: „zuletzt wurden sie in mehreren Abtheilungen aufgestellt" oder „hinten wurden sie in mehreren Abtheilungen aufgestellt". Dieser Zweifel war erlaubt, so lange man den Fortschritt von der Manipular- zur Kohortentaktik in einer Vergrößerung der taktischen Körper sah; auf eine solche Veränderung läßt sich der Ausdruck des Livius nicht beziehen. Wenn man aber mit uns die Entwickelung als eine immer weiter gehende allmähliche Auflösung der alten geschlossenen Legion in kleinere Abtheilungen auffaßt, so kann es auch keinem Zweifel mehr unterliegen, daß Livius eben dies mit seinen Worten sagen will: die Phalanx wurde erst gegliedert (manipulation structa), endlich in mehrere Abtheilungen (ordines) zerlegt.

Der Text des Livius geht weiter: „ordo sexagenos milites, duos centuriones, vexillarium unum habebat".

Dieser Satz ist mit Weißenborn und Soltau[1] als eine Inter-

---

[1] Soltau, Ueber Entstehung und Zusammensetzung der altrömischen Volksversammlungen, 1880.

polation, an welchen die erste Dekade des Livius bekanntlich reich ist, auszuscheiden. Hat Livius in dem voraufgehenden Satz wirklich die richtige Darstellung der Entwickelung der römischen Taktik geben, hat er also sagen wollen: „nachdem die Legionen in Manipel gegliedert waren, wurden sie zuletzt in mehreren Abtheilungen (ordines) aufgestellt" —, so hat er unmöglich selbst den Satz hinzufügen können, ein ordo habe 60 Mann. Der ordo, der 60 Mann stark ist, ist die spätere Centurie (Hälfte des Manipels) und auch diese nur nach Abzug der Leichtbewaffneten, und unter Führung eines, nicht zweier Centurionen — ist also jedenfalls etwas völlig anderes als der ordo in dem voraufgehenden Satz, der ganz allgemein „Abtheilung" bedeutet. Beide Sätze schließen sich einander aus. Hat Livius sie wirklich so niedergeschrieben, so hat er dies völlig gedankenlos gethan. Für die sachliche Erkenntnis ist es gleichgültig, ob wir zu dieser Erklärung oder zu der einer Interpolation greifen [1]).

„prima acies hastati erant, manipuli quindecim, distantes inter se modicum spatium."

Hier liegt die erste eigentliche Streitfrage. Polybius giebt jeder der drei großen Abtheilungen, hastati, principes und triarii, ausdrücklich 10 Manipel — Livius den Hastaten wie auch später den principes 15. Man hat den Widerspruch so lösen wollen, daß Polybius von der Normallegion zu 4200 Mann, Livius von einer verstärkten Legion spreche, wie er denn später ausdrücklich sagt, die Römer hätten in diesem Kriege jeder Legion etwa 5000 Mann zu Fuß gegeben.

---

[1]) Vgl. Mommsen, Römische Tribus, S. 125. Marquardt (S. 349) vereinigt die beiden Sätze dadurch, daß er auch in dem ersten Satze ordo „Centurie" bedeuten läßt. Die Ausdrucksweise, welche man damit dem Livius imputiert, ist aber so absurd, daß selbst die Gedankenlosigkeit, den Ausdruck „ordo" in beiden Sätzen in verschiedenem Sinne zu gebrauchen, dagegen gering erscheinen würde. Es handelt sich um die Thatsache, daß der Manipel in zwei Centurien eingetheilt wird, welche eine fortlaufende Linie bilden, also eine taktische Bedeutung kaum haben. Für diese Gliederung des Manipels in sich, die äußerlich gar nicht einmal bemerkbar war, sollte Livius den Ausdruck gebraucht haben: zuletzt seien die Römer in mehreren Ordnungen aufgestellt? Also die bloße Eintheilung des Manipels in zwei Hälften, ohne irgend eine Aenderung der Aufstellung, soll Livius eingeführt haben, erstens als eine besondere Stufe der Entwickelung, zweitens als eine neue Aufstellung, drittens als eine Eintheilung in mehrere (statt zwei) ordines?

Von anderer Seite[1]) hat man die Zahl emendiert und statt 15 — 10 eingesetzt. Beide Auswege sind zu verwerfen. Es widerspricht allem militärischen Schematismus, bei der numerischen Verstärkung eines taktischen Körpers die Zahl der taktischen Unterabtheilungen zu vermehren. Man macht vielmehr jede von diesen, deren Zahl ohnehin fortwährend, vermöge der Verluste, schwankt und bald ungleich wird, etwas stärker. Am allerwenigsten kann aber eine Verstärkung der Legion von 4200 auf 5000 Mann, also um etwa ein Fünftel, ein Grund sein, die Zahl der Manipel in den einzelnen Abtheilungen von 10 auf 15, also um die Hälfte, zu erhöhen, besonders da, wie Polybius ausdrücklich berichtet, die Zahl der Triarier nicht vermehrt, ihre Manipel also, je größer die Legion wurde, desto kleiner geworden wären. Ebenso unrichtig ist es aber, die Zahl 15 zu verwerfen. Im Gegentheil, sie ist gerade von höchstem Werth und giebt einen Fingerzeig, wie die Manipel allmählich entstanden sind. Die kunstvolle Quincunxaufstellung der Manipel, wenn wir diesen Namen auch auf unsere zusammengezogene Stellung anwenden wollen, ist, wie wir annehmen dürfen, ursprünglich einfacher gewesen, und zwar ist die Bildung, welche wir auszuscheiden haben, um auf die ursprüngliche einfachere Form zu kommen, die Abtheilung der Triarier. Nehmen wir diese hinweg, so bleibt nur eine Längsdurchtheilung. Nun erinnern wir uns, daß die alte Legion 30 Centurien Hopliten hatte: der Feldherr, welcher an diese Legion herantrat, um sie mit den Einschnitten zu versehen, konnte gar nicht anders (da die Einschnitte nothwendig nicht durchgehen dürfen, sondern von hinteren Abtheilungen gedeckt sein müssen), als die Legion in zwei Hälften theilen — in zweimal 15 Centurien (Manipel). Die Erinnerung hieran, die Erinnerung, daß die hastati und principes einmal in 15 Centurien zerfielen, ist uns bei Livius erhalten.

Dieser Auslegung widerspricht nicht, daß, wie wir sehen werden, Livius in dieser Legion auch schon Triarier auftreten läßt. Diese können später auf irgend eine Weise hinzugekommen sein; man muß nur festhalten, daß sie bei der ersten Eintheilung noch nicht vor-

---

[1]) Steinwender, Die Entwickelung des Manipularwesens. Zeitschrift für Gymnasialwesen, Bd. 32.

handen waren, da man dann ohne Zweifel jeder der drei Hauptabtheilungen sofort je 10 Centurien zugetheilt haben würde.

Daß die Triarier nicht schon vorher existiert haben können, daß vielmehr ein einmaliger Längsdurchschnitt dem doppelten vorausgegangen ist, erscheint sehr natürlich.

Nach dem Wortlaut unserer Überlieferung dürfen wir übrigens sogar mit ziemlicher Bestimmtheit sagen, wer der Feldherr war, der diesen unendlich fruchtbaren Keim pflanzte. Livius sagt, die Römer hätten das scutum (Thürschild) statt des clipeus (Rundschild) angenommen nach Einführung des Soldes, und hieran schließt er unmittelbar den Übergang von der Phalanx- zur Manipularstellung. Der Sold (wenigstens der vom Staat gezahlte Sold) wurde eingeführt im Vejenter-Kriege. Der Feldherr dieser Periode aber, der allein Namen und Autorität genug hatte, eine Reform in's Leben zu rufen, war Camillus.

„manipulus levis vicenos milites, aliam turbam scutatorum habebat; leves autem qui hastam tantum gaesaque gererent vocabantur".

Dieser Satz enthält fast die werthvollste Nachricht des ganzen Kapitels und beweist, daß Livius hier eine Notiz eines wirklichen Kenners der römischen Alterthümer vor Augen gehabt hat. „Der Manipel der hastati hatte 20 Leichtbewaffnete; die übrigen waren scutati, d. h. Hopliten." Nachher hören wir, daß die Manipel der principes keine Leichtbewaffneten hatten. Man sieht hier ordentlich das allmähliche Erwachsen der Manipulartaktik. Später sind jedem Manipel 40 (statt 20) Leichtbewaffnete beigegeben, welche durch die Intervalle der Hopliten vorgehen zum Ausschwärmen und sich durch diese wieder zurückziehen. Da die Gesammtzahl der Leichtbewaffneten allein der beiden ersten Abtheilungen 800 beträgt, so müssen die Zwischenräume immerhin schon ziemlich groß sein, damit jene ohne Gedränge hinaus und herein können. Als man zum ersten Mal die Intervallierung anwendete, ging man vorsichtiger zu Werke. Man traute sich nicht, das feste Gefüge der Phalanx gar zu sehr zu lockern. So finden wir denn hier bei Livius, daß ursprünglich nur den Manipeln (Centurien) der Hastaten (nicht der principes) und auch diesen nur 20 (statt der späteren 40) Leichtbewaffnete direkt angeschlossen worden sind. Das Gros der Leichtbewaffneten blieb außerhalb der Phalanx, vermuthlich wesentlich auf den Flügeln.

„haec prima frons in acie florem iuvenum pubescentium ad militiam habebat: robustior inde aetas totidem manipulorum, quibus principibus est nomen, hos sequebantur, scutati omnes, insignibus maxime armis."

Das Wesentliche in diesem Satz ist die Bemerkung „scutati omnes".

„hoc triginta manipulorum agmen antepilanos appellabant, quia sub signis iam alii quindecim ordines locabantur, ex quibus ordo unus quisque tres partes habebat. earum primam quamque primum pilum vocabant. tribus ex vexillis constabat, vexillum centum octoginta sex homines erant. primum vexillum triarios ducebat, veteranum militem spectatae virtutis, secundum rorarios, minus roboris aetate factisque; tertium accensos minimae fiduciae manum: eo et in postremam aciem reiciebantur."

Dieser Abschnitt ist voller Schwierigkeiten und positiv nachweislicher Unrichtigkeiten. Er enthält folgende Aussagen, die für uns Bedeutung haben.

Außer den 30 Manipeln der hastati und principes gab es noch 15 weitere Manipel.

Jeder dieser 15 Manipel zerfällt in drei Theile (Fähnlein); jeder 186 Mann stark.

Das erste Fähnlein bildeten die Triarier, erprobte Veteranen; das zweite Fähnlein die rorarii, weniger ausgezeichnete Krieger; das dritte die accensi, denen man am wenigsten zutraute.

Diese Aussagen widersprechen durchaus dem Bilde, welches wir uns nach den anderweitigen Notizen bisher entworfen haben. Wir haben alle Schwerbewaffneten und 300 Leichte bereits in den zweimal 15 Centurien der hastati und principes untergebracht und nur noch 900 Leichte übrig. Hier treten nun noch einmal 15 Centurien Schwerbewaffneter mit einer großen Masse rorarii und accensi auf.

Positiv unrichtig ist in Livius' Darstellung zunächst die Charakteristik der rorarii und accensi. Die rorarii sind die „Sprenkler", die Leichtbewaffneten der alten Legion; waren sie auch weniger ausgezeichnete Krieger als die Triarier, so liegt doch nicht hierin, sondern in der Bewaffnung und Bestimmung ihre Eigenthümlichkeit. Livius' Charakteristik ist also falsch. Ebenso, was auch die accensi gewesen sein mögen, sicher war nicht der Legion eine so große Abtheilung beigegeben, die keine Eigenthümlichkeit hatte, als ihre Unzuverlässigkeit, und dieserhalb in's Hintertreffen gestellt wurde.

Völlig unglaubwürdig ist ferner die Zahl 186. Jedes Fähnlein 186 Mann stark würde für jeden Manipel sub signis 558 Mann, für die ganze Abtheilung 8370 Mann ergeben. Die Zahl ist nur diskutabel geworden durch die Emendierung des handschriftlichen vexillum in vexilla tria, so daß alle drei Fähnlein zusammen 186 Mann stark sein würden. Auch die Unmöglichkeit dieser Lesart ist aber von Mommsen und Soltau so überzeugend nachgewiesen, daß sie nicht mehr aufrecht erhalten werden sollte und wir uns die Erneuerung des Nachweises ersparen können.

Unglaubwürdig ist endlich in der Livius'schen Darstellung die Verkuppelung schwerbewaffneter Eliteabtheilungen mit einer Ueberzahl von Leichtbewaffneten, als welche wir uns rationellerweise allein die rorarii und die accensi (falls dieser Name hier überhaupt berechtigt ist) denken können. In einem Augenblick, wo die letzten Glieder der Hopliten in's Handgemenge eingreifen, ist für die Verwendung der Masse der Leichtbewaffneten keine Gelegenheit mehr.

Nach alledem kann es keinem Zweifel unterliegen, daß entweder die Stelle total verderbt ist oder Livius selbst eine nicht mehr zu entwirrende Konfusion angerichtet hat. Vermuthlich beides. Unmittelbar an diese Stelle schließt sich die von uns eben verworfene Beschreibung von dem abwechselnden Fechten der Treffen an.

Wenn es überhaupt möglich ist, aus einer solchen Ueberlieferung einen plausibeln Kern herauszuschälen, so dürfte es etwa folgendes sein.

Wir haben oben einen Zustand der Legion angenommen, in welchem die Hopliten in 30 Manipel der hastati und principes zerfielen, triarii noch nicht existierten. Von den 1200 Leichtbewaffneten sind 300 den hastati angeschlossen, 900 also noch disponibel. Diese werden beim Aufmarsch hinter der Legion stehen und sich vor Beginn des Gefechts um die Flügel herum vorziehen.

Nun könnten die Triarier so entstanden sein[1]), daß, als die

---

[1]) Die Nachricht des Dionysius (5, 15 und 8, 86), daß die Triarier aus einer Lagerwache hervorgegangen seien, ist unwahrscheinlich. Wenn eine Lagerwache nöthig war, so war sie es immer und konnte nicht gleichzeitig als Gefechtstruppe verwendet werden.

300 Leichten den hastati beigegeben wurden, dafür 300 Hopliten herausgenommen wurden und ebenso bei den principes, um sie den hastati gleich zu machen. Diese 600 Hopliten zusammen mit den 900 Leichten, die übrig bleiben, geben 1500 Mann = 15 Centurien. Wir hätten also, wie Livius will, noch eine Stärke von 15 Manipeln (Centurien), die, theils aus Leichtbewaffneten, theils aus Schwerbewaffneten bestehend, ihre Stellung hinter der eigentlichen Phalanx (sub signis) hatten. Wir haben auch zugleich die Stärke von 600 Mann für Triarier, welche sie durch alle Zeiten behalten haben. Nehmen wir nun an, was gewiß wahrscheinlich ist, daß die 900 Leichtbewaffneten in zwei Abtheilungen getheilt waren, nämlich eine, die um den rechten Flügel, eine, die um den linken Flügel herum ausschwärmte, so hätten wir als das Geschichtliche aus der Livius'schen Darstellung herausgeschält, daß auf jene oben von uns geschilderte Periode eine zweite folgte, welche durch die Bildung des zweiten Längsschnitts bezeichnet wird, so daß hinter der Phalanx noch 1500 Mann (15 Centurien) standen, die in drei Abtheilungen zerfielen, eine Abtheilung Triarier (Hoplitenreserve), zwei Abtheilungen Leichtbewaffnete. Noch einfacher, weil die drei Namen des Livius beibehaltend, wäre die Erklärung, daß die kleine Zahl der (nicht in der Legion mitgezählten) accensi (Ersatzmänner), die neben den triarii und rorarii sub signis standen, zu der mißverständlichen Dreitheilung des Livius geführt hat. Dann stimmt freilich wieder die obige Zahlenberechnung nicht, da sie für überzählige Ersatzmänner keinen Raum läßt. Zuletzt kommt auf diese einzelnen Verschlingungen des verwirrten Knotens wenig an. Die Frage, welche allein in diesem Stadium der Entwickelung des römischen Kriegswesens für uns von wesentlichem Interesse ist, ist die Frage nach der Entstehung und Verwendung der Triarier, und auf diese Frage bleiben uns die Quellen — da wir die Schlachtschilderungen der ersten Dekade des Livius nicht als historisch ansehen dürfen — die Antwort schuldig.

Aus dem letztangeführten Satz des Livius haben wir also für uns Wesentliches nicht lernen können.

Fassen wir das Resultat der bisherigen Untersuchungen zusammen:

Aus der geschlossenen Phalanxlegion entwickelt sich allmählich die gegliederte Manipularlegion. Wir können verfolgen, wie sich diese Gliederung zunächst an die Administrativeintheilung anschließt, wie sie vorsichtig tastend fortschreitet: dem einmaligen Längsschnitte wird mit Bildung der Triarier ein zweiter zugefügt; zuerst nur ein kleiner Theil, allmählich alle Leichtbewaffneten werden, indem man die Intervalle weiter werden läßt, in die Phalanx der Hopliten hineingenommen. Zu einer uns unbekannten Zeit hat man endlich die Anlehnung an die alte Centurieneintheilung aufgegeben und die Manipel zu je 120, resp. 60 Hopliten und 40 Leichten eingeführt.

Da die Livius-Darstellung sich auf den Latinerkrieg bezieht, so wird sich in den Samniterkriegen diese Entwickelung vollendet haben; in den zweiten punischen Krieg sind die Römer mit ihr eingetreten.

Im Zusammenhang mit dieser Abwandlung steht die hauptsächlichste Reform der Fechtkunst, welche die Römer erfunden haben und welche ihr besonderes Charakteristikum bildet: die Umwandlung des alten Hoplitenspießes in das pilum und der Nahkampf mit dem kurzen Schwert. In Camillus' Zeit fochten, wenn man der Ueberlieferung trauen darf, die Römer noch wie die Griechen mit dem Spieß; denn Camillus, heißt es (Plutarch, Camillus), lehrte die Römer mit dem Spieß die Hiebe der Gallier parieren[1]). Die Mannschaft zu zwingen, den Spieß vorauszuschleudern und dem Feinde mit dem kurzen Schwert ganz nahe auf den Leib zu gehen, dazu gehört ein kriegerischer Geist und eine Energie der Führung, welche auch schon einen höheren Grad der Exerzierkunst und taktische Reflexion voraussetzen läßt. Wir dürfen diesen Fortschritt daher parallel mit der Ausbildung der Manipularaufstellung ansetzen.

Erheben wir den Blick an dieser Stelle zu einer etwas weiteren Umschau. Die macedonischen Könige haben die den Griechen und Italikern gemeinsame alte Phalanx nach der entgegengesetzten Seite fortgebildet wie die Römer. Sie haben sie nicht geschmeidiger, offensiver gemacht, sondern im Gegentheil ihre Kraft noch mehr kondensiert, ihre Spieße verlängert, ihre Gliederzahl vermehrt. Dafür fügten sie ihr aber die Hülfswaffen leichterer, aber doch zum Nah-

---

[1]) Nach der bei Dionysius vorgetragenen Rede des Camillus rühmt dieser freilich gerade umgekehrt die Vorzüge der Wurflanze. Sehr eigenthümlich ist die Bemerkung über den Gebrauch der Lanze seitens der principes bei Dionys XX c. 11 ed. Kießling.

kampf geeigneter Infanterie und namentlich der Kavallerie zu und schufen zum ersten Mal in der Weltgeschichte eine Taktik der verbundenen Waffen. Das entspricht dem Wesen der Monarchie: die höhere, intelligente Führung, der Feldherr bildet den Mittelpunkt; er gebraucht eine Mehrzahl in sich virtuos ausgebildeter, aber isoliert ungenügender Waffen, die unzerbrechliche Defensive der Sarissen-Phalanx, den stürmischen Anprall der Kürassiere; erst durch die Kombination des Feldherrn werden sie zu einer Aktion verbunden.

Dazu war ein Heer republikanischer Milizen unter dem Kommando jährlich wechselnder Bürgermeister unfähig. Nicht Führung, sondern traditionelle Methode bestimmt die Fortbildung. Die Reiterei spielt so gut wie gar keine Rolle; die leichtbewaffneten Schützen werden unmittelbar in die Phalanx hineingezogen; diese selbst aber erfährt in sich allmähliche Verbesserungen, welche sie für alle die verschiedenen Anforderungen des Gefechts gleichmäßig geeignet machen.

Diese Taktik hat ausgereicht, den Römern Italien zu unterwerfen. Weiter aber reichte sie nicht. Als das von den Bürgermeistern geführte Bürgerheer mit einem von einem echten Feldherrn geführten Soldatenheer zusammentraf, mußte es erliegen. Wir sind in der glücklichen Lage, von der Schlacht, in der dies am furchtbarsten eintrat, der Schlacht bei Cannä, ausführliche Nachrichten zu besitzen. Eine Analyse dieser Schlacht möge daher unsere Beweisführung ergänzen.

Ich folge als Quelle ausschließlich Polybius. Die abweichenden Angaben der anderen Quellen sind, so weit sie überhaupt Glauben verdienen, für unseren Zweck irrelevant. Interessant ist es aber, wie ich nebenher bemerken will, Appians Schilderung der Schlacht zu lesen, nachdem man sich den Verlauf derselben aus Polybius klar gemacht. In der acht Kapitel langen Erzählung Appians ist auch nicht ein einziger richtiger Zug, auch nicht der geringste Anhaltspunkt, aus dem man auf den wirklichen Gang der Schlacht schließen könnte, dagegen lauter Angaben, die direct das Entgegengesetzte enthalten von dem, was nach Polybius' Zeugniß unzweifelhaft geschehen ist. Hätten wir Appian allein — wie viel Forscher würde es geben, die die Selbstüberwindung hätten, einfach einen Strich durch die ganze Faselei zu machen und zu erklären:

wir wissen nichts von dem Verlauf der Schlacht! So verhält es sich aber thatsächlich mit allen Schlachtschilderungen, die nicht von durchaus besonnenen und sachverständigen Autoren herrühren. Die Genesis des Irrthums pflegt zu sein, daß irgend welche von den zahllosen unwesentlichen Einzelheiten einer Schlacht, die der einzelne Zeuge zufällig beobachtet hat, zu den entscheidenden Momenten gestempelt werden und diese selbst darüber verschwinden. Zu den wenigen Schlachten, deren Gang und Zusammenhang uns eine vorzügliche Relation wirklich erkennen läßt, gehört eben Cannä.

Machen wir uns zunächst das Problem klar, welches diese Schlacht darbietet. Ein Heer von 40000 Mann Infanterie und 10000 Mann Kavallerie bringt es fertig, ein Heer von 70000 Mann Infanterie (nach Abzug der 10000 Mann im Lager) und 6000 Mann Kavallerie auf freiem Felde einzuschließen und zu vernichten. Ein wesentlicher Unterschied in der Qualität der Truppen im Allgemeinen ist dabei nicht vorhanden. Dies Ereigniß steht durchaus einzig da in der Weltgeschichte. Napoleon hat einmal den Satz ausgesprochen, daß der Schwächere nicht auf beiden Flügeln zugleich umgehen dürfe; er macht damit seine Linie so dünn, daß sie durchstoßen werden kann. Der Satz ist so einleuchtend, daß man ihn auch ohne Napoleon als Axiom hinstellen dürfte. In der Schlacht bei Cannä aber hat es der Schwächere fertig gebracht, auf beiden Flügeln zugleich zu umgehen und recht eigentlich dadurch die Schlacht zu gewinnen. Mir sind aus der Kriegsgeschichte nur noch zwei Beispiele bekannt, wo das Gleiche unternommen wurde: die Schlacht bei St. Quentin am 19. Januar 1871, und, wenigstens der Anlage nach, die Umgehung Bourbakis auf seinem Rückzuge von Belfort. Aber der General von Goeben und der General von Manteuffel hatten einen, wenn auch an Zahl überlegenen, doch in der Qualität der Truppen durchaus inferioren Gegner vor sich; auch wird das Manöver durch die Wirksamkeit der modernen Feuerwaffen erleichtert. Die römischen Legionare werden, wenn auch Milizen, doch als Ganzes den widerspruchsvoll zusammengesetzten kriegerischen Schaaren Hannibals gleichzustellen sein. Wie konnte er sie dennoch so vollständig überwinden?

Die Römer stellten ihre Infanterie in einer tiefen Masse auf, Hannibal die seinige in einer etwas längeren, also verhältnißmäßig dünneren Linie; beide die Kavallerie auf beiden Flügeln. Daß die Infanterielinie Hannibals trotz der geringeren Zahl von Anfang an länger war, als die römische, ergiebt sich aus dem Verlauf der Schlacht. Die Entscheidung mußte nun darin liegen, ob es Hannibal gelang, die römische Infanteriemasse zum Stehen zu bringen, ehe sie mit ihrer ungeheuren Wucht sein Centrum durchbrochen hatte. Wäre dies geschehen und dieser Theil des hannibalischen Heeres aus dem Felde geschlagen, so kann man sich nicht vorstellen, daß die beiden getrennten Flügel die moralische Kraft oder auch nur die physische Macht gehabt hätten, die Schlacht fortzusetzen. Kam hingegen die römische Infanterie auf irgend eine Weise zum Stehen, — d. h. derart zum Stehen, daß die Vorwärtsbewegung nicht nur aufhört, sondern aufgegeben ist, — so hatte sie die Schlacht verloren. Der Vortheil der numerischen Ueberlegenheit ist werthlos, da immer nur die äußeren Reihen fechten, die innere Masse aber, deren Bestimmung im Vorwärtsdrücken besteht, mattgesetzt ist. Nicht zu verwechseln ist dieser Zustand mit dem Stocken der Vorwärtsbewegung, welches mehr oder weniger in jeder Schlacht in dem Augenblicke eintritt, wo die feindlichen Schlachtlinien zusammenstoßen und Druck und Gegendruck sich noch die Wage hält. Es handelt sich um das Zurückfallen in die reine Defensive; in dieser liegt die Niederlage. Auch hier gilt der Satz: wer nicht vorwärts geht, der geht zurück. Die Mannschaften werden von dem Moment an, wo sie zum Stehen kommen, wo sie erkennen, daß keine Aussicht auf Wiederaufnahme der Vorwärtsbewegung ist, wo die hinteren Glieder die vorderen nicht mehr drängen und encouragieren — von dem Augenblick an, sage ich, werden die Mannschaften sich zurückweichend nach der Mitte zusammendrängen, und sich dadurch gegenseitig des freien Gebrauchs der Waffen berauben, während im gegnerischen Heer die hinteren Glieder unausgesetzt die vorderen herandrücken. So entsteht ein Zustand, in dem eine Minderzahl eine Mehrzahl ebenso tapferer Männer überwinden, und wenn ihr der Weg zur Flucht abgesperrt ist, vernichten kann. Ein Heer ohne Reserve hat in dem Augenblick, wo es nicht mehr vorwärts drängt und auch keine Aussicht auf Wiederaufnahme der Offensive mehr hat, die Schlacht definitiv verloren.

Wodurch ist also die avancierende römische Infanterie zum Stehen gebracht worden? Polybius' Bericht leidet an einem gewissen inneren Widerspruch. Er läßt die Römer das karthagische

Centrum zurückdrücken[1]) und dadurch von selbst zwischen die beiden feindlichen Flügel (Libyer) gerathen, die nun ihrerseits herumschwenken und so die Römer zwingen, sich gegen sie zu wenden und vom Centrum abzulassen. Erst hinterher fällt die karthagische Reiterei, nachdem sie die römische aus dem Felde geschlagen, der römischen Infanterie in den Rücken, encouragiert dadurch die eigene Infanterie und vollendet den Sieg. Denken wir uns die Reiterei weg, so wäre wohl ein Theil des römischen Heeres entkommen, aber siegen konnte es, einmal zum Stehen gekommen, nicht mehr. Danach wären also die beiden debordierenden Infanterieflügel der Karthager das Entscheidende gewesen.

In dem folgenden Capitel erklärt nun aber Polybius für die Hauptursache des Sieges die Ueberzahl der Karthager an Reiterei[2]). Wäre die obige Schilderung durchaus korrekt, offenbar mit Unrecht. Aber ich glaube, die Sache ist umzukehren: in der That ist es die Reiterei, die die Entscheidung gebracht hat und das Räsonnement des Polybius ist gegen seine Darstellung im Recht. Zunächst kann ich mir nicht wohl vorstellen, daß allein durch die Umklammerung der beiden Infanterieflügel das römische Centrum sofort zum Stehen gebracht worden sei. Wenn die Flügellegionen rechts- und linksum machten, so konnten die mittleren die vor ihnen weichenden Celten und Iberer des Centrums ungehindert weiter treiben. Ein bloßer Flankenangriff kann ein Heer, wenn es sonst danach ist, wohl zur Flucht bewegen, braucht es aber noch nicht zum Stehen zu bringen. Auch kann in der etwas längeren Schlachtlinie allein das Kunststück nicht liegen; denn wäre es möglich gewesen, mit einem so einfachen Manöver weit überlegene Heere zu überwinden, so würde wohl auch schon in den Samniterkriegen ein gewitzter Kopf darauf verfallen sein, und wir würden früher und öfter davon hören. Aber das ist nicht Alles. Nach

---

[1]) Polybius sagt zwar: αἱ τῶν Ῥωμαίων σπεῖραι .... διέκοπταν ῥᾳδίως τὴν τῶν ὑπεναντίων τάξιν, ἅτε δὴ τῶν μὲν Κελτῶν ἐπὶ λεπτὸν ἐκτεταγμένων κτλ., etwas später wird jedoch erzählt, wie Hannibal eben hier im Centrum den Muth der Seinen anfeuert, und der weitere Verlauf der Schlacht zeigt, daß, wenn etwa momentan durchbrochen, sie doch sofort wieder zum Stehen gekommen sind.

[2]) τὴν μεγίστην χρείαν παρεσχημένου τοῖς Καρχηδονίοις εἰς τὸ νικᾶν καὶ τότε καὶ πρὸ τοῦ τῶν ἱππέων ὄχλου.

Polybius' eigener Darstellung beginnt der Nahkampf der Infanterie erst, als die karthagische schwere Reiterei des linken Flügels die ihr gegenüberstehende römische bereits völlig zusammengehauen oder vertrieben hat. Darauf wendet sich nun diese Reiterei unter Hasdrubal noch nicht gegen die ihr zunächst stehende feindliche Infanterie, sondern kommt erst noch der eigenen Reiterei des anderen Flügels zu Hülfe. Mir will das nicht wahrscheinlich dünken; es ist nicht gesagt, ob Hasdrubal hinten um das eigene oder um das römische Heer herumritt. Die Natur der Dinge scheint das Letztere zu ergeben: Hasdrubal wäre also an dem zunächst kämpfenden und gefährlichsten Feind vorbeigeritten um einer Aufgabe willen, für die unter allen Umständen, bei der Ueberlegenheit der karthagischen Reiterei, ein Theil seiner Macht genügt hätte. Ich kann mir nichts Anderes denken, als daß Hasdrubal nur einen Theil seiner Reiter auf den anderen Flügel geschickt, den anderen aber auf der Stelle der römischen Infanterie in den Rücken geführt hat. Aber selbst Polybius' Darstellung wörtlich angenommen, so entfloh die römische Reiterei auch jenes Flügels schon bei der bloßen Annäherung Hasdrubals, nun führt dieser seine Reiter der römischen Infanterie in den Rücken — auch jetzt noch also sicherlich früher, als sich jene Umklammerung der Römer durch die Libyer vollendet hatte. Was hat nun also die römische Infanterie zum Stehen gebracht? Ich zweifle nicht, daß es im Wesentlichen dieser Rückenangriff der feindlichen Kavallerie war, auch nicht, daß es so Hannibals Befehl und nicht, wie Polybius es darstellt, eine spontane Handlung Hasdrubals war.

Einer geschlossenen und kaltblütigen Infanterie hat Kavallerie direkt im Alterthum nicht viel mehr anhaben können, als in unserer Zeit. Von einem Einreiten oder gar Niederreiten der römischen Infanteriemasse bei Cannä kann nicht die Rede sein. Gerade die letzten Reihen der Römer, die Triarier mit ihren Spießen, konnten sich die Reiter am allerleichtesten vom Leibe halten. Worin bestand also das von Polybius so sehr betonte ungeheure Verdienst der Kavallerie Hasdrubals? Eben darin, daß sie die Römer zwang, Halt zu machen.

Die Kriegsgeschichte ist voll von Analogien zu diesem Ereigniß. Am frappantesten ist vielleicht die Parallele, welche die Schlacht von Breitenfeld liefert. Gustav Adolf schlägt zunächst mit seiner taktisch überlegenen Kavallerie die feindliche aus dem Felde — wie bei Cannä. Darauf stürzt sich die schwedische Kavallerie auf die massiven Terzien Tillys, deren Druck alles zu weichen pflegt, greift sie von mehreren Seiten zugleich an, thut ihnen direkt nicht viel, aber bringt sie zum Stehen — wie bei Cannä. Nun bearbeitet Gustav Adolf die angenagelten Carrés mit der Feuerwaffe, den sogenannten Lederkanonen, bis sie mürbe sind. Hier erst hört die Analogie auf. Die karthagische Infanterie muß im Nahkampf und daher mit eigenem sehr starken Verlust das Werk vollenden[1]). Noch die allerneueste Zeit hat eine Analogie im Kleinen zu verzeichnen. Im Gefecht von Nachod, 1866, zwang ein schlesisches Dragonerregiment österreichische Infanterie durch eine Attaque, stehen zu bleiben und Carré zu formieren, dann schwenkte die preußische Kavallerie ab und das Feuer der Infanterie entlud sich mit voller Wirkung auf die zusammengeballte Masse der Oestreicher.

Nicht anders kann es bei Cannä gewesen sein: der Kavallerieangriff von hinten that der feindlichen Infanterie an sich nichts, aber er zwang die letzten Reihen Kehrt zu machen, und um die Armee nicht auseinanderzureißen, machten nunmehr auf den Ruf „Angriff von hinten" Alle Halt. In dem Augenblick schwenkten auch schon von rechts und links die Libyer ein, und die Römer waren von allen Seiten eingeschlossen. Das Wesentliche — und deshalb konnte das Manöver nicht von Anderen ebenso ausgeführt werden — ist nicht die lange Infanteriefront, sondern die absolute

---

[1]) 5700 Mann hat nach Polybius Hannibal verloren; das ergiebt, wenn wir nur das Dreifache an Verwundeten hinzuzählen, auf ein Heer von 50 000 Mann einen ungeheueren, aber durch den Verlauf der Schlacht motivierten, sogar postulierten Verlust. Einen sicheren Anhaltspunkt für das Verhältniß der Verwundeten zu den Todten in den Schlachten der Alten haben wir nicht. Arrian V, 24 giebt einmal als etwas Außerordentliches an, daß auf weniger als 100 Todte mehr als 1200 Verwundete gekommen seien. In den jüngsten Kriegen war das Verhältniß wie 1 : 3; früher nahm man an 1 : 5, Köchly und Rüstow nennen sogar 1 : 8. Unter allen Umständen war Hannibals Heer so geschwächt, daß neben den politisch-strategischen Ueberlegungen wohl auch hierin ein Moment dafür zu finden ist, daß Hannibal nicht unmittelbar nach der Schlacht direkt auf Rom marschierte. — Die Verwundeten der unterliegenden Heere sind in den Kriegen der Alten, so weit sie es nicht vertrugen, gleich den unverwundet Gefangenen behandelt zu werden, zweifellos nachträglich getödtet worden oder auf dem Schlachtfeld verkommen.

Ueberlegenheit der karthagischen Kavallerie, welche mit der feindlichen aufräumt, ehe die Infanterieschlachtreihen nur aneinander gerathen sind.

Haben danach also die beiden debordierenden Infanterieflügel auch nicht die Entscheidung gebracht, sondern nur die Niederlage der Römer zur Vernichtung potenziert, so ist auch das wichtig genug, um zu fragen, wie denn die Römer dazu kamen, mit ihrer überlegenen Zahl doch eine kürzere Front anzunehmen als die Karthager. Wäre das nicht geschehen, so hätte sich doch vermuthlich immer noch ein Theil des Heeres durch die Flucht retten können. Polybius aber berichtet, daß die Römer nicht einmal ihre gewöhnliche, sondern eine exceptionell tiefe Aufstellung genommen hätten. Diese Anordnung wie die Worte des Polybius selbst bedürfen noch einer besonderen Erklärung und Interpretation. Polybius sagt, Varro hat das Fußvolk aufgestellt: πυκνοτέρας ἢ πρόσθεν τὰς σιμαίας καθιστάνων καὶ ποιῶν πολλαπλάσιον τὸ βάθος ἐν ταῖς σπείραις τοῦ μετώπου. Die Worte σιμαία und σπείρα gebraucht Polybius synonym für den Manipel[1]). Der Sinn ist also: er stellte die Manipel näher aneinander als sonst und erheblich tiefer als breit. Ein Manipel der Hastaten und Principes wird etwa 150 Hopliten stark gewesen sein[2]) (außerdem 50 Veliten);

---

[1]) Polyb. VI, 24: καὶ τὸ μὲν μέρος ἕκαστον ἐκάλεσαν καὶ τάγμα καὶ σπεῖραν καὶ σημαίαν.

[2]) Ich berechne, natürlich nur hypothetisch, das folgendermaßen. In der reglementsmäßigen Legion von 4200 Mann sind
die Hastaten 1200 Mann stark,
die Principes 1200 „ „
die Triarier 600 „ „

Summa 3000 Hopliten.
Dazu 1200 Veliten, gleichmäßig bei jeder Abtheilung 400. Die Cannensischen Legionen waren 5000 Mann stark, also um 800 Mann verstärkt, und solche Verstärkungen wurden nach Polybius auf alle Abtheilungen gleichmäßig vertheilt, ausgenommen auf die Triarier, die stets dieselbe Zahl behalten. Naturgemäß gilt letztere Vorschrift auch für die Veliten der Triarier. Wir erhalten also
Hastaten 1500 mit 500 Veliten,
Principes 1500 „ 500 „
Triarier 600 „ 400 „

Hopliten Summa 3600 mit 1400 Veliten.
So sind die beiden oberen Abtheilungen gleichmäßig um ein Viertel verstärkt. Der Manipel dieser Abtheilungen ist also jetzt 150 Hopliten und 50 Veliten stark.

man muß daher eine Front von 6—10, eine Tiefe von 25 resp. 15 Mann annehmen, und naturgemäß werden so schmale Manipel auch mit schmalen Intervallen aufgestellt. Die beiden Eigenschaften, die Polybius angiebt, „große Tiefe, schmale Front" und „nahe aneinander" bedingen sich geradezu gegenseitig. Beiläufig bemerkt liefert auch diese Stelle ein Zeugniß gegen die Annahme eines Intervalls gleich der Frontbreite des Manipels zum Zwecke des Durchziehens. Man wird Varro nicht zumuthen, oder wenn er es gethan, nicht glauben, daß unsere zahlreichen und ausführlichen Quellen es völlig verschweigen würden, daß er für diese Schlacht die übliche Fechtweise fundamental habe ändern und das Durchziehen, wenn es denn Reglement war, unmöglich machen wollen. Wenn aber nicht, so konnte er auch an der Distance der Manipel nichts ändern: diese war kategorisch mit der Breite der Front gegeben, nicht darüber und nicht darunter. Hatten die Intervalle aber, wie ich sie auffasse, nicht den Zweck des Durchziehens, sondern bloßer Gelenke, so konnte der Feldherr sehr wohl darauf hinweisen, daß mit der schmalen Front, die er angeordnet habe, auch die Intervalle schmaler als gewöhnlich genommen werden könnten und müßten.

Die Genesis dieser Maßregel sehe ich nun in Folgendem. Es ist nichts schwerer, als eine große Truppenabtheilung in langer Front vorwärts zu bewegen. Ein hoher preußischer Offizier, mit dem ich über die Taktik der Alten sprach, sagte mir einmal, er könne sich eigentlich kaum vorstellen, wie ein solches Heer auch nur 10 Schritt weit vorwärts gekommen sei. Sicher konnte es nur mit der äußersten Langsamkeit unter fortwährendem Haltmachen und Wiederausrichten geschehen. Das preußische Heer Ende des vorigen Jahrhunderts gebrauchte, einmal aufmarschiert, stundenlang, um eine Viertelmeile vorwärts zu kommen. Ganz anders bei größerer Tiefe. Die Gewalthaufen der Schweizer und der Landsknechte, die im Geviert aufgestellt waren, bewegten sich oft 10000 Mann stark, also 100 Mann breit und 100 Mann tief, oder bei 20000 Mann 141 Mann breit und 141 tief mit verhältnißmäßiger Leichtigkeit. Es läßt sich daher sehr wohl erklären, daß die Römer, die von Manövrieren, Ueberflügeln, Umklammern nichts wußten, es vorzogen, die übermäßige Zahl des Cannensischen Heeres zur Verstärkung der Tiefe, statt Verlängerung der Front zu verwenden. Das geschah in der Form, daß nicht eine Legion hinter der andern, sondern jeder Manipel in sich mit etwa verdoppelter¹) Tiefe aufgestellt wurde. Das römische Fußvolk hatte bei 70000 Mann Stärke, gleich 14 Legionen, in jeder Abtheilung 140 Manipel. Bei 8 bis 10 Mann Front und 3 Fuß Frontraum auf den Mann hätte die Infanterie immer noch eine Breite von 1120 resp. 1400 Mann, gleich 3360 bis 4200 Fuß, oder etwa ¹/₆ Meile eingenommen. Die Tiefe hätte 44 resp. 36 Hopliten und 18 resp. 14 Leichtbewaffnete, wenn diese einrangiert waren, also 62 resp. 50 Mann betragen.

Die kurze Front der Römer wurde bei dem Verlauf, den die Schlacht genommen hat, verhängnißvoll, aber trotz alledem, ich wiederhole es noch einmal, muß man daran festhalten, daß sie nicht der Grund der Niederlage, sondern nur ein verstärkendes Accidens war. Der Grund der Niederlage ist der Rückenangriff der Reiterei.

Wie nun aber — würde dies Manöver möglich sein gegen jede Infanterie, wo nur immer die Kavallerie die genügende Ueber= legenheit hat? Offenbar muß auch die Taktik einer so überwundenen Infanterie noch eine sehr primitive sein — und zwar ist es ausge= schlossen, daß die Römer bereits die Kunst der Treffenbildung ge= kannt haben. Hier also sind wir bei dem eigentlichen Zielpunkt unserer Untersuchung angelangt. Hätten die hastati, principes und triarii den Charakter von Treffen gehabt, so hätten die Letztge= nannten einfach Kehrt gemacht und den Angriff Hasdrubals abge= wehrt, während die beiden anderen Treffen mit ihrer großen nume= rischen Ueberlegenheit die Celten und Iberer vollends niederwarfen.

---

¹) Ich müßte eigentlich „verdreifacht" oder „vervierfacht" schreiben, da ich mich bisher auch der Ansicht zugeneigt habe, daß der Manipel in der Regel 6 Mann tief (bei 20 Mann Front) aufgestellt worden sei. Indeß gerade diese Polybius= stelle macht mich stutzig, ob nicht in umgekehrter Richtung zu corrigieren ist. Der Ausdruck des Polybius: πολλαπλάσιον τὸ βάθος τοῦ μετώπου ist so positiv, daß er nicht durch ein Unwahrscheinlichkeitsräsonnement bei Seite geschoben werden kann; von dieser Notiz als dem einzig vorhandenen Quellenzeugniß muß aus= gegangen werden. Wenn nun also die Römer bei Cannä mit einer Manipelfront von 6, höchstens 10 Mann gefochten haben, so ist nicht anzunehmen, daß die regle= mentsmäßige Front 20 Mann betragen hat. Varro hat die Front allerdings verkürzt, aber schwerlich so sehr, daß jede Aehnlichkeit mit der traditionellen Form verschwand. Eine bestimmte Behauptung läßt sich über diese Dinge auf= stellen, ich neige jedoch jetzt zu der Annahme, daß die reglementsmäßige Form des Manipels 10 Mann Front und 12 Mann Tiefe war; bei kleinen Heeren oder einzeln kämpfenden Abtheilungen wurde die Front vielleicht auf 20 Mann ver= längert, die Tiefe auf 6 Mann herabgesetzt.

So geschah es in der Schlacht, in der Cäsar die Helvetier besiegte, als die Bojer und Tulinger den Römern in den Rücken fielen (Bell. gall. I 25): Romani conversa signa bipartito intulerunt: prima ac secunda acies, ut victis ac summotis resisteret, tertia, ut venientes exciperet. Auch die Verwendung der Reservekohorten bei Pharsalus kann man als Analogie heranziehen. Daß bei Cannä ein Angriff, sei es nun vom Rücken, sei es von der Seite, die ganze eben noch siegreich vordringende Infanterie auf der Stelle zum Stehen bringt, ist nur erklärlich in einer Armee, welcher der Gedanke, in einzelnen sich gegenseitig unterstützenden taktischen Körpern zu fechten, noch völlig fremd ist. Nicht etwa die Unfähigkeit der Konsuln oder die ausnahmsweis tiefe und enge Stellung der Manipel in dieser Schlacht ist an dem Unglück Schuld gewesen. Jeder entschlossene Tribun hätte, wenn es ihm gelang, die Hastaten einiger Legionen mit sich fortzureißen, in den dünnen Einschließungsring ein Loch stoßen und herausbrechend seinerseits die Karthager aufrollen können. Dann hätte sich der Satz Napoleons bewahrheitet, daß der Schwächere nicht auf beiden Flügeln zugleich umgehen darf — hier kreiste er gar eine fast um das Doppelte überlegene Armee vollständig ein. Das konnte nur gewagt werden gegenüber einem Feinde, der als völlig manövrierunfähig bekannt war[1]). Hätte die Vorstellung, daß ein Theil sich von dem Ganzen trennen könne, um ihm zu helfen, in diesem Heere bereits existiert, an Männern, sie anzuwenden, würde es den Römern schwerlich gefehlt haben. Aber man kannte nichts Anderes, als das Ganze zusammenzuhalten, um mit dem Ganzen zu wirken. Das ist das directe Gegentheil von

---

[1]) In den Schlachten an der Trebia und am Trasimenischen See, die mutatis mutandis seitens des karthagischen Feldherrn ganz analog der von Cannä angelegt sind, gelang es einzelnen Abtheilungen der Römer, aus der Umklammerung auszubrechen. In der ersteren Schlacht waren es 10 000, in der letzteren 6000 Mann; aber statt sofort umzukehren und ihrerseits den Karthagern in den Rücken zu fallen, marschieren sie weiter — angeblich an der Trebia durch den herrschenden Regen, das zweite Mal durch den Nebel verhindert, die Sachlage zu erkennen. Ἑξακισχίλιοι .... παραβοηθεῖν μὲν τοῖς ἰδίοις καὶ περιίστασθαι τοὺς ὑπεναντίους ἠδυνάτουν διὰ τὸ μηδὲν συνορᾶν τῶν γινομένων, καίπερ μεγάλην δυνάμενοι πρὸς τὸ ὅλα παρέχεσθαι χρείαν, Polyb. III, 84. An der Trebia ist es das kalte Wasser des Flusses und der Regen, am Trasimenischen See der Nebel, bei Cannä der Staub (Livius) und der entgegenstehende Wind, der die Kraft der römischen Geschosse schwächt (Appian) — die mitschuldig, wenn nicht hauptschuldig, sein sollen an der Niederlage.

dem Begriff des Treffens, welcher die Armee gerade zu dem Zwecke theilt, damit die einzelnen Theile sich gegenseitig unterstützen, event. auch nach verschiedenen Richtungen fechten können. Im Momente der Gefahr läßt sich aber eine neue Taktik nicht improvisieren. Das erfuhren die Römer bei Cannä, wie die Preußen bei Jena im Jahre 1806 — wenn schon hier der Hauptmann von Gneisenau vom Füsilierbataillon Rabenau es wirklich versuchte.

Ich frage: wer denkt dem Ereigniß von Cannä gegenüber noch an Treffen-Durchziehen und -Ablösen, an engeren und weiteren Abstand? Alles dies würde, wenn es überhaupt möglich wäre, eine Präcision des Exercitiums, eine Feinheit des Manöverierens voraussetzen, die Alles übertrifft, was selbst die stehenden Heere des 18. und 19. Jahrhunderts hervorgebracht haben. Wir finden aber in der Schlacht bei Cannä, im Uebrigen durchaus dem milizartigen Charakter des römischen Heeres und dem Stadium der Entwickelung entsprechend, das directe Gegentheil, die äußerste Unbeholfenheit. Selbst rein mechanisch erscheint es ausgeschlossen, daß ein Heer, welches in der Tiefe in Treffen zerlegt ist, in der Front durch Intervallierung zur verdoppelten Länge ausgereckt wird, von einem **sehr viel kleineren Heere** so vollständig eingeschlossen werde, wie das römische bei Cannä. Dieses Schicksal kann nur einem auf einen Haufen eng zusammengeballten Heer widerfahren.

Sollte es aber Jemand geben, der die Methode unserer Untersuchung, von den festesten Punkten der Ueberlieferung ausgehend, aus den sachlich nothwendigen Konsequenzen den Zusammenhang herzustellen, nicht traut und mehr Verlaß in direkten Quellenzeugnissen sieht, so entbehren wir in diesem Falle auch eines solchen nicht. Livius sagt von dem Kampf der römischen Infanterie gegen die Libyer: omissis Gallis Hispanisque, quorum terga ceciderant adversus Afros integram pugnam ineunt, non tantum in eo iniquam quod inclusi adversus circumfusos, sed etiam quod fessi cum recentibus ac vegetis pugnabant. Also — die Kräfte der 70 000 Römer waren durch den Kampf mit den bei weitem nicht halb so starken Celten und Iberern erschöpft. Das kann, wenn es irgend welchen Sinn haben soll, doch nur von den äußersten Reihen der Römer gelten und, wenn irgendwo, so war hier das Durchziehen und Ablösen der Treffen am Platze. Da Livius es aber bei der Ermüdung bewenden läßt, ohne der Ablösung zu gedenken, so dürfte an dieser Stelle auch er den Römern eine solche Kunst nicht zugetraut haben. Auch auf die exceptionell enge Stellung der Manipel zurückzugreifen, wozu man sich etwa versucht fühlen könnte, geht nicht an. Denn wäre dieser Umstand von so entscheidender Bedeutung gewesen, so müßte Livius ihn auch in diesem Zusammenhang erwähnen. Er findet sich aber bei Livius überhaupt gar nicht erwähnt[1]), sondern nur bei Polybius. Es bleibt also dabei, daß Livius hier von einem Ablösen oder einem verhinderten Ablösen nichts gewußt hat. — So kann man argumentieren, wenn man will. Ich für meine Person halte das ganze Räsonnement jedoch für methodisch falsch und die Phrase des Livius für völlig werthlos. Es ist eine Redewendung, von der wir nicht einmal wissen können, ob sie einer zeitgenössischen Quelle oder dem 200 Jahre später kompilierenden und ausmalenden Erzähler angehört.

Zum Schluß noch ein Wort über die halbmondförmige Stellung, die Hannibal beim Beginn der Schlacht bildet. Weshalb nahm er die beiden Flügel in dieser Form — die man sich übrigens nicht als eine eigentlich gebogene, sondern staffelartige zu denken hat — zurück? Die Gefahr war doch immer, daß das Centrum durchbrochen wurde, ehe die Umgehungsmanöver vollendet waren. Die Zurückziehung der Flügel mußte die Umgehung verlangsamen und damit den gefährlichen Moment verlängern. Polybius stellt es so dar, als ob durch die Exponierung und das allmähliche Weichen des Centrums die Römer hätten in die Falle gelockt werden sollen. War aber anzunehmen, daß die Römer weniger eifrig suchen würden, das Centrum einer geraden Linie zu durchbrechen? Und dann waren sie noch schneller in der Zange. Wie sehr sich Hannibal der Gefahr bewußt war, der er sein Centrum aussetzte, beweist der Umstand, daß er selbst seinen Standpunkt hier, im Centrum, nahm. Das ist ein ganz wesentliches Moment seiner Disposition und dürfte

---

[1]) Livius sagt vorher: Romani diu ac saepe conisi aequa fronte acieque densa impulere hostium cuneum nimis tenuem, eoque parum validum. Es ist möglich, daß in dem acie densa eine Reminiscenz an die specielle Aufstellung der Manipel liegt; wüßte man aber weiter nichts davon, so würde man nichts darin finden, als daß die Römer mit ihrer größeren Zahl und kürzeren Front nothwendig tiefer stehen mußten, als die Karthager — daher die Antithese densa acies: tenuis cuneus.

in keiner Beschreibung der Schlacht fehlen. Man stelle sich einmal diese halb widerwilligen Bundesgenossen, die Celten und Iberer vor, die sehen, daß sie allein dem Stoß des übermächtigen Feindes ausgesetzt werden, ihre Freunde sich anscheinend sorgfältig außer Schußweite halten! Nur die persönliche Gegenwart des Feldherrn an dieser Stelle konnte ihnen den moralischen Halt geben, die Krisis zu überstehen. Der oft als Phrase erscheinende Satz, daß der Feldherr allein 50 000 Mann werth sei, hat hier einmal ganz reale Wirklichkeit: durch seine Person gab der Sieger von der Trebia und vom Trasimenus dem Centrum eine Resistenzkraft, wie sie sonst nur verdoppelte Anzahl hätte verleihen können. Wenn nun Hannibal die Dauer des gefährlichen Ueberganges dadurch verlängerte, daß er die Libyer weiter rückwärts aufstellte, so kann ich mir keinen anderen Grund denken, als daß er dadurch die Länge seiner Schlachtlinie verbarg. Vermuthlich stand die Kavallerie ursprünglich vor den beiden Flügeln in gleicher Höhe mit dem Centrum und verdeckte so die Infanterie hinter ihr. Wäre das nicht geschehen, so hätten die Römer vielleicht doch noch irgend welche Gegenmaßregeln getroffen.

Daß die Römer nicht nur durch das Vorrücken und Schwenken der Libyer, sondern zunächst durch ihr eigenes Vordringen und das Weichen der Celten und Iberer in die Zange geriethen, hat sicherlich nicht in dem Plane Hannibals gelegen. Kämpfend weichen, ohne in Unordnung zu gerathen, ist eine der schwersten Aufgaben, die es giebt, die Hannibal wohl nicht überflüssiger Weise seinen Bundesgenossen zumuthete; für seinen Schlachtplan aber war es in der That überflüssig: die Aufgabe des Centrums war auszuhalten, bis die Reiterei und die Libyer ihre Umgehung vollendet hatten. Das Zurückweichen schadete zwar nichts, wenn es in voller Ordnung geschah, nützte aber auch nichts, wenigstens nichts, was im Verhältniß zu der Gefahr gestanden hätte, die es mit sich brachte.

War nun die Aufgabe des Centrums schwerer als die der Flügel, so dürfte man erwarten, daß Hannibal in das Centrum seine zuverlässigsten Truppen, die Libyer gestellt hätte. Plutarch mit der strategischen Weisheit einer schönen Seele kehrt die Sache zwar um und sieht eine besondere List darin, die schlechteren Truppen in's Centrum zu stellen, wo sie weichend den Feind nach sich zogen. Wir haben gesehen, daß davon nicht die Rede sein kann;

wenn Hannibal die Libyer auf die Flügel vertheilte, so hat das sicher keinen anderen Grund als daß er diesen allein unbedingt zuverlässigen und schon sehr zusammengeschmolzenen Kern seines Heeres so sehr wie möglich zu schonen suchte. Wirklich sind in der Schlacht an Libyern und Iberern zusammen nur 1500, Celten 4000 gefallen. Das umgekehrte Verhältniß hätte der Schlacht etwas von dem Charakter eines Pyrrhussieges gegeben. Die Disposition erscheint daher natürlich und naheliegend, und doch — es ist ein Zug, der, so klein er scheint, den Genius des großen Feldherrn verräth, eine That, die eine weniger große Natur nicht einmal nachzumachen vermöchte. Wie leicht scheint die Berechnung: die Garbe an die Stelle, wo sie dem geringsten Verlust ausgesetzt ist! Wie aber, wenn die Celten nun nicht aushalten und die Schlacht dadurch verloren geht? zur Niederlage wird, die den Untergang des Heeres, des Feldherrn, Karthagos nach sich ziehen muß? Wenn der allein Verantwortliche sich dann sagen muß: warum habe ich nicht meine Libyer in das Centrum gestellt, und die ganze Mit- und Nachwelt ihm diese Frage wiederholt? Wo ist der Mensch, den nicht ein nervöses Zittern befiele, wenn er sich nur hineinversetzt in die Situation, diesen Beschluß zu fassen? Jeder gewöhnliche, selbst der tapferste Mann sucht in einem Kampfe um Sein und Nichtsein die größtmöglichen Chancen für die momentane Entscheidung zu gewinnen. Nur die unbedingte Sicherheit des Urtheils, die von keiner Gefahr berührbare Kaltblütigkeit des Entschlusses, welche den Feldherrn macht, kann befähigen, auch in einem solchen Augenblick die Zukunft im Auge zu behalten und für den momentanen Zweck nicht mehr und genau die Mittel zu verwenden, die genügen, denselben zu erreichen. Das war der Beschluß Hannibals, den Celten sein Centrum anzuvertrauen; zu mehrerer Sicherheit mischt er sie mit iberischen Abtheilungen und begiebt sich selbst mitten unter sie. So werden sie die Krisis überstehen, und die Libyer erhalten die Flügel.

Diese letzte Betrachtung gehört streng genommen nicht mehr zu unserer Aufgabe, war aber wohl nöthig, um etwa aus der „Halbmondstellung" entnommenen Einwänden gegen unsere Analyse der Schlacht zu begegnen.

Der Verlauf der Schlacht bei Cannä ist beweisend für die Exercierkunst und Taktik der Römer auch in der ganzen voraufgehenden Epoche. Taktisches Manövrieren ist eine Kunst, die wohl hier und da in kleinerem Maßstab einmal eine entschlossene und erfolgreiche Improvisation zuläßt, aber nicht vom ganzen Heere heute geübt und morgen vergessen werden kann. Was die Römer also bei Cannä nicht konnten, haben sie damals überhaupt noch nicht gekonnt. Es werden zwar hier und da bei Livius Dinge berichtet, die auf eine größere taktische Gewandtheit schließen lassen, aber die Glaubwürdigkeit all' dieser Erzählungen ist gering. Auch über die Pyrrhusschlachten ist unsere Information zwar ausführlich, aber sehr mangelhaft. Aus dem ersten punischen Kriege ist am interessantesten die Schlacht, in welcher des Regulus Heer in Afrika zu Grunde ging (Polyb. 1, 33 f.). Ihr Verlauf ist ganz analog dem der Schlacht bei Cannä, ausgenommen den Gebrauch der Elephanten, der aber nicht das Entscheidende ist, und sicherlich auch in den Pyrrhusschlachten nicht gewesen ist.

Mit der Niederlage von Cannä schließt naturgemäß eine Entwickelungsperiode in der römischen Taktik ab. Um sich zu behaupten, mußten die Römer fähig sein, noch eine höhere Stufe der Kriegskunst zu erklimmen.

Das Wesen derselben haben wir bereits angegeben: statt der blos mit Gelenken versehenen einheitlichen Phalanx Bildung kleiner manövrierfähiger Körper, der Kohorten, bestehend aus drei Manipeln, d. h. da gleichzeitig die Legionen bis auf 5000 und 6000 Mann verstärkt werden, Abtheilungen von 500 bis 600 Mann.

Marquardt setzt diese Reform in die Zeit des Marius. Aber so wenig wie die Manipularstellung aus der Phalanx, so wenig ist die Kohortenstellung aus der manipularen mit einem Schlage hervorgegangen.

Es ist nicht so gar schwer, sich ein Bild davon zu machen: die Entwickelung geht ganz auf dem bisherigen Weg weiter, d. h. durch die Vertiefung der Einschnitte wächst die Selbständigkeit der Glieder. Die Frage ist nun: welche Einschnitte vertieft werden, die Längsschnitte oder die Querschnitte, und auch diese Frage ist nicht schwer zu beantworten. Hätte man die Querschnitte ausgebildet, also Manipel von Manipel getrennt und sie dabei direkt hinter einander geordnet¹), so wäre das Heer in kleine tiefe Kolonnen aufgelöst worden, von denen keine herausgenommen werden konnte, ohne eine Lücke zu verursachen. Das Heer hätte an Festigkeit verloren, ohne an Beweglichkeit zu gewinnen. Ganz anders, wenn wir uns die Längsschnitte verbreitert denken: sie zerlegen das Heer in mehrere Treffen. Treffen nennt man taktische Körper, die hinter einander stehen und zwar so nahe, daß sie unmittelbar einander unterstützen können und so fern, daß sie sich selbständig bewegen. Werden sie näher aneinander gerückt, so nimmt das zweite Treffen den Charakter hinterer Glieder des ersten an. Wird das zweite Treffen weiter entfernt, so erhält es den Charakter einer Reserve. Die hinteren Glieder desselben Treffens sind gebunden an die Bewegung der vorderen. Eine Reserve unterstützt die fechtende Truppe nicht unmittelbar, sondern nur auf besondere Anordnung. Für die Römer dürften wir also zwischen zwei Treffen eine Distance von 30 bis 80 Schritt supponieren²).

Denken wir uns eine alte achtgliederige Phalanx in zwei viergliedrige Treffen mit 80 Schritt Distance zerlegt. Was für Unterschiede ergeben sich? Der Zweck der hinteren Glieder der Phalanx ist, durch physischen und noch mehr moralischen Druck die vorderen Glieder vorzuschieben und den Feind zurückzudrängen. Zur direkten Anwendung der Waffen kommen die Mannschaften über das dritte Glied hinaus so leicht nicht, aber sie ermuthigen ihre Vordermänner und schlagen die Zuversicht des Feindes nieder, welcher sieht, wie viel er noch zu bekämpfen hat, selbst wenn er die ersten überwunden.

Stehen die hinteren Glieder nun nicht als solche, sondern in einiger Entfernung als zweites Treffen da, so geht von jenen Vortheilen, dem mechanischen und moralischen Druck, Einiges verloren. Der Verlust wird aber wieder eingeholt, wenn das zweite Treffen aufmerksam geführt, an die Stellen, wo es Noth thut, sofort herangebracht wird, und zugleich, durch militärische Exerzitien anerzogen,

---

¹) So stellt es sich Marquardt vor.
²) Die vor der Front der Schwerbewaffneten ausschwärmenden Leichtbewaffneten, die Livius bei Cannä als prima acies bezeichnet, fallen als bloße Hülfswaffe technisch nicht unter den Begriff eines besonderen Treffens. Nur Hopliten können nach der damaligen Kampfart ein solches bilden.

im erſten Treffen die Zuverſicht lebt, daß dies ſo geſchehen werde; daß, wenn auch etwas weiter zurück, das zweite Treffen doch im Nothfall ſicher zur Hand ſein werde.

Wird alſo in einer genügend exerzierten Truppe mit erfahrenen Führern der erſte Nachtheil wieder ausgeglichen, ſo wird zugleich ein unermeßlicher Vortheil gewonnen. Die Truppen des zweiten Treffens können in jedem Augenblick auch anderweitig verwendet, zur Verſtärkung eines Flügels zuſammengezogen werden, einen Flügel verlängern, einer Umgehung, einem Rückenangriff begegnen.

Dazu iſt die Phalanx, auch die Manipular-Phalanx, unfähig; wird ſie von mehreren Seiten angegriffen, ſo iſt ſie nicht im Stande, ſich von der Stelle zu bewegen.

Ich glaube, es kann keinem Zweifel unterliegen, daß die Entwickelung der römiſchen Taktik eben dieſen und keinen anderen Weg gegangen iſt.

Man bemerke wohl, wie unſcheinbar äußerlich die Veränderung iſt, die vor ſich geht: eine Verbreiterung des Abſtandes zwiſchen hastati und principes, principes und triarii um einige Dutzend Schritt, die Ernennung eigener Kommandanten für jede der Abtheilungen (oder vielleicht für je 5 Manipel), die Einübung einiger neuer Bewegungen, und die Reform iſt fertig. Es fehlt nur noch Eins: nämlich der Geiſt des Feldherrn, der dieſe neuen Formen nun anzuwenden verſteht, der die Truppen, nachdem ſie manövrierfähig geworden ſind, nun auch wirklich und richtig manövrieren läßt. Hier alſo liegt das Entſcheidende, welches der kaum bemerkbaren äußeren Veränderung die weltgeſchichtliche Bedeutung giebt; ſie bezeichnet eine neue Stufe der Kriegskunſt: wie die Milizen Soldaten, die Offiziere aus Ordnern Führer, ſo muß der Oberbefehlshaber ein Feldherr werden.

Die Zeit, in der ſich dieſe Umwandlung des römiſchen Kriegsweſens noch nicht vollzogen, aber eingeleitet hat, iſt die zweite Hälfte des puniſchen Krieges; der Name des Feldherrn, an den die Umwandlung vor andern geknüpft iſt, iſt Scipio.

Wir dürfen uns, um das zu beweiſen, wieder mit der Analyſe einer Schlacht begnügen, welche in ihrem Gegenſatz zur Schlacht bei Cannä, die die völlige Manövrierunfähigkeit der damaligen Römer genügend darthut, den gewaltigen Fortſchritt, der in der

Zwischenzeit gemacht ist, mit Deutlichkeit zeigt. Diese Schlacht ist die Schlacht bei Zama[1]).

Vorher aber müssen wir noch zwei Einwänden begegnen, die wohl die Zustimmung manches Lesers bisher aufgehalten haben. Der eine ist: wenn also die zweite wesentliche Abwandlung der römischen Taktik in den zweiten punischen Krieg und die Folgezeit fällt, wie kommt es, daß Polybius sie nicht erwähnt? Polybius Buch 18. c. 28 sagt ausdrücklich: nicht durch die Bewaffnung und nicht durch die Aufstellung, sondern durch die Geschicklichkeit und das Feldherrntalent Hannibals seien die Römer unterlegen (οὐ γὰρ παρὰ τὸν καθοπλισμὸν οὐδὲ παρὰ τὴν σύνταξιν, ἀλλὰ παρὰ τὴν ἐπιδεξιότητα τὴν Ἀννίβου καὶ τὴν ἀγχίνοιαν περιέπιπτον τοῖς ἐλαττώμασι), als aber in Scipio ein dem Hannibal gewachsener Feldherr erschien, da hätten die Römer auch bald gesiegt.

Daß diese Auffassung mit der unsrigen durchaus nicht im Widerspruch steht, ist klar. Denn auch uns ist das Entscheidende der Feldherr. Daß nun Polybius die Formen, welcher sich dieser Feldherr bedient, und die uns so wichtig sind, nicht erwähnt, hat wohl seine sehr natürliche und an sich interessante Begründung: sie liegt in dem Unterschied des Standpunktes des Zeitgenossen und des rückblickenden Historikers. Das Äußere der Abwandlung war, wie wir gesehen haben, so gering, daß es von den Zeitgenossen kaum beachtet wurde. Bemerkenswerth erscheint es erst, wenn man am Abschluß der Geschichtsperiode sieht, daß die kleine Abweichung, die man damals kaum notiert hat, es war, die die Biegung des Weges zu einem ganz neuen Ziel bedeutete.

Der zweite Einwand, der erhoben werden möchte, ist dieser. Die Kohorte der Cäsarischen Zeit, zu der doch die ganze Entwickelung hinleiten soll, erwuchs aus je einem Manipel der Hastaten, Principes und Triarier. Die oben gegebene Entwickelung würde aber zu einer Zusammenfassung der Manipel jedes einzelnen Treffens in sich führen. Schon Polybius sagt (11, 23), daß eine Zusammenfassung von drei Manipeln, also unzweifelhaft aus jedem Treffen einer, eine Kohorte genannt werde; das beweist, daß auch schon zu

---

[1]) Nicht Zama allein; auch in der Schlacht bei Bäcula sind schon die analogen Erscheinungen nachzuweisen.

jener Zeit nicht die Manipel des Treffens, also nicht die Manipel, die neben, sondern die Manipel, die hinter einander stehen, zu einer höheren Einheit zusammengesetzt sind.

Dieser Einwand genügt, um zu zeigen, daß wir nicht ausreichend informiert sind, um jede einzelne Phase der Entwickelung zu erkennen; er genügt aber nicht, unsere Darstellung selbst als verfehlt darzuthun. Die Entwickelung war ja zunächst eine rein thatsächliche, noch nicht, sozusagen, eine reglementsmäßige. Sie mag sich sehr wohl eine Zeit lang mit reglementarischen Einrichtungen, einer administrativen Kohorte von drei Manipeln gekreuzt haben, bis endlich ein Feldherr, vermuthlich Marius, durchgriff und unter Aufhebung der alten drei Abtheilungen die Legion von Grund aus neu und einheitlich organisierte[1]).

Kommen wir nunmehr zu der Schlacht bei Zama. Unsere Information ist mangelhaft, obgleich wir den fast vollständigen Bericht des Polybius haben. Aber selbst dieser alte Meister hat sich diesmal verleiten lassen, aus seinen Vorlagen allerhand Abenteuerlichkeiten zu übernehmen, die nicht nur seine eigene Darstellung verwirren, sondern auch zu einem sehr ungünstigen Rückschluß auf die Natur und Zuverlässigkeit seiner Quellen nöthigen.

Polybius erzählt uns, Hannibal habe in's erste Treffen seine Söldner, in's zweite die karthagischen Bürger gestellt. Diese hätten aus Feigheit jene nicht unterstützt, darauf kehren die Söldner um und wenden sich gegen die Karthager selbst. Das veranlaßt wieder die Karthager — auszureißen? — o nein, sie wehren sich gegen ihre Söldner und bekämpfen, einmal im Zuge, nicht nur diese, sondern auch die Römer mit solcher Tapferkeit, daß sie die Manipel des ersten Treffens, die Hastaten in Verwirrung bringen. Endlich aber werden sie von diesen doch überwältigt und zusammengehauen. Es ist nicht nöthig, ein Wort über solche offenbaren Fabeln zu verlieren.

Ferner ein zweites. In dem Gefechte zwischen den Hastaten und den beiden ersten Treffen der Karthager sind so viele gefallen,

---

[1]) Ein solches Kreuzen verschiedener Eintheilungen kommt auch anderweitig vor. Im 18. Jahrhundert zerfiel lange Zeit ein preußisches Bataillon in 5 (mit den Grenadieren 6) Kompagnien, aber in 8 Pelotons. Jenes war eine rein administrative Eintheilung; bei der Aufstellung des Bataillons zum Gefecht wurde ohne Rücksicht auf die Kompagnien durchgetheilt.

daß Scipio mit seinen beiden anderen Treffen gar nicht in Ordnung durch den Haufen der Leichen, Verwundeten und Waffen hindurch kann. Er zieht deshalb die beiden Treffen heraus auf die beiden Flügel und verlängert mit ihnen die Schlachtlinie. Mittlerweile sind, wohl gemerkt, die beiden ersten Treffen der Karthager auf der Flucht und nur noch Hannibal mit dem dritten Treffen, seinen italischen Truppen, auf dem Schlachtfeld. Gegen wen richtet nun eigentlich Scipio seine um's Dreifache verlängerte Schlachtlinie? Nur der geringste Theil kann sich einen Feind gegenüber haben. Und was thut denn Hannibal während jener doch wenigstens eine Stunde in Anspruch nehmenden Bewegung? ganz abgesehen von der absurden Motivierung dieser Bewegung durch die vielen Gefallenen, die zuletzt auf jedes blutigere Gefecht passen würde.

Noch schlimmer ist die zweite bei Appian erhaltene Ueberlieferung, welche Hanibal erst mit Scipio, dann mit Masinissa Zweikämpfe ausfechten läßt. Solchen Quellen gegenüber wäre man berechtigt, alles Detail für unglaubwürdig zu erklären; aber einige ganz allgemeine oder durch ihre Nüchternheit vor dem Verdacht der Erzählerphantasie geschützte Züge und zwar gerade die, auf die es hier ankommt, werden doch auch vor der strengsten Kritik bestehen dürfen.

Die Quellen sind darin einig, daß Scipio seinem Heere eine besondere außergewöhnliche Aufstellung gegeben habe. Er stellte nämlich nach Polybius die Manipel der principes nicht gerichtet auf die Intervalle der hastati, sondern „κατ' ἀλλήλους ἐν ἀποστάσει" „hinter einander in einem gewissen Abstande"; und zwar um der Menge der Elephanten bei den Karthagern besser ausweichen zu können. Appian sagt „λόχους ὀρθίους ἐποιεῖτο πάντας, ἵνα δὲ αὐτῶν οἱ ἱππεῖς εὐλερῶς διαθέοιεν", „er stellte die Manipel alle tief, damit die (Reserve-)Reiterei zwischen ihnen (von hinten) leicht hindurchsprengen könnte". Auch Appian also weiß, daß die Stellung eine gewisse Lockerheit hatte; im übrigen aber ist seine Schilderung so verschwommen, und wenn man sie wörtlich nehmen wollte, so widersinnig, daß ihr nichts zu entnehmen ist. Man hat sich daher bisher wesentlich an das „hinter einander" des Polybius gehalten; viel wichtiger und eine nothwendige Ergänzung des ersten ist aber der von Polybius ebenfalls berichtete Abstand zwischen den beiden Treffen. Wären die Manipel ohne Abstand unmittelbar auf einander gefolgt, so wäre ja der Hauptvortheil der Manipularstellung, daß sie geschmeidig ist und doch nirgends Lücken bietet, verloren gegangen; die Manipel der principes wären nicht mehr im Stande gewesen, dem in die Lücken der hastati einbringenden Feinde sich entgegenzuwerfen. Dagegen, wenn sie in einiger Entfernung rückwärts stehen, so können sie leicht, mit einer Wendung halbrechts oder halblinks vorwärtsgehend, die Lücke schließen, auch wenn sie nicht gerade auf dieselbe gerichtet waren. In dieser Stellung, einigermaßen entfernt, verliert es sogar alle Bedeutung und wird sicherlich im Gefecht und im Vorrücken gar nicht weiter beachtet, ob man gerade auf ein Intervall oder auf den vorderen Manipel selbst gerichtet ist. Wir dürfen es wohl der mangelhaften Quelle des Polybius zuschreiben, daß er das Wesentliche und Nebensächliche hier nicht genügend scheidet.

Im Verlauf der Schlacht traten nun die beiden ersten Treffen nach Polybius noch weiter aus einander, da die Offiziere der principes diese Halt machen lassen und die hastati allein vorrücken (οἱ μὲν γὰρ τῶν πριγκίπων ἡγεμόνες ... ἐπέστησαν τὰς αὐτῶν τάξεις). Wir werden diese Stelle dafür verwerthen dürfen, daß auch unser zweites Postulat bereits von Scipio erfüllt worden ist, nämlich die Ernennung eigener Kommandanten für die Treffenabtheilungen. Wenn die „Führer der principes" diesen Halt gebieten, so können das doch nicht alle die einzelnen Manipelführer in glücklich-zufälliger Übereinstimmung sein und, wenn man in solcher Art den Wortlaut pressen darf[1], so schließt dieser auch aus, daß Scipio selber oder die Legionskommandanten den Befehl gegeben hätten. Die 10 principes-Manipel jeder Legion oder auch vielleicht je 5 müssen also eigene, vermuthlich ad hoc bestellte Kommandanten gehabt haben.

---

[1] Ich mache ausdrücklich diesen Vorbehalt, da man in dieser Beziehung oft viel zu weit geht. Für unser Thema könnte man z. B. mit dem Satz des Livius: „non confertas autem cohortes ante sua quamque signa instruebat, sed manipulos aliquantum inter se distantes" schließen, daß Scipio eine Zusammenfassung von Manipeln derselben Abtheilung zu Kohorten eingeführt habe. Das würde, da Polybius wieder berichtet, daß drei Manipel eine Kohorte ausmachen, unseren ganzen Eintheilungs-Schematismus umwerfen, wonach je 10 Manipel eine Abtheilung bilden. Es liegt aber nichts vor, als daß Livius die technischen Ausdrücke gleichgültig sind; ähnlich wie z. B. Mommsen in der Schilderung der Schlacht bei Zama statt des technisch richtigen „Treffen" den allgemeinen Ausdruck „Glied" gebraucht, der technisch etwas Anderes bedeutet.

Kehren wir nun noch einmal zu der oben von uns verworfenen Nachricht zurück, daß Scipio das zweite und dritte Treffen endlich ganz auf die Flügel gezogen habe, so werden wir dieser Erzählung, was ihr nun auch zu Grunde gelegen haben mag, so viel entnehmen können, daß sich der Erzähler die Treffen als völlig selbständige Körper dachte, die unabhängig von einander bewegt werden können. Am nächsten liegt es zu vermuthen, daß einzelne Abtheilungen von ihnen rechts und links zur Umklammerung der Karthager, deren Reiterei auf beiden Flügeln bereits in die Flucht geschlagen war, herausgezogen worden sind.

Wie es sich auch mit den Einzelheiten verhalten mag, deutlich ist, wie das Auftreten der römischen Infanterie in der Schlacht bei Zama durch Beweglichkeit und Manövrierfähigkeit das Gegenbild bietet zu dem Verhalten bei Cannä. Parallel damit, worauf hier noch hingewiesen sein mag, geht das Verhalten und die Verwendung der Kavallerie in beiden Schlachten. Damit ist dargethan, daß eben damals jene Abwandlung der Taktik eingeleitet war, welche die Kunst Cäsars später zur Vollendung gebracht hat.

Erheben wir von diesem Speziellen den Blick wieder zum Allgemeinen, so ist das Resultat dieses zweiten Theiles unserer Untersuchung, daß der Umschwung in dem politischen Wesen des römischen Staates, der mit dem zweiten punischen Kriege einsetzt und mit Cäsar endigt, wie er bereits in der Strategie beobachtet und nachgewiesen ist, so auch mit abermaliger Erweiterung des Kreises der anscheinend rein technischen Sphäre der Elementartaktik vindiziert werden muß. Mit anderen Worten: wie in der Politik und Strategie, so ist auch in der Taktik Scipio der Vorläufer Cäsars.

Fünfter Excurs.

Der Rotten- und Gliederabstand in der Legion und der macedonischen Phalanx.

Soltau gründet seine Annahme, daß die Manipel in gewöhnlichem Abstand anmarschiert, bei Beginn des Nahkampfes aber doppelten Abstand genommen, auf die Stelle Polybius XVIII, Cap. 29 ff. Er folgt dabei der Interpretation, die

Delbrück, Perser- und Burgunderkriege. 20

die Stelle durch Rüstow und Köchly, Griechische Kriegsschriftsteller II, 1, 114 ff. erfahren hat und bildet diese Interpretation consequent und correct fort. Wäre die Auffassung richtig, so würde damit an meinen Deductionen nichts geändert werden; denn immer bleibt die Wiederzusammenziehung der Manipel und die Treffenablösung unmöglich. Ich halte aber auch die Köchly=Rüstowsche Interpretation und mit ihr Soltaus Consequenz für unrichtig.

Die Stelle — zunächst Beschreibung der macedonischen Phalanx — lautet: „ἐπεὶ γὰρ ὁ μὲν ἀνὴρ ἵσταται σὺν τοῖς ὅπλοις ἐν τρισὶ ποσὶ κατὰ τὰς ἐναγωνίους πυκνώσεις, τὸ δὲ τῶν σαρισῶν μέγεθός ἐστι κατὰ μὲν τὴν ἐξ ἀρχῆς ὑπόθεσιν ἑκκαίδεκα ποδῶν, κατὰ δὲ τὴν ἁρμογὴν τὴν πρὸς τὴν ἀλήθειαν τεττάρων καὶ δέκα, τούτων δὲ τοὺς τέτταρας ἀφαιρεῖ τὸ μεταξὺ τοῖν χεροῖν διάστημα καὶ τὸ κατόπιν σήκωμα τῆς προβολῆς, φανερὸν ὅτι τοὺς δέκα πόδας προπίπτειν ἀνάγκη τὴν σάρισαν πρὸ τῶν σωμάτων ἑκάστου τῶν ὁπλιτῶν, ὅταν ᾖ δι' ἀμφοῖν τοῖς χεροῖν προβαλλόμενος ἐπὶ τοὺς πολεμίους. ἐκ δὲ τούτου συμβαίνει τὰς μὲν τοῦ δευτέρου καὶ τρίτου καὶ τετάρτου πλεῖον, τὰς δὲ τοῦ πέμπτου ζυγοῦ σαρίσας δύο προπίπτειν πόδας πρὸ τῶν πρωτοστατῶν, ἐχούσης τῆς φάλαγγος τὴν αὐτῆς ἰδιότητα καὶ πύκνωσιν κατ' ἐπιστάτην καὶ κατὰ παραστάτην, ὡς Ὅμηρος ὑποδείκνυσιν ἐν τούτοις·

ἀσπὶς ἄρ' ἀσπίδ' ἔρειδε, κόρυς κόρυν, ἀνέρα δ' ἀνήρ·
ψαῦον δ' ἱππόκομοι κόρυθες λαμπροῖσι φάλοισι
νευόντων· ὡς πυκνοὶ ἐφέστασαν ἀλλήλοισι.

τούτων δ' ἀληθινῶς καὶ καλῶς λεγομένων, δῆλον ὡς ἀνάγκη καθ' ἕκαστον τῶν πρωτοστατῶν σαρίσας προπίπτειν πέντε, δυσὶ ποσὶ διαφερούσας ἀλλήλων κατὰ μῆκος."

Ferner im nächsten Capitel: „ἵστανται μὲν οὖν ἐν τρισὶ ποσὶ μετὰ τῶν καὶ ὅπλων καὶ Ῥωμαῖοι· τῆς μάχης δ' αὐτοῖς κατ' ἄνδρα τὴν κίνησιν λαμβανούσης διὰ τὸ τῷ μὲν θυρεῷ σκέπειν τὸ σῶμα συμμετατιθεμένους ἀεὶ πρὸς τὸν τῆς πληγῆς καιρόν, τῇ μαχαίρᾳ δ' ἐκ καταφορᾶς καὶ διαιρέσεως ποιεῖσθαι τὴν μάχην, προφανὲς ὅτι χάλασμα καὶ διάστασιν ἀλλήλων ἔχειν δεήσει τοὺς ἄνδρας ἐλάχιστον τρεῖς πόδας κατ' ἐπιστάτην καὶ κατὰ παραστάτην, εἰ μέλλουσιν εὐχρηστεῖν πρὸς τὸ δέον. ἐκ δὲ τούτου συμβήσεται τὸν ἕνα Ῥωμαῖον ἵστασθαι κατὰ δύο πρωτοστάτας τῶν φαλαγγιτῶν, ὥστε πρὸς δέκα σαρίσας αὐτῷ γίγνεσθαι τὴν ἀπάντησιν καὶ τὴν μάχην."

In der „Geschichte des griechischen Kriegswesens" p. 288 Anm. haben Rüstow und Köchly den ganzen Passus für corrupt erklärt, weil Polybius sowohl auf den Phalangiten, als auf den Legionar drei Fuß Frontraum rechne und doch auf einen Legionar zwei Phalangiten kommen lasse. In den „griechischen Kriegsschriftstellern" haben sie dann zu der Auslegung gegriffen, daß die Legionare den ursprünglichen Abstand verdoppeln. Die Stelle wäre also zu verstehen: die Phalangiten hatten einen Rottenabstand (vom Nebenmann) von drei Fuß. Der Gliederabstand (vom Vordermann) beträgt, was Polybius nicht ausdrücklich sagt, aber aus der Berechnung über die Sarissen zu schließen ist, eingeschlossen den Mann selbst, zwei Fuß. Die Römer standen ebenfalls mit drei Fuß Rottenabstand; da sie aber mehr Raum im Einzelkampfe gebrauchten, so lockerten sie ihre Aufstellung und es kamen zwei Phalangiten auf einen Legionar, also hat jetzt jeder Legionar sechs Fuß Abstand und zwar im Geviert, sowohl vom Vordermann wie vom Nebenmann.

Die römische Manipulartaktik.

Hierbei ist der Raum, den der Krieger selbst einnimmt, jedesmal mitgerechnet. Soltau hat nun diese Auffassung dadurch fortgebildet, daß er die Verdoppelung des Abstandes in Verbindung gebracht hat mit dem anderweitig erschlossenen Zwischenraum zwischen den Manipeln. War dieser wirklich gleich der Frontbreite des Manipels selbst, so wurde er durch die Verdoppelung des Abstandes innerhalb des Manipels gerade ausgefüllt.

Was ich dagegen einzuwenden habe, ist dies. In dem Satze: προφανὲς ὅτι χάλασμα καὶ διάστασιν ἀλλήλων ἔχειν δεήσει τοὺς ἄνδρας ἐλάχιστον τρεῖς πόδας κατ᾽ ἐπιστάτην καὶ κατὰ παραστάτην, εἰ μέλλουσιν εὐχρηστεῖν πρὸς τὸ δέον, scheint mir die Auslegung: Die Leute lockern sich und nehmen noch einen Abstand von drei Fuß, unmöglich. Das „noch", worauf Alles ankommt, steht nicht im Text. Auch drücken die Worte nicht die Bewegung, die Veränderung der Aufstellung aus. Der Text besagt einfach: „Die Leute bedürfen einer lockeren Aufstellung (Lockerung) und eines Abstandes von wenigstens drei Fuß sowohl in Bezug auf ihren Hintermann als auf ihren Nebenmann." Wenn Polybius wirklich einen Abstand von sechs Fuß gemeint hätte, so würde er sich unglaublich ungeschickt ausgedrückt haben, von drei Fuß zu sprechen, ohne die betonte Hinzufügung eines „noch" und die ausdrückliche Erwähnung der Bewegung des Abstandnehmens.

Die sachliche Prüfung führt auf dasselbe Resultat. Die Römer mußten eine Aufstellung nehmen, die so weit war, daß sie den freien Gebrauch der Waffen gestattete, und so eng, daß sie keine Lücke ließ. Dazu ist aber sechs Fuß viel zu viel. Die Schulterbreite eines Mannes ist etwas über $1^{1}/_{2}$ Fuß, etwa 50 Centimeter. Beim Fechten nimmt man die eine Schulter vor, gebraucht also vermöge der schrägen Stellung noch weniger Raum. Die Römer preßten naturgemäß den linken Arm mit dem Schild eng an den Leib, um sich möglichst zu decken; die Schwerter waren nicht sehr lang und wurden wesentlich zum Stoßen, nicht zum Schlagen gebraucht. Sechs Fuß Abstand vom Nebenmann, oder nach Abzug der eigenen Mannesbreite noch $4^{1}/_{2}$ Fuß sind also zu viel. Noch weniger als vom Nebenmann würde der Legionar der sechs Fuß Abstand vom Hintermann bedürfen.

Köchly und Rüstow selbst haben an anderen Stellen die sechs Fuß nicht aufgenommen. In der „Geschichte des Griechischen Kriegswesens" (p. 281 Anm.) rechnen sie 250 Phalangiten auf das Stadion, also 2,4 Fuß auf den Mann. Rüstow im „Heerwesen Cäsars" Cap. 2, § 41 meint, daß trotz Polybius vier Fuß Frontraum für den Legionar ausreichend sein müßten. Göler (Cäsars gallischer Krieg ꝛc., Anhang II, § 11) rechnet nur drei Fuß.

So wenig also die Köchly-Rüstow'sche Interpretation befriedigt, so hat sie doch nicht ohne Textänderung durchgeführt werden können. Statt des handschriftlichen ἐχούσης τῆς φάλαγγος τὴν αὐτῆς ἰδιότητα καὶ πύκνωσιν κατ᾽ ἐπιστάτην καὶ κατὰ παραστάτην schreiben Rüstow und Köchly unter Streichung der Worte κατὰ παραστάτην und Umstellung des „καὶ", πύκνωσιν καὶ κατ᾽ ἐπιστάτην. Auch ist die Länge der Sarissen nach den Handschriften nicht 16 Fuß, sondern, natürlich falsch, 16 Ellen.

Nicht anders als diese Auseinandersetzung des Polybius waren bisher auch alle anderen Stellen in alten Schriftstellern, wo von diesen Dingen die Rede ist, unverständlich. Den richtigen Weg, die Schwierigkeit zu lösen, hat R. Schneider in der „Berliner Philologischen Wochenschrift" (VI, 609. 1886, Nr. 20) gezeigt, nämlich mit der Erkenntniß, daß sowohl in der Phalanx als in der Legion nicht Vordermann genommen wurde, sondern die Leute mit mannsbreiten Inter-

20*

vollen standen, derart, daß die Mannschaften der geraden Glieder auf die Lücken in den ungeraden gerichtet waren. Hierdurch wird es zweifelhaft, was unter dem Ausdruck „Tiefe" und „Gliederabstand" zu verstehen ist; man kann als Gliederabstand sowohl den wirklichen Abstand von Glied zu Glied, als auch den doppelt so großen Abstand vom Vordermann zum Hintermann verstehen, und da man die geraden Glieder ohne Weiteres eindoublieren lassen kann und unter Umständen eindoublieren läßt, so wird es zweifelhaft, was eigentlich als die Zahl der Glieder anzusehen ist.

Naturgemäß haben die Römer, die Raum gebrauchten für den Schwertkampf, nicht eindoubliert; sie rechneten also, da die Mannesbreite 1½ Fuß beträgt, drei Fuß auf den Mann. Die macedonische Phalanx aber ließ eindoublieren, da die Leute nur in Ausfallstellung, rechte Schulter vor, die Sarisse vorstreckten. In dieser Gedrängtheit waren sie freilich nicht im Stande, vorwärts zu marschieren, und da weder an Abstandnehmen in einer so großen Masse, noch an Rückwärtsaustreten zu denken ist, so habe ich früher diese Stellung verworfen. Sie ist aber möglich unter der Annahme, daß die geraden oder ungeraden Rotten nach vorwärts austraten, wenn „Marsch" commandiert wurde.

Polybius' Behauptung, daß auf einen Legionar zwei Phalangiten gekommen seien, ist also richtig, nämlich dann, wenn die Phalanx eindoubliert hatte. Ebenso richtig ist aber, daß der Phalangit ganz wie der Legionar drei Fuß Frontraum einnahm, nämlich dann, wenn nicht eindoubliert war.

Mit dieser Auslegung stimmen alle anderen Stellen überein.

Polybius XII, Cap. 17 ff. kritisiert die Darstellung der Schlacht bei Issus durch Kallisthenes und berechnet dabei den Frontraum für die Phalangiten „εἰ δὲ ὅλως συνήσπισαν κατὰ τὸν ποιητὴν οὕτως ὥστε συνερεῖσαι πρὸς ἀλλήλους", auf drei Fuß. Das ist zwar sehr mißverständlich, aber nicht falsch, da die Phalanx noch in der Bewegung angenommen wird, ehe eindoubliert wurde.

Asklepiodot Cap. IV sagt, man hat drei verschiedene Abstände zu vier Ellen, zwei Ellen und einer Elle (gleich 1½ Fuß). Die zweite heißt πύκνωσις, die dritte συνασπισμός. Die zweite wendet man an, wenn man angreifen will, die letzte, wenn man den Angriff erwarten will. Weitere Berechnungen zeigen, daß stets der Raum unter Einschluß des Mannes selbst gemeint ist.

Die Einwendungen, die ich früher gegen diese Angabe erhoben habe, werden durch die neue Auslegung hinfällig.

Vegetius Buch III, Cap. 14 sagt: Singuli autem armati in directum ternos pedes inter se occupare consueverunt, hoc est in mille passibus mille sescenti sexaginta sex pedites ordinantur in longum, ut nec acies interluceat et spatium sit arma tractandi. inter ordinem autem et ordinem a tergo in latum sex pedes distare voluerunt, ut haberent pugnantes spatium accedendi atque recedendi: vehementius enim cum saltu cursuque tela mittuntur. Dies Zeugniß mußte früher als völlig confus verworfen werden. Jetzt zeigt sich, daß Vegetius einem sehr nahe liegenden Mißverständniß verfallen ist: er hat den Abstand vom Vordermann zum Hintermann für den Gliederabstand genommen und den Grund, „damit die Kämpfenden vor- und zurückgehen können, weil im Sprung und Lauf der Wurf der Geschosse verstärkt wird", auf eigene Hand hinzuphilosophiert.

Nachtrag zu dem Capitel
„Die Stärke der Athener".

Während des Druckes geht mir das Buch von Beloch: „Die Bevölkerung der Griechisch-Römischen Welt" zu, dessen Untersuchung naturgemäß eine Strecke lang der meinigen parallel geht. In Einigem sind wir zu demselben Resultat gekommen, namentlich darin, daß die Angaben Herodots über die griechischen Heeresstärken nicht als zuverlässig zu betrachten sind; in Anderem gehen unsere Resultate ziemlich weit auseinander — man wandelt hier eben auf einem unendlich unsicheren Boden.

Den Mittelpunkt aller Untersuchungen über Bevölkerung und Heeresstärke im alten Griechenland bildet die Interpretation der Thucydidesstelle (II, 13), in welcher dieser über die Stärke der Athener bei Ausbruch des peloponnesischen Krieges berichtet. Nun sehe man, wie verschiedene Auslegungen da möglich sind.

Thucydides berichtet, Athen habe verfügt über 13000 felddienstfähige Hopliten, 1200 Reiter, 1600 Bogenschützen. Ich habe das so ausgelegt, daß Athen im Ganzen 15800 felddienstfähige Bürger hatte.

Beloch bezieht die Zahl der Hopliten nur auf die drei oberen Schatzungsklassen, subtrahiert aber, um das möglich zu machen, 3000 Mann, die als vom Staat ausgerüstete Theten inbegriffen seien; ferner 200 von den Reitern (Sklaven). Es bleiben also nur 11 000. Während ich endlich die Felddienstfähigkeit nur bis zum 45. Jahre angenommen habe, nimmt Beloch sie bis zum 50.

Thucydides berichtet uns ferner, daß Athen verfügt habe über 16 000 Mann Garnisontruppen (eingeschlossen vermuthlich 3000 Metöken). Hier muß nothwendig ein Fehler oder ein von Thucydides im Dunkeln gelassener Factor stecken, den wir nur errathen können. Denn da die Felddienstfähigkeit wenigstens bis zum 45. Jahre ging, so ist es unmöglich, daß den, sei es nun 15800 (nach mir), sei es 11000 (nach Beloch) Felddienstfähigen eine so hohe Zahl Garnisondienstfähiger zur Seite steht. Ich habe, mit Duncker, angenommen, daß die Kleruchen in dieser Zahl stecken, die der Natur der Dinge nach zum Besatzungsdienst am geeignetsten waren. Beloch verwirft diesen Ausweg und nimmt eine Text-Verderbniß an; er ließt 6000 statt 16000. Da davon 3000 für Metöken abgehen, so bleiben nur 3000 garnisondienstpflichtige Vollbürger.

Auf diese Weise hat nun Beloch den Raum für die Theten geschaffen, die er auf 19—20000 veranschlagt. Er begründet diese Schätzung auf die Erzählung Thucydides' von der Schlacht bei Delion (IV, 90 ff.). Thucydides sagt, das athenische Heer habe 7000 Hopliten gezählt und an „ψιλοί" „πολλαπλάσιοι τῶν ἐναντίων", welche Letztere auf 10000 angegeben werden. Danach, sagt Beloch, muß das athenische Heer etwa 20—23000 Mann stark gewesen sein; das läßt auf 30—35000 erwachsene Männer und auf 44000 (35000 Bürger und 9000 Metöken) vor dem Verluste durch die Pest schließen. Da nun der Männer vom Hopliten-Census 15 bis 16000 waren, so bleiben für die Theten 19—20000. Außerdem 10000 Kleruchen.

Das athenische Volk setzt sich also nach Beloch folgendermaßen zusammen:

Reiter 1000
Hoplitencensus 10000
Theten-Hopliten 3000
Theten-Bogner 1600
[Polizei-Soldaten (Sklaven) . 200]
Flottenbesatzung etwa . . . 12400
(incl. der 50—60jährigen)
Garnison-Hopliten 3000
Kriegs-Unfähige vom Hopliten-
Census . . . . . 1—2000
Kriegs-Unfähige Theten . . 2—3000
Kleruchen 10000

Sa. 45000.

Nachtrag zu dem Capitel „Die Stärke der Athener". 311

Meine Liste war:

Felddienstfähige Vollbürger
Reiter 1 200
Hopliten 13 000
Bogner. 1 600
Garnison-Hopliten in Attika
und den nächsten Kleruchien 8 500
Entferntere dienstfähige Kle-
ruchen 3 000
Kriegsunfähige 6 700
Sa. 34 000

Ueber die Gesammtzahl der Kleruchen habe ich eine Vermuthung nicht aufgestellt, da ich glaube, daß die nächstgelegenen, namentlich Salamis und Euböa, vielleicht auch Andros und Skyros einfach in die athenische Bürgerschaft eingerechnet sind. Die Ferneren, ohne eine bestimmte Grenze zu ziehen, habe ich auf 4000 veranschlagt; das würde sich also wohl nicht sehr erheblich von der Schätzung Belochs entfernen.

Ich will nun keineswegs sagen, daß Belochs Berechnung unrichtig sein müsse, denn bei der Art und dem Zustand unserer Quellen ist es schwer, über diese Dinge etwas ganz positiv zu behaupten, aber sehr gewichtige Gründe glaube ich gegen Beloch, obgleich ich nicht beanspruchen kann, das statistische Material entfernt in solcher Vollständigkeit zu beherrschen wie dieser Gelehrte, doch anführen zu können und halte deshalb an meiner Aufstellung fest.

Die Grund-Voraussetzung der Beloch'schen Berechnung, der Ausschluß der Theten vom Hoplitendienst, ist nicht bewiesen. Die Quellen bezeugen allerdings, daß ein Unterschied gemacht wurde zwischen den Theten und den drei oberen Klassen und daß die letzteren speciell den Hoplitendienst leisteten, aber sie besagen nicht, daß die Befreiung der ersteren eine unbedingte gewesen sei, lassen also die Möglichkeit offen, daß bei einer Berechnung der Maximal-Stärke, wie die Thucydideische, die Theten einbegriffen waren.

Wie die Grenze zwischen Hoplitendienst und Schiffsdienst gezogen worden ist, wissen wir nicht. Man könnte sich vorstellen, daß es der Wahl des Einzelnen freigegeben worden ist, ob er sich in den Katalog der Hopliten eintragen lassen wollte, wo er sich selbst die Rüstung anschaffen mußte, oder ob er sich für die Marine entschied, wo der Staat ihm eventuell die Rüstung stellte, er dafür aber zu den häufigen See-Expeditionen und dem lästigen Rudererdienst verpflichtet war. Die städtische Menge, der die Rüstung zu kostbar war, wählte das Letztere, der Vornehme und Bauer, der ungern Haus und Hof so oft verließ, das Erstere. So gewöhnte man sich, die Schiffsmannschaft kurzweg mit den Theten zu identificieren und etwa in dem Sinne, wie wir sagen „den Landsturm aufrufen" die Wendung zu gebrauchen „$\vartheta\tilde{\eta}\tau\alpha\varsigma\ \ddot{\alpha}\pi\alpha\nu\tau\alpha\varsigma\ \dot{o}\pi\lambda\dot{\iota}\tau\alpha\varsigma\ \pi o\iota\tilde{\eta}\sigma\alpha\iota$".

Wie dem aber auch gewesen sein mag, gegen die staatsrechtliche Identificierung der Hopliten mit den drei oberen Klassen, der Theten mit der Schiffsmannschaft sprechen folgende zum Theil schon oben erwähnte Gründe.

1) Schon in der Schlacht bei Mykale müssen nothwendig Theten in großer Zahl als Hopliten gefochten haben.

2) Die Einrichtung wäre entweder eine schwere wirthschaftliche Ungerechtigkeit gewesen, wenn sie den Zeugiten zwang, sich und seine Söhne auszurüsten, ebenso gut und besser situierte Theten frei ließ, oder aber, wenn jeder Hof nur einen Mann stellte, so wäre das Heer zu klein geblieben.

3) Sokrates diente als Hoplit.

4) Nur durch eine einschneidende Text-Aenderung, entweder in der Art, wie Beloch sie vorgeschlagen hat oder ähnlich, ist die Einrichtung mit der Angabe des Thucydides vereinbar. Eine Textänderung gerade hier ist aber um so weniger angebracht, als, wie Beloch richtig hervorhebt, der Text des Thucydides etwa so, wie wir ihn haben, schon dem Ephorus vorgelegen hat.

5) Selbst mit dieser Text-Aenderung bliebe die Uebersicht des Thucydides, wenn auch möglich, doch höchst irrationell durch die Omission jeder Angabe über die Zahl der Theten.

6) Es ist höchst unwahrscheinlich, daß ein Staat, der so viel auf seine Kriegsrüstung verwandte, wie Athen, es unterlassen haben soll, so viel Rüstungen anzuschaffen, um im Nothfall alle Bürger zu bewaffnen. Deshalb ist es auch unzweifelhaft falsch, die „$\psi\iota\lambda o\acute{\iota}$", von denen Herodot bei Plataeä spricht und deren er Einen auf jeden Hopliten rechnet, als Bürger aufzufassen. Bürger ohne Rüstungen waren in diesem Heere die Thespier, aber nicht mit diesen, sondern mit den Heloten stellt Herodot die „$\psi\iota\lambda o\acute{\iota}$" zusammen; es waren also Sklaven.

7) Die Auslegung, welche Beloch der Erzählung von der Schlacht von Delion giebt, ist höchst unwahrscheinlich. Thucydides

Nachtrag zu dem Capitel „Die Stärke der Athener". 313

sagt, die athenischen ψιλοί seien „πολλαπλάσιοι τῶν ἐναντίων" gewesen; letztere aber über 10 000. „πολλαπλάσιοι" kann sowohl „das Mehrfache" als bloß „viel mehr" heißen. In ersterem Sinne würde es 20—30 000, also unmöglich lauter Bürger bedeuten können; es wären also zum großen Theil Sklaven gewesen. Selbst wenn aber πολλαπλάσιοι hier nur in dem Sinne „viel mehr" gebraucht ist, so ist das gar kein Grund, in dieser Menge lauter Bürger zu sehen. Das Massen-Aufgebot war erfolgt, um in der größten Eile bei Delion eine Verschanzung anzulegen: es ist nichts natürlicher, als daß die Athener dazu ihre Sklaven mitgenommen haben.

8) Gerade die Schlacht bei Delion bietet uns umgekehrt einen Beleg, daß die Theten generell den Hopliten zugerechnet wurden. Zu diesem Zuge bot Hippokrates die Athener auf „πανδημεί, αὐτοὺς καὶ τοὺς μετοίκους καὶ ξένων ὅσοι παρῆσαν". Unter den „ξένοι" sind wohl weniger fremde Besucher der Stadt, als Söldner zu verstehen. Das Heer war an Hopliten 7000 Mann stark. Außerdem hatten die Athener noch unter Demosthenes eine Flotte von 40 Trieren und höchstens noch 30—40 weitere Trieren in See. Diese Zahlen sind in Harmonie zu bringen mit der Angabe (Thucyd. II, 31), daß die Athener 431 gleichzeitig 16 000 Hopliten im Felde hatten (13 000 Bürger und 3000 Metöken). Nimmt man mit Beloch und der herrschenden Ansicht an, daß die im Jahre 424 in See befindlichen Schiffe nur 10 Epibaten pro Schiff hatten, die dem Landheer entzogen wurden, so hätte Athen (da doch die ξένοι noch zu subtrahieren sind) 424 nur noch 7000 bis 8000 Hopliten gehabt. An der Pest sind 4400 Hopliten „ἐκ τῶν τάξεων" gestorben (Thuc. III, 87). Es bleibt also gegen die 16 000 im Jahre 431 eine Differenz von mehreren Tausenden, die sich aber auf die einfachste Weise erklärt, wenn man annimmt, daß 424 auf See nicht bloß die 7—800 Epibaten, sondern auch noch einige Tausend Ruderer waren, die 431 mitzählten.

Speciell bemerke ich noch, daß wenn ich die Felddienstfähigkeit bis zum 45. Jahre gerechnet habe, damit nicht gemeint ist, daß nicht auch darüber hinaus, bis zum 50. gegriffen worden sei: Sokrates war ja 422 vermuthlich schon 47 Jahre alt; ich nehme nur an, daß für die officielle Berechnung des Perikles eine relativ niedrige Grenze gezogen war.

Ferner füge ich hinzu, daß die Zahl von etwa 6700 Kriegsunfähigen nicht willkürlich so hoch gegriffen worden ist, sondern auf folgender Berechnung beruht.

Athen hatte nach unserer Rechnung 8500 Vollbürger und 1000 entferntere Kleruchen = 9500 Mann Garnisondienstfähige. Davon gehen ab die beiden Jahrgänge περίπολοι mit 1834 Mann, es bleiben für die Jahrgänge 45—60 7666 Mann, eingeschlossen vermutlich eine Anzahl Halb-Invaliden. Im Deutschen Reich kommen auf 80 Personen, die im Alter von 50—60 Jahren stehen, 104, die im Alter von 40—50 Jahren stehen und 78, die über 60 Jahre alt sind. (Statistisches Jahrb. 1883, S. 13.)

Es giebt also nahezu ebensoviel Leute über 60 Jahre wie zwischen 50 und 60 Jahren. Theilen wir die 7666 Mann von 45—60 Jahren in Athen in solche über und unter 50 Jahren, so werden auf die erstere Kategorie erheblich über 4000, auf die Greise über 60 Jahre etwas weniger, also sagen wir gerade 4000 Mann fallen. Diesen habe ich, gewiß nicht zu hoch, noch 2700 Ganz-Invaliden, Krüppel, Kranke, Blessierte aus jüngeren Jahren hinzugesetzt.

Wir haben also folgende Zusammensetzung der Bürgerschaft von Athen nach Altersklassen:

1. Gruppe: 18- und 19jährige . . 1 834
2. „ 20- bis 45 „ . 17 800
3. „ 45- „ 60 „ (eingeschlossen Halb-Invaliden der 2. Gruppe) 7 666
4. Gruppe: Ueber 60jährige . . . 4 000
Invaliden 2 700
Sa. 34 000

Auf die jüngeren Daten über athenische Bevölkerung will ich nicht eingehen, da die dazwischen liegenden Krisen jeden Rückschluß auf die Zeit der Perserkriege, der schon vom Jahre 431 aus sehr problematisch ist, ausschließen.

www.ingramcontent.com/pod-product-compliance
Lightning Source LLC
Chambersburg PA
CBHW022042230426
43672CB00008B/1044